Dros Gyfiawnder a Rhyddid

i Ifor ap Glyn,
gyda diolch am ei gyfeillgarwch a'i gefnogaeth,
a gyda diolch hefyd am 'wneud i Georgia udo'
yn ei ffordd unigryw ei hun.

Dros Gyfiawnder a Rhyddid

Y *Cambrian Guards*, Caethwasiaeth
a Rhyfel Cartref America

JERRY HUNTER

Argraffiad cyntaf: 2024
© Hawlfraint Jerry Hunter a'r Lolfa Cyf., 2024

Mae hawlfraint ar gynnwys y llyfr hwn ac mae'n anghyfreithlon llungopïo neu atgynhyrchu unrhyw ran ohono trwy unrhyw ddull ac at unrhyw bwrpas (ar wahân i adolygu) heb gytundeb ysgrifenedig y cyhoeddwyr ymlaen llaw

Dymuna'r cyhoeddwyr gydnabod cymorth ariannol
Cyngor Llyfrau Cymru

Lluniau'r clawr blaen: Owen Griffith a Robert T. Pugh;
casgliad Canolfan Treftadaeth ac Addysg Byddin
yr Unol Daleithiau, Carlisle, Pennsylvania

Rhif Llyfr Rhyngwladol: 978 1 80099 381 5

Cyhoeddwyd, rhwymwyd ac argraffwyd yng Nghymru gan
Y Lolfa Cyf., Talybont, Ceredigion SY24 5HE
gwefan www.ylolfa.com
e-bost ylolfa@ylolfa.com
ffôn 01970 832 304

Cynnwys

	Prolog	7
	Rhagair	9
	Diolchiadau'r Awdur	12
1	Cymuned Gymraeg Racine	13
2	Ymrestru	38
3	Kentucky a Chaethwasiaeth	75
4	Tennessee a Bedydd Tân	115
5	Carchar	144
6	Tensiynau Mewnol	164
7	Rhyfelgyrch Sherman	205
	Epilogau	255
	Darllen Pellach	265
	Ôl-nodiadau	270
	Mynegai	291

Prolog

11 Chwefror 1864

ROEDD FEL PE bai'r hen flwyddyn wedi marw'n anfoddog, a'r pwl cas o dywydd oer wedi llusgo ymlaen i wythnosau cyntaf y flwyddyn newydd. Hoffai Thomas J. Davis feddwl amdano fel 'brenin y rhew', a 'phob aber, afonig, a llyn yn y cyffiniau' wedi'u 'cau' gan ei rym, y teyrn llym yn taflu 'anferth luwchfeydd o eira' dros wersyll y milwyr er mwyn dangos mai ef oedd yn teyrnasu yn nyffrynnoedd a mynyddoedd Tennessee. Ond daeth gwanwyn yn annisgwyl o gynnar ac erbyn ail wythnos mis Chwefror roedd yr haul – 'brenin y dydd' yn nychymyg Thomas – wedi trechu'r hen deyrn cas, ei 'belydrau adfywiol' yn deffro'r byd, 'a'r adar mân yn ymbyncio eu carolau melysion ar bob llwyn a phren.'

Roedd y tywydd braf yn codi hiraeth arno, a dechreuai'r milwr feddwl am fro ei febyd. Er iddo dreulio'r blynyddoedd diwethaf cyn ymrestru yn y fyddin yn Wisconsin, roedd wedi symud i'r dalaith o'r ardal yr oedd yn hiraethu amdani ar hyn o bryd – swydd Oneida yn nhalaith Efrog Newydd. Yno yn y rhan honno o'r Unol Daleithiau y ganed Thomas J. Davis. Nid oedd wedi gweld Cymru erioed, ond, yn debyg i lawer o'r milwyr eraill yn y gwersyll hwn, Cymraeg oedd ei famiaith.

Dechreuodd yr Americanwr Cymraeg ifanc ysgrifennu. Ar ôl disgrifio'r ornest rhwng brenin y rhew a brenin y dydd, dechreuodd fyfyrio ynghylch ymrafael o fath arall – yr un yr oedd wedi gwirfoddoli i ymladd ynddi, Rhyfel Cartref America. Roedd ganddo hen ddigon o eiriau Cymraeg coeth i roi trefn ar ei fyfyrdodau hefyd. Credai mai rhyfel yn erbyn caethwasiaeth ydoedd a bod rhaid iddo 'sefyll dros gyfiawnder a rhyddid'. Er gwaethaf y caledi yr oedd wedi'i brofi'n barod, roedd yn fodlon ymladd am flynyddoedd eto a gweld 'llawer o waed gwerthfawr' yn cael ei dywallt er mwyn sicrhau na fyddai'r 'gair lleiaf o gaethiwed o fewn cyfansoddiad' yr Unol Daleithiau. Gwelai Thomas J. Davis y rhyfel mewn modd athronyddol hefyd; roedd yn groesffordd na allai'i wlad ei hosgoi, yn 'chwyldroad anocheladwy' a byddai diwedd y chwyldro hwn yn dod â rhyddid i filiynau o bobl. Ie, rhyfel rhwng taleithiau rhydd y gogledd a thaleithiau caeth y de oedd y Rhyfel Cartref, ond yn ôl athroniaeth y milwr Cymraeg hwn, roedd hefyd yn 'ymdrechfa anwrthwynebol rhwng cyfiawnder ac anghyfiawnder', yn ymrafael rhwng grymoedd uwch, daioni yn erbyn drygioni.

Rhagair

ROEDD THOMAS J. Davis yn un o nifer o filwyr Cymraeg eu hiaith a gydwasanaethai yn y *Cambrian Guards*. Nid hon oedd yr unig gymuned Gymraeg o'r fath ym myddin yr Unol Daleithiau yn ystod y Rhyfel Cartref, ond mae'r cwmni hwn yn bwysig o safbwynt y rhai ohonom sy'n astudio'r iaith a'i llenyddiaeth oherwydd y ffaith bod nifer sylweddol o ffynonellau Cymraeg a ysgrifennwyd gan y milwyr hyn wedi goroesi.

Un o gwmnïau'r 22ain Gatrawd o Draedfilwyr Wisconsin oedd y *Cambrian Guards*, ac mae hanes y gatrawd hon yn bwysig o safbwynt y berthynas rhwng caethwasiaeth a Rhyfel Cartref yr Unol Daleithiau. Enillodd hi'r llysenw yr '*Abolitionist Regiment*' gan fod nifer o'i milwyr wedi cymryd safiad cyhoeddus taer yn erbyn caethwasiaeth ac wedi mynd ati'n rhagweithiol i helpu caethweision i ddianc, hyd yn oed pan oedd y gweithredoedd hynny'n groes i ddymuniad llywodraeth ac awdurdodau milwrol yr Unol Daleithiau.

Nid oeddwn am ysgrifennu llyfr arall am agweddau Cymraeg ar hanes Rhyfel Cartref America. Roedd llunio *Llwch Cenhedloedd : Y Cymry a Rhyfel Cartref America* (Gwasg Carreg Gwalch, 2003) a *Sons of Arthur, Children of Lincoln : Welsh Writing from the American Civil War* (Gwasg Prifysgol Cymru, 2007) wedi rhoi boddhad mawr i mi, ond mae meysydd eraill wedi bod yn galw ers hynny. Ond pan oeddwn wrthi'n llunio'r llyfrau cynharach hynny, sylwais ar y cnwd hwnnw o destunau Cymraeg a ddeilliodd o brofiadau'r *Cambrian Guards*. Rhoddais yr holl destunau hyn mewn ffolder – a hwnnw'n ffolder go drwchus – a'i osod o'r neilltu. Bu'r ffolder yn hel llwch am ryw ddeng mlynedd, ond roedd

9

y deunydd y tu mewn iddo wedi hawlio lle yn fy meddwl. Galwai geiriau Thomas J. Davis a'i gydfilwyr o hyd.

Wedyn daeth 6 Ionawr 2021; roedd terfysgwyr asgell dde wrthi'n ceisio gwyrdroi canlyniad etholiad arlywyddol yr Unol Daleithiau a baner y *Confederacy* yn cael ei harddangos yn dalog y tu mewn i Adeilad y Capitol. Y faner a gludid gan fyddin a ymladdai yn Rhyfel Cartref America er mwyn ceisio cynnal caethwasiaeth. Y faner a arddelir heddiw gan bobl sy'n hiraethu am y dyddiau pan oedd hiliaeth yn gyfreithlon a gormes yn ganolog i drefn cymdeithas. Dechreuai'r hen leisiau Cymraeg hynny alw'n uwch, ac yn y diwedd nid oedd gennyf ddewis ond estyn yr hen ffolder llychlyd, plymio eto i ganol yr holl ddeunydd a dechrau ysgrifennu.

Mae'r llyfr hwn yn ymdrech i adrodd stori'r *Cambrian Guards* gan ddefnyddio geiriau Cymraeg gwreiddiol y milwyr sy'n ganolog i'r stori gyffrous hon. Mae hefyd yn ymdrech i ymgydnabod â phersonoliaethau 'milwyr cyffredin' a oedd yn bell o fod yn gyffredin. Rhaid cyfaddef bod y deunydd wedi deffro'r nofelydd ynof. Bûm yn ystyried ysgrifennu talp o ffuglen yn hytrach na chreu astudiaeth ffeithiol, ond penderfynais mai'r peth gorau fyddai ceisio glynu wrth y ffeithiau a rhoi'r flaenoriaeth i eiriau, meddwl a dychymyg y milwyr hyn yn hytrach na'm dychymyg innau. Ond eto y nod oedd creu *stori* ffeithiol, ac mae'n bwysig cydnabod bod gweithred o'r fath yn golygu gwthio anhrefn realiti i fframwaith storïol twt. Mae'n golygu creu cymeriadau allan o nodiadau a ysgrifennwyd am unigolion. Mae'n golygu defnyddio dychymyg i lenwi bylchau. Rwyf yn ceisio tynnu sylw at ran dychymyg yn y gwaith (gyda brawddegau sy'n dechrau â'r gair 'tybed', er enghraifft), ond ni ellir gwadu bod dychymyg yn lliwio ffeithiau moel weithiau. Er mwyn gadael i'r stori lifo, ceisiais ymatal rhag gormod o gyd-destunoli hanesyddol. Nid adrodd holl hanes y Rhyfel Cartref yw'r nod, ond cadw'r sylw ar y gymuned fach hon o filwyr. Hefyd, er bod y llyfr hwn yn cydgysylltu â gweithiau academaidd eraill, ceisiais ymatal rhag y math hwnnw o draddodi academaidd

Rhagair

hefyd (gwelir awgrymiadau i'r perwyl hwnnw yn y sylwadau am 'Ddarllen Pellach' ar y diwedd). Mae hwn yn llyfr ffeithiol, ond eto rwyf yn gobeithio y daw ambell gymeriad fel Thomas J. Davis yn fyw yn nychymyg ambell ddarllenydd.

Jerry Hunter
Pen-y-groes, 10 Mehefin 2023

Diolchiadau'r Awdur

Rwyf yn ddiolchgar iawn i holl staff Y Lolfa am eu gwaith caled. Mae arnaf ddyled i staff nifer o sefydliadau hefyd am eu cymorth gyda'r ymchwil, gan gynnwys Prifysgol Bangor, Llyfrgell Genedlaethol Cymru, Llyfrgell Rose Prifysgol Emory, Llyfrgell Prifysgol Cornell, Archif Cymdeithas Hanes Wisconsin, Llyfrgell Cyngres yr Unol Daleithiau, Amgueddfa Cynfilwyr Wisconsin a Chanolfan Addysg a Threftadaeth Byddin yr Unol Daleithiau. Rwyf yn hynod ddiolchgar i June Murphy am rannu papurau ac atgofion teuluol am Robert T. Pugh. Hoffwn ddiolch i Gethin Matthews a Bill Jones am gymorth ar wahanol adegau wrth i mi chwilio am rifynnau coll *Y Drych*. Diolch hefyd i Gareth Evans-Jones am fod mor barod bob amser i drafod y maes ymchwil hwn. Ac yn olaf, diolch i Judith am ei chefnogaeth barhaol ac i Megan a Luned am wrando ar eu tad pan fydd yn mwydro.

1
Cymuned Gymraeg Racine

ROEDD GAN GYMUNEDAU Cymraeg America eu pencampwyr a'u hyrwyddwyr. Ac yn aml byddai un o drigolion cyntaf sefydliad newydd yn ymddyrchafu'n batriarch, gan siarad ar ran y gymuned ar dudalennau'r wasg Gymraeg a cheisio denu Cymry eraill i chwyddo'r boblogaeth. William G. Roberts oedd prif batriarch cymuned Gymraeg yn Racine, Wisconsin.

Pan ddechreuodd y Rhyfel Cartref ym mis Ebrill 1861, talaith gymharol newydd oedd Wisconsin, a hithau wedi'i derbyn i undeb yr Unol Daleithiau mor ddiweddar â 1848. Cafodd Racine ei hymgorffori'n ddinas yn ystod yr un flwyddyn. Roedd sefydliad Cymraeg Racine ychydig yn hŷn na'r ddinas a'r dalaith, gan fod y mewnfudwyr Cymreig cyntaf wedi cyrraedd yn 1841 pan oedd Wisconsin yn diriogaeth o hyd, a'r tir y daeth y Cymry hyn i'w wladychu wedi'i gipio'n ddiweddar iawn oddi ar drigolion gwreiddiol yr ardal yn sgil cytundeb a luniwyd yn 1833 a ddaeth â rhyfel rhwng yr Unol Daleithiau â lluoedd brodorol Black Hawk i ben.[1]

Awgrymodd y Cymro Thomas Roberts mai gweld y brodorion lleol oedd y profiad mwyaf cofiadwy a ddaeth i'w ran wrth iddo gyrraedd ei gartref newydd yn Wisconsin:

Pan yn cael ein cludo yn gyflym yn yr agedd-fad tros lyn Michigan, rhwng Buffalo a Racine, deffrowyd ein hystyriaeth yn fywiog gan y geiriau *"Look! - the Indians!"* ac erbyn sylwi, wele fagad o honynt ar yr ochr ddê i mi[.]²

Gan fod yr afon Root yn aberu i'r llyn mawr yno, penderfynwyd defnyddio'r gair Ffrangeg am wreiddyn, *racine* fel enw ar gyfer y lle, er bod nifer o enwau brodorol mewn nifer o wahanol ieithoedd wedi'u harfer ers canrifoedd. Cyffesodd Thomas Roberts fod trefedigaethwyr yn debyg iddo yntau wedi 'gyrru' brodorion America o'u tiroedd, 'a ninau yn meddiannu eu gwlad, eu hen wlad... yn dryllio eu hen lwybrau, hollti eu coed, ar aredig beddau eu tadau[.]'³ Ond ni nododd y rhan fwyaf o'r Cymry a ymsefydlodd yn yr ardal – nac yn wir, mewn unrhyw ran arall yng Ngogledd America – eu bod yn ymwybodol o'r wedd hyll hon ar hanes eu cartrefi newydd.

Un o'r Cymry cyntaf i ymsefydlu yn Racine oedd William G. Roberts, dyn a fyddai'n gweithio'n egnïol iawn i hyrwyddo'r lle. Yn 1842 – sef llai na blwyddyn ar ôl iddo gyrraedd yr ardal – cyhoeddodd ysgrif am 'Sefydlfa Racine, Tiriogaeth Wisconsin' yn *Y Cyfaill o'r Hen Wlad yn America*. Roedd wedi'i hanelu 'At Ymfudwyr Cymreig', a'r bwriad oedd ceisio denu rhagor ohonynt i ymuno â'r gymuned Gymraeg newydd. Dywed William G. Roberts ei fod yn 'dymun[o c]ysur a llwyddiant [ei g]ydgenedl' a'i fod felly'n poeni bod cynifer ohonynt 'wedi ymsefydlu eu hunain yn y lleoedd salaf o fewn y Taleithiau Unedig, sef ar benau bryniau sychlyd[.]'⁴ Â rhagddo wedyn i restru nifer o 'ffeithiau' am Wisconin, gan fynnu mai 'gwlad iachus' ydyw sy'n 'debyg o ddygymod âg iechyd ac ansawdd y Cymry yn well nag un sefydliad yn America' gan nad yw 'gwres yr hâf ddim llawer poethach nac yn Nghymru[.]'⁵ Mae'n tynnu sylw hefyd at 'ansawdd y tir' ac addasrwydd y *'prairie'* ar gyfer amaethyddiaeth.⁶ Eglura fod tref Racine ar lan llyn Michigan, 'lle y llwythir cynnyrch y maesydd i'w trosglwyddo' i farchnadoedd yn y taleithiau dwyreiniol.'⁷ Noda'r patriarch hunan-apwyntiedig hwn fod '[n]ifer y Cymry' yn Racine yn rhifo 'o 55 i 60' erbyn gwanwyn 1842, er nad oedd yn flwyddyn gyfan eto ers i'r cyntaf ohonynt gyrraedd. Awgryma'r cyfle a gâi ymfudwyr i ymgyfoethogi yn yr ardal trwy ddatgan bod 'amryw' o'r ymsefydlwyr Cymreig cyntaf hyn 'yn werth eiddo mawr' yn barod. Symuda o faterion bydol i rai ysbrydol ac egluro bod gan Gymry Racine 'addoldy... ond heb yr un pregethwr eto.'⁸ Cyfarfodydd undebol oedd y gwasanaethau crefyddol Cymraeg cynnar yn Racine – fel mewn cynifer o gymunedau Cymraeg eraill yn America yn ystod eu blynyddoedd cyntaf – a chynhelid rhai ohonynt yng nghartref William G. Roberts ei hun cyn iddynt adeiladu'r addoldy y cyfeiria ato.⁹ Yn ogystal, cynhelid cyfarfodydd ysgol Sul a gwasanaethau mewn nifer o leoedd eraill yn ystod y cyfnod cynnar hwnnw, gan gynnwys tŷ William Hughes, tŷ Humphrey Evans – ill dau wedi ymfudo o sir Feirionnydd – a thŷ gwag yn y dref.¹⁰

Cyn diwedd 1842 daeth y Parchedig William T. Mathews i wasanaethu Annibynwyr Cymraeg Racine. Cyrhaeddodd y Parchedig Richard Davies, gweinidog gyda'r Methodistiaid Calfinaidd, y flwyddyn ganlynol, ac erbyn diwedd 1843 roedd gan y dref ddau gapel Cymraeg, pob un â'i fugail.¹¹

Racine hefyd yw enw'r 'swydd' neu'r sir sy'n cynnwys y dref, ac ar un wedd dylid ystyried y swydd wrth drafod cymuned Gymraeg Racine. Roedd llawer o'r ymfudwyr Cymreig cynnar wedi ymsefydlu mewn pentrefi ac ar ffermydd y tu allan i'r dref ei hun, ond roedd rhwydweithiau cymdeithasol, crefyddol a gwleidyddol yn tynnu Cymry *Racine County* ynghyd. Fe ymddengys fod y rhan fwyaf o'r ymfudwyr cynnar hyn o sir Feirionnydd a sir Drefaldwyn hefyd, er bod eithriadau, megis y brodyr Isaac a Richard Chesire, a fagwyd yng nghyffiniau Croesoswallt. Nid oedd Isaac ond 16 oed pan ymfudodd â'i frawd hŷn Richard i Racine yn 1846. Yn fuan ar ôl cyrraedd eu cartref newydd, ysgrifennodd y ddau lythyr at eu teulu a dweud yn falch fod ganddynt achos cryf gyda gweinidog

15

parhaol, pedwar diacon ac addoldy pren.¹² Y Methodistiaid Calfinaidd oedd yr enwad Cymraeg mwyaf yn y dref erbyn hyn, ac yn 1844 codasant gapel digon mawr i ddal rhwng 200 a 300 o addolwyr.¹³ Roedd gan yr achos 'oddeutu 40 o gyflawn aelodau eglwysig... a thua 20 o blant', ond mewn sefydliad Cymraeg yn Pine Grove, i'r gogledd-orllewin o'r dref, roedd gan yr enwad '25 o gyflawn aelodau... ac amryw blant', ac yn Skunkgrove, tua saith milltir i'r gogledd-orllewin roedd ganddo '61 o aelodau eglwysig, rhwng plant a phobl mewn oedran.'¹⁴ Capel tref Racine a ddefnyddid ar yr achlysuron hynny pan ddeuai holl Fethodistiaid Calfinaidd y swydd ynghyd.

Yn gynnar yn y 1850au, ymfudodd gweinidog gyda'r Methodistiaid Wesleyaidd, y Parchedig William R. Jones o Aberteifi, ac ym mis Tachwedd 1854 gallai dystio bod ganddo eglwys Wesleyaidd Gymraeg fechan yn Racine, gydag '11 o gyflawn aelodau, a 3 ar brawf.'¹⁵ Roedd gan y gymuned nifer o Fedyddwyr Cymraeg hefyd, er na fyddai ganddynt eu capel eu hunain tan 1863. Llenwid y bwlch i raddau gan weinidogion a ymwelai â'r ardal yn achlysurol er mwyn pregethu i Fedyddwyr y cyffiniau yn Gymraeg.¹⁶ Roedd pregethwyr lleyg yn hollbwysig i achos y Bedyddwyr, fel y gwelir maes o law.

Mae sylw a gyhoeddwyd yn *Y Cyfaill o'r Hen Wlad* yn 1844 yn disgrifio prysurdeb porthladd Racine: 'y mae hwyl-lestri ac ager-lestri yn dyfod i mewn yn barhaus'.¹⁷ Eglura'r cylchgrawn fod hyn 'yn fantais... yn enwedig gyda golwg ar gyfleusterau marchnadyddol', a chynghorwyd darllenwyr y *Cyfaill* i gael tir yn Racine 'ar frys,' gan fod prisiau'n 'debyg o godi – a hyny yn fuan – yn rhy uchel i'r cyffredin ei gyrhaedd.'¹⁸

Roedd William G. Roberts wrthi o hyd yn hyrwyddo tiriogaeth Wisconsin yn gyffredinol a thref Racine yn benodol fel cyrchfan ar gyfer ymfudwyr Cymreig. Ysgrifennodd lythyr ym mis Hydref 1844 at olygydd un o gyhoeddiadau'r Hen Wlad, *Dirwestwr*, gan ddisgrifio 'Wisconsin... fel gwlad fuddiol i genedl y Cymry[.]'¹⁹ Er mwyn sicrhau darpar ymfudwyr y byddent yn ymuno â chymuned Gymraeg hyfyw, rhoddodd dystiolaeth bod llawer wrthi'n symud i'r cyffiniau, gan gynnwys nifer o weinidogion adnabyddus:

> [mae] *mil* o Gymry yn prysur ymbaratoi at ddyfod o Sir Fôn ac Arfon, a'u bod am ymsefydlu yn nhiriogaeth Wisconsin; ac yn eu plith rai o'r gwŷr enwocaf yn Ngogledd Cymru, fel Pregethwyr, sef, y Peirch. John Jones, Llanllyfni, John Phillips, Môn, Moses Jones, Ysgoldy, Robert Owens, Nefyn, Robert Hughes, Llanhaiarn, Thomas Williams, Ffestiniog, a John Williams, Llecheiddior.[20]

Dengys tystiolaeth o fathau eraill nad oedd William Roberts yn gor-ddweud. Er enghraifft, hwyliodd llong o Borthaethwy (neu 'Bont Menai') ar 12 Awst 1846 'tua Quebec', yn cludo '200 o ymfudwyr agos oll o Fon ac Arfon' a oedd yn bwriadu 'ymsefydlu yn nhiriogaeth Wisconsin.'[21]

A llawer o ymfudwyr Cymreig eraill wrthi'n hyrwyddo cymunedau Cymraeg eraill yn America, cododd William Roberts ddadl gyhoeddus ag un ohonynt. Cyflwynid y drafodaeth boeth hon i ddarllenwyr Cymraeg America o dan y pennawd 'Wisconsin *versus* Iowa'.[22] Ymunodd beirdd ar ddwy ochr yr Iwerydd yn yr ymrafael ynghylch goruwchafiaeth honedig Wisconsin, gyda bardd o'r Hen Wlad, Gwilym Bethesda o Arfon, yn cefnogi William G. Roberts. Cyhoeddodd gyfres o englynion yn hyrwyddo'r diriogaeth, a'r englyn cyntaf yn hoelio sylw ar y cwestiwn llosg:

> Oes ceinsail mai Wisconsin – wir ydyw'r
>   Baradwys Orllewin;
>   A daiar hardd, dw'r a hin,
>   Aneisor, a mŵn iesin. [23]

Ystyr 'aneisor' yw 'heb ei ail', ac mae diwedd y llinell olaf yn cyfeirio at y mwyn ('mŵn') disglair ('iesin') yn naear Wisconsin, gan fod copr wedi'i ddarganfod yn y diriogaeth yn ddiweddar.[24] Â'r bardd rhagddo i ganmol y tir 'toreithiog' a disgrifio 'bro dawel' Wisconsin fel 'gwlad rydd'. Ceir yn yr englyn olaf abwyd barddol i ddenu ymfudwyr sy'n crisialu hanfod dadleuon William G. Roberts:

> Brydeiniaid mewn brwd yni – iawn y lles,
>   Yn lluoedd dowch iddi,
>   Breis diroedd i'w bras dori,
> Ar rodio i fewn 'r ydwyf fi.[25]

Ond fe'i hatebwyd gan fardd o ddinas Efrog Newydd, Gwilym Aran, a ddywedodd nad Wisconsin oedd yr unig gyrchfan Americanaidd y dylai ymfudwyr Cymreig ei hystyried:

> Llawer o fanau'r Gorllewin – y sydd
>   A'u hansoddau'n iesin,
>   'R un wedd yn eu hedd a'u hin
> Ac ansawdd a Wisconsin. [26]

Enwodd nifer o'r 'mannau' eraill hyn, gan gynnwys 'Misigân', 'Ilinoes', 'Misisipi' ac Ohio.

Mae'n demtasiwn awgrymu mai patriarch Cymraeg Racine, William G. Roberts, a oedd yn gyfrifol am yr 'ymddiddan' a gyhoeddid yn gyfresol am gyfnod yn un o gyfnodolion Cymraeg America, *Y Cyfaill o'r Hen Wlad*, er nad oes modd profi mai ef oedd yr awdur anhysbys a luniodd y ffuglen bropaganyddol hon. Ac yn wir, mae 'Taith Trwy Ran o Wisconsin Mewn Dull o Ymddyddan Rhwng Dic a Dai' yn trafod llawer o ardaloedd a llawer o gymunedau Cymraeg yn y dalaith. Eto i gyd, mae'r sylw a rydd y cymeriad ffuglennol Dai i Racine yn neilltuol o ganmoliaethus. Ar ôl i Dai ddweud iddo gyrraedd 'Racine, yr hon sydd dref ar lan Llyn Michigan' (ac adrodd hanesyn dirwestol doniol am feddwyn a gafodd ddamwain ar y llong yn ystod y daith ar y llyn), mae Dic yn ei holi am ragor o fanylion:

Dic. Pa fath le yw Racine?
Dai. Mae hi yn dref go lew yn siwr: carwn fyw ynddi hefyd. Mae yn borthladd cyfleus iawn i'r llyn; ac y mae ynddi fasnach go dda yn myned yn mlaen; ac y mae yn cynyddu yn raddol mewn poblogrwydd, adeiladau a masnach. Mae llawer o'i hadeiladau yn cael eu cyfodi o galch-feini a phridd-feini. Meddyliaf y bydd yn dref fawr mewn ychydig flynyddoedd.[27]

Noda Dai fod dau gapel Cymraeg yno, ac ar ôl i Dic ei holi am gyflwr yr achos yn Racine ateba'n gadarnhaol: 'Yr oedd golwg go lewyrchus arno, yn ol y peth a welais i.'[28] Ond ni chyhoeddwyd yr holl lenyddiaeth bropaganyddol a gynigiwyd i'r wasg; yn ôl golygydd *Y Cyfaill o'r Hen Wlad*, William Rowlands, '[rh]y faith i ni yw y gân ar Wisconsin' gan fardd a arddelai'r ffugenw 'Samoth'.[29]

Byddai poblogaeth Gymreig yr ardal yn parhau i gynyddu. Erbyn dechrau'r Rhyfel Cartref yn 1861, dim ond taleithiau Efrog Newydd, Pennsylvania ac Ohio fyddai'n gartref i fwy o ymfudwyr Cymreig na Wisconin. Ac erbyn hynny byddai rhyw 2,000 o Gymry'n byw yn swydd Racine.[30] Yn ôl cyfrifiad yr Unol Daleithiau, 12,598 oedd poblogaeth y swydd yn 1860, felly byddai'r gymuned Gymraeg yn amlwg iawn yn y ddinas a'r cyffiniau gan fod y Cymry yn cyfrif am dros 15% o holl boblogaeth *Racine County*. Roedd 8,865 o drigolion y swydd wedi'u geni mewn gwledydd eraill, felly roedd rhyw ddwy draean o boblogaeth yr ardal yn fewnfudwyr, gyda niferoedd uchel o Loegr, Iwerddon, Norwy a'r Iseldiroedd yn ogystal ag o Gymru, a niferoedd llai o wledydd eraill megis yr Alban a'r Swistir.[31]

Mae manylion cyfrifiad 1860 yn fodd i werthfawrogi amrywiaeth poblogaeth Gymreig Racine. Yn ward gyntaf y ddinas roedd David Kirkham, ymfudwr 32 oed o Gymru yn byw. Disgrifia'r cyfrifiad ef fel *'master shoemaker'*. Roedd ei wraig, Hannah, 29 oed, a'u merch, Mary, 12 oed, wedi'u geni yng Nghymru hefyd, ond roedd y meibion John a Franklin (tair a dwy oed) wedi'u geni yn Wisconsin. Roedd y Gymraes Mary Flagg, 34 oed, yn gweithio fel *'milliner'* (yn gwneud hetiau ar gyfer benywod), a'i gŵr Gustavus, wedi'i eni yn Vermont. Roedd eu mab Carleton, 17 oed, wedi'i eni yn Wisconsin ac yn gweithio fel *'machinist'*. Roedd merched Mary Flagg, Maria a Celia (12 a 9 oed) wedi'u geni yn Wisconsin hefyd. Mewn *boarding house* yn yr un ward roedd Jenny Lewis, 19 oed, yn byw; ganed hi yng Nghymru, ac roedd yn gweithio fel *'seamstress'* yn Racine. Yn byw yn yr un gwesty â hi oedd Cymraes arall, Mary Evans, *'servant'*, Martha Wright, *'servant'* o'r Alban, a Kate Felly, *'servant'* o Iwerddon nad oedd ond 16 oed, ynghyd â nifer o forwynion a gweision eraill o *'Germany'* a *'Prussia'*. Ar yr un stryd roedd crydd 50 oed a aned yng Nghymru, John R. Thomas, yn byw, ynghyd â'i wraig Ann, 44 oed, a aned yng Nghymru hefyd.[32] Roedd nifer uchel o gryddion Cymreig yn Racine ac yn eu mysg oedd **John Bowen**. Yn enedigol o Fachynlleth, roedd yn 25 oed yn 1860. Cofia'r sawl a ddeuai ar ei draws ei wallt golau, ei hiwmor a'i ddiddordeb byw mewn gwleidyddiaeth. Llawciai bapurau newydd ac roedd yn awyddus i drafod y newyddion diweddaraf â phwy bynnag a fyddai'n fodlon gwrando arno.[33]

Un o drigolion eraill ward gyntaf Racine oedd **Robert T. Pugh**, clerc ifanc a gyflogid gan un o fasnachwyr Cymreig y ddinas, John Vaughan. 19 oedd Robert T. Pugh yn 1860, ac roedd yn byw gyda'i gyflogwr. Roedd pedwar yn y tŷ: John Vaughan a'i wraig Mary, Bob a dyn sengl arall a weithiai yn yr un fusnes, Thomas Williams. Robert T. Pugh – neu Bob, fel y'i hadwaenid – oedd yr unig un yn y tŷ nad oedd wedi ymfudo o Gymru, ond Cymraeg oedd ei iaith gyntaf ac felly mae'n rhaid mai dyna oedd iaith y cartref a'r fusnes. Mae Bob Pugh yn un o lawer o Americanwyr yn y cyfnod a siaradai Gymraeg er na welsent Gymru erioed. Un o Lanegryn oedd mam Bob Pugh, Jane Thomas. Priododd â Griffith Pugh ar ddiwedd y 1830au ac ymfudodd y ddau i America yn fuan wedyn. Bu'r cwpl priod yn ffermio yn Ohio ac yn y dalaith honno y ganed eu mab, Robert Thomas Pugh, a hynny yn 1841.[34] Clafychodd Jane yn sgil yr enedigaeth, a bu farw yn fuan wedyn. Nid oedd gan y teulu lawer o foddion ac yn sicr nid oedd yn bosibl i Griffith Pugh ofalu am y fferm a magu'r babi ar ei ben ei hun. Felly aeth y plentyn bach i fyw gyda pherthnasau yn Racine. Pan oedd yn 13 oed, symudodd Bob Pugh i Frederickton, Canada, er mwyn byw gyda pherthnasau yno a mynd yn brentis ym musnes *dry goods* y teulu hwnnw. Dychwelodd i Racine ychydig o flynyddoedd wedyn pan gafodd swydd ym musnes – a llety yng nghartref – John Vaughan.[35]

Gweithiai nifer o Gymry Racine ar y llongau a gludai nwyddau a theithwyr ar lyn Michigan. Un ohonynt oedd Robert Jones, a oedd yn byw yn ail ward y ddinas yn 1860. Wedi'i eni yng Nghymru, roedd y dyn 40 oed hwn yn gapten llong – *'master of vessel'* – a bod yn fanwl gywir. Roedd ei wraig Mary, a oedd yn 40 oed hefyd, wedi'i geni yng Nghymru, ond dengys manylion eu meibion natur deithiol bywyd teulu capten llong. Roedd John, a oedd yn 20 oed yn 1860, wedi'i eni yn Lloegr ond roedd Humphrey, 18 oed, wedi'i eni yng Nghymru. Disgrifir y ddau fab fel *'sailor[s]'*, ac mae'n debyg iawn eu bod yn gweithio ar long eu tad. Roedd merched y capten llong Cymreig, Mary a Sarah (9 a 3 oed) wedi'u geni yn Wisconsin. Drws nesaf i'r teulu hwn oedd Thomas M. Roberts yn byw. Hefyd yn yr un gymdogaeth yr oedd llongwr Cymreig o'r enw David Pugh yn byw gyda'i wraig Elizabeth (a aned yng Nghymru hefyd), a'u plant bychain, Catherine ac Arthur, a aned yn Wisconson. Y drws nesaf iddynt ar un ochr yr oedd Cymraes ddibriod 40 oed, Jane Jones, gyda lletywyr yn ei thŷ – Morris Bresse, *'farm laborer'*, a'i wraig Mary, a Richard Jones, gweithiwr fferm arall – a'r tri wedi'i geni yng Nghymru. Ar yr ochr arall i dŷ'r morwr David Pugh yr oedd saer maen – *'master mason'*, yn wir – yn byw, Evan Lewis, gyda'i wraig Margaret. Yn debyg i gynifer o deuluoedd Cymreig eraill Racine, roedd y rhieni wedi'u geni yng Nghymru a'u plant wedi'u geni yn Wisconsin.[36]

Roedd digon o longwyr Cymreig yn byw yn nhrydedd ward y ddinas hefyd, gan gynnwys *'master of vessel'* arall, Hugh Jones, a'i wraig Lara, ill dau o Gymru, a'u plant wedi'u

21

geni yn nhalaith Efrog Newydd. Roedd teuluoedd Cymreig yn byw ar bob ochr i dŷ'r Capten Jones hefyd, rhai a oedd yn sylweddol dlotach na'u cymydog o longwr gan fod y dynion yn cael eu disgrifio fel *'day laborer*[*s*]*'*. Ceid digon o grefftwyr Cymreig yn y rhan hon o'r ddinas hefyd; dyna, er enghraifft, y saer maen Reese Pugh a'i wraig Winnifret, a'r saer coed John Williams a'i wraig Ann. Drws nesaf iddynt roedd saer coed arall o Gymru, John Rogers, yn byw gyda'i wraig Mary. Er bod saer coed arall, Henry S. Morgan, wedi ymfudo o Gymru, roedd ei wraig Sarah wedi'i geni yn Ohio – i deulu Cymreig, mae'n debyg – ond roedd eu tair merch, Mary, Elizabeth a Carrie, wedi'u geni yn Wisconsin. Peiriannwr (*'machinist'*) oedd y Cymro David Owen; roedd ei wraig Rachel a'u plentyn hynaf, Evan, wedi'u geni yng Nghymru ond Wisconsiniaid o'u genedigaeth oedd y plant eraill, Mary, Jannice, Walter, Joel a Rachel. Disgrifir eu cymydog Robert O. Jones fel *'cook'*, ond nid oes arwydd ym mha le yr oedd y cogydd hwn o Gymru yn gweithio. Mae'n ddiddorol nodi bod pedwar mab yn byw gyda Humphrey a Mary Thomas, er bod y ddau riant yn 70 oed a'r meibion hyn yn oedolion; roedd John (40 oed) a Robert (33) yn seiri maen fel eu tad, Owen (28) yn *'sailor'* a'i frawd iau, Evan (26) wedi dringo'n uwch nag ef gan mai *'master of vessel'* ydoedd. Roedd y chwech wedi ymfudo o Gymru. Roedd mab hynaf William a Jane Lewis, James, yn gyfreithiwr ac wedi ymfudo o Gymru fel ei rieni, ond roedd eu hail fab, William, wedi'i eni yn nhalaith Efrog Newydd ac yn gweithio fel *'telegraph operator'*.[37]

Gan fod digon o dir amaeth ar gyrion y ddinas, roedd rhai ffermwyr Cymreig yn byw yn wardiau dinas Racine. Dengys papurau'r cyfrifiad ar gyfer ardaloedd mwy gwledig *Racine County* fod llawer o ymfudwyr Cymreig yn ffermio yn y parthau hyn hefyd. Draw yng nghyffiniau Burlington i'r gorllewin roedd James a Sarah Price yn ffermio, gyda'u meibion Joseph ac Edwin (17 a 10 oed) wedi'u rhestru fel *'farm laborer*[*s*]*'*, pob un wedi'i eni yng Nghymru ac felly wedi ymfudo yn ystod y ddeng mlynedd ddiwethaf.[38] Yn ardal

Caledonia, ychydig i'r gogledd, roedd John a Mary Humphrey yn ffermio, a nhwythau'n 58 ac yn 56 a heb blant na gweision yn byw gyda nhw.³⁹ Roedd tŷ lletty mewn pentref o'r enw Mt. Pleasant rhwng dinas Racine a Burlington, ac yno roedd cnwd o weision ffarm yn byw – Cadwaladr Roberts, Griffith Griffiths, John Herbert, Edward Mason, a John Griffiths, pob un yn ei ugeiniau ac wedi'i eni yng Nghymru. Hefyd yn y *boarding house* hwn oedd Cymraes ddibriod, Catherine Jones, 35 oed, a ddisgrifir fel *'servant'*. Ar fferm gyfagos roedd yr ymfudwyr Cymreig Owen a Stella Prichard yn byw gyda merch fach Stella, pedair oed, a hithau wedi'i geni yn Wisconsin.⁴⁰ Rhyw wyth milltir i'r gorllewin ym mhentref Raymond yr oedd yr ymfudwyr Cymreig Richard a Sarah Thomas; melinydd oedd Richard Thomas, ac roedd ganddo ddau weithiwr yn byw gyda'i deulu, David Thomas, a oedd wedi ymfudo o Gymru hefyd, a dyn a aned ym Mecklenburg. Roedd tri phlentyn y melinydd – John, Elizabeth, a Sarah – wedi'u geni yn Wisconsin.⁴¹

Dim ond yn ardal Rochester, swydd Racine, yr oedd y sawl a gofnododd fanylion ar gyfer y cyfrifiad wedi cymryd digon o ofal i wahaniaethu rhwng gogledd a de Cymru. Felly dysgwn fod y ffermwr John Thomas, ei wraig Lillia, a'u merched Jane ac Ann (15 a 13 oed) wedi'u geni yn *'South Wales'* er bod y plant iau – James, John, Charles a Catherine – yn Wisconsiniaid o'u genedigaeth. Ar fferm yn ymyl yr oedd John Griffiths yn byw, ac yntau wedi'i eni yn *'North Wales'*. Ganed ei wraig Margaret yn Iwerddon, ac roedd eu merch flwydd oed, Eliza, wedi'i geni yn Wisconsin.⁴²

Dyna roi enwau i rai o'r 2,000 o Gymry a oedd yn byw yn swydd Racine ar drothwy Rhyfel Cartref America. Roedd cymunedau Cymraeg bywiog eraill mewn rhannau eraill o Wisconsin hefyd, a rhwydweithiau teuluol, cymdeithasol a chrefyddol yn cysylltu rhai o'r Cymry Americanaidd eraill hyn â chymuned fawr Racine. Yn wir, er mwyn cydnabod arwyddocâd poblogaeth Gymraeg y dalaith newydd, cyhoeddwyd cyfieithiad Cymraeg llawn o gyfansoddiad

23

Wisconsin yn 1849 – gwta flwyddyn ar ôl i'r dalaith newydd gael ei derbyn yn un o'r Unol Daleithiau.⁴³

Ond go brin bod bywyd Cymraeg yr un o'r cymunedau newydd eraill hyn yn fwy amrywiol a chyfoethog na'r hyn a geid yn Racine ar ddiwedd y 1840au. Yn ogystal â diwylliant crefyddol eu capeli, câi trigolion Cymraeg y ddinas ymroi i rychwant o weithgareddau trwy gyfrwng eu mamiaith. Er enghraifft, roedd gan Racine gymdeithas lenyddol Gymraeg erbyn dechrau 1853.⁴⁴ Erbyn 1856 roedd ganddi eisteddfod fywiog hefyd. Roedd un o gystadlaethau'r ŵyl y flwyddyn honno yn gofyn i feirdd ysgrifennu pryddest ar destun 'Ymfudiad y Cymry i'r America, a'u Gwellhad yn Ol Dyfod Yno.'⁴⁵ Cyfansoddodd Michael Jones o Dodgeville, Wisconsin, y bryddest a ddyfarnwyd yn ail orau, ac er iddo fethu â chipio'r brif wobr, roedd y bardd yn teimlo bod ei gyfansoddiad yn ddigon da i'w gyhoeddi yn *Y Cenhadwr Americanaidd*. Ceir yn y gerdd hir hon 536 o linellau, y cyfan yn mawrygu'r ymfudwyr Cymreig a'u hymdrechion i greu cymunedau newydd yn America. Gan ddyfynnu un pennill yn unig o'r bryddest faith hon:

> Meib Gwalia modd difyrus,
> Ant dros *Brairies* maith,
> Gan gyrchu i'r cymanfaoedd,
> Yn lluoedd da eu gwaith;
> A'r olwg arnynt welir
> Yn eglur a diwad
> Sy'n profi uwch pob amheuaeth
> Eu mudiaeth yn wellhad.⁴⁶

Mae'r union dirwedd a ddisgrifir yma – y *prairies* – yn dwyn Wisconsin i gof, er bod y gerdd yn cyffredinoli profiad a llwyddiant ymfudwyr Cymreig yn America yn hytrach na dyrchafu un lleoliad penodol, fel y gwnâi W. G. Roberts a'i debyg.

Cyfeirid at wŷl Racine fel 'Eisteddfod Daleithiol Wisconsin' ar dudalennau cyfnodolion Cymraeg America weithiau, ac erbyn 1858 roedd fel pe bai am gystadlu ag Eisteddfod Utica yn nhalaith Efrog Newydd am deitl eisteddfod fwyaf yr Unol Daleithiau. Roedd yn sicr yn destun trafod mewn cylchoedd llenyddol Cymraeg ar ddwy ochr yr Iwerydd yn 1858 pan enillodd bardd ifanc o Racine, Ioan Llewelyn Evans, un o'r prif gystadlaethau a churo bardd mwy profiadol, y Parchedig R. D. Thomas (Iorthryn Gwynedd). Er ei fod yn ddyn yn ei oed a'i amser ac yn weinidog yr Efengyl, collwr sâl iawn oedd Iorthryn Gwynedd, ac aeth ati i feirniadu pryddest fuddugol y gŵr ifanc mewn nifer o gyfnodolion. Aeth yn ffrae eisteddfodol o'r iawn ryw, ac ar ôl cael llond ei fol o'r hyllni, bygythiodd y bardd ifanc ddwyn achos enllib yn erbyn R. D. Thomas mewn llys barn. Yn hytrach nag ildio'r maes ac ymdawelu, yr hyn a wnaeth y Parchedig Thomas oedd parhau i gyhoeddi ysgrifau hallt am Ioan Llewelyn Evans yn y wasg Gymraeg Americanaidd – ond o dan wahanol ffugenwau. Yn y pen draw, rhoes Ioan Llewelyn Evans daw ar y cyfan trwy gyhoeddi *tour de force* o ymateb – llyfryn cyfan sy'n dwyn y teitl *Crach-feirniadaeth*. Yn ogystal â chyfrannu at ddiwylliant barddol Wisconsin, roedd Ioan Llewelyn Evans yn weithgar iawn mewn cylchoedd gwleidyddol, fel y gwelir isod.

I'r graddau y mae cynnyrch Eisteddfod Racine yn ddrych i ddiddordebau gwleidyddol a moesol Cymry Wisconsin, un o'r cystadlaethau mwyaf arwyddocaol oedd un yn 1857 yn gofyn am draethawd ar 'Hawliau Merch fel Aelod o Gymdeithas'. Cipiodd Mrs. G. Griffiths o Oshkosh, Wisconsin, y wobr a chyhoeddwyd ei gwaith buddugol y flwyddyn ganlynol. Ar ddechrau'i llith, mae hi'n tynnu sylw at natur arloesol y gystadleuaeth ei hun trwy ddweud bod 'y cynygiad... gan bwyllgor dewisedig o brif lenorion Cymraeg ein Talaeth... yn argoel eglur... o *ddechreuad* cyfnewidiad dymunol yn syniadau ein cenedl', gan ychwanegu mai yn '[o]fer yr edrychir i mewn i gofnodi yr oesau a aethant heibio am ddim yn ymylu ar hyn.'[47] Mae'i dadansoddiad hi'n finiog a'i goslef yn danbaid, wrth iddi ddarlunio'r cyd-destun hanesyddol eang a'r modd y bu cymdeithas trwy'r trwch yn 'tagu' unrhyw ymdrech i drafod hawliau merched:

> Tagwyd pob crybwylliad am dano yn yr eginyn megis – cadwyd y peth mor llwyr o olwg y werin, am gynifer o genedlaethau yn olynol, nes o'r diwedd yr aeth dynion i gredu nad oedd ganddi hawliau – a hithau, trwy faith gynefindra â iau caethiwed, yn ddifraw yn nghylch ei hiawnderau fel aelod o gymdeithas.[48]

Dadleua'n egnïol dros hawl merched i gael addysg ('Dylai ffynhonau dysg fod yr un mor rydd ac agored iddi hi ag ydynt i'w brodyr'), ac mae'n cymharu'r rhai sy'n dweud na ddylai benywod gael trafod materion y tu allan i'w cartrefi â'r bobl hynny sy'n dal na '[dd]ylai trigolion Wisconsin [wneud dim] â chaethiwed Virginia!'[49]

Nid oedd ond deng mlynedd ers y *Woman's Rights Convention* yn Seneca Falls, Efrog Newydd, y gynhadledd gyntaf o'i bath yn yr Unol Daleithiau, ac felly roedd yn dal yn ddyddiau cynnar yng nghyd-destun hanes yr ymgyrch dros hawliau merched.[50] Roedd trefnwyr Eisteddfod Racine yn flaengar iawn, ac mae natur soffistigedig trafodaeth y cystadleuydd buddugol yn sicrhau bod yr addewid wedi'i wireddu'n llawn. Mae'n arwyddocaol bod Mrs. G. Griffiths yn cysylltu'r ymgyrch dros hawliau merched â'r ymgyrch yn erbyn caethwasiaeth, fel y gwnâi arweinwyr radicalaidd amlwg megis Sojourner Truth a Frederick Douglass. Gwnaethpwyd y cysylltiad hwnnw mewn print gan Robert Everett hefyd.

Yn debyg i drigolion cymunedau Cymraeg eraill yn yr Unol Daleithiau, roedd llawer o Gymry Racine yn ddiddymwyr – yn bobl a oedd yn ymgyrchu er mwyn diddymu caethwasiaeth. Mae tystiolaeth sy'n dangos bod cyfarfodydd gwrthgaethiwol yn cael eu cynnal trwy gyfrwng yr iaith Gymraeg yn yr ardal ers o leiaf 1854.[51] Roedd diddymiaeth yn achos a hyrwyddid yn egnïol ar dudalennau gwasg Gymraeg America ers dechrau'r 1840au, ac roedd nifer o weinidogion Cymraeg y wlad wedi sicrhau bod gweddïo – ac ymgyrchu – dros ryddid y caethweision yn agweddau amlwg ar ddiwylliant eu capeli. Ceir tystiolaeth drawiadol sy'n dangos bod y daliadau gwrthgaethiwol hyn wedi ymdreiddio i ddiwylliant rhai aelwydydd Cymraeg yn yr Unol Daleithiau. Roedd teulu **Rowland J. Edwards** wedi ymfudo o Aberystwyth pan oedd yn dair blwydd oed.⁵² Ni chofiai Gymru o gwbl, ond Cymraeg oedd iaith yr aelwyd.⁵³ Mewn ysgrif a gyhoeddodd flynyddoedd wedyn disgrifia ddiwylliant crefyddol yr aelwyd hon pan oedd yn blentyn ddiwedd y 1840au a dechrau'r 1850au:

> Yn nhy fy rhieni byddai dyledswydd deuluaidd yn cael ei chadw nos a bore. Peth anghyffredin fyddai i'r teulu ddechreu neu ddiweddu diwrnod heb ddarllen rhan o'r Ysgrythyr a gweddio. Ac un o'r ymbiliau taeraf ar y weddi gan fy nhad, ac hefyd, gan fy mam yn ei thro, fyddai gofyn i'r Arglwydd trwy ryw lwybr o'i eiddo ei hun, frysio y dydd y byddai i'r caethion ryddid. Dyma un o'r pethau cyntaf wyf yn gofio o'r weddi deuluaidd.⁵⁴

Mae'n hawdd cysylltu'r 'weddi deuluaidd' hon â diwylliant print Cymraeg America. Bu Robert Everett wrthi ers blynyddoedd yn cyhoeddi deunydd yn annog ei ddarllenwyr i wneud yr union beth hwn. Ef oedd golygydd misolyn Annibynwyr Cymraeg America, *Y Cenhadwr Americanaidd*, a chyhoeddodd ysgrif ynddo mor gynnar â Chwefror 1840 sy'n dwyn y teitl 'Gweddïo Dros y Caeth'. Mae'n annog darllenwyr i 'gofio y caethwion... yn feunyddiol ger bron yr Arglwydd'.⁵⁵ Wrth egluro bod 'hwn yn ddeisyfiad cyson a thaer' yn eu cartref nhw bob dydd, nododd Rowland Edwards fod 'gwahaniaethau mewn geiriad [y gweddïau hyn] o dro i dro.'⁵⁶ Mae'n werth nodi bod Robert Everett wedi awgrymu gwahanol themâu ar gyfer gweddïau o'r fath, gan gynnwys y 'rheol[au]' sanctaidd, '[c]ofiwch y rhai sydd yn rhwym megis pe baech yn rhwym gyda hwynt' a '[ph]a bethau bynnag a ewyllisioch

27

wneuthur o ddynion i chwi, felly gwnewch chiwthau iddynt hwy.'[57] Mae'n ddiddorol nodi mai Methodisitiaid Calfinaidd oedd teulu Rowland J. Edwards, ac er bod misolyn eu henwad, *Y Cyfaill o'r Hen Wlad*, wedi cymryd safiad gwrthgaethiwol o'r cychwyn hefyd, nid oedd mor danbaid ag eiddo'r Annibynnwr Robert Everett.

A gweddïo dros ryddid y caethweision ymysg atgofion plentyndod cryfaf Rowland Edwards, bu'r bachgen yn dyst i ddigwyddiad a ddangosai sut y gallai gysylltu'r deisyfiad hwn â gweithredoedd. Roedd caethwas ffoëdig o St. Louis wedi ymgartrefu yn Racine:

> ... yr oeddym ni yr hogiau yn ei adnabod yn dda, a byddai ganddo ryw air siriol i'w ddweyd wrthym bob amser. Yr oedd yn ddiwyd a gonest a phawb yn hoff iawn o hono. [58]

Joshua Glover oedd enw'r dyn hwn, er bod cyfeillion Rowland Edwards yn cyfeirio ato fel 'Uncle Joe'.[59] Daeth ei gyn-berchennog o hyd iddo a chyflogi dynion i deithio i gyffiniau Racine, ei gipio a'i ddychwelyd i gaethiwed. Roedd gweithredoedd o'r fath yn gyfreithlon – hyd yn oed mewn talaith 'rydd' fel Wisconsin – oherwydd Deddf y Caeth Ffoëdig (*the Fugitive Slave Act*). Cymerodd y '*slave catchers*' hyn Joshua Glover i garchar ym Milwaukee – dinas arall tua 25 milltir i'r gogledd o Racine – i'w 'gadw nes y gellid hyrwyddo y ffordd i fyned ag ef yn ol i'r De.'[60] Ond 'ffurfiwyd mintai o ddynion heinif a gwrol' er mwyn mynd 'i Milwaukee i ryddhau y brawd du[.]'[61]

Chwyddodd y fintai hon ar ôl cyrraedd Milwaukee wrth i ddiddymwyr eraill ymuno, a phan wrthododd barnwr ryddhau'r caethwas ffoëdig, torrodd y dorf ddrysau'r carchar. Aethpwyd â Joshua Glover i guddfan yn Wisconsin ac wedyn ymlaen i ryddid yng Nghanada. Gan fod Rowland J. Edwards yn rhy ifanc i gymryd rhan yn y cyrch ar y carchar, teimlai 'yn ddrwg na all[ai] fyned gyda hwynt pe ond i waeddi hwre,' a nododd ei fod yn 'edmyg[u']n fawr wrhydri y dynion' a aeth i Milwaukee, 'pob un o'r rhai a adwaenwn yn dda.'[62] Roedd cipio a rhyddhau Joshua Glover yn un o nifer o ddigwyddiadau tebyg a ddeffrodd ddiddymwyr y taleithiau gogleddol i realiti grym Deddf y Caeth Ffoëdig, gan begynu barn ynghylch caethwasiaeth ymhellach a dwysáu'r rhwyg a fyddai'n arwain yn y pen draw at y Rhyfel Cartref. Gwnaeth argraff ar y Rowland Edwards ifanc: 'yr oedd y ffaith fod cyfraith ein gwlad yn caniatau myned a'r dyn hwn o'n plith yn ol i gaethiwed yn wrthun iawn i mi.'[63]

Dengys rhychwant o wahanol ffynonellau fod diddymiaeth yn mynd yn wedd gynyddol amlwg ar wleidyddiaeth Americanwyr Cymraeg eu hiaith yn ystod y cyfnod. Ffurfiwyd plaid wrthgaethiwol newydd, y Liberty Party, yn 1840 i herio'r ddwy brif blaid, y Chwigiaid a'r Democratiaid. 'Plaid Rhyddid' ydoedd i Robert Everett, ac mae tystiolaeth bod niferoedd sylweddol o'i gyd-Americanwyr Cymraeg wedi pleidleisio drosti yn etholiad arlywyddol 1844.[64] Symudwyd y gefnogaeth hon i blaid wrthgaethiwol newydd arall, y Free Soil Party, erbyn etholiad 1848. Pan chwalwyd y Chwigiaid gan ddadleuon mewnol ynglŷn â chaethwasiaeth yn ystod y 1850au cynnar, ymunodd Chwigiaid a wrthwynebai gaethwasiaeth â phlaid newydd sbon danlli, y Gweriniaethwyr, a daeth diddymwyr radicalaidd a fuasai'n cefnogi Plaid Rhyddid a Phlaid y Tir Rhydd i chwyddo'i rhengoedd hi.

Ar wahân i un cyhoeddiad byrhoedlog a ariennid gan y Democratiaid, *Y Gwron Democrataidd*, roedd gwasg Gymraeg America yn unfryd yn ei chefnogaeth i'r Gweriniaethwyr yn etholiad 1856. Mae'n werth nodi bod gan y wasg honno bedwar conglfaen ar y pryd, sef papur newydd wythnosol, *Y Drych* (neu *Y Drych a'r Gwyliedydd*, fel yr oedd am gyfnod), a thri misolyn a wasanaethai wahanol enwadau ymneilltuol: *Y Cyfaill o'r Hen Wlad* (Methodistiaid Calfinaidd), *Y Cenhadwr Americanaidd* (Yr Annibynwyr) ac *Y Seren Orllewinol* (Y Bedyddwyr). Mynegodd pob un o'r prif gyfnodolion Cymraeg Americanaidd hyn gefnogaeth i'r Gweriniaethwyr yn 1856.

Ychydig dros 33% o'r bleidlais a gafodd y Gweriniaethwr y flwyddyn honno, ond er bod y blaid newydd wedi colli'i hetholiad arlywyddol cyntaf, roedd wedi dangos ei bod hi'n rymus. Ac roedd y flwyddyn yn garreg filltir yn hanes gwleidyddol Cymry America gan fod cynifer ohonynt wedi uno y tu ôl i'r blaid newydd. Diddymiaeth – cred y dylid dileu caethwasiaeth yn y taleithiau deheuol – oedd y llinell amlycaf a olrheiniai dirlun gwleidyddol newydd y Gymru Americanaidd.

Roedd nifer o Gymry Racine wrthi'n ymdreiddio i ganol byd gwleidyddol y ddinas, y sir a'r dalaith, y rhan fwyaf ohonynt yn Weriniaethwyr (neu'n 'Werinwyr', fel y dywedir weithiau yn ysgrifau'r cyfnod), a'u gwrthwynebiad i gaethwasiaeth yn ganolog i'w cefnogaeth i'r blaid newydd honno. Etholwyd y bardd ifanc hwnnw, Ioan Llewelyn Evans, yn aelod o 'Ddeddfwneuthurfa' (*Legislature*) Wisconsin yn 1859 ac yn yr un flwyddyn etholwyd William W. Vaughan yn faer Racine, a hynny 'trwy... fwyafrif... luosocach nag un mwyafrif blaenorol a roddwyd yn y lle wrth ddewis Maer.'[65] Yn debyg i William G. Roberts, un o sefydlwyr Cymreig cyntaf Racine oedd William W. Vaughan. Roedd hefyd yn fasnachwr llwyddiannus ac yn gyd-berchen ar 'stôr' yn y ddinas â Chymro arall. Dyma un o'r hysbysebion a gyhoeddod y cwwni Cymreig a Chymraeg hwn ar dudalennau *Y Drych a'r Gwyliedydd*:

> YSTORDY VAUGHAN & WILLIAMS, RACINE. Yr ydym yn galw sylw neillduol ein darllenwyr yn Racine a'r cylchoedd, at Hysbysiad adnewyddol Vaughan & Williams, a welir ar y tudalen diweddaf o'r papyr yr wythnos hon.
> Bu un o'r boneddwyr uchod yma yr wythnosau diwethaf, a phwrcasodd beth anferth o adgyfnerthion ar gyfer teuluoedd y gymydogaeth uchod. Bydd eu harddangosfa yn agored drwy yr haf, o'r boreu hyd yn hwyr y nos. Tocyntau yn *free*; eisteddleoedd detholedig i'r boneddigesau. Galwch i mewn, bobl![66]

Gwelir ar 'y tudalen diweddaf' hwnnw alwad taer am sylw – a busnes – siaradwyr Cymraeg Racine:

> RACINIAID CLYWCH! CLYWCH!
> NEWYDDION DYDDOROL!
> DYMUNA VAUGHAN A WILLIIAMS
> hysbysu eu cyfeillion lluosog yn Racine a'r amgylchoedd eu bod wedi dychwelyd o Efrog Newydd gyda Stock Anferth o Groceries a Chrocery, yn nghyd a phob peth arall a gedwir mewn masnachdai cyffredin. Hefyd pob math o DRY GOODS priodol i'r adeg bresenol ar y flwyddyn. [...]
> Gwahoddir pawb yn ddiwahaniaeth i dalu ymweliad a'u Masnachdy, fel y gallent farnu drostynt eu hunain[.]⁶⁷

Ymfudasai teulu chwaer William Vaughan o Ddyffryn Ardudwy yn 1843 i ymuno ag ef, a phan etholwyd y dyn busnes yn faer Racine yn 1859 roedd ei nai, **Robert Blair Jones**, yn 18 oed ac yn ei gynorthwyo gyda'i fusnes.⁶⁸ Roedd William G. Roberts a William Vaughan ill dau'n ddeaconiaid yng nghapel Methodistiaid Calfinaidd Cymraeg Racine a daeth R. Blair Jones yn aelod yn y capel hefyd. Yn wir, byddai'r dyn ifanc yn chwarae rhan gynyddol amlwg yn nhrefniadau'r enwad ar lefel y dalaith yn ogystal ag yn ei gapel ei hun.⁶⁹

Roedd Thomas J. Evans, deacon yng nghapel Annibynwyr Cymraeg Racine, yn ymhél â gwleidyddiaeth hefyd ac wedi'i ethol yn un o Henaduriaid y ddinas. Awgrymodd un awdur di-enw o Gymru fod Cymry America'n gwleidydda'n well na'u cydgenedl yn yr Hen Wlad a bod 'Gwerinwyr Cymreig Racine' yn enghraifft neilltuol o'r ffenomen honno: 'y mae yn amlwg fod y Raciniaid ar y blaen arnom mewn Gwleidyddiaeth[.]'⁷⁰ 1860 fyddai'r eildro i'r Gweriniaethwyr gystadlu mewn etholiad arlywyddol. Roedd llawer o Weriniaethwyr Cymraeg eu hiaith am ddiddymu caethwasiaeth yn syth ac felly ar adain radicalaidd y blaid. Ar y llaw arall, roedd eu hymgeisydd ar gyfer yr arlywyddiaeth, Abraham Lincoln, yn Weriniaethwr cymedrol a wrthwynebai ymestyn caethwasiaeth ond a gredai nad oedd gan arlywydd yr Unol Daleithiau yr hawl gyfansoddiadol i'w dileu mewn taleithiau unigol.

Er ei fod ymysg y Gweriniaethwyr mwy radicalaidd, aeth William G. Roberts ati i gefnogi ymgeisydd ei blaid ac ymgyrchu'n frwd drosto mewn cylchoedd Cymraeg a Saesneg yng nghyffiniau Racine. Os oedd ymfudwyr Cymreig a'u plant yn tueddu i gefnogi'r Gweriniaethwyr yn 1860, Democratiaid oedd Americanwyr Gwyddelig yn amlach na pheidio. Cythruddwyd William G. Roberts gan gyfarfod gwleidyddol a gynhaliwyd gan Wyddelod tref gyfagos, Burlington, a chyhoeddodd lythyr tanbaid yn y *Racine Daily Journal* yn ymosod ar y Democratiaid hyn:

> A few days ago the slavery-extending party had a convention at Burlington to nominate their ticket, which is to be wofully whipped out in the November election. After imbibing freely of what Pat calls the "suapper," several of the partakers made stump speeches at Burlington and on their way home.[71]

Manylodd ar araith un o'r siaradwyr Democrataidd, 'Mr. T.,' a ddisgrifiwyd ganddo fel dyn adnabyddus yn y diwydiant gwlân lleol (gan felly osgoi rhoi enw llawn y dyn ac eto sicrhau y gallai darllenwyr y *Journal* ei adnabod). Mae disgrifiad sarhaus William G. Roberts o eiriau ac ymddygiad y Democrat hwn yn arddangos cyfuniad o ddaliadau gwrthgaethiwol a rhagfarn wrth-Wyddelig na fyddai'n estron ar dudalennau'r rhan fwyaf o gyhoeddiadau Cymraeg America a Chymru yn y cyfnod.

> He, among other things, held the attention of his delighted Celtic audience spell-bound by the following most touching and pathetically eloquent remarks[.] Says he, "Gentlemen, my father was Methodist, and I told him that he was a ---- fool. I am mixed blood of *Welsh* and *Irish*; I care but very little for what Welsh I have got, but, Gentlemen! I tell you I care a great deal for what Irish blood I have got. (Applause

from the crowd.) The speaker went on at great length with
his blarneying remarks, incited and stimulated by his Irish
blood!! within and without, and more particularly on account
of the good prospect of a glorious crop of Irish petatis! Which
would help his Irish blood circulate through Democratic
veins. [72]

Yn ogystal â bod yn Gymro balch ac yn Weriniaethwr
gweithgar, mae'n werth cofio bod William G. Roberts yn
Fethodist selog; mae'n dyfynnu darn o araith 'Mr. T.' sy'n
darlunio hunaniaeth gwbl groes i'w hunaniaeth yntau.
Amlyga'r gymhariaeth hon wedyn, gan wrthgyferbynnu
Americanwyr Gwyddelig Burlington â Chymry Racine. Er
ei fod yn ysgrifennu'n Saesneg ar gyfer llawer o ddarllenwyr
na wyddai nemor ddim am draddodiadau'i wlad enedigol,
cyfeiria William G. Roberts at y ffrwd hirhoedlog honno o
hanesyddiaeth Gymreig a ddisgrifiai'r Cymry fel disgynyddion
i'r 'Hen Frytaniaid':

> I am confident that the descendents of "Ancient Britain"
> will suffer many such intended reproaches before they
> will degrade themselves by becoming allies to a bogus
> Deomocracy, whose main business is to extend human
> slavery, and constitute themselves blood hounds to hunt down
> a poor fugitive, flying for his natural and God-given rights. [73]

Ac wrth gloi'r ymosodiad ar Ddemocrat a oedd yn 'hanner
Cymro ac yn hanner Gwyddel', arwyddodd y llythyr tanbaid
hwn mewn modd sy'n creu gwrthbwynt ystyrlon: 'Yours,
W. G. Roberts, A full-blooded Welshman.'[74]

Roedd Racine yn parhau i ddenu ymfudwyr o Gymru a
chyrhaeddodd un yn ystod blwyddyn yr etholiad a fyddai'n
chwarae rhan bwysig ym mywyd cymuned Gymraeg y
ddinas. Roedd y Parchedig William J. Hopkins wedi ymfudo
â'i deulu er mwyn gofalu am gapel Annibynwyr Cymraeg
Racine. [75] Ymdaflodd yn syth i fywyd ei gymuned newydd.[76]

Pan gyhoeddodd lythyr yn *Y Cenhadwr Americanaidd* ym mis Mawrth 1862 yn diolch am y gefnogaeth yr oedd wedi'i chael gan aelodau'i gapel, diolchodd hefyd i 'frodyr' enwadau ymneilltuol eraill y ddinas. Er ei fod a'i deulu'n ymfudwyr diweddar iawn, dywedodd mewn iaith flodeuog ei fod yn ystyried yr ardal honno'n gartref bellach: 'dyma lle mae fy holl ffryndiau i yn y byw, a dyma'r lle yr wyf inau yn dymuno byw a marw.'[77]

Gyda thri chapel Cymraeg yn y ddinas, eisteddfod flynyddol fyrlymus ac ymfudwyr Cymreig yn weithgar mewn cynifer o beuoedd, rhaid bod trigolion di-Gymraeg Racine yn gwybod yn iawn fod *'descendents of "Ancient Britain"'*, chwedl William G. Roberts, yn byw yn eu mysg. Yn wir, roedd gan Racine frigâd dân Gymreig hyd yn oed. Cyrff gwirfoddol amatur oedd brigadau tân Americanaidd ar y pryd, nid gwasanaethau proffesiynol. Byddai grwpiau gwahanol o ymladdwyr tân yn cystadlu'n frwd â'i gilydd er mwyn bod y cyntaf i gyrraedd tân a'i ddiffodd.[78] Erbyn mis Hydref 1854 roedd ymladdwyr tân Cymreig Racine gyda pheiriant ymladd tân ac awgrymodd *Y Cenhadwr Americanaidd* – a oedd yn bleidiol i'w 'gydgenedl', bid sicr – fod y gwirfoddolwyr hyn yn rhagori ar y brigadau tân eraill yn yr ardal: 'Y mae Cymry Racine yn nghyd a'u peiriant wedi enwogi eu hunain yn fawr yn ngolwg swyddwyr y ddinas hon.'[79]

Ym mhen ychydig o flynyddoedd byddai **Elias J. Prichard** yn ymuno â brigâd dân Gymreig Racine. Nid oedd ond pum mlwydd oed yn 1845 pan ymfudodd gyda'i rieni o Riwlas yn sir Gaernarfon. Methodistiaid Calfinaidd oedd y teulu, ac aeth ei dad, Dafydd Prichard, yn ddiacon yn y capel yn Racine.[80] Byddai Elias Prichard yn dal nifer o wahanol swyddi yn Racine, ond fe'i hadnabyddid gan Gymry'r ardal am ei ddoniau cerddorol yn anad dim. 'Yr oedd yn gallu darllen cerddoriaeth yn rhwydd a chywir' ac roedd hefyd 'yn lleisiwr lled dda.'[81]

Daeth Elias Prichard yn gyfaill â cherddor Cymreig lleol arall, **John M. James**. Ac yntau'n enedigol o Aberystwyth, ymfudasai gyda'i rieni pan oedd yn chwe blwydd oed yn 1842. Aeth y teulu James i ddinas Efrog Newydd gyntaf, a symud saith mlynedd yn ddiweddarach i Racine. Gan ddilyn yn ôl traed ei dad, aeth John M. James yn ddilledydd. Sylwodd eraill fod natur ysgolhaig ynddo, ac yntau'n ddyn deallus a hoffai astudio hanes. Hoffai gyfansoddi barddoniaeth hefyd. Ond 'fel cerddor yr oedd ei hynodrwydd penaf', ac yn ogystal â magu profiad fel arweinydd roedd 'yn feddiannol ar lais baritone rhagorol' ac yn canu unawdau a deuawdau mewn cyngherddau yn Racine.[82] Bu i Elias J. Prichard a John M. James rannu llwyfan yn aml, yn arwain côr neu seindorf yn yr un cyngerdd ar adegau ac weithiau'n canu deuawd.

Flynyddoedd lawer yn ddiweddarach, byddai cyfaill yn sylwi'n ganmoliaethus fod John M. James 'mor gartrefol yn y Saesneg ag oedd yn y Gymraeg', er bod y cyfaill hwnnw yn gwybod bod y cerddor wedi ymfudo o Gymru i America pan oedd yn chwech oed! [83] Mewn cymunedau Cymraeg Americanaidd fel yr un yn Racine roedd yr iaith mor fyw ac mor fywiog nes bod Saesneg wedi parhau'n ail iaith bell hyd yn oed yn achos rhai a oedd wedi ymfudo'n blant. Pan ymfudodd **Cadwaladr Pugh** o Ryd-y-main ger Dolgellau yn 1855 roedd yn ddyn 20 oed 'na allai un gair o Saesneg'. Dysgodd yr iaith fain mewn cyfres o swyddi yn Racine er iddo barhau i fyw llawer o'i fywyd trwy gyfrwng ei famiaith, gan gynnwys addoli yng nghapel Annibynwyr Cymraeg y ddinas. Dyn 'tal, cryf... distaw a chrefyddol' ydoedd, yn ôl un o'i gyfeillion.[84]

Credai aelodau o deulu **Owen Griffith** ei fod yn ysgrifennu Cymraeg yn well na Saesneg, a hynny er gwaethaf y ffaith iddo gael ei eni yn yr Unol Daleithiau.[85]

Ymfudodd ei rieni o Gymru i Philadelphia yn 1794 gan symud ddwy flynedd yn ddiweddarach i Remsen yn swydd Oneida, talaith Efrog Newydd. Ganed Owen Griffith yn Remsen yn 1823, yr un flwyddyn ag yr ymfudodd y Parchedig Robert Everett a'i deulu i Utica, tref a oedd yn ganolbwynt i ddiwylliant Cymraeg swydd Oneida.[86] Annibynwyr oedd teulu Owen Griffith, ac felly daethant i adnabod y gweinidog a fyddai'n cael ei weld maes o law gan lawer fel arweinydd moesol Cymry America. Yn wir, yn 1838 daeth y Parch. Everett yn weinidog ar y capel Cymraeg a fynychid gan deulu Owen Griffith yn Remsen, ac felly bu'r bachgen yn dyst i ymdrechion cynnar diddymwr Cymreig enwocaf America i radicaleiddio'r capel, yr enwad, a'r Gymru Americanaidd yn gyffredinol.

Bu'n gweithio ar y fferm deuluol yn swydd Oneida, ond ymadawodd Owen Griffiths â'i gartref yn 1843 pan oedd yn 20 oed er mwyn dilyn gyrfa ym myd busnes. Aeth yn gyntaf i Brinfield, Massachussetts, ac wedyn i ddinas Efrog Newydd. Bu'n gweithio fel clerc i ddau o fasnachwyr Cymreig llwyddiannus y ddinas fawr honno, Morris Jones a David Griffiths.[87] Symudodd i Racine, Wisconsin, yn y flwyddyn 1850 a chafodd waith mewn stordy gwenith ond cafodd hyd i swydd well yn fuan, a hynny fel clerc yng nghwmni Lee and Dickson, siop fawr yn y ddinas.[88] Priododd â Jane Owen yn 1853, ac yntau'n 30 oed ar y pryd. Ganed eu mab cyntaf y flwyddyn ganlynol, a rhoddwyd enw gwladgarol Americanaidd iddo – George Washington Griffith. Daeth yr ail fab, William, yn 1858.[89]

Aeth Owen Griffith yn un o hoelion wyth capel Annibynwyr Cymraeg Racine, ac mae'n debyg ei fod ymysg y rhai a ddenodd y Parch. Hopkins i'r ofalaeth yn 1860.[90] Yn wir, etholwyd Owen Griffith yn ysgrifennydd Cymanfa'r Cynulleidfawyr Cymreig yn Wisconsin yn haf 1858, anrhydedd a oedd yn dyst i'w brofiad ym myd busnes yn ogystal â'i gefnogaeth i'w enwad crefyddol.[91] Roedd ganddo ddiddordebau diwylliannol hefyd: roedd yn aelod o gymdeithas lenyddol Gymraeg Racine ac yn eisteddfodwr mawr a wasanaethodd fel is-lywydd eisteddfod y ddinas o leiaf unwaith.[92] Yn debyg i gynifer o siaradwyr Cymraeg eraill Racine, roedd yn ddiddymwr tanbaid ac yn Weriniaethwr selog.

Ac yntau'n 39 oed, ymdaflodd Owen Griffith i fenter o

fath cwbl newydd yn haf 1862. Gan fod y Rhyfel Cartref wedi parhau am flwyddyn gyfan heb arwydd y byddai'n gorffen yn fuan, galwodd yr Arlywydd Abraham Lincoln am ragor o wirfoddolion i wasanaethu ym myddin yr Undeb, a hynny am dair blynedd. Atebodd Owen Griffith alwad Lincoln, ac aeth ati i godi cwmni o filwyr Cymraeg yn Racine.

2

Ymrestru

CYNHALIODD DINASYDDION CYMREIG Racine gyfarfod yn *'East Park'* y ddinas ar 12 Awst 1862. Yn ôl y *Racine Weekly Advocate*, roedd yn 'gyfarfod rhyfel' a drefnwyd er mwyn annog dynion i ymrestru yn y fyddin:

> On August 12, a large and inspiring war meeting of the Welsh citizens was held for the purpose of securing recruits for Owen Griffith's company of the 22nd.[1]

Roedd yr Unol Daleithiau – 'Yr Undeb' – wedi bod yn ymladd yn erbyn y *Confederate States of America* – 'y gwrthryfelwyr' neu'r rebels – ers dros flwyddyn. Pan ddechreuodd y Rhyfel Cartref ym mis Ebrill 1861, galwodd Arlywydd yr Unol Daleithiau, Abraham Lincoln, am 75,000 o filwyr i wasanaethu am dri mis yn unig. Yn debyg i'r rhan fwyaf o wleidyddion a sylwebwyr ar y dechrau, credai Lincoln na fyddai'r rhyfel yn un hir. Ond byddai'n rhaid iddo alw am ragor o filwyr, a hynny dro ar ôl tro. Yn dilyn cyfres o frwydrau gwaedlyd a seithug yn ystod wythnos 25 Mehefin – 1 Gorffennaf 1862, galwodd Lincoln am 300,000 o filwyr i wasanaethu am dair blynedd. Ymateb i'r alwad honno oedd y Cymry a ddaeth ynghyd yn Racine, Wisconsin ar 12 Awst 1862.

Roedd catrawd o draedfilwyr yn cynnwys 1,000 o ddynion, a'r uned filwrol honno wedi'i chyfansoddi gan unedau llai, sef deg cwmni gyda chant o filwyr ym mhob un. Ffurfid cwmni ar lefel y gymuned leol fel rheol cyn cael ei wneud yn rhan o'r

Ymrestru

gatrawd. Bwriad Cymry Racine oedd helpu llenwi cwmni a fyddai'n rhan o'r 22ain Gatrawd o Draedfilwyr Wisconsin – y *22nd Wisconsin Infantry Regiment*.

Er ei fod yn Weriniaethwr selog a welai gaethwasiaeth fel trefn felltigedig y dylid ei dileu'n syth, nid ymrestrodd Owen Griffith ar ddechrau'r rhyfel. Roedd yn 38 oed ar y pryd ac yn dad i blant ifainc pan alwodd Lincoln am filwyr ym mis Ebrill 1861. Ceir awgrym hefyd nad oedd ei wraig Jane yn fodlon iddo fynd yn filwr. Ond ymatebodd i alwad Lincoln yn haf 1862, a hynny am gyfuniad o resymau, yn ôl cofnod a ysgrifennodd Owen Griffith ei hun yn Saesneg. '*I was very strongly urged by my friends*', meddai; fel y gwelwyd yn y bennod ddiwethaf, roedd yn gweithio mewn busnes lewyrchus yn Racine ac yn adnabyddus iawn i Gymry'r ardal oherwydd y rhan amlwg a chwaraeai yng ngweithdrefnau Annibynwyr Cymraeg y ddinas a'r dalaith a'i ymroddiad i ddiwylliant eisteddfodol lleol. O gofio bod Owen Griffith yn llenwi sawl rôl gyhoeddus gyda'r gallu i drefnu yn ganolog iddi, mae'n hawdd deall pam y byddai trigolion Cymraeg eraill y gymuned yn ei ystyried fel dyn a allai godi cwmni o filwyr a'i arwain. Er bod ei wraig yn gwrthwynebu, un ffactor newydd a effeithiai ar y trafodaethau teuluol oedd y ffaith bod gair ar led y gallai'r llywodraeth ddechrau consgriptio milwyr cyn hir: '*I talked the matter over freely with Jane and under the circumstances the prospect of drafting... [s]he finally consented*'.[2] Yn dâl am ei waith recriwtio, byddai'r clerc yn cael ei gomisiynu'n gadben (*captain*) y cwmni newydd.

Roedd Owen Griffith wedi bod wrthi cyn y cyfarfod cyhoeddus hwn yn hyrwyddo'r 'cwmni Cymreig' y gobeithiai ei recriwtio yn Racine. Mae'r ffaith fod 13 o wirfoddolwyr Cymreig wedi arwyddo'u papurau ymrestru dridiau cyn y cyfarfod – yr un pryd ag Owen Griffith ei hun – yn awgrymu un strategaeth a ddefnyddiodd y darpar gadben i saernïo'i ymgyrch recriwtio. Gan fod enw Owen Griffith yn ymddangos yn ymyl pob un o'r lleill fel yr un a'i hymrestrodd, rhaid bod y fintai fechan hon wedi mynd i swyddfa recrwitio Racine ar

39

9 Awst 1862 yn un dyrfa, gydag Owen Griffith yn arwyddo'r papurau gyntaf a'r lleill yn camu ymlaen fesul un wedyn a thystio mai ef oedd wedi'u hymrestru wrth arwyddo. Un ohonynt oedd Cadwaladr Pugh, a ymfudasai o Ryd-y-main ger Dolgellau saith mlynedd yn gynharach heb 'un gair o Saesneg'. Roedd yn 27 oed pan aeth yn filwr ar 9 Awst 1862.³ Roedd y crydd o Fachynlleth, John Bowen, yn 27 oed hefyd. Gan fod y dyn poblogaidd hwn yn enwog am ei ffraethineb a'i awydd i drafod gwleidyddiaeth, mae'n hawdd gweld pam y byddai Owen Griffith am gael John Bowen i'w helpu.⁴ Byddai'r cyn-grydd yn dechrau'i yrfa filwrol fel is-ringyll (*corporal*). Er iddo ymroi i'r achos yn gynnar, milwr cyffredin (*private*) fyddai Cadwaladr Pugh; gan ei fod yn cael ei ystyried yn ddyn 'distaw a chrefyddol', tybed a oedd yn rhy ddistaw i ennill rheng uwch iddo'i hun?⁵ Yn ôl un o'i gydfilwyr newydd, '[d]yn tal, cryf, ac iachus oedd' Cadwaladr Pugh, dyn hynod gydwybodol na fyddai'n '[c]olli diwrnod o ddiwti'.⁶ Roedd yn byw ei grefydd, yn arddel 'ymarweddiad teilwng o'i broffes' ac roedd yn 'Annibynwr o farn.'⁷

Aeth Robert Blair Jones i ymrestru o dan Owen Griffiths y diwrnod hwnnw hefyd. Hwn oedd nai'r dyn busnes a'r gwleidydd llwyddiannus, William W. Vaughan. Roedd Rob B. Jones bellach yn 24 oed ac yn weithgar iawn yng nghapel Methodistiaid Calfinaidd Cymraeg Racine. Byddai'i gysylltiadau teuluol wedi bod o fudd i'r ymgyrch recriwtio ac mae'n bosibl iawn fod yr Annibynnwr Owen Griffith am sicrhau bod ganddo gysylltiadau dylanwadol yng nghylchoedd y Methodistiaid hefyd. Yn gydnabyddiaeth o'i addewid a/ neu'n dâl am ei gyfraniad, gwnaethpwyd Robert Blair Jones yn rhingyll (*sergeant*).⁸

Gwirfoddolwr arall a wnaethpwyd yn rhingyll ar ôl arwyddo ar 9 Awst 1862 oedd **Thomas J. Davis**, dyn 21 oed a weithiai fel argraffydd yn y ddinas.⁹

Ymfudasai'i daid, Rees Davis, o Lofriniog, sir Drefaldwyn, pan oedd ei dad, W. R. Davis, yn blentyn bach. Ymsefydlodd y teulu mawr – roedd gan Rees Davis ddeuddeg o blant –

yn swydd Oneida, Efrog Newydd, ac aeth taid Thomas yn flaenor yng nghapel Methodistiaid Calfinaidd Cymraeg Utica. Enillodd Rees Davis enw iddo'i hun yn bell y tu hwnt i dalaith Efrog Newydd fel un o hoelion wyth yr enwad hwnnw yn America. Yno y ganed Thomas J. Davis ac yno y treuliodd ran o'i blentyndod. Ond symudodd W. R. Davis gyda'i deulu ifanc i Wisconsin, ac felly treuliodd Thomas flynyddoedd olaf ei ieuenctid yn gweithio ar fferm ei dad yng nghyffiniau Berlin a Pine River, Wisconsin. Aeth i Racine ar ôl sicrhau lle fel prentis mewn siop argraffu, ond cadwai gysylltiadau â chyfeillion yn ardal Pine River wrth iddo ymdreiddio i fywyd Cymraeg y ddinas. Er ei fod yn ddyn ifanc galluog, nid oedd yn tynnu sylw ato'i hun. 'Tawel, diymhongar, boneddigaidd' oedd y tri gair a ddefnyddiwyd i'w ddisgrifio gan un o'i gyd-filwyr newydd.[10] Yn debyg i'w daid, llafuriai'n egnïol i hyrwyddo buddiannau Methodistiaid Califinaidd Cymraeg America a mynd yn un o 'oruwchwylwyr' cylchgrawn yr enwad, *Y Cyfaill o'r Hen Wlad*, er ei fod yn ddyn ifanc.[11]

Gwnaethpwyd **Evan O. Jones** yn brif ringyll ar ôl iddo fynd ag Owen Griffith i ymrestru gyda'r grŵp cyntaf hwnnw. Y rheng hon – *'first sergeant'* – oedd yr uchaf ymhlith y swyddogion heb gomisiwn (*'noncommissioned officers'*) yn y cwmni a'r uchaf ond un yn y gatrawd, ar ôl y *'sergeant major'*.[12] Ganed Evan O. Jones ym Machynlleth yn 1836, a hynny 'mewn un o res o dai a elwid y Parliament, am mai uno y cynnelid y senedd yn amser Owen Glyndwr.'[13] Roedd wedi dangos addewid anghyffredin yn yr ysgol a '[ch]afodd gynnyg i fyned i ysgol Esgobol Llanymddyfri, a phasiodd yr arholiad anghreidiol,' ond roedd yn brentis ar y pryd, ac 'o herwydd gwrthwynebiad pendant ei feistr, yr hwn oedd yn Ymneillduwr teyrngarol, nacaodd iddo fyned.'[14] A'i yrfa academaidd wedi'i rhwystro oherwydd crefydd, aeth i weithio fel cigydd gyda'i dad. Ymfudodd y teulu yn 1856 pan oedd Evan yn 20 oed. Bu'n cadw siop cigydd â'i dad yn Racine hyd at y diwrnod yr ymrestrodd yn y fyddin.[15] Yn ogystal â'i allu academaidd, roedd ganddo ddoniau eraill; fe'i hystyrid yn 'arweinydd cerddorol galluog' ac oherwydd y bri ar ei ganu cyfeirid ato fel y 'tenorydd mwyn'.[16] Roedd un o'r is-ringylliaid a fyddai'n gwasanaethu o dan Evan Jones, John Bowen, yn hen gydnabod iddo, gan fod y ddau'n enedigol o Fachynlleth a hefyd tua'r un oed.

Aeth dau arall o'r grŵp hwnnw o 13 yn is-ringylliaid, sef **Christopher P. Hopkins** a **William H. Hughes**. Nid oes llawer o wybodaeth amdanynt ar gael, ar wahân i'r ffaith bod y naill yn 19 a'r llall yn 21 oed, bod y ddau'n byw yn Racine, a bod y ddau ddyn ifanc yn siarad Cymraeg. Ond roedd cysylltiad personol anuniongyrchol rhwng 'Chris' Hopkins ac Owen Griffith gan fod y gwirfoddolwr ifanc ymysg ffrindiau gorau'i frawd yng nghyfraith.[17] Aeth **William C. Jones** (26 oed) yn '*wagoner*'; er nad oes gwybodaeth sicr amdano fel arall, rhaid bod ganddo brofiad gyda cheffylau. Er iddynt fynd ag Owen Griffiths ar 9 Awst 1862, dim ond y rheng isaf – milwr cyffredin ('*private*') – a roddwyd i **John R. Jones**, **David Bumford**, a **Roderick E. Daniel**. Dim ond yr un ffeithiau elfennol a wyddys am John R. Jones, sef ei fod yn siarad Cymraeg, yn byw yn Racine ac yn 21 oed. Yn 34 oed ar y pryd, roedd David Bumford yn hŷn na'r rhan fwyaf o'r gwirfoddolwyr a gâi reng uwch nag ef. Roedd yn aelod yng nghapel Annibynwyr Cymraeg Racine ac wedi priodi Ellen (neu Eleanor) Roberts yno yn 1855.[18] Gan fod y cwpl priod yn byw yn Mt. Pleasant, pentref bach tua phum milltir o'r ddinas, roedd ganddynt dipyn o daith i'r capel.[19]

Yn 18 oed, Roderick Daniel oedd yr ieuangaf ym mintai 9 Awst. Ac yn wahanol i'r rhan fwyaf o Gymry Racine, roedd yn enedigol o Dde Cymru. Ganed yn Llangeitho yn 1844 i Evan a Mary Daniel. Ymfudodd y teulu i Racine bedair blynedd yn ddiweddarach; felly roedd y milwr ifanc wedi byw dros dri chwarter o'i oes yn Wisconsin. Pan fu farw Mary Daniel yn 1850, aeth y bachgen chwech oed i fyw gyda'i rheini hi, Roderick a Catherine Evans, ar eu fferm y tu allan i Racine. Bu'n gweithio fel gwas ffarm i nifer o gyflogwyr yn yr ardal pan oedd yn ei arddegau, ac wedyn symudodd yn ôl i Racine pan gafodd le fel prentis i of.[20]

Aelod arall o'r fintai honno oedd y cerddor talentog John M. James. Ac yntau'n 26 oed yn Awst 1862, roedd wedi bod yn byw yn yr Unol Daleithiau am 20 mlynedd, a'i blentyndod cynnar yn Aberystwyth yn atgof pell. Ond fe'i hystyrid 'yn Gymro i'r carn', gan ei fod 'yn hoff o'i genedl ac o'i iaith' ac yn gallu dyfynnu darnau hirion o farddoniaeth Gymraeg o'r cof.[21] Er bod rhai o'i gydnabod yn tybio y gallai John M. James wneud bywoliaeth fel cerddor, dilledydd ydoedd wrth ei waith. Yn ddiddorol ddigon, dim ond yn y fyddin y byddai'n gweithio'n llawn amser fel cerddor. Nid yw'n syndod bod ei gyfaill, Elias J. Prichard, wedi arwyddo ar 9 Awst 1862 hefyd; ef fyddai cerddor swyddogol arall y cwmni newydd hwn.

Rhaid bod y gwirfoddolwyr a arwyddodd gydag Owen Griffith ar 9 Awst 1862 wedi bod wrthi'n lledaenu'r neges yn ystod yr wythnos honno. Mae'n gwbl sicr bod un ohonynt wedi chwarae rhan amlwg yn y cyfarfod rhyfel cyhoeddus dri diwrnod yn ddiweddarach. Er nad oes cofnod o'u geiriau, mae adroddiad y papur newydd yn rhestru'r dynion a areithiodd yn y 'war meeting' yn y parc: '*Speeches were made by Rev. W. J. Hopkins, Owen Griffith, W. G. Roberts, Robert O. Jones, John Bowen and W. W. Vaughan.*'[22] Felly yn ogystal ag Owen Griffith, gwelwn fod un o'r fintai fach gyntaf, John Bowen, wedi traddodi araith. Nid oedd yn ddyn cyfoethog nac yn dal swydd broffeil-uchel mewn capel, cymdeithas neu fudiad fel nifer o'r areithwyr craill, ond roedd yn enwog am ei ddiddordeb angerddol mewn gwleidyddiaeth ac roedd yn ddyn ffraeth a allai wneud i eraill chwerthin. Mae'n hawdd dychmygu felly pam y dewiswyd John Bowen i annerch y dorf.

Nid yw'n syndod bod William G. Jones a William W. Vaughan wedi siarad yn ystod y cyfarfod chwaith. Fel y gwelwyd yn y bennod ddiwethaf, roedd y ddau Weriniaethwr selog wedi arfer ag ymgyrchoedd gwleidyddol ac felly mae'n debyg eu bod yn areithwyr profiadol. Dyma ddau o batriarchiaid cymuned Gymraeg Racine, ill dau'n ddynion busnes llwyddiannus iawn ac yn ddeaconiaid yng nghapel Cymraeg y Methodistiaid Calfinaidd. Wrth gwrs, roedd Robert Blair Jones – nai William W. Vaughan ac un o weithlu ei 'stôr' yn y ddinas – wedi gwirfoddoli yn barod. Daeth Cymro a gyflogid gan William G. Jones, **Thomas Hall**, ymlaen i wirfoddoli yn ystod y cyfarfod yn y parc hefyd, gan amlygu cysylltiad arall rhwng bywyd y sifiliaid a chyfansoddiad yr uned filwrol newydd.[23] Mae'n hawdd egluro cyfraniad un arall o'r areithwyr. Gweinidog capel Annibynwyr Cymraeg Racine oedd y Parchedig William J. Hopkins, a hwnnw oedd capel Owen Griffith. Symudai'r Parch. Hopkins mewn cylchoedd crefyddol ehangach yn Wisconsin hefyd; bu'n weithgar iawn yn 'y Bibl Cymdeithas' yn ystod y ddwy flynedd ers iddo ymsefydlu yn Racine, ac yn y cyd-destun hwnnw y daeth yn gydweithiwr agos â gweinidog Saesneg o'r enw Caleb Pillsbury. Y Parchedig Pillsbury fyddai'n cael ei gomisiynu'n gaplan y *22nd Wisconsin Infantry* ac felly ef fyddai'n fugail i Owen Griffith a holl ymneilltuwyr Cymraeg eraill y gatrawd newydd.

Gwelwyd yn y bennod ddiwethaf fod Rowland J. Edwards wedi'i fagu i weddïo dros ryddid y caethweision pan oedd yn fachgen ifanc yn Wisconsin. Erbyn Awst 1862, roedd y bachgen hwnnw bellach yn 21 oed. Symudasai'r teulu'n ddiweddar o Racine i fferm yn Pine River. Ar ôl darllen am alwad Lincoln, mynnai Rowland wirfoddoli, gan ei fod yn credu mai rhyfel yn erbyn caethwasiaeth ydoedd a bod rhaid iddo gymryd rhan:

> Felly, erbyn i'r Talaethau caeth ddyfod i'r penderfyniad mai trwy rym arfau yr oeddynt am sefydlu caethwasiaeth ar sylfaen safadwy, yr oeddwn wedi fy nhrwytho a'r syniad y dylasid ac y gallesid yn hollol ddifodi y fasnach mewn dynion yn y wlad hon.[24]

Ond nid oedd yn sicr ym mha 'gangen' o'r lluoedd arfog y

dylai ymrestru. Clywodd yn fuan wedyn fod Owen Griffith yn codi cwmni o draedfilwyr yn Racine, a phenderfynodd mai dyna fyddai'i ddewis, gan 'mai yno [yn Racine] yr oeddwn wedi treulio y rhan fwyaf o'm dyddiau bachgenaidd, aethym yno, er [mwyn] bod yn yr un cwmni a'm cydnabyddion.'[25] Fel y gwelir droeon yn y dystiolaeth sydd wedi goroesi, cyfeillgarwch a dynnai lawer o'r darpar filwyr ynghyd ac roedd eu Cymreictod ymysg sylfeini amlycaf y cyfeillgarwch hwnnw. Un o'r cyfeillion hyn oedd Evan O. Jones, y cigydd o Fachynlleth a fyddai'n gwasanaethu fel *'first sergeant'* y cwmni newydd o draedfilwyr. Dyma awgrym o ddylanwad aelodau'r fintai a wirfoddolasai ar 9 Awst 1862; mae'n debyg iawn mai gan Evan O. Jones y clywodd Rowland J. Edwards am gwmni Cymreig arfaethedig Owen Griffith. Gan fod cartref newydd Rowland yn Pine River mor bell o Racine, rhaid ei fod wedi cael digon o rybudd am y cyfarfod rhyfel er mwyn teithio'r holl ffordd mewn pryd. Cyrhaeddodd cyn y diwrnod, ac aeth i'r cyfarfod gydag Evan O. Jones a chyfaill arall a oedd â'i fryd ar ymrestru, **David H. Davies**.

Roedd 'tyrfa fawr o wyr a gwragedd' wedi ymgasglu'n barod pan gyrhaeddodd y triawd *East Park*, a'r hyn a wnaeth argraff ar Rowland Edwards am y dorf oedd ei bod yn gyforiog â phobl ifainc, 'dynion ieuanc heinif a llancesau glandeg llawn dyddordeb'.[26] O ddarllen rhwng y llinellau, gellid mentro bod presenoldeb y 'llancesau glandeg' wedi bod yn anogaeth arall i ddyn ifanc gamu'n ymlaen a chael ei weld yn gwirfoddoli'n ddewr o flaen y dorf. Yn ôl ei ddisgrifiad ei hun o'r diwrnod tyngedfennol hwnnw, aeth Rowland J. Edwards ymlaen, camu ar y llwyfan – neu'r banlawr – a gwirfoddoli:

> Yn nghanol y parc yr oedd banlawr oddiar yr hwn yr oedd rhywun yn traddodi araeth ar unig bwnc y dydd, gan gymell rhai i ddyfod i fyny ar y banlawr i ymrestru i'r fyddin; ac ar y bwrdd yr oedd llyfr i'r pwrpas. Trwy mai fy nyben yn myned i Racine oedd ymrestru, gwethym felly ar y pryd[.][27]

Ac yntau wedi'i fagu gan rieni a weddïai'n ddyddiol am ryddid y caethweision, nid yw'n syndod bod rhesymau Rowland Edwards dros ymrestru yn cynnwys ei obaith 'y byddai i gaethwasiaeth yn y wlad... trwy ryw fodd... mewn cysylltiad a'r rhyfel, gael ergyd marwol[.]'[28] Teimlai hefyd fod 'y rhai oeddynt eisoes wedi myned i'r rhyfel yn gofyn am gymorth' a bod rhaid eu cynorthwyo.[29]

Er mai'r gwaith ymarferol hwn – annog dynion ifainc i ymrestru – oedd canolbwynt y cyfarfod rhyfel, roedd ganddo ddibenion eraill hefyd. Cyfrannai sifiliaid arian at yr achos rhyfel yn ystod y diwrnod. Er bod popeth a wneid yn ystod y diwrnod yn dangos gwladgarwch Americanaidd dinasyddion Cymreig Racine a'r cyffiniau, mynnai rhai sicrhau bod cofnod o'u teimlad mewn ysgrifen hefyd. I'r diben hwnnw, aethpwyd ati i fabwysiadu nifer o 'addunedau' (*'resolutions'*) yn y fan a'r lle.[30] Ni chofnodwyd enwau'r rhai a gynigiai'r addunedau hyn, ond mae'n debyg iawn bod y chwe dyn a fu wrthi'n areithio o flaen y dorf wedi chwarae rhan flaenllaw yn y rhan hon o'r cyfarfod hefyd.

Cyhoeddwyd yr addunedau hyn yn y *Racine Weekly Advocate*; roedd arweinwyr cymuned Gymraeg y ddinas am i holl drigolion Racine weld y cofnod cyhoeddus hwn o'u safiad ideolegol. Mae'r gyntaf o'r addunedau cymunedol hyn yn datgan cefnogaeth a gwladgarwch mewn modd cynhwysfawr:

> Whereas, in our opinion, the present crisis in which this treasonable rebellion involves the fate of the republic, that no man or woman is worthy of the name or title of American citizen that will not with his influence, wealth and blood, come to the support of the government.[31]

Er bod rhai o'r '*Welsh citizens*' a oedd yn bresennol – gan gynnwys Owen Griffith ei hun – wedi'u geni yn yr Unol Daleithiau a'u magu'n Americanwyr Cymraeg, ac eraill wedi ymfudo i Racine o Gymru pan oeddynt yn blant ifainc iawn, mae'n sicr bod nifer o ymfudwyr mwy diweddar yn bresennol hefyd. Rhaid bod llawer o'r newydd-ddyfodiaid wrthi'n ymgeisio am ddinasyddiaeth Americanaidd ac eraill, mae'n siŵr, newydd gael y papurau'n cadarnhau'u statws fel dinasyddion yr Unol Daleithiau. Felly byddai'r sylw am 'haeddu'r enw... dinesydd Americanaidd' yn un hynod lwythog mewn cymuned o'r fath.

Mae un arall o'r addunedau'n pwysleisio'r ffaith mai'r gymuned *Gymreig* leol a oedd yn lleisio'r gefnogaeth hon:

> Resolved, that we, the Welsh citizens of Racine, do hereby tender to the government our warmest sympathy, with the assurance that we will with our treasure and blood support it in its efforts to put down this rebellion.[32]

Gwelir cysylltiad agos rhwng datganiadau cyhoeddus y gymuned a dibenion ymarferol y cyfarfod, gan fod y geiriau hyn wedi'u llunio i roi pwysau cyhoeddus ar y dynion hynny a oedd yn osgoi gwasanaeth milwrol:

> Resolved, that we denounce as forever unworthy of our country, any Welshman, or any other adopted citizen, come from what country he may, who shall become so base to every impulse of manhood and truth as to apply to a British consul, or any other consul, for protection, or the more cowardly base act of fleeing to Canada from the United States, which has given us a home and protection in time of peace.[33]

Rhyfedd ar un olwg yw'r modd y collfernir ymlaen llaw unrhyw Gymro sy'n ceisio lloches trwy fynd at y Conswl Prydeinig neu drwy ffoi i Ganada. Er bod llywodraeth Cydffederasiwn Taleithiau'r De wedi dechrau consgriptio dynion i lenwi rhengoedd y fyddin wrthryfelgar yn 1862, nid oedd dynion y gogledd yn cael eu gorfodi i ymuno â byddin yr Undeb ar y pryd. Dim ond ar 3 Mawrth 1863 y byddai llywodraeth yr Unol Daleithiau'n cyhoeddi'r *Enrollment Act* er mwyn ei galluogi i gonsgriptio milwyr. Ond mae'n amlwg

bod rhai o Gymry Racine wedi rhagweld y byddai'r drafft yn
dod yn hwyr neu'n hwyrach (fel y dengys y drafodaeth rhwng
Jane Griffith a'i gŵr Owen y cyfeirir ati uchod). Ategodd
'dinasyddion Cymreig Racine' y pwynt hwn a nodi'u bod yn
credu mai sefyll gyda llywodraeth yr Unol Daleithiau yn awr
ei hangen 'and share the fortunes of the republic in victory or
death' oedd eu dyletswydd.[34]

Ni ellir gwadu'r ffaith mai caethwasiaeth y taleithiau
deheuol oedd achos y Rhyfel Cartref, ond fe'i gwelid fel
achos anuniongyrchol gan lawer o ddinasyddion y taleithiau
gogleddol ar y pryd. Roedd Lincoln a'i lywodraeth wedi datgan
yn glir fod yr Unol Daleithiau yn ymladd er mwyn 'achub yr
Undeb' a darostwng gwrthryfel anghyfreithlon. Ond ar ôl
dros flwyddyn o'r ymladd hwnnw, roedd Abraham Lincoln
yn barod i ystyried ieuo'i achos rhyfel yn agosach â'r rhyfel
moesol yr oedd diddymwyr y wlad am ei ymladd yn erbyn
caethwasiaeth. Bu rhai o gyfnodolion Cymraeg America
wrthi ers dros 20 mlynedd yn radicaleiddio Cymry America
a'u hannog i ymgyrchu yn erbyn y drefn gaeth. Fel y gwelwyd
yn achos teulu Rowland J. Edwards, nid safiad ar bapur
tudalennau'r cyfnodolion yn unig ydoedd; ceir tystiolaeth bod
teuluoedd Americanaidd 'cyffredin' a oedd yn magu'u plant i
siarad Cymraeg hefyd yn eu magu i gasáu caethwasiaeth ac
i weddïo dros ryddid y caethweision. Ac felly gwelir bod un
arall o'r addunedau a fabwysiadwyd yn Racine ar 12 Awst
1862 yn canolbwyntio ar gaethwasiaeth:

> Resolved, that in the opinion of this meeting, the late act of
> Congress confiscating all rebel property, should be put in
> force with the greatest vigor, and that all slaves owned by
> rebel masters should be hereafter and forever declared free. [35]

Roedd y ddeddf y cyfeirir ati yma, y *Confiscation Act*, wedi'i
chyhoeddi gan lywodraeth yr Unol Daleithiau ar 17 Gorffennaf
1862 – lai na mis cyn y cyfarfod hwn.

Yn debyg i ddeddf arall a ddaethai i rym y flwyddyn

flaenorol, roedd yn ymdrech i fynd i'r afael â chwestiwn mawr. Fel yr eglura Silvana Siddali, *'there was no coherent legal or military policy'* gan lywodraeth Lincoln *'toward fugitive slaves'* ar ddechrau'r rhyfel.[36] Roedd llawer o'r gogleddwyr hynny a fynnai mai rhyfel i achub yr Undeb, nid rhyfel yn erbyn caethwasiaeth, oedd y Rhyfel Cartref hyd yn oed yn gweld bod cymryd caethweision gwrthryfelwyr yn gwanhau'r gelyn. *'Whether indeed the Union armies or the federal government could confiscate slaves "like horses and cotton",'* meddai Siddali, aeth yn *'one of the more urgent topics for debate among members of... Congress.'*[37] Pan ddaeth y ddeddf newydd i rym ym mis Gorffennaf 1862, roedd yn cadarnhau bod gan fyddin a llywodraeth yr Unol Daleithiau yr hawl i gymryd caethweision oddi ar wrthryfelwyr. Dechreuwyd cyfeirio at (gyn-)gaethweision mewn sefyllfa o'r fath fel *contraband(s)*, gan eu bod – yn debyg i geffylau a chnydau a gymerwyd oddi ar wrthryfelwyr – yn *'gontraband of war.'* Ond cyflwr amwys ydoedd ar lawer cyfrif.

Ni fyddai Lincoln yn arwyddo'r *Emancipation Proclamation* – a elwid yn 'Ddatganiad Rhyddid' gan rai Americanwyr Cymraeg – tan 1 Ionawr 1863, ond roedd cynnwys drafft y Datganiad yn hysbys a thrafodaeth boeth yn ei gylch yn britho tudalennau cyhoeddiadau Saesneg y wlad trwy gydol ail hanner 1862. Byddai'r datganiad hwnnw'n ieuo achos rhyfel yr Unol Daleithiau'n derfynol ag ymdrech i ryddhau'r caethweision. Yn y cyfamser, roedd diddymwyr – fel y Cymry hynny yn Racine a fynnai weld y *Confiscation Act* newydd yn cael ei defnyddio i ryddhau caethweision yn y de – am droi'r mesur milwrol ymarferol hwnnw'n arf i hyrwyddo diddymiaeth. Fel y gwelir yn y bennod nesaf, byddai rhai o'r milwyr Cymraeg a wirfoddolodd yn Racine ym mis Awst 1862 yn dehongli'r ddeddf yn y modd diddymol hwnnw pan ddeuent wyneb yn wyneb â chaethweision ffoëdig.

Yn ôl y *Racine Weekly Advocate*, gwirfoddolodd 20 o Gymry (*'Welsh'*) y diwrnod hwnnw yn y parc. Dengys y papurau ymrestru bod nifer ohonynt wedi arwyddo'n ffurfiol rai dyddiau'n ddiweddarach er iddynt gamu ymlaen a datgan eu bwriad yn ystod y cyfarfod cyhoeddus. Byddai'r cwmni newydd yn llawn mewn llai na phythefnos, gydag enwau cant o ddynion wedi'u cofnodi yn y gofrestr ffurfiol.

Llofnododd **Morris B. James** ddau ddiwrnod ar ôl y cyfarfod cyhoeddus yn y parc. Hyd y gellir barnu yn ôl y dystiolaeth sydd wedi goroesi, roedd y rhan fwyaf o ymfudwyr Cymreig Racine o sir Feirionnydd neu sir Drefaldwyn; un o Faldwyn oedd Morris James, ac yntau wedi'i fagu mewn tŷ o'r enw Nantysgyrwen ym mhlwyf Llanerfyl. Bu'n byw yn Llanfair Caereinion ar ôl gadael ei gartref, yn gweithio yn y Wern, cartref teuluol Margaret, gwraig David Davies, Llandinam, a hynny ar ôl iddynt briodi a'r diwydiannwr a'r gwleidydd enwog hwnnw yn byw yno yng nghartref ei wraig.

Ymfudodd Morris James i America yn 1855 pan oedd yn 21 oed, gan ddilyn patrwm mudo Cymreig cyffredin ac ymsefydlu'n gyntaf yn Utica, swydd Oneida, talaith Efrog Newydd. Aeth wedyn i Chicago cyn symud i Racine ym mis Mawrth 1860 a chyrraedd mewn pryd i gael ei gofnodi gan gyfrifiad 1860. Roedd newydd briodi â Mary Ann Evans, a ymfudasai i Wisconsin o Ruddlan yn sir Ddinbych. Dywed y cyfrifiad mai *'teamster'* ydoedd, felly mae'n debyg iawn mai gofalu am geffylau'r stad fu rhan o waith Morris pan oedd yn gweithio i Margaret a David Davies yn y Wern a bod y profiad hwn yn gefn iddo wrth chwilio am waith yn ei wlad newydd. Fe'i hystyrid yn ddyn a feddyliai'n ddwys am faterion ysbrydol. Ni wyddys am ymlyniad crefyddol ei rieni, ond ymunodd Morris James â'r Methodistiaid Wesleyaidd pan oedd yn ddyn ifanc yng Nghymru. Ar ôl byw am bum mlynedd fel Wesley, aeth at y Methodistiaid Calfinaidd, a hynny ar ôl ymsefydlu yn Racine yn 1860. Byddai'n aros gyda'r enwad hwnnw weddill ei oes ac yn weithgar iawn gyda'r achos, ond dywedai'r rhai a'i hadwaenai'n dda ei fod yn parhau i barchu'r Wesleyaid yn fawr iawn. Tybed ai ei wraig Mary Ann oedd y

rheswm dros adael enwad yr oedd mor hoff ohono ac ymuno
â'r Methodistiaid Calfinaidd? Yn sicr, newidiodd ei ymlyniad
enwadol tua'r un pryd â'u priodas.[38]

Llofnododd **Owen R. Jones** ddiwrnod ar ôl Morris James.
Siaradai ag acen wahanol i'r holl ymfudwyr o sir Feirionnydd a
sir Drefaldwyn a geid yn Racine; roedd Owen a'i chwaer Mary
wedi ymfudo o sir Fôn. 'Y Fferem' ym mhlwyf Llangristiolus
oedd cartref y teulu. A Rhyfel Cartref eu gwlad newydd yn
effeithio arnynt bellach, roedd un o ryfeloedd Prydain wedi
effeithio'n ddwys ar y teulu hwn yn barod gan i frawd hŷn
Owen a Mary, Lewis, gael ei ladd yn y Crimea pan oedd yn 27
oed.[39] 26 oedd oed Owen Jones pan ymrestrodd ym myddin
yr Unol Daleithiau.

Ar 20 Awst 1862 yr ymunodd y cwmni newydd â 9 cwmni
llawn arall i ffurfio'r 22ain Gatrawd o Draedfilwyr Wisconsin.[40]
Company F, 22nd Regiment Wisconsin Volunteer Infantry
fyddai enw swyddogol yr uned newydd, ond mabwysiadwyd
yr enw anffurfiol y *'Cambrian Guards'* er mwyn cydnabod
cyfansoddiad Cymreig y cwmni. Roedd yr un mor filwrol ag
enw Company A, *'The Union Grove Guards'*, a thipyn yn fwy
felly nag enw Company H, y *'Racine County Farmer Boys.'*[41]
Cyfeiriai'r wasg Saesneg a milwyr di-Gymraeg y gatrawd
at Gwmni F fel *'the Welsh company'* ar adegau, am reswm
amlwg. Fe'i disgrifid weithiau fel *'Owen Griffith's Company'*
hefyd, fel y nodwyd yn barod.

Pa mor Gymreig a Chymraeg oedd y *Cambrian Guards*?
Yn ôl un o'i filwyr roedd 'tua dwy ran o dair o'r cwmni yn
Gymry'.[42] Yn ôl un arall, roedd 'y Cwmni hwn... gan mwyaf
yn Gymry.'[43] Gellid casglu felly fod rhwng 60 a 70 o'r milwyr
newydd hyn yn 'Gymry' – gan gofio y gall 'Cymro' yn y cyd-
destun hwn olygu ymfudwyr o Gymru neu Americanwyr
Cymraeg eu hiaith. Byddai un cofnod a wnaed tlynyddoedd
wedyn yn dweud bod 65 o Gymry yn y cwmni ym mis Mawrth
1865 – ac os yw'r cofnod hwnnw'n gywir, rhaid bod y rhif
yn agosach at 70 ym mis Awst 1862.[44] Yn ôl dogfennaeth y
fyddin, roedd 41 ohonynt wedi'u geni yng Nghymru.[45] Plant

ymfudwyr o Gymru oedd gweddill y milwyr 'Cymreig' hyn; yn debyg i Owen Griffith ei hun – a aned yn Remsen, Efrog Newydd, a'i fagu'n siarad Cymraeg yno – roedd llawer o'r Americanwyr hyn (ac efallai pob un ohonynt) yn siarad Cymraeg. Er na welodd Owen Griffith Gymru erioed, mae'n ddiddorol bod o leiaf un o'i gydfilwyr di-Gymraeg yn cyfeirio ato fel *'a Welshman'*, tystiolaeth sy'n awgrymu'r hunaniaeth Gymreig amlwg a arddelid gan y math hwn o Americanwr Cymraeg.[46] Roedd rhai ymfudwyr o wledydd eraill yn rhengoedd yr 22ain Gatrawd o Draedfilwyr Wisconsin, y rhan fwyaf o Iwerddon, Lloegr, neu un o'r gwledydd Almaenig, ond Cymry'r *Cambrian Guards* oedd y grŵp lleiafrifol mwyaf yn yr holl gatrawd.

Ceir yn y gofrestr swyddogol adran gyda'r pennawd *'Enlisted'*, ac ynddi ceir tair colofn wahanol, *'[Enlisted] When'*, *'[Enlisted] Where'*, ac, yn olaf, *'[Enlisted] By Whom'*. Ceir 'Capt. Griffith' mewn ysgrifen yn y golofon olaf hon dro ar ôl tro. Yn wir, dengys y *'Muster and Descriptive Roll'* ar gyfer *'Company F of the 22nd Regiment of Wisconsin Volunteer Infantry'* fod 69 o'r milwyr newydd – sef 69% o filwyr y cwmni – wedi'u hymrestru'n uniongyrchol gan Owen Griffith. Mae gan 42 ohonynt gyfenwau Cymreig sicr ac mae tystiolaeth bod ambell un â chyfenw amwys yn Gymro hefyd (Thomas Hall, Henry Flint a David Bumford, er enghraifft). Mae'r ffeithiau sydd ar glawr yn cefnogi asesiadau rhai o filwyr y cwmni bod 'y mwyafrif' neu 'dwy ran o dair' o'r cwmni 'yn Gymry'.

Bu Americanwr Saesneg ei iaith, Nelson Darling, wrthi'n recriwtio mewn rhannau eraill o swydd Racine yn Awst 1862. Ymrestrodd 27 o wirfoddolwyr, y rhan fwyaf yn ardal Waterford, tua 50 milltir i'r gorllewin o ddinas Racine, ac ambell un mewn pentref cyfagos, Rochester. Ac yntau'n 37 oed ar y pryd, dim ond dwy flynedd yn iau nag Owen Griffith oedd Darling. Daeth dau siaradwr Cymraeg i'w rwyd, gan eu bod yn byw yn yr ardal honno ac – yn wahanol i Rowland J. Edwards a deithiodd yr holl ffordd o Pine River i ymrestru – heb ymdrafferthu â'r daith i'r ddinas. Byddai **James W. Lewis**, a oedd yn 20 oed ar y pryd ac yn byw yn Rochester, yn cael ei godi'n rhingyll yn syth. Er bod **Samuel Jones** o Waterford yn 42 oed, milwr cyffredin fyddai. Roedd gan bob cwmni dri swyddog gyda chomisiwn (*comissioned officers*), sef cadben (capten, *captain*) a dau isgadben (lefftenant, *lieutenant*), a'r comisiynau hyn wedi'u cyfleu gan lywodraethwr (*governor*) y dalaith. Ystyriaethau gwleidyddol yn hytrach na rhai milwrol a enillai gomisiwn i ddyn yn amlach na pheidio yn ystod blynyddoedd cyntaf y rhyfel. Ac yntau'n gyfrifol am fachu'r rhan fwyaf o'r gwirfoddolwyr, comisiynwyd Owen Griffith yn gadben y *Cambrian Guards*, yn unol â'r disgwyl. Yn dâl am ei ymdrechion yntau, rhoddwyd rheng uchaf ond un y cwmni i Nelson Darling, is-gadben cyntaf (*first lieutenant*). [47]

Byddai'n rhaid i'r cwmni ddisgwyl ychydig am ei swyddog gyda chomisiwn olaf – Robert T. Pugh. Roedd y trefniadau ar gerdded i'w gomisiynu, ond gan fod rhaid iddo gael ei ryddhau o safle arall yn y fyddin gyntaf, ni allai ymuno â'r gatrawd yn syth.[48] Fe ymddengys mai cyfuniad o ffactorau gwleidyddol ac ystyriaethau milwrol a gyfrifir am ddewis y dyn hwn. Fel y gwelwyd yn y bennod ddiwethaf, roedd Robert T. Pugh yn glerc ifanc yn 1860, yn gweithio i un o fasnachwyr Cymreig Racine, John Vaughan ac yn byw gyda theulu'i gyflogwr. Cofir iddo gael ei eni yn Ohio a'i fagu gan gyfres o berthnasau yn Wisconsin ac yng Nghanada yn sgil marwolaeth ei fam. Yn debyg i brif swyddog y cwmni, Owen Griffiths, roedd y lefftenant Bob Pugh yn siarad Cymraeg er na welodd Gymru erioed. Byddai cael swyddog arall a allai siarad â nhw yn eu mamiaith yn sicr wedi plesio Cymry eraill y *Cambrian Guards*. Rhywbeth arall o'i blaid oedd y ffaith bod gan Bob Pugh – yn wahanol i'r swyddogion a benodid am resymau gwleidyddol yn unig – brofiad milwrol yn barod. Gwirfoddolasai ar ddechrau'r Rhyfel Cartref, gan ymrestru yn yr 8fed Gatrawd o Draedfilwyr Wisconsin.[49] Roedd wedi bod mewn nifer o frwydrau ac wedi'i ddyrchafu'n is-ringyll (*corporal*) oherwydd ei wasanaeth ar faes y gad. Er nad oedd y *second lieutenant* ond yn 23 oed yn Awst 1862, enillodd barch gweddill y cwmni'n syth.

Felly, roedd dau o dri swyddog gyda chomisiwn y cwmni yn siarad Cymraeg. Yn ogystal, roedd y rhan fwyaf o'i swyddogion heb gomisiwn (*non-comissioned officers*) yn siarad yr iaith, gan gynnwys y pwysicaf ohonynt, y prif ringyll (*first sergeant*), sef Evan O. Jones, un o gyfeillion Rowland J. Edwards. Mae'r ychydig a wyddys am hanes y dyn hwn yn cynnig sawl eglurhad am y ffaith ei fod wedi dechrau'i yrfa filwrol fel prif ringyll. Roedd Evan Jones yn 25 oed ac felly'n 4 neu 5 mlynedd yn hŷn na'r rhan fwyaf o'r milwyr cyffredin (er bod digon a oedd yn hŷn nag ef hefyd). Fel y nodwyd, roedd wedi dangos gallu academaidd arbennig pan oedd yn blentyn yng Nghymru ac mae'n debyg bod y gallu hwn wedi denu sylw'r swyddogion. Fe ymddengys fod cadben y cwmni newydd yn gyfarwydd ag Evan Jones a'i allu cyn ymrestru hefyd; cofir bod Owen Griffith wedi symud i Racine er mwyn ymgymryd â swydd yn siop lewyrchus Lee & Dickson a bod Evan O. Jones yn rhedeg busnes cig â'i dad. Os oedd y cigyddion Cymreig hyn yn cyflewni siop Lee & Dickson, yna mae'n bosibl iawn bod Evan Jones wedi gwneud argraff ffafriol ar y clerc Owen Griffith yn ystod eu hymwneud masnachol. Dibynnai cadben cwmni ar ei brif ringyll i gadw trefn yn y rhengoedd, ac felly nid ar chwarae bach y penderfynwyd pa un o'r gwirfoddolion a fyddai'n cael yr anrhydedd honno. Fel y gwelwyd yn barod, penodwyd clerc Cymreig arall, Robert Blair Jones, yn rhingyll yn y cwmni hefyd – dyn a oedd, fel Owen Griffith ac Evan O. Jones, yn hŷn na'r rhan fwyaf o'r gwirfoddolion.

Pedwar rhingyll ac un prif ringyll a oedd gan gwmni, ac roedd pob un o ringylliaid Cwmni F yn siarad Cymraeg ar wahân i un. Y ddau *sergeant* Cymraeg arall oedd Thomas J. Davies a **John D. Morgan**.[50] Er nad oedd yr olaf ond 18 oed pan ymrestrodd, roedd natur arweinydd yn ei gylch. Yn ogystal, roedd wedi cael mwy o addysg na'r rhan fwyaf o'i gydfilwyr gan ei fod newydd raddio o Ysgol Uwchradd

Racine. Roedd addysg o'r fath yn beth pur anghyffredin mewn talaith 'orllewinol' fel Wisconsin; er bod dros 20,000 o bobl yn Racine ar y pryd, dim ond 12 disgybl a oedd yn *graduating class*' yr ysgol uwchradd hon.[51] Yn debyg i Owen Griffith a nifer o'i gydfilwyr eraill, roedd John D. Morgan wedi'i eni'n America a'i fagu'n siarad Cymraeg ar yr aelwyd. Ganed ef yn Utica, Efrog Newydd, ond symudodd y teulu i Racine yn 1849 pan oedd John yn 13 oed. Annibynwyr oeddynt, a'r teulu'n mynychu'r un capel Cymraeg ag Owen Griffith. Roedd Thomas J. Davies yn 21 oed. Fel llawer o'i gydfilwyr newydd, roedd yn aelod yng nghapel Methodistiaid Calfinaidd Cymraeg Racine. Awgryma'r ffaith fod y dyn ifanc hwn yn gweithredu fel goruchwyliwr ar gyfer cylchgrawn misol yr enwad, *Y Cyfaill o'r Hen Wlad*, ei fod yn uchel ei barch ac yn cael ei ystyried yn unigolyn cyfrifol iawn.[52] Yn ogystal â'r pedwar rhingyll, roedd nifer o is-ringylliaid (*corporals*) y cwmni yn siarad Cymraeg hefyd.[53]

Wedi asesu'r holl dystiolaeth sydd wedi goroesi, gallwn gasglu bod o leiaf 60 ac o bosibl cymaint â 72 o'r *Cambrian Guards* yn siarad Cymraeg, gan gynnwys y cadben, un o'r ddau is-gadben, pedwar o'r pump rhingyll, a nifer o'r is-ringylliaid. Nid yw'n syndod bod milwyr eraill yr 22ain Wisconsin wedi cyfeirio at y cwmni fel y '*Welsh company*'. Roedd catrodau eraill ym myddin yr Undeb gyda niferoedd uwch o siaradwyr Cymraeg. Er enghraifft, roedd gan y 118fed Gatrawd o Draedfilwyr Ohio gwmni Cymreig cyfan ac roedd gan y 56ed Ohio ryw 150 o Gymry – digon i lenwi cwmni cyfan a hanner cwmni arall. Ond mae'r dystiolaeth sydd wedi goroesi'n dangos bod milwyr Cymraeg eu hiaith yn y fyddin Undebol fel arfer yn gwasanaethu mewn grwpiau llai (rhwng 10 a 30).[54] Ac felly mae'r *Cambrian Guards* yn sicr ymysg yr unedau milwrol mwyaf Cymreigaidd a wasanaethai yn Rhyfel Cartref America.

Yn ogystal â bod yn uned filwrol, roedd cwmni yn gymuned gyda'i diwylliant cymdeithasol ei hun. Er bod y gymuned honno'n rhan o gymuned ehangach y gatrawd, roedd ganddi ei hunaniaeth a'i nodweddion ei hun. Boed yn gymuned o 10 milwr Cymraeg ynteu'n 100, dengys llythyrau a dyddiaduron milwyr Cymraeg eu bod wedi ffurfio cymunedau Cymraeg bychain ond bywiog oddi mewn i gymunedau mawr eu catrodau. Byddai milwyr Cymraeg a gydwasanaethai'n aros yn yr un barics neu babell yn aml, yn cynnal cyfarfodydd gweddi a chanu'n Gymraeg, yn rhannu cyfnodolion Cymraeg a'u cyrhaeddai yn eu gwersyll ac weithiau'n dewis un o'u plith i lythyru ar ran y grŵp â gwasg Gymraeg America.[55] Ond wrth gwrs cyfranogai'r milwyr Cymraeg o ddiwylliant poblogaidd Saesneg cyfoes hefyd. Gyda chynifer o gantorion da yn y *Cambrian Guards*, byddai un ohonynt yn gresynu flynyddoedd wedyn nad oedd modd clywed eto 'fel y canai bechgyn y cwmni "Rally Round the Flag, Boys"[.]'[56] Er bod y cerddor John M. James yn hoffi adrodd barddoniaeth Gymraeg ar ei gof, roedd yn diddanu'i gydfilwyr â '[ll]awer o ganeuon difyrus, fel "The Irish Jaunting Car."'[57]

Mae'r ffaith fod yr awdurdodau wedi disgwyl i gael Robert T. Pugh yn ail is-gadben Cwmni F yn awgrymu bod y penderfyniad wedi'i lywio gan awydd i gydnabod Cymreictod y cwmni yn ogystal â chymhelliad i sicrhau bod rhyw faint o brofiad milwrol gan ei swyddogion. Fel y gwelwyd yn y bennod ddiwethaf, roedd rhai o'r dinasyddion Cymreig a fu wrthi'n helpu i recriwtio ar gyfer y cwmni hwn yn Weriniaethwyr selog ac yn weithgar iawn yn wleidyddol. Cofir i un ohonynt, William W. Vaughan, ewythr y rhingyll newydd Robert Blair Jones, gael ei ethol yn faer Racine gyda'r mwyafrif mwyaf yn hanes y ddinas. Roedd un arall o areithwyr y cyfarfod rhyfel, William G. Roberts, yn Weriniaethwr gweithgar iawn hefyd. Ond byddai gwleidyddion Cymreig lleol Racine yn gorfod lobïo awdurdod eithaf y dalaith, y Llywodraethwr, gan mai ef oedd yn rhoi comisiynau i'r swyddogion. Mae'n debyg iawn bod gan y Llywodraethwr hwnnw glust i wrando; ymfudwr ydoedd yntau a siaradai Saesneg fel ei drydedd neu'i bedwaredd iaith. Iddew o Saxony oedd Edward Salomon, deallusyn a fu'n ymhél â gwleidyddiaeth radicalaidd ar y cyfandir cyn ffoi i'r Unol Daleithiau ar ôl i chwyldro 1849 fethu. Aeth yn Weriniaethwr yn 1860 a chafodd ei ethol yn Is-Lywodraethwr (*Lieutenant Governor*) Wisconsin yn 1861. Pan fu farw'r Llywodraethwr yn ddisymwth 1861, aeth Salomon yn Llywodraethwr. Tra oedd gwleidyddion y dalaith yn cnoi cil ar ystyriaethau o'r fath, roedd y milwyr newydd a'u teuluoedd yn ymbaratoi yn eu dulliau hwy eu hunain. Yn ystod y cyfnod byr rhwng arwyddo'u papurau ymrestru ac ymuno'n ffurfiol â'u cwmni a'u catrawd, aeth Rowland Edwards – ynghyd â'i ddau gyfaill, David Davies a'r prif ringyll Evan Jones – adref am ddau ddiwrnod:

> Ar ol ymrestru aethom ein tri o Pine River adref i ffarwelio a'n rhieni a'n cyfeillion. Tra yno aethym i gyda'r teulu i'r seiat. Dygwyd i sylw y cyfarfod fod rhai o'r dynion ieuanc yn eu gadael i wasanaethu eu gwlad. Ymddangosai pawb yn hyderus yn ein cylch; a rhoddwyd i ni lawer o gyngorion gwerthfawr. Gweddiwyd yn daer ar ein rhan ac am lwyddiant ar arfau byddinoedd yr Undeb, fel y byddai i dda ddeilliaw yn y diwedd, trwy ddifa caethwasiaeth. Penderfynwyd hefyd fod i'r eglwys roddi Beibl yn rhodd i ni ein tri[.][58]

Enw'r capel Cymraeg hwn yn Pine River, Wisconsin, oedd Caersalem ac roedd ymysg achosion cymharol newydd y Methodistiaid Calfinaidd. A hwythau wedi symud i'r ardal o Racine yn ddiweddar, roedd teulu Rowland Edwards yn ymdaflu'n egnïol i helpu cynnal yr achos.[59] Gwelwyd yn y bennod ddiwethaf fod ideoleg wrthgaethiwiol wedi hydreiddio addoliad aelwyd y teulu Edwards yn Racine pan oedd Rowland yn blentyn; dengys y modd y ffarweliodd addolwyr Caersalem â Rowland Edwards, David Davies ac Evan Jones fod yr un ideoleg yn rhan o ddiwylliant crefyddol eu capel; rhyfel i 'ddifa caethwasiaeth' ydoedd i'r capelwyr Cymraeg hyn. Yn wir, y flwyddyn ganlynol byddai gweinidog Caersalem, y Parchedig William Jones, yn teithio i gyfarfod yr enwad yn Oshkosh, Wisconsin, er mwyn traddodi '[d]arlith' ar 'atgasrwydd Caethwasiaeth yn mhob ystyr' a 'dyledswydd' Cymry America 'fel cenedl i ddyfod allan a sefyll yn wrol a diysgog' o blaid 'Achos y Wladwriaeth'.[60]

Drannoeth y seiat yng Nghaersalem, bu'n rhaid i Rowland Edwards a'i ddau gyfaill ymadael am y fyddin.

> Y diwrnod wedyn ffarweliais a'm rhieni – yr oedd fy mam yn wylo, a'm tad yn edrych fel pe buasai yn esmwythad i'w deimladau pe buasai yntau yn gallu gwneyd yr un peth.[61]

Fe aeth y milwyr newydd i'w gwersyll, *Camp Utley*. Roedd wedi'i adeiladu'n ddiweddar ar safle i'r dde o ddinas Racine ar lan llyn Michigan.[62] Teyrnged i William L. Utley, *Adjuctant General* talaith Wisconsin oedd enw'r gwersyll. Penodiad gwleidyddol oedd deiliad y swydd hon; roedd Utley yn atebol i Lywodraethwr y dalaith ac yn gyfrifol am drefnu holl wirfoddolwyr Wisconsin. Fel y gwelir cyn diwedd y bennod hon, byddai William Utley yn chwarae rhan ganolog yn hanes catrawd y Cymry hefyd.

Yn ôl y *Racine Weekly Advocate*, roedd Camp Utley yn cynnwys 75 erw o dir a fuasai'n gaeau fferm ffrwythlon. Adeiladwyd barics o goed ar gyfer pob un o ddeg cwmni'r gatrawd newydd ac roedd ffreutur a chegin ar gyfer yr holl gatrawd yn y canol.[63] Ym marics eu cwmni y câi'r milwyr newydd gymdeithasu â chyfeillion hen a newydd. Roedd Cadwaladr Pugh rai blynyddoedd yn hŷn na'r rhan fwyaf o'i ffrindiau newydd, ac yntau'n 28 oed. Yno ym marics Cwmni F oedd un o'i hen ffrindiau, **Richard A. Williams**, a oedd wedi ymfudo i Racine o gyffiniau'r Bala.[64]

Yn eu barics newydd y daeth y ddau gyfaill i adnabod dau frawd o Lanuwchllyn, **John** ac **Edward Ellis**. Gan fod cynifer o Gymry yn Racine a'r cyffiniau, nid oedd yr holl ddynion yn adnabod ei gilydd cyn ymrestru yn y *Cambrian Guards*. Yn ôl John Ellis, roedd yn hawdd iddo a'i frawd agosáu at y ddau arall oherwydd eu gwreiddiau:

> mae yn syndod i mi, er nad oeddwn ond un-ar-ddeg oed pan ddaeth fy nhad [â ni] i'r wlad hon, teimlais ryw agosrwydd cenedlgarol at C. Pugh a Richard A. Williams... Syndod pa fodd y mae lle ein genedigaeth yn cael y fath ddylanwad arnom[.][65]

Nododd John Ellis fod ei hoffter o Richard Williams yn deillio o'r brogarwch a rannai'r ddau yn ogystal â phersonoliaeth unigryw 'Dick':

> Un arall tra dyddorol i mi yn ein cwmni oedd Richard A. Williams – "Dick," fel y gelwid ef, genedigol o Gynythog, ger y Bala. Ganwyd finau yn Llanuwchllyn, ac felly, er nad oeddwn yn cofio am y lle, byddwn yn teimlo rhyw agosrwydd at Dick. Adroddai ef ystoriau digrif, a llawer o honynt yn gelwydd i gyd. [66]

Pwysleisiodd John Ellis mai'r 'teimlad cenedlgarol hwn oedd y rheswm am i ni fel Cymry ymrestru gyda ein gilydd dan yr enw Racine Cambrian Guards.'[67] Awgryma felly fod y gwirfoddolwyr hyn wedi hwylio i rengoedd y fyddin ar don emosiynol a oedd yn gymysgedd o wladgarwch Americanaidd a Chymreictod, a bod yr hunaniaeth Gymreig-Americanaidd hon wedi tynnu'r milwyr ynghyd mewn cwlwm tynn.

Ond ni ellir gorbwysleisio cyfraniad personoliaeth – a hiwmor – cymeriad fel Dick Williams wrth i'r cylch cymdeithasol newydd gael ei saernïo. Fel y nododd John Ellis, '[a]eth llawer awr ddifyr heibio wrth i ni wrando ar Dick.'[68] Daeth yn hoff o dynnu coes un arall o'r milwyr Cymraeg newydd, **Robert Williams**, a'r tynnu coes hwnnw'n adloniant i'r grŵp ehangach o ffrindiau:

> Ei brif bleser oedd plagio Robert Williams. Dywedai i Bob fyned i garu yn agos i Racine, yn ol dull yr Hen Wlad, sef curo y ffenestr ar ryw ferch, pryd y cododd y ferch, gan ofyn pwy oedd yno. "Pwy ydych yn ddysgwyl," gofynai Bob. "Nid wyf fi

yn dysgwyl neb," meddai hithau. Wel, dyma i chwi lwc heb ei ddysgwyl," atebai yr hen lanc. [69]

Roedd ei gyfeillion yn hoffi clywed y dyn o Gynythog yn adrodd straeon am ei hen gartref hefyd:

> Rhoddaf un arall fel engraifft o chwedlau Dick: Yr oedd yn y lle y magwyd ef dair Cynythog, sef Cynythog Fach, Cynythog Ganol, a Cynythog Fawr. Hen lanciau oedd yn byw yn Cynythog Fawr, a byddent ar ol pawb yn cael eu gwair. Dywedai iddo ef fyned i'w helpu un tro, pryd y daeth yn daranau mawrion; ac fel yr oedd yn codi gwair i ben y das clywai yr hen lanc yn mwmian rhywbeth. Fel yr oedd y taranau yn trymhau clywai ef yn dweyd, "Diolch i ti, Arglwydd mawr, am beidio a'n lladd ni ar y taranau yma," pryd y daeth mellten siarp, ac ychwanegodd yntau, "Os na wnei eto, o ran hyny."[70]

Mewn chwedlau doniol a chymharol ddiniwed fel y stori hon y gwelir unwaith eto fod gwreiddiau'r gwirfoddolwyr yn 'yr Hen Wlad' ymysg sylfeini eu cymuned filwrol newydd.

Daeth John R. Ellis a'i frawd yn gyfeillion agos â nifer o siaradwyr Cymraeg eraill y cwmni yn ystod yr wythnosau cyntaf hynny yn y gwersyll, gan gynnwys dau o'r Methodistiaid o Gaersalem, Pine River, David H. Davis a Rowland J. Edwards. Gwnaeth Rowland Edwards – y dyn a oedd wedi'i fagu i weddïo am ryddid y caethweision – gryn argraff ar John Ellis:

> Un o'r dynion goreu yn ein cwmni oedd Rowland Edwards, o Pine River, Wis[consin], llanc main, tal a syth, deallus a charedig, gwladgarol a gwrol i'r pen draw.[71]

Dechreuodd John Ellis a'r lleill ei alw'n 'Roli'.[72] Hefyd yn y cylch cymdeithasol newydd hwn oedd y rhingyll Thomas J. Davies, yr is-ringyll John Bowen, William Hughes, a **David**

Rowlands. Yn hŷn na'r rhan fwyaf ohonynt, roedd David Rowlands yn 28 oed. Ac yn ôl John Ellis, '[r]oedd yn ddyn "dignified" lled ddystaw', a rhan o'r hyn a wnâi'n 'urddasol' ym marn John Ellis oedd y ffaith bod gwisg David Rowlands wastad yn dwt iawn.[73] Byddai'r Is-gadben Robert T. Pugh yn mynd yn rhan o'r criw agos hwn hefyd ar ôl iddo ymuno â'r cwmni.

Er na ddaeth John R. Ellis i adnabod John Bowen yn dda tan iddynt ddechrau rhannu'r barics hwnnw yng Ngwersyll Utley, roedd wedi'i weld rai dyddiau'n gynharach, a hynny pan oedd nifer o'r darpar filwyr wedi mynd i adeilad y llys yn Racine i orffen llenwi'r gwaith papur ymrestru. Fel y nodwyd uchod, dyn hynod ffraeth oedd *Corporal* Bowen, rhywbeth a ddysgodd John Ellis y tro cyntaf hwnnw:

> Tra yr oeddwn yn aros yn y Court House dechreuodd un bachgen gymeryd arno i fod yn gyfreithwr, a'i fod yn dwyn cwyn difrifol yn erbyn un o'r bechgyn. Ni edrychai y cyhuddiad yn dda mewn papyr newydd. Anerchai y Barnydd a'r rheithwyr mewn termau cyfreithiol, yn gymysgedig a'r brawddegau mwyaf disynwyr nes ein synu.[74]

Ac yntau wedi ymfudo o Lanuwchllyn gyda'i deulu pan oedd yn blentyn, mae'n ddiddorol bod clustiau Cymraeg John Ellis yn ddigon da o hyd i leoli bro enedigol yr is-ringyll heb drafferth: 'Pan y siaradai Gymraeg gellid barnu ei fod wedi dod o rywle tua Machynlleth.'[75] Gwnaethai pryd a gwedd y cyn-grydd o Fachynlleth argraff arno yn syth hefyd: '[w]edi ei weled un waith nid oedd modd ei anghofio', nododd John Ellis, gan ychwanegu sylw rhyfeddol o ddiddorol:

> Yr oedd ganddo ben mawr, gwallt golcu, a gellid deall mai bachgen o'r Hen Wlad ydoedd, er ei fod yn fwy "true type" o'r "ideal American" na neb oedd yn y lle.[76]

Er bod agweddau eraill ar ei ddisgrifiad o John Bowen yn

pwysleisio Cymreictod y dyn, ymddangosodd fel patrwm o'r 'Americanwr delfrydol' i John Ellis oherwydd maint ei ben a'i wallt golau!

Mae'n werth craffu ychydig ar hanes y ddau frawd a oedd yn ganolog i'r cylch cymdeithasol Cymraeg hwn. Byddai nifer o gyfeillion a oedd yn eu hadnabod yn dda yn cyfeirio at y teulu Ellis yn y dyfodol fel pobl nad oedd yn gyfoethog yn ariannol a heb lawer o ddawn i wneud arian. Yn hytrach, roedd ganddynt enw fel teulu diwylliedig a chrefyddol. Bedyddwyr oedd yr Ellisiaid; roedd gan y brodyr dri ewythr yng Nghymru a oedd yn weinidogion.[77] Roedd eu tad, Evan Ellis, hefyd yn hanner brawd i'r Dr. Ellis Evans, Cefn Mawr, awdur *Hanes y Bedyddwyr* a nifer o lyfrau eraill. Fferm Gwern-y-Grug, Llanuwchllyn, oedd eu cartref yng Nghymru. Bu farw gwraig gyntaf eu tad, ac ymfudodd unig blentyn y briodas honno, hanner brawd hŷn y ddau filwr, i'r Unol Daleithiau, gan ymsefydlu yn Wisconsin.[78] Ailbriododd Evan Ellis yn Llanuwchllyn a ganed wyth o blant iddynt. Ymfudodd y teulu i'r Unol Daleithiau yn 1850, gan ymgartrefu gyntaf yn sir Oneida, Efrog Newydd, fel cynifer o deuluoedd eraill o Ogledd Cymru. Roedd un o'r darpar filwyr, John R. Ellis, yn 11 oed ar y pryd, a'r llall, Edward, dair blynedd yn iau. Roedd brawd arall, Evan, ddwy flynedd yn hŷn na John.

Aeth yr Ellisiaid i Wisconsin yn 1855, gan ymsefydlu yn Waukesha, i'r gogledd-orllewn o Racine, a dechrau ffermio yno. Fel y nodwyd yn y bennod ddiwethaf, nid oedd y Bedyddwyr Cymraeg wedi ffurfio'u capeli hwy eu hunain yn Wisconsin mor fuan â'r Annibynwyr a'r Methodistiaid. Roedd cyfraniad aelodau cyffredin yn allweddol i lwyddiant yr achos felly, a daeth tad y brodyr Ellis yn un o golofnau'r enwad yn y dyddiau cynnar hynny. Roedd 'yn ddyn o synwyr cryfach na'r cyffredin, ac yr oedd yn deall yr Ysgrythurau yn rhagorol,' ac fe'i hadwaenai fel un a arweiniai weddi'n effeithiol mewn cyfarfodydd.[79] Roedd 'yn gweddio [mewn modd a oedd] yn cynyrchu mwy o ysbryd addoli yn y gynulleidfa' na'r rhan fwyaf o bregethau gan weinidogion urddedig, fel y byddai'r diwinydd Dr. H. O. Rowlands yn ei ddweud amdano flynyddoedd wedyn.[80] Bu Evan Ellis yn arwain 'Cymanfa'r Bedyddwyr Gymraeg' yn yr ardal trwy weddi a darllen yn aml.[81] Symudodd y teulu eto ryw dair blynedd wedyn, a hynny ar ôl prynu fferm ychydig o filltiroedd i ffwrdd mewn ardal a elwid 'y Coed' ganddynt, yn ymyl Berlin, Wisconsin.[82] Roedd Thomas J. Davis, un o fintai gyntaf Owen Griffith, wedi'i fagu ar fferm yng nghyffiniau Berlin hefyd. Mae'n rhaid mai'r cysylltiad cymdeithasol hwn oedd yn gyfrifol am y ffaith bod y ddau frawd wedi teithio'r holl ffordd i Racine er mwyn ymrestru gyda'r 22ain Wisconsin.

Pan ymrestrodd y brodyr Ellis ym mis Awst 1862, roedd John yn 23 oed ac Edward yn 20 oed. Nid ymrestrodd eu brawd hŷn gyda'r ddau arall; aros gartref a gofalu am y fferm deuluol fu ffawd Evan Ellis yn 1862. Y brawd ieuangaf, Edward, oedd y mwyaf adnabyddus ohonynt. Dechreuodd Edward Ellis bregethu pan oedd tua 16 oed, ac aeth yn bregethwr lleyg poblogaidd yng nghylchoedd Bedyddwyr Cymraeg Wisconsin.[83] Mynd yn weinidog fel cynifer o'i berthnasau yng Nghymru oedd ei fwriad, ac felly aeth i Wayland Academy yn Beaver Dam. Roedd yr athrofa hon wedi'i sefydlu yn 1855 er mwyn paratoi Bedyddwyr o Wisconsin a thaleithiau cyfagos ar gyfer y colegau diwinyddol.[84] Ond gadawodd Edward Ellis athrofa'r Bedyddwyr ar ôl ei dymor cyntaf er mwyn ymrestru yn y fyddin yr un pryd â'i frawd hŷn, John.[85]

Byddai un o gyfeillion y brodyr, Rowland J. Edwards, yn nodi mai dim ond ar ôl profi tân yn y Rhyfel y daeth John R. Ellis yn wirioneddol grefyddol.[86] Fel y gwelir yn y penodau nesaf, roedd barn yn amrywio o ran pa mor grefyddol oedd y rhan fwyaf o filwyr y cwmni a'r gatrawd. Yn ôl Rowland Edwards, '[y]r oedd y nifer fwyaf yn weddol foesol, a llawer yn aelodau gyda rhyw enwad crefyddol neu gilydd; eraill drachefn yn talu dim sylw i bethau crefyddol.'[87] Un o'r rhai nad oedd yn talu sylw 'i bethau crefyddol' oedd **Owen Owens**, llongwr o Sir Fôn a oedd yn 26 oed yn 1862. Disgrifiwyd Owen

Owens gan John Ellis mewn modd awgrymog: 'Nid oedd dim
o'r lledneisrwydd yn Owen[.]' Fodd bynnag, byddai John Ellis
yn dod i barchu'r llongwr o Sir Fôn ar ôl cydnabod ei fod
ymysg y 'milwyr goreu' yn y gatrawd.[88]

Wrth geisio cloriannu'r milwyr Cymraeg a oedd yn rhannu
barcis *Company F* ag ef, nododd Rowland Edwards fod y rhan
fwyaf ohonynt yn ddynion ifanc, yn debyg iddo yntau:

> Yr oedd y nifer fwyaf o lawer yn ieuainc. Dichon fod dros ein
> haner o dan 21ain oed. Yr oedd amryw yn wyr priod, a rhai
> eisiau priodi, ond y nifer fwyaf yn ddi-briod ac yn bwriadu
> bod felly nes darfyddai y rhyfel o'r hyn lleiaf. [89]

Fel y gwelwyd, roedd un o gyfeillion agos Rowland Edwards,
Cadwaladr Pugh, yn 28 oed ac felly'n eithriad i'r rheol.

Roedd dau o filwyr pob cwmni'n cael eu hystyried yn
gerddorion, y naill yn gyfrifol am y drwm a'r llall am y
chwibanogl (*fife*). Byddai cerddorion o bob cwmni'n dod
ynghyd i ffurfio band catrodol gydag 20 o aelodau, seindorf a
arweinid gan ddau brif gerddor (*principal musicians*) a oedd
yn gysylltiedig â *headquarters* y gatrawd.[90] Cymry oedd dau
gerddor Cwmni F, John M. James ac Elias J. Prichard, fel y
nodwyd yn barod. Mae ffotograff yn dangos John James yn ei
wisg filwrol gyda chorn pres tenor neu fariton, ac felly mae'n
rhaid mai dyna'r offeryn a ganai ym mand y gatrawd pan
nad oedd yn gofalu am ddrwm neu chwibanogl y cwmni. Ni
wyddys pa offeryn neu offerynnau a genid gan Elias Prichard
yn y fyddin; mae ffotograff ohono yn ei lifrai, ond mae'n sefyll
yn waglaw ac nid yw'r llythyrau ganddo sydd wedi goroesi yn
cynnwys unrhyw fanylion am ei waith fel cerddor. Gan fod
y ddau – a fuasai'n aelodau o fand Cymreig Racine cyn y
Rhyfel – yn cael eu hadnabod fel cerddorion galluog iawn,
mae'n debyg iawn bod John James ac Elias Prichard yn gallu
canu nifer o offerynnau.[91] Penodwyd John M. James yn un o
brif gerddorion y gatrawd yn ystod y cyfnod cynnar hwnnw
yn Camp Utley, gan adael Elias J. Prichard yn rhengoedd

Cwmni F.⁹² Dim ond ym mand y gatrawd y byddai'r ddau hen gyfaill yn cydganu yn ffurfiol yn ystod eu blynyddoedd yn y fyddin.
Un arall o hen gyfeillion Elias J. Prichard oedd arweinydd band Cymreig Racine, J. R. Davies. Yn debyg i John M. James, roedd y cerddor hwn bum neu chwe blynedd yn hŷn nag Elias Prichard.⁹³ Ymrestrodd yn y fyddin hefyd, ond nid gyda'r 22ain Gatrawd o Draedfilwyr Wisconsin. Nid ymrestrodd fel cerddor ychwaith; ymunodd J. R. Davies â'r *1st Wisconsin Heavy Artillery* a chafodd ei gomisiynu'n brif is-gadben (*1st lieutenant*) gyda'r fagnelfa honno. Byddai Elias J. Prichard yn cyfarfod â'i gyn-arweinydd band yn ystod y rhyfel, yn bell o Wisconsin, fel y gwelir maes o law.

Wrth iddynt dderbyn eu hyfforddiant yn Camp Utley gallai'r milwyr Cymraeg newydd ymfalchïo yn y ffaith bod eu gwersyll wedi'i enwi ar ôl prif swyddog eu catrawd, y Milwriad William L. Utley. Dyn diddorol oedd Utley. Roedd yn 48 oed ym mis Awst 1862 ac wedi dilyn sawl gyrfa cyn troi'n wleidydd ac wedyn yn filwr. Ac yntau wedi byw ym Massachusetts, Ohio ac Efrog Newydd, ymgartrefodd William Utely yn Racine yn 1844, bedair blynedd cyn i Wisconsin gael ei throi'n dalaith. Bu'n gweithio'n achlysurol fel cerddor proffesiynol a hefyd fel athro dawns. Roedd wedi'i hyfforddi fel arlunydd ac enillai arian trwy baentio portreadau bob hyn a hyn. Ef hefyd oedd perchennog gwesty mwyaf y ddinas, y *Racine House*. Roedd yn ddiddymwr o argyhoeddiad ac ymunodd â'r *Free Soil Party* pan ffurfiwyd y blaid wrthgaethiwol honno yn 1848. Tystiai llawer o drigolion Racine i'w allu fel areithiwr ac fe'i hystyrid yn ddyn carismatig ac egnïol. Safodd yn enw Plaid y Tir Rhydd yn ystod etholiad Cynulliad Taleithiol Wisconsin (*Wisconsin State Assembly*) yn 1850 ac enillodd y sedd. Cafodd ei ailethol yn 1851. Ymunodd â'r Gweriniaethwyr pan ffurfiwyd y blaid honno yn 1854, yn debyg i lawer o gyn-aelodau Plaid y Tir Rhydd. Etholwyd i Senedd Daleithiol Wisconsin (*Wisconsin State Senate*) yn 1860. Fel y nodwyd uchod, penodwyd Utley yn *Adjutant General* Wisconsin, ac felly roedd yn gyfrifol am filisia'r dalaith. Dyma awgrym bod ganddo ddiddordeb mewn materion milwrol cyn i'r Rhyfel Cartref ddechrau.[94] Ac yntau wedi goruchwylio prosesau a ddaeth â rhyw 30,000 o wirfoddolwyr i gorlan y fyddin, cafodd lythyr gan yr Arlywydd Lincoln yn diolch iddo am ei wasanaeth.[95] Nid oedd yn fodlon â gweinyddiaeth filwrol yn unig; roedd am chwarae rhan fwy gweithredol mewn rhyfel a welai fel crwsâd yn erbyn caethwasiaeth. Cafodd ei gomisiynu'n filwriad (*colonel*) ar ddechrau 1862 a mynd ati i godi catrawd o filwyr i'w harwain. Hon fyddai'r 22ain Gatrawd o Draedfilwyr Wisconsin, y gatrawd y byddai'r *Cambrian Guards* yn perthyn iddi.

Fel cynifer o gomisiynau yn ystod y Rhyfel Cartref, penodiad gwleidyddol ydoedd. Gwobrwywyd William L. Utley gan Lywodraethwr Wisconsin am ei wasanaeth i'r dalaith, ei ffyddlondeb i blaid y Gweriniaethwyr, a'i gefnogaeth i achos rhyfel yr Unol Daleithiau, ond nid am unrhyw allu na phrofiad milwrol ymarferol. Felly, penderfynodd Llywodraethwr y dalaith gomisiynu dyn yn is-filwriad (*lieutenant colonel*) a fyddai'n gwneud yn iawn am ddiffyg profiad Utley. Roedd Edward Bloodgood yn 30 oed ac wedi'i fagu mewn teulu milwrol; bu'i dad yn dilyn gyrfa ym myddin yr Unol Daleithiau cyn ymddeol a symud ei deulu i Wisconsin. Ffurfiodd yr Edward Bloodgood ifanc gwmni o filisia a dysgu hyfforddi ac arwain milwyr yn y modd ymarferol hwnnw. Pan ddechreuodd y Rhyfel Cartref, ef oedd un o wirfoddolion cyntaf Wisconsin; ymrestrodd gyda'r *1st Wisconsin Infantry* a chael ei wneud yn rhingyll yn syth. Fe'i dyrchafwyd yn gadben yn Awst 1861.[96]

Trafodwyd uchod y gwahaniaeth rhwng swyddogion Cymreig uchaf Cwmni F, gan fod y cadben Owen Griffith wedi'i gomisiynu am resymau gwleidyddol a'r is-gadben Robert T. Pugh wedi'i gomisiynu oherwydd ei brofiad milwrol. Nodweddid arweinyddiaeth ar lefel y gatrawd ei hun gan yr un ddeuoliaeth, gyda'r Milwriad Utley yn benodiad gwleidyddol a'i ddirprwy, yr Is-filwriad Bloodgood, yn ddyn a chanddo brofiad milwrol go iawn. Mae'n ddiddorol nodi bod

William Utley ac Owen Griffith yn debyg mewn rhai ffyrdd, gan fod y ddau ddyn yn hoff o areithio ar bynciau gwleidyddol ac yn cael eu hadnabod gan filwyr y cwmni a'r gatrawd fel diddymwyr o argyhoeddiad. Mae'n fuddiol cyflwyno un milwr di-Gymraeg arall gan y bydd ei lythyrau ef yn helpu i adrodd y stori hon yn achlysurol. Bu Harvey Reid yn gweithio fel athro ysgol yn Racine cyn ymrestru yn y fyddin ac ymuno â'r *'Union Grove Guards'*, sef Cwmni A, yr 22ain Gatrawd o Draedfilwyr Wisconsin. O bosibl oherwydd ei gefndir ym myd addysg, cafodd ei wneud yn glerc yn *headquarters* y gatrawd. Ysgrifennai lythyrau at y *Racine Weekly Advocate* ar ran Cwmni A, gan gofnodi manylion eu gwasanaeth ar gyfer darllenwyr y papur. Yn ogystal, ysgrifennai lythyrau maith a manwl at ei deulu yn Wisconsin, ac mae'r casgliad pwysig hwn o ffynonellau cynradd wedi goroesi.

Mewn llythyr a ysgrifennodd Harvey Reid ym mis Medi 1862 mae'n disgrifio golygfa ddoniol sy'n crisialu'r gwahaniaeth rhwng y Milwriad Utley a'r Is-filwriad Bloodgood:

> Our regimental band, although composed of excellent instruments and good players, has not been long enough organized to attain perfection yet, and sometimes makes as bad mistakes as a green choir of singers. To-night, after dress-parade, we had a short battalion drill. The band were playing common time, but the bass drummer did not keep good time and was fast throwing confusion through the entire ranks. Lieutenant Colonel Bloodgood was drilling us and Colonel Utley was standing looking on. He stood the playing as long as he could when suddenly he started across the parade ground as fast as he could run, and when I was in a position to see the band, the old Colonel was hammering away on the bass drum with all his might. We had noticed an improvement in the time but did not know that they had changed drummer, till we turned so as to see him[.][97]

Rhaid bod hyn wedi achosi cryn embaras i'r cerddorion Cymreig, Elias J. Prichard a John M. James – a'r olaf yn enwedig, gan ei fod yn un o ddau brif gerddor y gatrawd ac felly'n rhannol gyfrifol am hyfforddi ac arwain y band hwn. Ymhelaethodd Harvey Reid ar y gwahaniaethau rhwng milwriad ac is-filwriad y *22nd Wisconsin*:

> [Colonel Utley] is fast gaining popularity with his men, notwithstanding his acknowledged military greenness, by his kindness to individuals, visiting the hospital, almost daily and so forth. But [Lt.] Colonel Bloodgood is our pride, and by becoming acquaint[ed] with other regimental commanders we learn to prize him highly. I never yet saw him lose command of his temper, before his command, and to drill green men is the [most] trying position[.][98]

Roedd y sefyllfa'n ymddangos yn dderbyniol yn ystod y cyfnod cynnar hwn, gyda'r prif swyddog yn gadael i'w ddirprwy ofalu am hyfforddi'r milwyr. Safai Utley yn fodlon ar ochr y maes ymarfer, yn gwylio wrth i Bloodgood arwain y gatrawd trwy'r gwahanol symudiadau. Ond, fel y gwelir maes o law, byddai'r drefn hon yn esgor ar broblemau dirfawr ar faes y gad.

Mae'n werth ceisio dychmygu natur hyfforddiant milwyr Cwmni F. Nid oedd tua thraean o'r cwmni yn siarad Cymraeg ac roedd nifer o'r milwyr Cymraeg wedi'u geni yn yr Unol Daleithiau ac felly'n siarad Saesneg yn rhugl. Byddai'n debygol fod y rhai a ymfudodd yn blant ifanc yn rhugl yn y ddwy iaith erbyn hyn hefyd, er bod tystiolaeth bod rhai Cymry Americanaidd o'r math hwn – gan gynnwys rhai a ymrestrodd yn y fyddin – yn ansicr eu Saesneg hyd yn oed ar ôl treulio blynyddoedd olaf eu plentyndod yn yr Unol Daleithiau. Ond roedd rhai o'r milwyr newydd wedi ymfudo o Gymru yn fwy diweddar, ac roedd llawer iawn o ymfudwyr yn uniaith Gymraeg ar gyrraedd eu gwlad newydd yn y cyfnod hwn. Ac yntau'n orwyr i'r Cadben Owen Griffith ac yn gallu manteisio ar hanes llafar y teulu, tybiai Richard H. Groves fod rhai wrthi'n cyfieithu ar gyfer y milwyr uniaith Gymraeg, er nad oes cofnod ynglŷn â: *'how the complicated evolutions and commands described in Hardee's manual got translated into Welsh'*.[99] Er nad yw'n sôn am y wedd ieithyddol hon, mae disgrifiad Cymraeg lliwgar Rowland J. Edwards o'u hyfforddiant cynnar wedi goroesi: 'Treuliwyd yr ychydig amser y buom yn Racine mewn ymarferiadau milwrol, yn y rhai yr oeddym yn hollol anfedrus.'[100] Cafodd y gatrawd eu lifrai ar 27 Awst, ac yn ôl John Ellis, roedd y modd y'i gwisgid gan y dyn 'tawel a *dignified*' hwnnw, David Rowlands, yn gwneud argraff ar ei gyfeillion gan ei fod yn edrych yn fwy o filwr na'r rhai a roddai orchmynion iddo: 'Cadwai ei hun yn lanwaith ac edrychai braidd allan o'i le pan dan ofal rhai o'r corporals os nad sergeants.'[101] Ond gyda'r Is-filwriad Bloodgood yn eu hyfforddi'n feunyddiol, daeth y gatrawd yn fwy medrus ar y maes ymarfer. Cyfeiria Rowland J. Edwards at gyffro'r *dress parade* cyntaf:

> Cof genyf am y tro cyntaf i'r deg cwmni ffurfio yn un llinell ar "Dress Parade" – pob dyn mewn gwisg newydd filwrol, gynau newyddion, baner fawr o sidan yn chwyfio yn yr awelon, heb ysmotyn ar ei ser a'i brithresi; y fife a'r drum corps yn cerdded i fyny ac i lawr ar hyd y llinell gan chwareu martial music. Golygfa odidog, mae yn debyg![102]

Gan awgrymu bod y gwirfoddolion wedi cynefino'n gyflym â bywyd yn y fyddin, dywed eu bod wedi 'teimlo rhyw ddyddordeb neillduol yn yr ymddangosiad hwn' y tro cyntaf, 'ond cyn pen ychydig amser aeth dress parade a phob peth o'r fath yn gyffredin yn ein golwg.'[103] Gyda thinc o hiwmor sy'n awgrymu natur personoliaeth Rowland Edwards, ychwanega'r sylw hwn am y cyffro-a-aeth-yn-ddiflastod: 'aem allan ar yr arddangosiadau hyn gyda'r un difaterwch ag yr aem allan i odro neu ryw orchwyl o'r fath pan adref ar y fferm.'[104]

Nid yw'n syndod bod Rowland J. Edwards wedi ymdrafferthu â chofnodi'r agweddau hyn ar eu hyfforddiant milwrol. Yn ôl un o'i ffrindiau gorau yn y fyddin, John Ellis, roedd yn ymroi'n llwyr i'w alwedigaeth filwrol newydd:

> Byddai Rowland yn arfer ei hun yn y Manual of Arms nos a dydd, nes yr oedd yn neillduol fedrus gyda ei arfau, yr hyn barodd iddo gael dyrchafiadau, a chymaint gwell oedd hyn iddo na hiraethu a grwgnach am galedi bywyd milwrol! [105]

Ychwanegodd John Ellis fod ymddygiad Rowland Edwards yn ysbrydoliaeth i'w gydfilwyr, gan ddangos trwy esiampl ei bod 'yn anmhosibl bod mewn un sefyllfa na allwn wellhau ein hunain.'[106] Dywed hefyd mai '[u]n o'r dynion goreu yn ein cwmni oedd Rowland Edwards,' gan ei ddisgrifio fel 'llanc main, tal a syth, deallus a charedig, gwladgarol a gwrol i'r pen draw.'[107]

Nid sgiliau milwrol yn unig a arferid gan y milwyr newydd. Aeth Morris B. James – y dyn o blwyf Llanerfyl a fuasai'n gweithio fel gwas ar stad y Wern cyn ymfudo – yn gogydd ar gyfer y cwmni, rôl a oedd yn golygu'i fod yn ganolbwynt i fywyd beunyddiol y gwirfoddolion. Disgrifia John Ellis y cyfaill hwn mewn modd tra digrif:

> Morris B. James oedd un o'r rhai mwyaf adnabyddus yn y cwmni. Adnabyddid ef fel cook C[ompany] F gan yr holl regiment [...] . Dyn cryf, o faintioli cyffredin ydoedd; ac yr oedd rhywbeth ynddo yn peri i chwi betruso dweyd wrtho fod y potes yn rhy hallt, neu fod y coffi yn rhy wan. Ni feiddiodd ond ychydig wneyd hyny, a buasai yn well iddynt ei gymeryd fel yr oedd na chyffroi llawer ar Morris.[108]

Cofir bod Morris James yn gyn-Fethodist Wesleyaidd a aeth at y Trefnyddion Calfinaidd ar ôl priodi. Diddorol felly fod ei gyfaill John Ellis wedi'i ddisgrifio fel 'Wesley selog' wrth bortreadu'r cogydd mawr cryf fel dyn crefyddol iawn a allai 'syrthio' a gadael i'w dymer fynd yn drech na'i gred:

> Brawd duwiol oedd Morris, pe cawsai help gan Dduw a llonydd gan "rogues" – Wesley selog o ran cred, ac yn ol cyffes ei ffydd syrthiai weithiau oddiwrth ras. Dyrnodd dipyn ar ryw Wyddel am sarhau y Cymry cyn cychwyn o Racine.[109]

Ond nid yw John Ellis – ac yntau'n perthyn i deulu o Fedyddwyr selog – yn awgrymu'i fod yn gweld bai ar y Methodist o Lanerfyl am ddyrnu Gwyddel a oedd yn sarhau'r Cymry. Yn ogystal â chasineb hirhoedlog ymneilltuwyr Cymreig at Gatholigiaeth y Gwyddelod, roedd gwrthdaro gwleidyddol rhwng Democratiaid Gwyddelig a Gweriniaethwyr Cymreig yn nodweddu nifer o gymunedau Americanaidd yn y cyfnod, fel y gwelwyd yn y bennod ddiwethaf. Yn fwy diddorol er mwyn deall y modd y canfyddid y Cymry Americanaidd hyn yn Wisconsin fyddai gwybod beth yn union oedd natur y sarhad a deflid atynt gan y Gwyddel hwnnw yn Racine!

Pa argraff a wnaeth cadben y cwmni ar y traedfilwyr newydd? Roedd yr Annibynwyr yn eu plith yn gyfarwydd ag Owen Griffith drwy gyfrwng ei rôl fel Ysgrifennydd Cymanfa Cynulleidfawyr Cymreig Wisconsin, a'r rhai a oedd yn byw yn y ddinas ei hun yn mynychu'r un capel ag ef. Roedd eraill wedi dod ar ei draws yn siop Lee a Dickson yn Racine. Ond yn ogystal â'r pellter sy'n cael ei greu gan ddyledus barch y gwahaniaeth rhwng milwyr cyffredin a swyddog, roedd cryn wahaniaeth oedran rhwng y rhan fwyaf ohonynt a'u cadben, o gofio bod Owen Griffith yn 39 oed ar y pryd. Ar y llaw arall, roedd cysylltiadau teulu'r swyddog yn gwneud iddo ymddangos yn fwy cyfarwydd i John Ellis (er ei fod yn Fedyddiwr o'r wlad nad oedd wedi dod ar draws yr Annibynnwr hwn o'r ddinas cyn ymrestru yn y fyddin):

> Yr oeddwn yn teimlo fy mod braidd yn adnabod Captain Griffith, er nad oeddwn wedi ei weled o'r blaen, o herwydd

ei fod yn frawd i G. O. Griffith, Remsen, a bod ei wraig yn chwaer i "William Owens y Blawd," Utica, yr hwn oedd yn aelod o'r "Welsh Wide-awake Club," lle yr oeddwn inau, a chofiaf byth fel y byddai yn canu, "I'll bet my money on Lincon['s] horse, who will bet on Stephen A[?]"[110]

Dyma gipolwg rhyfeddol ar rwydweithiau Cymreig Americanaidd a bontiai'r 800 milltir rhwng swydd Oneida, Efrog Newydd a swydd Racine, Wisconsin. Roedd teulu John Ellis wedi ymgartrefi yn swydd Oneida cyn symud ymlaen i Wisconsin, ac yn y rhan honno o dalaith Efrog Newydd y ganed Owen Griffith. Mae gwedd wleidyddol ar y rhwymau hyn hefyd, gan fod John Ellis yn adnabod brawd-yng-nghyfraith ei gadben oherwydd y *Wide-awake Club*, mudiad ieuenctid y Gweriniaethwyr. Rhaid bod 'Williams y Blawd' wedi symud o Utica i Racine, gan ei fod yn cyfeirio at gân a genid yn ystod ymgyrch etholiadol 1860. Ond pa fath o swyddog oedd Owen Griffith? Nid yw John Ellis yn dweud dim am ei allu milwrol na'i waith yn eu harwain, ond mae'n ei ganmol am reswm arall: '[ni] welais i ddim ond caredigrwydd ar law Capt. Griffith yn y fyddin[.]' [111]

Roedd ail is-gadben *Company F*, Robert T. Pugh, yn dal i ddisgwyl cael ei ryddhau'n ffurfiol o'r 8fed Gatrawd o Draedfilwyr Wisconsin.[112] Er na fyddai'n ymuno'n barhaol â'r *22nd Wisconsin* tan ar ôl iddynt adael y dalaith a theithio i'r de, cafodd ganiatâd i adael ei gatrawd dros dro er mwyn bod yng Ngwersyll Utley ar gyfer seremoni cofrestru ffurfiol y cwmni ar 2 Medi 1862.[113] Dyma'r tro cyntaf i John R. Ellis gyfarfod â Bob Pugh, dyn a ddeuai'n ffrind da er gwaethaf y gwahaniaeth rhwng swyddog a milwr cyffredin. Gan fod yr Ellisiaid wedi ymgartrefu ar fferm yn bell i'r gogledd-orllewin cyn i Bob symud yn ôl i Racine o Ganada, nid oedd John wedi dod ar ei draws, yn wahanol i rai o Rasiniaid Cymraeg y cwmni a oedd wedi gweld Bob Pugh yn siop John Vaughan. Felly, nid oedd yn siŵr 'o ba un o sefydliadau y Dalaeth' y daethai – hynny yw, o ba gymuned Gymreig yn

Wisconsin – ond roedd yn meddwl am ryw reswm 'mai o Cambria', sefydliad Cymreig tua 120 milltir o Racine, oedd Bob Pugh.[114] Tybed a oedd wedi camglywed neu gamgofio rhywbeth a ddywedodd rhywun am gyfnod yr is-gadben yng Nghanada, gan fod y ddau le yn bell i'r gogledd? Yn fwy diddorol yw tybiaeth John Ellis bod darpar *second lieutenant* eu cwmni wedi ymfudo i Wisconsin o Gymru: 'meddyliwyf... mai brodor ydoedd o Sir Feirionydd [.]'[115] Ganed Robert T. Pugh yn Ohio i rieni a ymfudasai o Lanegryn, a'i fagu gyda pherthnasau yn Racine a Chanada ar ôl i'w fam farw.[116] Cymraeg oedd iaith yr aelwydydd hyn yn Ohio, Canada a Wisconsin, ac mae'n rhaid mai Cymraeg sir Feirionnydd ydoedd.

Yn ôl John Ellis, 'dyn heb fod llawn cymaint a'r cyffredin o dal' oedd Bob Pugh, 'gyda gwallt tywyll a llygaid duon bywiog.'[117] Ond ei ymarweddiad, nid ei bryd a'i wedd, a greodd yr argraff fwyaf: 'Pan y gwelech ef teimlech eich bod yn mhresenoldeb dyn cywir. Lled ddystaw ydoedd a dihymongar.'[118] Yn debyg i reolaeth y gatrawd – gyda'r prif swyddog, y Milwriad Utley, yn benodiad gwleidyddol pur, a'r ail brif sgwyddog, yr Is-filwriad Bloodgood, yn sicrhau bod ganddynt arweinyddiaeth filwrol brofiadol – Bob Pugh fyddai'n sicrhau bod gan y *Cambrian Guards* swyddog proffesiynol i'w harwain. Owen Griffith oedd cadben y cwmni a Nelson Darling oedd yr is-gadben cyntaf, ond penodiadau gwleidyddol oedd y ddau, eu comisiynau milwrol yn ddiolch am eu gwaith yn llenwi'r cwmni â gwirfoddolwyr. Yr ail is-gadben, dyn ifanc a welsai frwydrau yn barod ac a oedd wedi dysgu arwain milwyr trwy brofiad ar faes y gad, fyddai'r un y dibynnai John Ellis a'i gydfilwyr Cymraeg arno. Awgrymodd nad profiad Bob Pugh yn unig a wnâi'r *second lieutenant* yn swyddog effeithiol. Meddyliai John Ellis amdano fel 'milwr amddifad' – hynny yw, dyn heb gartref y tu allan i'r fyddin. Sylw hynod ddiddorol, gan nad oedd John Ellis yn gwybod bod y swyddog wedi'i fagu fel plentyn amddifad i bob pwrpas.[119] Milwr wrth reddf ydoedd i'r rhai o dan ei ofal:

Yr oedd fel pe buasai wedi bwrw y draul a phenderfynu nad ei eiddo ef oedd ei fywyd. Ei fusnes ef oedd ufuddhau i "orders" neu farw yn yr ymdrech, a dysgwyliai i bawb arall wneyd yr un peth – a dyma yr uchafbwynt yn fy nhyb i mewn milwr. [120]

Eto, er bod ganddo dueddfryd awdurdodol yn gweddu i'w reng a gallu i sicrhau bod milwyr yn ufuddhau'n syth i'w orchmynion, nid oedd gwirfoddolion y *Cambrian Guards* yn ystyried Bob Pugh yn swyddog cas nac yn ddyn ffroenuchel. I'r gwrthwyneb, roedd yn gyfeillgar iawn â nifer o filwyr Cymraeg y cwmni. Bid a fo am agweddau eraill ar ei bersonoliaeth, ei ddewrder – y 'penderfyn[iad] nad ei eiddo ef oedd ei fywyd' – a'i ddull o arwain trwy esiampl fyddai'n allweddol pan ddeuai'r milwyr Cymraeg wyneb yn wyneb â'r gelyn ar faes y gad.

3

Kentucky a Chaethwasiaeth

YN YSTOD WYTHNOS gyntaf mis Medi 1862, roedd dwy fyddin ddeheuol o dan y cadfridogion Kirby Smith a Braxton Bragg yn symud trwy Kentucky. Yn debyg i Maryland, Missouri a Delware, roedd Kentucky yn dalaith gaeth a benderfynodd aros yn Undeb yr Unol Daleithiau. Er bod y *'border states'* hyn yn 'deyrngar' o hyd, roedd dynion o'r pedair talaith wedi ymrestru ar y ddwy ochr, yn dibynnu ar ymlyniad gwleidyddol yr unigolyn. Felly roedd statws ymarferol a thynged y taleithiau caeth ffiniol hyn yn ansicr iawn ar lawer ystyr. Roedd dros 250,000 o gaethweision yn Kentucky – tipyn yn fwy na'r taleithiau ffiniol eraill – ac felly teimlid bod y realiti economaidd a chymdeithasol hwn yn ei gwneud yn agored iawn i ddylanwad deheuol. Poenai llywodraeth Lincoln y byddai presenoldeb lluoedd Smith a Bragg yn y dalaith yn cymell rhagor o drigolion Kentucky i ddatgan eu cefnogaeth i'r *Confederacy*. Ofnai gogleddwyr y byddai'r gwrthryfelwyr deheuol yn croesi afon Ohio ac ymosod ar y taleithiau rhydd. Cincinnati, a hithau ar lan yr afon honno, oedd y ddinas gyntaf a fyddai'n wynebu ymosodiad o'r fath, ond gallai ymgyrch y deheuwyr beryglu Indianapolis a Pittsburgh hefyd.

Felly, roedd lluoedd Undebol yn cael eu symud o'r gogledd i Kentucky ar frys, a'r *Cambrian Guards* yn eu plith. Fel y

75

nododd Rowland J. Edwards yn gryno, 'daeth y gorchymyn i'n catrawd fyned i Kentucky'.[1] Er bod y milwyr newydd wedi cael llai na mis o hyfforddiant, byddai'r 22ain Gatrawd o Draedfilwyr Wisconin yn gadael Camp Utley ar 16 Medi.[2] Ymwelodd y Seneddwr James R. Doolitle â'r gwersyll ddiwrnod cyn i'r gatrawd ymadael. Ar ôl i'r milwyr wrando ar araith y gwleidydd, cyflwynodd Doolittle ddwy faner, un wedi'i chreu gan wragedd Racine ar gyfer Cwmni A y gatrawd, a'r llall wedi'i gwnïo gan *the Welsh ladies of Racine* ar gyfer Cwmni F, y *Cambrian Guards*.[3] Roedd yn 'hardd iawn', yn ôl y *Racine Weekly Advocate*, ac wedi'i gwneud o sidan glas gydag arfbais talaith Wisconsin ar y naill ochr a'r eryr Americanaidd ynghyd â'r geiriau *'Union and Liberty One and Inseparable'* ar y llall.[4] Yn debyg i'r addunedau a fabwysiadasai'r cyfarfod cyhoeddus lai na mis ynghynt, roedd benywod Cymreig Racine trwy gyfrwng y faner hon yn datgan bod dynion eu cymuned yn ymladd dros Undeb a Rhyddid. Er nad oedd llywodraeth Lincoln wedi cysylltu ymgyrch rhyfel yr Undeb yn ffurfiol â'r ymgyrch i ddiddymu caethwasiaeth (ac, yn wir, yn gwrthod gwneud cysylltiad o'r fath yn gyhoeddus), roedd y Cymry Americanaidd hyn yn mynnu bod achos 'Rhyddid' ac achos yr 'Undeb' yn 'Anwahanadwy'. Ymhen rhyw dair wythnos, byddai'r milwyr Cymraeg yn cludo'r faner hon ar dir Kentucky, talaith a fynnai nad yr un oedd y ddau achos. Byddai'r gwrthdaro rhwng y ddwy egwyddor y cyfeiriai baner y *Cambrian Guards* atynt yn wedd amlwg ar eu profiadau yn y dalaith gaeth.

Ar fore dydd Mawrth, 16 Medi 1862, ffurfiwyd y gatrawd a'i martsio o'i gwersyll i orsaf drên Racine. Cofnododd Rowland J. Edwards fanylion eu hymadawiad:

> Bore y diwrnod yr oeddym i ymadael, dreuliwyd i lenwi ein knapsacks a llawer o bethau mawrion a bychain. Yr oedd gan rai ddigon i ddechreu maelfa fechan, a'r rhan fwyaf o'r pethau yn rhoddion gan gyfeillion. Pe buasem wedi cael rhagor o brofiad milwrol buasai ein knapsacks yn llawer

gwacach ac ysgafnach. Wedi hyn daeth y gorchymyn "Fall In," ac ymffurfiodd pob cwmni yn ei le priodol yn y llinell. Dechreuwyd ein tramp cyntaf o'n gwersyll cyntaf [...] gan gyfeirio am yr orsaf, lle yr oedd cerbydau i'n cludo ar ein taith filwrol gyntaf. Yr oedd ein baner ar led yn yr awelon, a'n seindorf yn chware 'Marseilles', 'The girl I left behind', neu ryw ddarnau o'r fath, a'n traed yn ceisio cadw amser i guriadau y drum fawr nes cyraedd gorsaf y rheilffordd, lle yr oedd cerbydres hir yn aros i'n cludo ar daith am ben draw yr hon nad oedd genym y ddirnadaeth leiaf.⁵

O gofio disgrifiad Harvey Reid o ddyddiau cyntaf seindorf y gatrawd, rhaid bod John M. James a'r prif gerddor arall wedi cael trefn ar y drymiwr bas erbyn hyn.

Gan fod ei deulu wedi symud o Racine i Pine River, dim ond ei frawd iau, John, a ddaethai i ffarwelio â Rowland, ond roedd teuluoedd 'y rhan fwyaf o aelodau y gatrawd' yn bresennol yn yr orsaf drên. 'Cymerai ysgrifbin a chanddo fwy o allu desgrifiadol,' meddai, 'i wneuthur portread o'r olygfa ymadawol hon.'⁶ Rhwng y perthnasau hyn a'r dinasyddion a ddaeth oherwydd 'eu dyddordeb yn achos y llywodraeth', roedd 'tyrfa anferth' wedi ymgasglu, a'r sifiliaid yn ceisio 'calonogi' y milwyr trwy'u sicrhau bod ganddynt 'ewyllys da' eu cymuned a bod gan y gymuned honno 'hyder cryf am lwyddiant' eu menter. ⁷

Torcalonus i'r eithaf oedd yr olygfa pan seiniodd y chwibanogl yn arwydd ei bod yn amser i gychwyn – gweled y gwyr priod yn ffarwelio a'u gwragedd a'u plant bychain, yr ieuengaf, fe ddichon, yn mreichiau y tad yn chwareu yn dawel a'i fotymau pres dysglaer; a'r hynaf yn teimlo ei hun yn fod go bwysig yn ceisio dal arfau ei dad. ⁸

Ac yntau'n ddyn ifanc di-briod, teimlai Rowland Edwards fod ffarwelio'r teuluoedd hyn 'bron yn gysegredig', ond er iddo geisio troi ei ben 'rhag edrych ar' rywbeth mor bersonol, 'golgyfa o'r un natur' a welai ym mhob man.⁹ Un o'r tadau ymhlith y milwyr oedd y Cadben Owen Griffith; yno yn yr orsaf drên yn ffarwelio ag ef oedd ei wraig Jane, a'i feibion George a William – a oedd yn wyth ac yn bedair oed ar y pryd.¹⁰ Nid oedd yn hawdd dod â'r ffarwelio hwn i ben:

> Seiniai y whistle yr ail a'r drydedd waith, a gwaeddai y swyddogion "all aboard;" ond araf ac anhawdd oedd yr ymadael – un ysgydwad llaw eto; un cusan yn ychwaneg, canys fe allai mai yr olaf am byth fyddai; ac yn wir, felly y bu i lawer.¹¹

Ond yn y diwedd, aeth y milwyr ar y ddau drên hir a oedd yn eu disgwyl, gan adael 'y lluaws mewn dagrau' yn ymyl y cledrau gyda'u 'cadachau gwynion yn chwyfio'.¹²

Eu cyrchfan oedd Cincinnati, y ddinas honno ar lannau afon Ohio, a'r afon honno'n ffin rhwng talaith rydd Ohio a thalaith gaeth Kentucky. Cymerai'r daith ddiwrnod a hanner. Ar gyrraedd Chicago, Illinois, bu'n rhaid i'r milwyr fartsio trwy strydoedd y ddinas er mwyn mynd ar drenau eraill a'u disgwyliai mewn gorsaf arall. Ymlaen wedyn trwy Indianapolis, Indiana, a chyrraedd Cincinnati tua 9.30 ar noson 17 Medi.¹³ Trawsffurfiwyd rhai o'r *beer halls* Almaenig niferus a geid yn y rhan o'r ddinas a elwir yn *Over the Rhine* yn farics dros dro ar gyfer milwyr yr 22ain Wisconsin. Paratowyd bwyd iddynt gan wragedd lleol a châi'r milwyr ychydig o hamdden i grwydro'r ddinas.

Dim ond un tymor addysg yn athrofa'r Bedyddwyr yn Wisconsin a gafodd Edward Ellis, ond roedd y dyn ifanc yn bregethwr profiadol a galluog. 'Pregethodd i'r Cymry yn Cincinnati pan oeddem yn myned drwodd', meddai John Ellis am ei frawd Edward.¹⁴ Dyma dystio i'r ffaith fod Cymry'r ddinas a milwyr Cymraeg y gatrawd wedi dod i gysylltiad – ac yn wir, wedi cael cyfle i gydaddoli – er nad oedd arhosiad yr *22nd Wisconsin* yn Cincinnati yn hir. Roedd un arall o'r milwyr Cymraeg, **David E. Evans**, wrthi'n barod yn casglu swfynîrs i gofnodi'i amser yn y Rhyfel. 'Pan yr oeddym yn Cincinnati prynodd Dave gyflawnder o arian ffugiol neu confederate money.'[15] Roedd yr Ellisiaid yn adnabod Dave Evans cyn y rhyfel; 'cymeriad neillduol' ydoedd, yn marn John. 'Nid oedd dim o'r pruddglwyf yn perthyn i Dave', meddai'i gyfaill gan ddisgrifio'i natur gellweirus fel hyn: 'Dywedai a gwnai bethau na wnelai ac na ddywedai neb arall.'[16] Byddai Dave Evans yn ennill y llysenw 'yr *Almighty*' oherwydd ei feiddgarwch; roedd ei ymddygiad yn Cincinnati yn rhyfeddol o ddiniwed o'i gymharu â rhai o'r campau y byddai'n eu cyflawni yn y fyddin.

Mewn llai nag wythnos daeth y gorchymyn i symud, ac am 3.00 y prynhawn, 22 Medi 1862, ffurfiwyd y gatrawd a'i martsio at lan yr afon a thros bont bontŵn i dir Kentucky ar yr ochr arall.[17] Roedd yr artist Alfred Edward Mathews yno ar lan ddeheuol yr afon yn disgwyl amdanynt, a brasluniodd ddelwedd y byddai'n ei mireinio wedyn a'i gwerthu i nifer o bapurau newydd.[18] O gofio mai artist proffesiynol oedd William L. Utley, tybed beth fu barn prif swyddog y gatrawd am y gwaith? Mae'r llun yn delfrydu'r olygfa, ond eto nid yw heb agweddau naturiolaidd; mae cerddediad y dynion yn ymddangos yn gredadwy – hynny yw, heb fod yn fecanyddol o unffurf – ac nid yw dwylo na phen pob un yn yr union un safle. Dyma'r gatrawd gyfan – 1,000 o filwyr, heb gyfrif y prif swyddogion – yn llenwi'r bont bontŵn, gyda'r rhesi olaf na ellir eu gweld ond fel smotiau bychain yn dal ar y lan ogleddol a'r rhes flaen ar fin gadael y bont a sathru ar y lan ddeheuol. O'u blaen y mae'r Milwriad Utley ar gefn ei geffyl, ei gleddyf wedi'i dynnu a'r llafn yn pwyso ar ei ysgwydd dde, fe pe bai'n arwain y gatrawd mewn gorymdaith ffurfiol, ac mae pedwar carn ei geffyl ar dir Kentucky. Bob ochr iddo mae cnwd o sifiliaid – dynion mewn cotiau a hetiau a benywod mewn ffrogiau llaes a bonetau, yn chwifio'u dwylo'n siriol, yn croesawu'r milwyr gogleddol hyn i'r dalaith.

Gwelir un swyddog yn cerdded ychydig y tu ôl i'r milwriad ac ychydig o flaen rhes gyntaf y milwyr – yr Is-filwriad

Bloodgood, efallai. Ond y milwriad yw'r unig un ar geffyl, rhyfedd gan y byddai gan Bloodgood a rhai swyddogion eraill yr hawl hefyd – yr uwch-gadben, Edward Murray, yr *adjutant* a'r prif is-gadben, William Bones, ac efallai'r meddyg, George Bicknell, a'r caplan, y Parchedig Caleb Pillsbury. Yn rhyfedd hefyd yw'r ffaith nad oes baneri'n cael eu cludo gan y gatrawd; mae fel pe bai'r ddelwedd wedi'i chreu i hoelio sylw ar y berthynas rhwng Utley a'i gatrawd, gan bwysleisio'i statws yntau ac osgoi cynnwys unrhyw nodweddion eraill a allai dynnu'r llygad oddi wrth y milwriad. Bron na ellid awgrymu bod y ddau artist yn adnabod ei gilydd a bod Utley wedi gofyn i Mathews greu llun o'r fath. Wedi'r cwbl, gwleidydd profiadol oedd William Utley, dyn a ddeallai werth delwedd gyhoeddus.

Ond yr Is-filwriad Edward Bloogood a gâi deyrnged gan y gatrawd ar ôl iddynt ymsefydlu'u hunain yng ngogledd Kentucky. Aeth yr 22ain Wisconsin ati i greu gwersyll ar gyrion Covington, tref ar lan yr afon Ohio yr ochr arall i Cincinnati, a rhoddasant yr enw 'Camp Bloodgood' i'r cartref dros dro hwn. Yma y byddent yn aros tan 7 Hydref. Yn dangos ei fod yn deilwng o'r anrhydedd, llafuriai Bloodgood yn galed yn ystod y dyddiau hyn er mwyn hyfforddi'r milwyr newydd yn well.[19]

Gorchymynnwyd eu catrawd i symud i'r de ar hyd y Lexington Turnpike, a dechreuodd fartsio ar 8 Hydref 1862.[20] Daliodd Robert T. Pugh y gatrawd bedwar diwrnod yn ddiweddarach, a'r milwyr yn teithio mewn tywydd poeth ar hyd y lôn lychlyd.[21] Nid oedd rheilffordd yn ymyl Tyrpeg Lexington, felly mae'n rhaid bod yr is-gadben wedi'u dilyn ar draed neu ar gefn ceffyl. Cyrhaeddodd yr 22ain Wisconsin wersyll milwrol o'r enw Camp Gilmer y diwrnod nesaf. Roedd mewn lleoliad braf, ar lan afonig a elwir yn Eagle Creek, gyda digon o goed o gwmpas a'r cysgod i'w groesawu yn y tywydd poeth pan nad oedd dyn ar ddyletswydd. Yn ystod y dyddiau hyn yng Ngwersyll Gilmer y dechreuodd yr is-gadben newydd Bob Pugh ymgydnabod o ddifrif â'r milwyr y byddai'n eu harwain.[22]

Dechreuodd y gatrawd symud eto dridiau'n ddiweddarach. Roedd y tywydd yn boeth o hyd a chymaint o lwch yn codi o'r lôn nes ei bod hi'n anodd gweld rhyw lawer wrth fartsio. Mae'n debyg mai yn ystod y daith hon y profodd brawd iau John Ellis drafferth:

> Tra yr oeddem yn ymdaith yn Kentucky un diwrnod poeth a llychlyd, ac yn dyoddef gan brinder dwfr, torodd Edward fy mrawd i wylo am nad allai gadw ei le yn y cwmni, am ei fod yn ieuanc.[23]

Ugain oed oedd y darpar weinidog Edward Ellis, ond er bod y brawd hŷn yn gryfach nid oedd gan John ddigon o nerth i gludo'i faich drosto: 'Ni theimlais erioed yn waeth, ond ni allwn ei gynorthwyo y tro hwnw.'[24] Achubwyd y sefyllfa gan David H. Davis, Methodist o Gaersalem, Pine River, a oedd wedi ymrestru yn y *Cambrian Guards* gyda'i ffrind Rowland J. Edwards. Roedd Dave Davis yn bedair blynedd hŷn nag Edward Ellis, ac, yn ôl John, roedd 'yn gryf a heinif, caredig, cymdeithasgar a gwrol' ac wedi profi'i werth fel un o is-ringylliaid y cwmni erbyn hynny.[25] Fel hyn y cofiai John Ellis y digwyddiad ar y lôn lychlyd boeth honno yn Kentucky:

> Teimlodd Dave H. drosto, a dywedodd, "Never mind, Ed, give me your knapsack," a gosododd ef ar dop ei un ei hun. Fe galonogodd hyn yr holl gwmni, ac nis anghofiaf byth y tro.[26]

Mae'n ddiddorol mai Saesneg yw geiriau'r is-ringyll yn ôl John Ellis; mae tystiolaeth bod y brodyr Ellis a Dave Davis yn siarad Cymraeg ymysg ei gilydd fel arall (ac mae tystiolaeth bod David H. Davis wedi ysgrifennu at ei deulu'n Gymraeg – neu mewn cymysgedd o Gymraeg a Saesneg – fel y gwelir ym mhennod 5). Gellid awgrymu bod rhai o filwyr di-Gymraeg y cwmni yn ymyl – gan gynnwys meddyg y gatrawd, George Bicknell – a bod Dave yn sicrhau pawb ei fod am helpu Edward Ellis. Mae'r ffaith bod John R. Ellis yn taeru bod y weithred wedi calonogi'r 'holl gwmni' yn awgrymu'i fod yn meddwl amdani mewn cyd-destun o'r fath. Noda John Ellis fod hwn yn 'amgylchiad a ddengys gymeriad Dave H.'[27] Fel y gwelwyd uchod, dywedodd Rowland J. Edwards fod cnapsach y rhan fwyaf o'r milwyr newydd yn orlawn ar y dechrau; nid ar chwarae bach yr aeth *Corporal* Dave Davis ati i gludo cnapsach Edward Ellis yn ogystal â'i faich ei hun.

Cyrhaeddodd yr 22ain Wisconsin Lexington ar 25 Hydref 1862, ond yn hytrach nag aros yno fe'u gorchmynnwyd i fynd i gae ffair i'r de o'r ddinas. Aeth hi'n oer iawn dros nos, fel pe na bai'r ffasiwn beth â'r hydref a'r haf wedi ildio'n syth i'r gaeaf. Dechreuodd fwrw eira hyd yn oed, a dechreuodd y milwyr o Wisconsin gloddio er mwyn creu lleoedd tân yng nghorneli'u pebyll, pob un â cherrig gwastad a simdde o dyweirch er mwyn cadw defnydd y babell yn ddiogel rhag y fflamiau.[28]

Yn ogystal â lle tân, roedd rhai o'r milwyr yn adeiladu ffwrn er mwyn pobi'u bara'u hunain. Mewn llythyr a ysgrifennodd at ei wraig Jane mae Owen Griffith yn brolio'r profiad a gâi.

> I am a practical [man] now and wash my own shirts and drawers, etc. I can really make some of the best biscuits and pancakes you ever tasted. I have an oven built where I do my baking. I build an oven in almost every camp I go to, so that I am all right and quite independent.[29]

Ond roedd ei feddwl ar y peryglon o'i flaen hefyd, fel y nododd yn yr un llythyr: '*I hope and pray that I may live to return to my little family once more*[.]'[30]

Gosodwyd y gatrawd mewn trefn filwrol newydd ddiwedd y mis Hydref hwnnw, wrth i'r 22ain Wisconsin fynd yn rhan o frigâd ynghyd â thair catrawd arall o draedfilwyr – y 19edd Michigan, y 33edd Indiana a'r 85ed Indiana. Colonel John Coburn, milwriad y 33edd Indiana, a osodwyd yn brif swyddog ar yr uned newydd hon.[31] Ond ychydig iawn o sylw y rhoddwyd i'r trefniant hwn gan filwyr Cymraeg yr

22ain Wisconsin yn eu llythyrau a'u hysgrifau; dengys eu tystiolaeth ysgrifenedig fod yr unigolion hyn yn uniaethu'n gyntaf oll â'r gymuned Gymraeg yn y *Cambrian Guards*, ac wedyn â'r cwmni cyfan hwnnw, ac yna â'r gatrawd yr oedd y cwmni'n rhan ohoni. Ni welir tystiolaeth yn eu hysgrifau a'u llythyrau fod gan yr uned fwy honno, y frigâd, lawer o afael ar eu dychymyg a'r modd y canfyddent eu hunaniaeth filwrol.

Nid oedd ymuno â 'Brigâd Coburn' yn golygu y gwelai'r 22ain Wisconsin lawer o gyffro yn fuan chwaith. Gwersyllfa ger Nicholasville ar gyrion deheuol Lexington ac wedyn symud i wersyll arall ger Danville tua 20 milltir i'r deorllewin fyddai eu hanes yn ystod dau fis olaf 1862. Cafwyd peth cyffro a phryder pan ddaeth y cadfridog deheuol John Hunt Morgan â'i feirchfilwyr dros y ffin o Tennesse ar herw yn Kentucky, ond ychydig o ddyddiau ar ôl i filwyr y frigâd dderbyn gorchymyn i symud i gyfeiriad brwydr bosibl, daeth gorchymyn arall i ddychwelyd i'r gwersyll.[32]

Er nad oes llawer o fanylion am fywyd pob dydd y gwersyll yn ysgrifau a llythyrau milwyr Cymraeg y gatrawd, ceir ambell sylw sy'n rhoi blas. Dywed John Ellis fod ei gyfaill, yr Is-ringyll John Bowen, wedi helpu i ddifyrru'r amser. Dyma'r crydd o Fachynlleth a oedd wedi syfrdanu rhai o'r gwirfoddolwyr gyda'i gastiau yn y *court house* yn Racine, dyn hynod ddoniol a oedd hefyd â diddordeb angerddol mewn gwleidyddiaeth. Byddai'n llowcio pa bapurau newydd bynnag a ddeuai i'r gwersyll ac yn egluro'r cynnwys i Gymry eraill y cwmni:

> ... efe fyddai yn rhoddi gwybodaeth i ni am holl symudiadau y byddinoedd, y llynges a'r Congress; difrod yr Alabama, ymddygiadau Lloegr, gallu a symudiadau y gelynion. Gellid gweled John Bowen a thyrfa o'i gylch yn gwrandaw arno yn darllen ac yn esbonio y papyrau newyddion – yn neilltuol y "Cincinnati Commercial" a'r "Louisville Journal." [33]

Ond pwysleisia John Ellis fod yr is-ringyll yn gwneud fel yr oedd yn ei ddweud, gan ychwanegu ei fod yn boblogaidd ymhlith Cymry'r cwmni am fwy nag un rheswm: 'Ond nid yn hyn yn unig yr oedd John yn enwog; yr oedd yn wladgarwr pur ac yn filwr dewr.'[34]

Roedd brawd iau John Ellis, Edward, yn troi'i feddyliau at faterion eraill yn ystod yr oriau hamdden hyn. Dyma'r darpar weinidog a gawsai dymor o addysg yn athrofa'r Bedyddwyr cyn ymrestru, y dyn ifanc a oedd wedi pregethu i Gymry Cincinnati yn ystod y daith i Kentucky. Ar ddiwrnod cyntaf mis Rhagfyr 1862, aeth Edward Ellis ati i ysgrifennu at *Y Seren Orllewinol*, misolyn Cymraeg Bedyddwyr yr Unol Daleithiau. Cyhoeddwyd epistol y milwr yn rhifyn nesaf y cylchgrawn. Y rheswm y gosodwyd yr 22ain Gatrawd o Draedfilwyr Wisconsin mewn gwersyll yn Nicholasville, Kentucky oedd y ffaith mai yno oedd terminws y rheilffordd a âi'r holl ffordd trwy Lexington i Cincinnati. Byddai'r milwyr yn cwyno am arafwch y post yn aml (ac yn wir, yn cwyno am ddiffyg post hefyd), ond roedd eu gwersyll yn Nicholasville yn hwyluso gohebiaeth.

Fel hyn y nodir cyfeiriad Edward Ellis yn *Y Seren Orllewinol*: 'Prif-luesty, 22ain Gat[rawd] Wis[consin], Gwersyllfa Cobu[r]n, ger Nicolasville, K[entuck]y, Rhag[fyr] 1, 1862.'[35] Ni ddefnyddir y gair 'lluesty' yn aml heddiw, ond mae'n derm addas iawn ar gyfer gwersyll milwrol (*llu* + *gwesty*). Dechreua Edward Ellis drwy ddisgrifio'r amgylchiadau:

BARCHUS OLYGYDD,
Meddyliais heddyw, gan fy mod yn lled segur, y buaswn yn treio ysgrifenu ychydig o'r pethau sydd yn gwibio trwy y meddwl, tra y cyflawnir rai o orchwylion y milwr, er eu danfon i'r "Seren." [36]

Mae'n rhoi disgrifiad hyfryd o'r modd y mae'n myfyrio ynghylch materion ysbrydol pan fydd ar ddyletswydd yn gwarchod y gwersyll neu'r rheilffordd:

Yr amser y mae y meddwl yn fwyaf gweithgar yw pan yn sefyll i wylio, yn neillduol pan o dan gysgod mantell y tywyllwch. Yn gyffredin mae meddwl y milwr yn anwadal a therfysglyd; ond dyma amser ag y mae fy enaid yn cael tawelwch a llonyddwch i ymborthi ar fara y bywyd. [37]

Dywed ei fod 'yn gallu rhyfeddu daioni a thrugaredd Ior' yn ystod y cyfnodau hynny, a'i fod yn 'tywallt [ei g]alon mewn cyfaddefiadau, deisyfiadau, a diolchiadau o flaen Tad yr ysbrydoedd.' Mae'n ystyried 'y cyflwr isel a thruenus ag y mae dyn wedi myned iddo trwy bechod' ac mae'i galon 'yn cael ei llenwi â gorfoledd wrth feddwl am anfeidrol oludoedd gras y Nef[.]'[38]

Ac yntau'n bregethwr lleyg poblogaidd ers pan oedd yn 16 oed, mae digon o dystiolaeth sy'n dangos bod yr Edward Ellis ifanc yn gallu trafod materion crefyddol yn effeithio ar lafar. Dengys y llythyr hir hwn fod ganddo allu llenyddol sylweddol hefyd wrth iddo sianelu doniau'r pregethwr i'w ysgrifbin. Wedi dechrau trwy ddisgrifio'i waith bydol fel milwr, mae'n dangos bod y gwaith hwnnw'n fodd i droi'i feddwl at faterion ysbrydol. Ac wedyn mae'n cyfannu'r cylch trwy lunio cyffelybiaeth rhwng 'ymdrechfeydd y Cristion yn erbyn gelynion ei enaid' a gwaith y milwr.

Yn y lle cyntaf edrychais arnaf fy hunan, ac wele yr oeddwn wedi fy ngwisgo â lifrau milwraidd fy ngwlad: yna edrychais pa le yr oedd lifrau y Cristion; a gwelais fod ganddo yntau hefyd ei arwydd-wisg (*coat-of-arms*), sef bywyd duwiol, fel y gall pawb a'i gwel weled mai un o filwyr y groes ydyw. A thrachefn edrychais, ac wele yr oeddwn wedi fy llawn arfogi; yna troais i edrych ar y Cristion, a gwelwn ei fod yntau yn llawn o arfau, a'r rhai hyny yn ysbrydol, nerthol, a llymion; oblegyd y mae wedi gwisgo am dano hell arfogaeth Duw, fel y gall sefyll yn y dydd drwg. Ac fel y mae i'r milwr daearol ei elynion i'w darostwng, a chestyll i'w tynu i lawr, felly y mae i'r Cristion ei elynion a'i gastell ysbrydol; ond trwy Dduw efe a lwydda i'w cael oll i lawr.[39]

Fel y mae milwyr yn gwarchae amddiffynfeydd y gelyn, felly hefyd y mae'r Cristion yn wynebu 'cestyll ysbrydol', sef 'Anffyddiaeth', 'eilun-addoliaeth', 'paganiaeth', 'coelgrefydd', 'meddwdod', 'cybydd-dod', 'balchder', 'hunanoldeb' a 'rhagraith'. Yn ddiddorol ddigon o ystyried y ffaith bod Edward Ellis wedi dewis ymrestru a chludo arfau ar faes y gad, mae'n rhestru 'trais' ymhlith 'cestyll' y gelyn ysbrydol hefyd. [40]

Cyflwyna'r cyw diwinydd gyffelybiaeth hir arall, gan gymharu'i waith fel gwyliwr a warchoda wersyll y gatrawd â phwysigrwydd 'gwyliadwriaeth' ym mywyd y Cristion. Mae ganddo drafodaeth fanwl ar y ddwy wedd a wêl ar waith y milwr (a'r Cristion) wrth 'wylio', sef gwarchod y *'lines'* rhag ofn bod y gelyn yn ymosod o'r tu allan ac hefyd sicrhau na fydd cydfilwyr yn crwydro a mynd y tu allan i'r llinellau hynny. Mae'n ddiddorol nodi bod Edward Ellis yn defnyddio'r gair Saesneg *lines* mewn llythyr a nodweddir fel arall gan ddigonedd o Gymraeg coeth; dyma gymysgu iaith ddiwinyddol ddyrchafedig â'r iaith a glywai'r milwr bob dydd, a'r iaith honno'n Saesneg – neu'n Gymraeg gyda thermau milwrol Saesneg yn ei britho. Mae'r union eirfa a ddefnyddia Edward Ellis yn hwyluso'i neges, wrth iddo ddefnyddio profiadau cyffredin y milwr i gyflwyno gwersi crefyddol.

Mae'r darpar weinidog ifanc yn parhau i gyfuno'i Gymraeg coeth â Saesneg y fyddin yn rhan olaf ei lythyr, wrth ddweud bod gan y fyddin ysbrydol fantais ar yr un fydol, 'oblegyd nid y *privates* yn unig sydd yma yn gwylio, ond hefyd gwylia Tywysog y fyddin ei hun[.]'[41] Milwyr cyffredin sydd ar ddyletswydd yn gwarchod eu gwersyll gyda'r nos, a'r swyddogion yn cysgu'n braf yn eu pebyll, ond mae uwchswyddog y deyrnas Gristnogol, Iesu Grist, yn gwylio ar y cyd â'i breifats ef. Dyma'r math o dro mewn pregeth a fyddai wedi gwneud i addolwyr wenu wrth i'r pregethwr hoelio pwynt pwysig gydag ychydig o ffraethineb. Mae'n debyg iawn bod llythyr Edward Ellis wedi cael yr un effaith ar ddarllenwyr *Y Seren Orllewinol*.

Mae cynifer o lythyrau gan gynifer o filwyr eraill yn taeru'u bod yn gwbl sicr y bydd yr Undeb yn trechu'r gelyn yn y diwedd. Ond wrth ddirwyn ei lythyr i ben mae Edward Ellis yn osgoi'r fath rethreg wladgarol gadarnhaol er mwyn pwysleisio rhagoriaeth y fyddin ysbrydol. Gall y Cristion fod 'yn dawel' gan ei fod yn gwybod y bydd ei fyddin ysbrydol yn ennill yn y diwedd, meddai, ond dim ond dyheu am fuddugoliaeth y mae milwyr yr Undeb wrth feddwl am ddiwedd y Rhyfel Cartref: 'Byddai cael sicrwydd o ddyogelwch a buddugoliaeth yn gysur a chalondid o'r mwyaf i filwyr ein gwlad y dyddiau hyn[.]'[42]

Rhaid bod y Bedyddiwr ifanc yn cymryd rhan yn y cyfarfodydd crefyddol Cymraeg a Saesneg a gynhelid yn y gwersyll, er nad yw'n sôn am y moddion ymarferol hyn. Ond ceir tystiolaeth sy'n deillio o brofiadau un o Fethodistiaid Cymraeg y cwmni, **Richard Williams**. Nid Dick Williams, cyfaill Cadwaladr Pugh a John Ellis, oedd y Richard Williams hwn, ond dyn ychydig yn iau nad oedd ond 19 oed pan ymrestrodd yn dilyn y cyfarfod cyhoeddus hwnnw yn *East Park* Racine. Roedd wedi'i eni yn Wisconsin a'i fagu'n siarad Cymraeg gan ei rieni, Richard ac Ann Williams, a ymfudasai o Lanfairfechan, sir Gaernarfon. Rose Hill oedd cartref y teulu, llecyn gwledig mewn ardal i'r gogledd-orllewin o Racine a adwaenid fel Blaen y Cae gan Gymry'r ardal.[43]

Yn ôl ei deulu, roedd Richard Williams wedi sôn gryn dipyn am y berthynas rhwng ei brofiadau yn y fyddin a'i ddaliadau crefyddol ei hun:

> Dywed mai yn y fyddin yr oedd y lle goreu a welodd erioed i brofi crefydd. Ni chafodd y fath olwg ar ddrwg pechod erioed cyn hyn. Yma mae annuwioldeb megys yn ei berffeithrwydd; ac er fod maes y gwaed mewn un ystyr yn nês i'r byd arall, a'n milwyr yn sefyll megys ar geulanau y byd hwnw, mae yn alarus meddwl fod y mwyafrif o honynt yn anystyriol er hyny.[44]

Nid y darpar weinidog Edward Ellis oedd yr unig un a feddyliai am y pethau hyn felly. Roedd 'cyrddau eglwysig, ac Ysgol Sabothol wedi eu sefydlu yn y gatrawd', ac 'yn ol tystiolaeth llawer o'r milwyr' roedd Richard Williams 'yn un o'r rhai ffyddlonaf' yn ei gefnogaeth i'r moddion hyn.[45]

Nid Edward Ellis oedd yr unig filwr yng ngwersyll yr 22ain Wisconsin a ohebodd â gwasg Gymraeg America y mis Rhagfyr hwnnw chwaith. Roedd yn beth cyffredin i filwyr a wasanaethai gyda'i gilydd ddewis un o'u plith i ohebu â phapur newydd a allai hysbysu'r gymuned gartref am eu hanes. Fel y nodwyd yn y bennod ddiwethaf, dewiswyd Harvey Reid i ysgrifennu at y *Racine Daily Advocate* ar ran Cwmni A. Llofnodai'i ohebiaeth â'r papur mewn modd rhyddieithol iawn: '*Company A, 22nd Wisconin Infantry.*' Ysgrifennai un o Gymry Cwmni F at yr un papur gan ddefnyddio'r ffugenw '*Glendower*', fel y gwelir yn y bennod nesaf. Fel y gwasanaethai'r *Racine Weekly Advocate* eu hen gymuned yn Wisconsin, roedd papur wythnosol arall yn gwasanaethu cymuned arall y perthynai'r milwyr Cymraeg iddi. Y 'Gymru Americanaidd' oedd y gymuned genedlaethol hon, ac *Y Drych* oedd y papur wythnosol â'i gwasanaethai. Fe'i cyhoeddid yn Utica, Efrog Newydd, ond cyrhaeddai ddarllenwyr Cymraeg ar draws cyfandir Gogledd America. 'Gomer' oedd y ffugenw a ddefnyddid gan y milwr a ysgrifennai at *Y Drych* ar ran milwyr Cymraeg Cwmni F. Enw hynod ystyrlon yn nhermau hunaniaeth Gymreig oedd Gomer; credid mai'r cymeriad Beiblaidd Gomer fab Japheth oedd y siaradwr Cymraeg cyntaf ac roedd yr enwog Joseph Harris (1773-1825) wedi'i ddefnyddio fel ei enw barddol a hefyd ar gyfer teitl ei gyfnodolyn dylanwadol, *Seren Gomer*.

Gwyddys i sicrwydd mai cadben y cwmni, Owen Griffith, oedd 'Gomer' yr 22ain Wisconin. Mae nifer o lythyrau a ysgrifennodd at ei frawd wedi goroesi. Yn debyg i'w lythyrau at ei wraig Jane, ac yn debyg i lawer o deuluoedd Cymraeg eraill ar ddwy ochr yr Iwerydd, Saesneg oedd cyfrwng yr ohebiaeth er bod yr unigolion yn siarad Cymraeg. Mewn llythyr wedi'i ddyddio 19 March 1863 mae Owen yn datgelu pwy oedd 'Gomer' mewn modd chwareus iawn:

Kentucky a Chaethwasiaeth

I pressume you take the "Drych" if you have taken notice of one of the Jan[uary] numbers, you will see a piece written by one "Gomer" also another piece has been sent in by the same person + I expect it will come out in this weeks "Drych" or next. Perhaps you can get the first one + cut it out and sent it to me in a letter and this last one also it is very seldom that we get any papers you may think it strange that I should be so particular about those particular pieces wrtiten by "Gomer" but this fellow is a near relation of mine same father same mother + married to the same woman for a wife than it is no wonder that I should be so anxious to see his work.[46]

Fel y gwelir yn y bennod nesaf, ar ôl defnyddio'r ffugenw mewn ychydig o'i ohebiaeth – ac o bosibl o ganlyniad i gyngor ei frawd neu'i wraig – penderfynodd y cadben i ysgrifennu at *Y Drych* yn ei enw ei hun a dweud ei fod yn parhau â gwaith 'Gomer', ond ni fyddai'n dweud wrth olygydd a darllenwyr y papur mai ef oedd y tu ôl i'r ffugenw hwnnw.

Nid yw holl rifynnau *Y Drych* wedi goroesi, ac mae'n amhosibl gwybod a yw peth o ohebiaeth 'Gomer' wedi'i cholli. Ond awgryma brawddegau cyntaf y llythyr a gyhoeddwyd yn rhifyn 24 Ionawr 1863 – ynghyd â'r sylw chwareus yn llythyr Owen Griffith at ei frawd – mai hwn oedd y cyntaf ohonynt.

Mr. Golygydd, – Y mae llawer o ysgrifenu i'r DRYCH oddiwrth filwyr Cymreig o wahanol fanau, a meddyliais y byddai ychydig oddiwrth yr 22ain Wisconsin yn dderbyniol gan rai o'ch lluosog ddarllenwyr. [47]

Ysgrifennodd y cadben y llythyr hwn ar 22 Rhagfyr 1862, pan oedd y gatrawd wedi symud 20 milltir o Nicholasville i Danville.[48] Cofnodi myfyrdodau crefyddol oedd hanfod y llythyr a ysgrifenasai Edward Ellis at *Y Seren Orllewinol* dair wythnos yn gynharach. Cofnoda'r llythyr a ysgrifennodd Owen Griffith at *Y Drych* rai o'r profiadau bydol a oedd wedi dod i ran y gatrawd yn ystod eu hamser yn Kentucky. Credai

89

Owen Griffith – neu 'Gomer' – fod gan yr hanes a adroddai arwyddocâd ehangach ac felly galwai ar Gymry America i dalu sylw neilltuol i'w ohebiaeth: 'Y mae rhai pethau mewn cysylltiad a'r Gatrawd hon sydd o bwys i'r holl wlad.' [49]

Er bod milwriad eu catrawd yn ddyn adnabyddus iawn yn Racine a'i ddaliadau gwleidyddol yn hysbys yn Wisconsin, aeth 'Gomer' ati i gyflwyno darllenwyr Cymraeg o gymunedau eraill yn Ameica â disgrifiad canmoliaethus o William L. Utley: 'Y mae Col[onel] Utley, o Racine, yn ddyngarwr egwyddorol, nid yw ddim gwahaniaeth ganddo pa liw yw y croen, os bydd rhyw arwydd fod yno ddynoliaeth oddi fewn.' [50] Gan barhau i ddarparu cyd-destun ar gyfer yr hanes y mae ar fin ei adrodd, mae'n atgoffa'i ddarllenwyr fod llywodraeth yr Unol Daleithiau wedi bod yn ceisio'n galed i beidio â gelyniaethu'r caethfeistri hynny yn Kentucky nad oedd wedi ochri â'r gwrthryfelwyr deheuol yn barod. Dywed ei bod yn 'eglur i bawb sydd' â diddordeb mewn materion o'r fath 'fod gan Kentucky lawer iawn o ddylanwad o[dd]echreu['r rhyfel] hyd yn bresenol.'[51] Mae'n casglu bod y rhan fwyaf o wleidyddion Kentucky 'yn ochri caethiwed hyd eithaf eu gallu' a chynigia feirniadaeth lem ar bolisi a strategaeth ei lywodraeth ei hun (a'i blaid ei hun, o gofio'r ffaith mai Gweriniaethwr oedd Owen Griffith, yn debyg i'r rhan fwyaf o Gymry Racine):

> ... a chredaf hefyd pe buasai y Llywydd yn gwrthod gwrandaw cymaint ar y 'Kentucky neutral Politicians' ag a wnaeth o'r dechreu, y buasai y gwrthryfel ofnadwy hwn wedi terfynu yn mhell cyn hyn. Ef allai y bydd ymddygiad y Col[onel] Utley, o'r 22ain Wisconsin, yn foddion i agor llygaid rhai mewn swyddi uchel yn y Wladwriaeth, fel y gwelont y llen sydd yn gorchuddio eu holl weithredoedd, fel y gwel pawb yn eglur pa egwyddorion sydd yn eu cynhyrfu hwynt i ymdrechu mor galed i ddylanwadu ar y Llywodraeth, ac erbyn codi cwr y fantell gwelir yn amlwg mai Caethiwed yw yr achos cynhyrfiol o'u holl ymdrechion. [52]

Wrth nodi bod cynorthwyo caethweision ffoëdig yn 'achosi y cynhwyrf mwyaf,' mae Owen Griffith yn gwneud ei bwynt yn eglur: mae'r llywodraeth yn Washington, D.C., yn ceisio cadw Kentucky yn yr Undeb, ond mae caethfeistri Kentucky 'yn meddwl mwy' am eu caethweision na'r 'holl Undeb.'[53] Gyda hynny o ragymadrodd, dechreua drafod ymwneud uniongyrchol ei gatrawd ef â chaethweision ffoëdig. 'Pan ar ein taith [trwy Kentucky]... daeth amryw ohonynt i'r *lines*.'[54] Manyla'r llythyrwr Saesneg hwnnw, Harvey Reid, ar y modd y cafodd un ohonynt loches yn rhengoedd yr 22ain Wisconsin. Dywed fod y gatrawd wedi gwersylla yn ymyl *'a large farm house'* ar 16 Hydref 1862:

> Our regiment marched out, halted in the lane, the rear guard opposite the negro quarters. They had stood there but a few minutes, when a "darkey" boy, about 17 years old, ran out and expressed a desire to go with us. The guard boys immediately took him into the ranks, put an overcoat on him, drew a large glazed havelock over his cap, gave him a gun, and he was a *soldier as natural as life*.[55]

George oedd enw'r hogyn hwn; dihangodd ei frawd John (neu 'Johnnie') hefyd.[56] Roedd o leiaf ddau gaethwas arall, Abe a Dock, wedi ceisio lloches oddi mewn i rengoedd y gatrawd mewn modd tebyg.

Aeth Owen Griffith ati – yn rhith Gomer – i gyflwyno disgrifiad rhyfeddol o fanwl o'r hyn a ddigwyddodd wedyn i ddarllenwyr *Y Drych*. Mae haneswyr wedi pwysleisio arwyddocâd gohebiaeth Harvey Reid; gan fod y milwr hwnnw yn gweithio fel clerc i brif swyddogion yr 22ain Wisconsin, mae ei lythyrau ef yn cynnwys gwybodaeth fanwl am weinyddiaeth a bywyd gwleidyddol y gatrawd. Yn wir, *The View from Headquarters* yw'r teitl a roddwyd ar un golygiad o lythyrau Reid.[57] Ond cafodd cadben Cwmni F y gatrawd, Owen Griffith, afael ar lythyrau a âi rhwng ei filwriad, William Utley, ac uwchswyddog yr adran filwrol honno, y Cadfridog Quincy Adams Gillmore. Yn wir, ac yn gwbl ryfeddol, cyfieithodd y cadben yr ohebiaeth hon i'r Gymraeg air am air ar gyfer darllenwyr *Y Drych*. Mae'n werth dyfynnu'r rhan hon o'i lythyr yn helaeth:

> Mor fuan ag y daeth y peth i wybodaeth y Cad[fridog] Gillmore, dyma orchymyn penodol oddiwrtho at Col[onel] Utley, am iddo eu hanfon [sef y pedwar caethwas ffoëdig] ato ef yn uniongyrchol.
>
> Efallai mai rhoi'r ohebiaeth fu rhyngddynt fyddai y ffordd oreu, i ddangos pa fodd y mae ein Cadfridogion yn y Dalaeth hon yn gweithredu.
>
> Hyd[ref] 18, 1862
> Colonel. – Bydd i chwi anfon i fy Headquarters yn uniongyrchol y pedwar Contraband, "John," "Abe," "George," a "Dock," pa rai sydd yn perthyn i ddynion da, ac ufudd i'r Llywodraeth. Y maent yn eich catrawd chwi, neu yr oeddynt boreu heddyw. Eich ufudd wasanaethwr, D. A. Gillmore, Brig[adier] Gen[eral], At Wm. L. Utley, Col[onel] 22ain Wis[consin] Vol[unteers].
>
> Cad. Gillmore – *Syr* – Yr wyf newydd dderbyn eich gorchymyn i roddi i fyny ryw Gontrabands, pa rai y dywedwch sydd yn fy nghatrawd. Goddefwch imi ddweud fy mod yn cydnabod eich awdurdod i'm rheoli yn mhob peth perthynol i'r fyddin a'i symudiadau, ond nid wyf yn edrych ar hyn fel yn perthyn i'r dosbarth hwn. Nid wyf yn cydnabod awdurdod neb ar yr achos o roddi i fyny Contrabands, ond yn unig Llywydd yr Unol Daleithiau. Y mae yn ddiamheu genyf eich bod yn hysbys o'r *Proclamation* dyddiedig Medi 22, 1862, a'r gyfraith a basiwyd gan y Gydgynghorfa ar yr achos.
>
> Diweddwyf trwy ddwyed na fu genyf ddim i'w wneyd tu ag at iddynt ddyfod i fewn i'r *lines*, ac ni fydd genyf a wnelwyf at eu gyru allan. Ydwyf eich ufudd wasanaethwr. Wm. L. Utley, COl. 22ain Gat. Wis. Vol.[58]

Rhaid bod darllenwyr *Y Drych* wedi mwynhau eironi

diweddglo llythyr William Utley, gan ei fod yn bell o fod yn 'ufudd wasanaethwr' i'w gadfridog yn y cyd-destun hwn. Mae manylion naratif Owen Griffith yn cefnogi'r modd y mae'n cymeriadu Utley ar ddechrau'i lythyr, gan brofi bod ei filwriad yn 'ddyngarwr egwyddorol' a oedd yn fodlon sefyll dros ryddid caethweision hyd yn oed pe bai hynny'n golygu mynd yn groes i'w bennaeth milwrol ei hun.[59] Disgrifia'r gohebydd o gadben hwn yr hyn a ddigwyddodd wedyn hefyd. Nid yw'n syndod dysgu bod 'y Col[onel] [wedi'i alw] o flaen y Gen[eral]', a bod yr 'ymddyddan yn lled boeth o'r ddwy ochr'.[60] Daw uchafbwynt dramatig arall wrth i Utley wrthod cyfle arall i ufuddhau i'r cadfridog:

> O'r diwedd, dywedodd y Gen[eral] y byddai yn anfon y gorchymyn boreu dranoeth. Dywedodd y Col[onel] wrtho, na raid iddo byth fyned i'r drafferth o anfon gorchymyn mor ffol, o herwydd na wnai byth ufuddhau iddo. Digon yw dweyd na ddaeth y gorchymyn y pryd hyny, ac y mae y Contraband gyda ni eto, a phob tebygolrwydd o fod; ac os byddant yn dewis, cânt fyned gyda ni i Wisconsin yn ddynion rhyddion.[61]

Mae'n werth nodi bod Owen Griffith yn defnyddio term cyffredin iawn wrth gyfeirio at gaethwas ffoëdig yn y cyd-destun hwn fel 'contraband.' Dyma air sy'n deillio o'r cysyniad mai *contraband of war* oedd y caethweision a gymerwyd gan luoedd arfog yr Undeb yn y taleithiau gwrthryfelgar. Nid oedd Kentucky wedi ymuno'n ffurfiol â'r taleithiau gwrthryfelgar eraill, er bod tua hanner dynion gwyn y dalaith a ymladdai yn y rhyfel yn gwneud hynny ar ochr y gwrthryfelwyr deheuol. A dyna wrth gwrs y rhesymeg dros awydd Lincoln a'i lywodraeth i beidio â gelyniaethu caethfeistri Kentucky a dyna sy'n egluro safiad y Cadfridog Gilmore bod rhaid i Utley a'i filwyr ddychwelyd y caethweision ffoëdig. Roedd safiad Utley yntau – a chred Owen Griffith – mai contraband rhyfel oedd caethweision Kentucky yn ffeithiol anghywir yn ôl llythyren y gyfraith ond yn foesol gywir yn eu tyb nhw.

Mae'n ddiddorol nodi nad yw Harvey Reid yn cofnodi manylion yr ohebiaeth rhwng Utley a Gilmore, *view from headquarters* neu beidio. Yn wahanol iawn i'r modd y mae Owen Griffith yn cyfieithu'r llythyrau milwrol eu hunain air am air, dywed Reid yn swta mai yn ail-law yn unig y cafodd yr hanes; '[*it*] *was told me by Lieutenant Cole but I hardly believe it.*'[62] Nid oedd pob milwr yn yr 22ain Wisconsin yn coleddu'r un daliadau gwrthgaethiwol a goleddid gan eu milwriad, William Utley, a milwyr Cymraeg fel Owen Griffith. Yn wir, cyfeiria Reid at y cydfilwyr hyn yn sarhaus fel '*rabid abolitionists*', a disgrifia'r ymrafael ynghylch y caethweision ffoëdig mewn modd digon llugoer: '*Colonel Utley has had an Abolition Controversy with General Gilmore, on the subject of the contrabands who have come into the regiment.*'[63] Mae agwedd Harvey Reid yn adlewyrchu teimladau'r rhan fwyaf o drigolion gwyn y taleithiau gogleddol; roedd diddymwyr radicalaidd fel William Utley ac Owen Griffith yn y lleiafrif yn eu gwlad eu hunain. Un o hynodion cymunedau Cymraeg yr Unol Daleithiau yn y cyfnod oedd y ffaith bod ymgyrchu yn eu plith trwy gyfrwng eu capeli, gwahanol gymdeithasau lleol a'r wasg gyfnodol Gymraeg Americanaidd wedi llwyddo i'w radicaleiddio ynghylch caethwasiaeth i raddau anghyffredin o helaeth o'u cymharu â chymunedau eraill a grwpiau ieithyddol eraill yn y wlad.

Er gwaethaf teimladau llugoer Harvey Reid tuag at y caethweision, roedd llawer o filwyr di-Gymraeg y gatrawd yn ddiddymwyr brwd, yn debyg i'w milwriad, William L. Utley. Dau ohonynt oedd tad a mab a wasanaethai yng Nghwmni F, **John B. Foreman** *Senior* a **John B. Foreman** *Junior*. Roedd y ddau wedi ymrestru yn Waterford, Wisconsin, yn rhan o'r cnwd cymharol fach o wirfoddolwyr di-Gymraeg a arwyddodd gyda'r Is-gadben Nelson Darling. Ymfudwr o Loegr oedd John Foreman Sr., ac roedd yn 42 oed oedd pan ymrestrodd. Roedd ei fab, John Jr., wedi'i eni yn yr Unol Daleithiau ac yn 21 oed pan aeth gyda'i dad i'r fyddin.[64] Rhwng eu hysgrifau a'u llythyrau, mae llawer o dystiolaeth am filwyr Cymraeg y

Cambrian Guards wedi goroesi, ond er eu bod yn sôn yn aml am eu cyfeillion agos yn y cwmni, nid oes bron dim awgrym eu bod wedi cymdeithasu lawer â'u cydfilwyr di-Gymraeg. Yr eithriad yw'r ddau Foreman. Yn ôl John R. Ellis, roedd y milwyr Cymraeg yn eithriadol o hoff o 'Uncle John', a oedd yn 'hen ŵr' yn eu tyb (er nad oedd ond 42-3 oed ar y pryd):

> Yr oedd yn ein cwmni hen wr o Sais o Loegr – Uncle John Forman, yr hen wr goreu a gyfarfum i ar y ddaear. Rhyddhau y caeth oedd holl ddyben ei filwriaeth ef. Byddai yn holi y bobl dduon yn nghylch eu caethiwed, eu gwybodaeth am Dduw ac am drefn iachawdwriaeth, eu golygiadau am ryddid, &c.[65]

Ychwanega John Ellis fod 'Uncle John yn filwr da' a oedd yn gwneud 'ei ddyledswydd bob amser, er ei fod yn hen wr.'[66] Fe ymddengys mai cyfuniad o rinweddau 'Ewythr John' – ei ymroddiad i achos diddymiaeth, ei ymroddiad i'w ddyletswyddau milwrol, a'i bersonoliaeth hynaws – a'i gwnaeth yn annwyl yng ngolwg y Cymry.

Byddai gan ddiddymwyr yr 22ain Wisconsin gyfle arall i gefnogi caethweision ffoëdig pan ddeuai rhagor ohonynt i geisio lloches yn rhengoedd y gatrawd. Rhydd Owen Griffith a Harvey Reid fel ei gilydd dipyn o sylw i hanes dyn ifanc o'r enw Adam:

> Pan yn aros yn Lexington, daeth un o'r rhai truenus hyn i'r gwersyll tua wyth wythnos yn ol, ac yn erfyn ein hamddiffyn. Cymerwyd ef i fewn gan rai o'r milwyr.[67]

Dywed 'Gomer' fod y dyn ifanc hwn wedi ceisio lloches ganddynt tua chanol mis Rhagfyr, yn wahanol i Harvey Reid sy'n awgrymu mai canol mis Tachwedd ydoedd. Ond mae manylion eraill y llythyr Saesneg yn cyd-fynd â'r hyn a geir yn y llythyr Cymraeg:

[he] said he had been living two weeks in the woods; the
person to whom his master had hired him being in the habit
of whipping him severely, and appeals to the master proving
unavailing, he had run away, and waited for the Union
soldiers to come. [68]

Awgrymwyd yn barod nad oedd Reid yn ddiddymwr, ac mae
ei ddisgrifiad o dystiolaeth Adam yn ffeithiol oer o'i gymharu
â'r modd y mae Gomer yn darlunio'i brofiadau:

> Y mae yr hanes a rydd o hono ei hun yn ddigon i doddi calon
> o gareg. Dywed ei fod yn 19 mlwydd oed... a bod ei feistr wedi
> ei gyflogi allan er pan yn 5 mlwydd oed, a hyny i ddynion
> creulon a dideimlad, pa rai a'i curent yn ddidrugaredd; a phan
> yr achwynai i'w feistr weithiau, gyrai ef yn ol fel ci, a phryd
> arall addawai ei gymeryd oddi yno, ond byth yn gwneyd. Ac
> yn ddiweddaf yr oedd wedi ei gyflogi i Wyddel, am $50 yn y
> flwyddyn, ac erbyn i hwnw ei gael adref, nid oedd cymaint
> ag yr oedd wedi deall ei fod; a phan na chymerai ei feistr
> ef yn ol, tyngai y mynai werth ei arian drwy guro y creadur
> diniwed. O'r diwedd penderfynodd ddianc oddiwrth y bwystfil
> dideimlad – rhoes y penderfyniad mewn gweithrediad, a bu
> yn ymguddio yn y coed, ac yn byw ar gnau am wythnos, pan y
> daeth tu fewn i'r *lines* atom ni.[69]

Mae'r testun Cymraeg hwn yn dangos bod caethweision wedi
gofalu am eu ffawd eu hunain gan fynnu rhyddid ac achub y
cyfle cyntaf a ddeuai i sicrhau'r rhyddid hwnnw. Yn hytrach
na dioddef yn oddefgar a disgwyl i lywodraeth Lincoln
newid ei meddwl a'u rhyddhau neu i ddiddymwyr o filwyr
fynd ati i'w rhyddhau, roedd caethweision ffoëdig fel y rhai a
ddaeth i geisio lloches yn rhengoedd yr 22ain Wisconsin yn
mynd ati'n rhagweithiol i ddianc rhag eu caethiwed. Trwy'r
gweithredoedd hyn roedd caethweision yn gosod cwestiwn
eu rhyddid yng nghanol y drafodaeth am natur a dibenion y
Rhyfel Cartref.

Yn ôl Harvey Reid, dysgodd cyn-berchennog Adam ei fod yn teithio gyda'r gatrawd a daeth i fynnu bod y Milwriad Utley yn ei ddychwelyd. Dywed fod y dyn wedi amddiffyn *'the practice of keeping slaves and also of whipping them'*, a bod Utley yntau wedi dechrau mynd yn flin (*'getting quite warm'*).[70] Er bod Harvey Reid yn feirniadol iawn o Utley mewn rhai o'i lythyrau, roedd ateb ei filwriad i'r caethfeistr yn canmol milwyr y gatrawd yn gyffredinol, ac mae'n amlwg bod Reid wedi cofnodi'r geiriau gyda chryn fwynhad:

> Colonel Utley replied, 'You need not try threatening; I and my men know as much about Kentucky laws as you do, I have not brought here an ignorant rabble who cannot read or write, but they were brought up in a land of churches and school houses, and have been pronounced the best body of men who ever crossed the Ohio'[.][71]

Rhydd y cyd-destun ehangach fin eironig i ddatganiad Utley fod ei filwyr yn gwybod cymaint am gyfreithiau Kentucky â'r caethfeistr hwn. George Robertson oedd cyn-berchennog Adam, cyfreithiwr profiadol a oedd wedi gwasanaethu fel prif farnwr Llys Apêl Kentucky. Yn ogystal, roedd wedi bod yn gyfeillgar ag Abraham Lincoln ers y 1840au.[72] Byddai'r digwyddiad a ddisgrifir gan Reid ac Owen Griffith yn esgor ar achos llys hir a chymhleth, a byddai Robertson yn ceisio galw ar yr Arlywydd Lincoln ei hun i'w helpu. Yn sicr, fel y dywed y Cadben Griffith yn ei lythyr, roedd milwyr Cymraeg ei gatrawd yn dyst i fater a oedd 'o bwys i'r holl wlad.'

Os ydym yn gallu derbyn gair Owen Griffith neu 'Gomer', roedd y modd y daeth George Robertson o hyd i Adam yn fwy cymhleth na'r hyn a awgryma Reid. Gan ddangos unwaith eto nad oedd yr holl ddynion o Wisconsin yn ddiddymwyr, credai Owen Griffith fod un o filwyr eu catrawd wedi cysylltu â Robertson:

I'r dyben i roddi eglurhad ar yr uchod, yr oedd yr hen wr
[Robertson] wedi derbyn llythyr oddiwrth berson yn y
Gatrawd fod yma fachgan du yn perthyn iddo ef, ac os deuai
i Nicholasville y rhoddai ef i fyny iddo am $25. Yr oedd wedi
arwyddo yr enw o William Dickson wrth y llythyr, ond ffug
enw ydoedd.[73]

Ar ôl i Robertson gyrraedd eu gwersyll, 'dilynid ef gan un o'r
bechgyn oedd yn gyru,' sef un o wagenwyr y gatrawd. Rhydd
Gomer gyfieithiad o'r sgwrs a fu rhwng y Barnwr Robertson
a'r wagenwr o Wisconsin: 'dywedodd wrtho y gwyddai pa
beth oedd arno eisiau; chwilio yr ydych am fachgan du; mi
a wn lle y mae.' Eglura fod Colonel Utley – fel Owen Griffith
ei hun, fe ymddengys – wedi amau mai'r 'dyn a ddylynodd
yr hen wr' oedd yr un 'a ysgrifenodd y llythyr' ato yn cynnig
rhoi Adam iddo am $25, 'ond ni chafodd [y Colonel] ddigon o
brawf yn ei erbyn i'w gospi.'[74]

Fel yr aeth Owen Griffith ati i hysbysu darllenwyr Cymraeg
y wlad am gamweddau caethfeistri Kentucky, aeth William
Utley ati i edliw ymddygiad y Barnwr Robertson a'i debyg
i drigolion y dalaith gaeth. Cyhoeddodd lythyr mewn papur
newydd, y *Kentucky Observer and Lexington Reporter*, a'r
llythyr hwnnw'n cwyno bod golygydd y papur wedi cyhoeddi
llythyr gan Robertson am yr helynt:

Headquarters, 22d Reg. Wis. Inft.
January 1st, 1863.

Dear Sir: - I notice…[in your paper] what purports to be a
speech delivered by Judge Robertson, at a public meeting
in Lexington, in which he quotes extracts from certain
Wisconsin papers, and then makes an ungentlemanly and
false attack upon me and the Chaplain of my regiment. […]
    The Judge says that in our first interview we were alone.
That interview was at the Guard House, in the presence of two
reliefs of the guard, amounting to some thirty-five or forty

men, every one of whom was as capable of noting down what was said as Judge Robertson. [75]

Gan adleisio neges 'Gomer' ar dudalennau'r papur Cymraeg, awgrymodd y milwriad gyda geiriau digon coeglyd fod trigolion Kentucky yn coleddu'r Undeb ar adegau cyfleus yn unig:

I may err in my judgement of the amount of unionism in Kentucky, but there is one thing very certain, it requires the presence of a Northern army to give the Union sentiment any force[.][76]

Mae'n demtasiwn casglu bod William Utley ac Owen Griffith wedi trafod y materion hyn, mor debyg yw dadleuon a rhethreg y ddau. Yn sicr, mae'r ffaith bod cadben Cwmni F wedi gweld yr ohebiaeth bersonol rhwng ei filwriad a'r Cadfridog Gilmore yn awgrymu bod prif swyddog ei gatrawd wedi rhannu cyfrinachau â'r Americanwr Cymraeg yn rhan o'i gyfrin-gyngor. Fel y gwelir maes o law, mae awgrym bod Harvey Reid yn gweld y ddau swyddog fel *'rabid abolitionists'*, ac mae'n hawdd dychmygu y byddai'r Milwriad Utley yn mwynhau siarad ag enaid hoff cytûn fel y Cadben Griffith am y pethau hyn yn ystod oriau hamdden y gwersyll.

Noda 'Gomer' fod y milwyr wedi dechrau galw Adam yn Paul erbyn hyn, ond heb eglurhad; mae'n bosibl bod y caethwas ffoëdig wedi penderfynu dewis enw gwahanol i'r un a roddasid arno gan ei gyn-feistr. Gwelir agwedd Owen Griffith unwaith eto yn y modd y mae'n cyflwyno Robertson i ddarllenwyr *Y Drych*: 'daeth dyn (os gelli ei alw yn ddyn hefyd) [.]' Eglura wedyn mai'r 'Barnydd Robertson o Lexington' oedd 'yr hen ddyn' hwn, a'i fod yn 'un o'r dynion mwyaf cyfrifol yn y Dalaeth.' Disgrifia'r gohebydd Cymraeg y modd yr oedd Robertson yn mynd trwy'r wersyllfa 'fel bytheiad' ar drywydd y caethwas ffoëdig. Dim ond ar y trobwynt hwn yn y stori y mae'r caethfeistr yn cyfarfod â Colonel Utley, yn wahanol i

fersiwn Harvey Reid sy'n hepgor rhan gyntaf yr hanes y mae
Gomer yn ei adrodd.

> ... cyfarfyddodd a'r Col[onel], a gofynodd yn nghylch y
> bachgen. Meddai y Col[onel]: Y mae yma fachgen du ac y
> mae yn dweyd ei fod yn perthyn i ddyn yn Lexington, ac wedi
> adrodd yr hanes a roddodd o hono ei hun; trodd at yr hen
> ddyn gan edrych yn ei wyneb a'i lygaid fel mellten; a gofynai
> yn ddiystyrllyd, Ai chwi yw y meistr dideimlad hwnw? Ai chwi
> yw perchenog y bachgen ag sydd wedi cael ymddwyn tuag
> ato mor greulawn? Yr oedd ymddygiad y "Col." a'r olwg sarug
> a rodd, wedi cyffroi yr hen ddyn i'r fath raddau fel nad allai
> ateb yn uniongyrchol, ond o'r diwedd daeth ddigon gwrol i
> addef mai ei fachgen ef ydoedd, ond meddai (fel i gyfiawnhau
> ei hun) fe "ddywed Niggers gelwyddau."[77]

Â Owen Griffith rhagddo gyda'r un manylder a'r un oslef
ddramatig i ddweud bod 'Paul' wedi'i alw o flaen y Milwriad
Utley er mwyn tystiolaethu. Fel awdur yn llunio stori dda,
gwrthgyferbynia 'Gomer' wroldeb y cyn-gaethwas ag
ymddygiad y 'llwynog' o gyn-feistr:

> Galwyd y bachgen "Paul" yn mlaen, a phan welodd ei hen
> feistr yn sefyll o'i flaen (tybiodd pawb y buasai yr olwg yn ei
> ddychrynu i'r fath raddau fel nad allai ddweyd gair, ond nid
> felly fu), "Massa!" gan estyn ei law ar yr un pryd i'w feistr.
> Pa beth bynag oedd teimlad yr hen "gadno" gyda golwg ar
> ysgwyd llaw a'r caethwas bach, ni wrthododd. Gofynodd ei
> feistr iddo, a oedd wedi ymddwyn yn greulon tuag ato? Do,
> "Massa." Pa fodd? meddai yr hen ddyn. Trwy fy nghyflogi i
> ddynion drwg; a phan ddeuwn atoch i achwyn gyrech fi yn
> ol fel ci. A ddarfu i mi ddim addaw dy gymeryd oddiyno? Do
> lawer gwaith ond byth yn gwneyd. Yr oedd y dull syml a'r
> atebion synwyrol a rodd y caethwas bach anllythrenog i'w
> hen feistr balch a chreulawn yn ddigon i argyhoeddi pob un
> yn bresenol ei fod wedi cael rhyw nerth neillduol i wrthsefyll
> edrychiad ffyrnig ei hen ormesydd.[78]

Dywed wedyn fod y Milwriad Utley wedi gwrthod ildio 'Paul' i'r 'hen Farnydd Robertson'. Mae un rhan o naratif Gomer yn cyd-fynd â disgrifiad cryno Harvey Reid; dywed y ddau lythyrwr fod Utley wedi herio Robertson a dweud – yng ngeiriau Gomer – fod '[c]roesaw' iddo 'dreio' cymryd ei gyngaethwas oddi ar y milwyr arfog; *'Neither will I interfere; if you think you gan get [him] by force, go and try to take him'* oedd union eiriau Utley, yn ôl Reid.[79] Aeth y Barnydd Robertson â'r achos gerbron awdurdodau milwrol uwchben Utley, ond, yn debyg i'r safiad a gymerasai Utley yn wyneb gorchymyn y Cadfridog Gillmore y mis Hydref hwnnw, gwrthododd ildio Adam/Paul a'r caethweision ffoëdig eraill.

Nid oedd milwyr yr 22ain Wisconsin wedi gweld y gelyn eto, ar wahân i ychydig o garcharorion rhyfel a gedwid yn ymyl ambell wersyll. Martsio, gwersylla a gwarchod oedd eu hunig waith yn Kentucky. Eu hunig waith milwrol swyddogol, hynny yw; fel y gwelwyd yn barod, roedd nifer ohonynt wedi ymroi i ddyletswydd arall, sef llochesu caethweision ffoëdig. Ond nid oedd *'picket duty'* neu warchod yn ddyletswydd heb gyffro bob amser. Ac yntau'n 'filwr da... er ei fod yn hen wr', ym marn John Ellis, cafodd 'Uncle John Foreman' helynt un noson pan oedd ymhlith gwarchodwyr y gwersyll:

> Un tro yr oedd ar y "picket," a daeth ein gwyr meirch ni i'w olwg ar y ffordd. Feallai nad oedd yn gweled yn dda iawn; beth bynag, saethodd atynt, ac ni feiddiasant ddod y ffordd hono. Aeth y Sergeant of the Guard ato a gofynodd iddo paham yr oedd yn saethu at ei bobl ei hun.[80]

Atebodd John Foreman nad oedd 'yn sicr nad gelynion oedd yna, ond gofal[odd] na wn[a] ddim niwed iddynt,' ac eglurodd i'r thingyll, *'I only shot in the air.'*[81]

Gan mai gwarchod oedd unig waith eu catrawd yn ystod misoedd olaf y flwyddyn, a'r unig newid yn eu safle yn dod trwy symud yr 20 milltir rhwng Nicholasville a Davnille, ni welodd y milwyr Cymraeg o Wisconsin yr un gelyn arfog yn ystod yr holl gyfnod. Afiechyd oedd y gelyn a wynebai'r 22ain Wisconsin y gaeaf hwnnw. Ar yr adegau gwaethaf, nid oedd digon o filwyr iach i ofalu am y cleifion gan fod cymaint ohonynt yn sâl.[82] Dechreuodd afiechydon fynd â milwyr o gwmnïau eraill y gatrawd. Bu farw Thomas Avery, Cwmni D, yn mis Tachwedd. Ar ddiwrnod y Nadolig 1862 y bu farw dau filwr o Gwmni G, William Canfield ac Edward Aldington, yn ogystal ag is-gadben o Gwmni K, Ephraim Newsman. Cyn diwedd y mis byddai John Miler o Gwmni A yn marw hefyd.[83] Bu cadben Cwmni F yntau'n ddifrifol wael, ac mae'n bosibl mai yn ystod ei gyfnod yn ysbyty'r gwersyll y câi Owen Griffith amser i ysgrifennu at *Y Drych*. Daeth ei wraig Jane â'u meibion George a William i'w gysuro ac aros yn Danville am fis cyfan.[84]

Ond nid aeth salwch â'r un o'r Cymry – nac yn wir, yr un o filwyr Cwmni F – yn ystod 1862. Newidiodd hynny ar ddiwrnod cyntaf y flwyddyn newydd pan fu farw Richard Williams yn ysbyty'r gwersyll yn Danville, Kentucky.[85] Dyma'r Americanwr Cymraeg a oedd wedi'i fagu ym Mlaen y Cae, Wisconsin, yr un a oedd wedi adrodd hanes y 'cyrddau eglwysig' a'r 'Ysgol Sabbothol' a gynhelid yn y gatrawd.[86] Bu Richard Williams yn gweithio fel 'goruchwyliwr' yn 'ysbytty' dros dro'r gatrawd, ac yntau 'bob amser yn barod i weinyddu arni yn ei hafiechyd.' Gafaelodd y 'Tân iddwyf' (*Erysipelas*) ynddo tra oedd yn tendio ar gleifion eraill, ac bu farw o'r afiechyd hwnnw ar 1 Ionawr 1863.[87] Ef oedd y cyntaf o filwyr Cymraeg yr 22ain Wisconsin i farw. Aethpwyd â'i gorff yn ôl i Nicholasville a'i roi ar drên. Felly bu modd cynnal cynhebrwng yn ei hen gapel yn Wisconsin a'i gladdu ym mynwent Cymry'r ardal, Engedi. Byddai un o'r tri gweinidog a wasanaethai ar y diwrnod, y Parchedig Thomas Phillips, yn cofnodi'r hanes ar gyfer *Y Cyfaill o'r Hen Wlad*, misolyn Methodistiaid Calfinaidd Cymraeg America ac awgrymodd fod cysur yn y ffaith i'r milwr ifanc gael ei gladdu 'ym meddrod ei dadau.'[88] Dyma fanylyn diddorol sy'n awgrymog iawn yn nhermau hunaniaeth Gymreig-Americanaidd; roedd rhieni Richard Williams wedi ymfudo o sir Gaernarfon ac yn dal ar dir y byw, ond gan iddo gael ei eni yn Wisconsin, y fynwent Americanaidd hon oedd 'beddrod ei dadau'. Ac yntau ymhlith milwyr ieuangaf y *Cambrian Guards*, 20 oed oedd Richard Williams adeg ei farwolaeth. Bu farw un o filwyr hynaf y cwmni, Samuel Jones, o afiechyd bythefnos yn ddiweddarach.[89] Ni wyddys llawer amdano ar wahân i'r ffaith ei fod yn Gymro (neu'n Americanwr Cymraeg), ei fod wedi ymrestru yn Waterford, Wisconsin, a'i fod yn 43 oed pan fu farw yn Danville, Kentucky, ar 15 Ionawr 1863.

Cyn diwedd y mis, byddai'r gatrawd yn gadael y gwersyll o'r diwedd, fel yr eglurodd Owen Griffith – neu 'Gomer' – mewn llythyr arall a ysgrifennodd at *Y Drych:*

> Boreu dydd Llun, Ion[awr] 25, cychwynodd yr 22ain Wis[consin], gyda'r oll o'r milwyr o dan y Cadfridog Baird tua Louisville; cyrhaeddasom yno tua dau o'r gloch prydnawn dydd Gwener canlynol, tua 90 o filltiroedd mewn pum diwrnod, trwy'r gwlaw a'r eira. Gellwch feddwl fod yn dda gan bawb gyraedd yno i gael gorphwys am ychydig.[90]

Er iddo'i disgrifio, nid oedd Owen Griffith yn arwain ei gwmni ar y daith honno. Arhosodd yn Danville gan ei fod yn sâl o hyd. Roedd ei fab George wedi mynd yn wael gyda thwymyn hefyd, ac mae'n rhaid bod y rhieni'n difaru mynd â'r plant i ganol salwch yr ysbyty milwrol. Ond ymhen pedwar diwrnod roedd y cadben a'i fab wedi gwella ddigon i deithio. Aeth y teulu o bedwar – yn gyntaf gyda'r goets i Frankfort, Kentucky, ac wedyn ar y trên i Louisville – gan gyrraedd y ddinas yr un diwrnod â'r gatrawd. Cafodd Owen Griffith dreulio un noson arall gyda'i wraig a'i feibion, ac wedyn aeth Jane a'r plant ar y trên yr holl ffordd yn ôl i Racine ac aeth y cadben ar yr agerfad gyda'i filwyr.[91]

Ysgrifennodd un arall o'r *Cambrian Guards* lythyr cyn ymadael â'r gwersyll yn Danville. Mae cyfres o lythyrau gan y cerddor Elias J. Prichard at ei chwaer a'i frawd-yng-nghyfraith wedi goroesi, a dyma'r cyntaf ohonynt. Fe'i hysgrifennodd ar yr union ddyddiad a nodwyd gan Owen Griffith, ac felly mae'n rhaid bod y cadben wedi drysu (fel y nodir uchod, roedd yn sâl yn yr ysbyty ar y pryd ac ni fyddai'n gadael Danville am ychydig o ddyddiau eto). Dywed Elias Prichard mai ar y diwrnod canlynol – y 26ain – y byddai'r gatrawd yn dechrau ar ei thaith.

> Near Danville Jan 25 [1863]
> Anwyl frawd a chwaer,
> Wele fi yn cymeryd y cyfle presenol i anfon ychydig linellau atoch gan obeithio y bydd iddynt eich cael yn iach fel ac y maent yn fy nadael inau yn bresenol[.] Derbynias eich caredig lythyr ar y 28 a da oedd genyf ei gael[.] y mae yn ddrwg genyf fod dy elin yn dal mor ddrwg yr ydywf yn gobeithio y gwelli yn fuan[.] nid oes genyf fawr o newyddion iw hysgrifenu y tro hwn yr ydym am gychwyn oddi yma bore yfory i fyned i Louisville[.][92]

Cofir bod Elias J. Prichard yn bum mlwydd oed pan ymfudodd ei deulu i Racine o Riwlas, sir Gaernarfon. Ond eto, mae'r milwr 22 oed a oedd wedi bod yn byw yn yr Unol Daleithiau am 17 o flynyddoedd yn ysgrifennu at berthnasau – a oedd yn byw yn Wisconsin hefyd – yn Gymraeg. Wrth ddisgrifio symudiadau tebygol y gatrawd ar ôl Lousiville, noda'r cerddor y byddai'n mynd 'oddi yno i lawr yr afon i rywle lle y maent yn saethu yn carless iawn' a bod cyfeiriad y daith yn golygu 'fe gaiff y plucky 22nd chance i wneud rhiwbeth.'[93] Yn y brawddegau byrion hyn y gwelir cyfuniad o falchder Elias J. Prichard yn ei gatrawd ('y *plucky 22nd*'), ymdrech i ddefnyddio hiwmor i danseilio bygythiad yr ymladd a ddeuai ('lle y maent yn saeth yn *careless* iawn'), a chyfaddefiad nad oedd yr 22ain Wisconsin wedi wynebu'r gelyn ar faes y gad eto: 'Y mae wedi cael ei chadw yn bur dda allan o bob mwstwr o hyd.'[94]

Ond *'plucky'* neu beidio, nododd Elias Prichard hefyd na

fyddai'r holl gatrawd yn ymadael yn y bore, gan iddi 'golli 60 or dynion cyfraf yn y Reg[imen]t', a bod cannoedd eraill yn rhy sâl i fartsio: 'byddwn yn gadael llawer or bechgyn ar ol yn y dref yma', meddai, gan egluro mai dim hanner y gatrawd a oedd yn ddigon da i deithio: 'byddwn yn cychwyn hefo tua 500 yfory[.]'[95] Un o'r cleifion a adawyd yn yr ysbyty yn Kentucky oedd Chris Hopkins, ffrind brawd-yng-nghyfraith Owen Griffith; byddai'r cadben yn anfon llythyr at Wisconsin maes o law er mwyn hysbysu gŵr ei chwaer iau am hanes ei gyfaill.

Gydag afiechyd yn creu'r ffasiwn ddifrod, roedd Elias Prichad yn dechrau poeni am y colledion a ddeuai cyn diwedd y Rhyfel: 'wn i ddim faint a fydd genym erbyn y byddwn yn dyfod adref[.]' Ar ôl cwyno nad oedd wedi cael 'yr un llythyr oddi cartref ers wythnos' a mynegi syndod at arafwch post a deithiai'n hawdd i'r gwersyll fel rheol ('am wn i ddim beth ydyw y mater'), cyfaddefodd nad oedd ganddo 'ddim ychwaneg y tro hwn' a daeth â'r llythyr byr i ben: 'terfynaf gan gofio atoch oll yn y modd mwyaf caredig hyn ar frys oddiwrth eich Brawd Elias[.]'[96]

Beth bynnag a ddywedodd Elias J. Prichard am y *plucky 22nd*', nid oedd holl draedfilwyr y gatrawd mor wrol â hynny. Yn ystod y daith o Danville i Louisville byddai ymddygiad rhai o'r milwyr Cymraeg yn dwyn gwarth ar y *Cambrian Guards*. Edrydd 'Gomer' yr hanes:

> Ar y daith diangodd amryw o'r gatrawd a phedwar o'r cwmni y perthyn eich gostyngedig was iddo, a drwg genyf ddweyd fod tri o'r rhai hyn yn Gymry, ac un Gwyddel.[97]

Rhydd fanylion am y Cymry er mwyn sicrhau y gallai darllenwyr *Y Drych* eu hadnabod.

> ... enwau y Cymry yw Evan G. Roberts, gynt o Nelson Flats, N[ew] Y[ork], ond yn ddiweddar o Cambria, Wis.; Thomas Hall, bu yn gweithio yr haf diweddaf i Mr. W. G. Roberts,

Racine, Wis[consin]; a Samuel I. Thomas, mab Thomas
Thomas, o Berlin, Green Lake Co[unty], Wis[consin].⁹⁸

Rhaid bod dioddefaint yn y gwersyll ganol gaeaf, gweld
cydfilwyr yn marw o afiechydon, a'r daith galed i Louisville
wedi bod yn ddigon i'r tri Chymro a'r Gwyddel.

Roedd Thomas Hall yn 24 oed a'r ddau filwr Cymraeg arall
yn 20 oed.⁹⁹ Ni wyddys lawer am hanes y ddau Gymro iau
ar wahân i'r ffaith eu bod yn ymfudwyr a oedd wedi bod yn
byw yn Wisconsin cyn ymrestru yn y fyddin. Ond gwyddom
fod Thomas Hall wedi bod yn gweithio i William G. Roberts,
un o batriarchiaid cymuned Gymraeg Racine ac un o'r rhai
a areithiodd yn ystod y cyfarfod rhyfel a oedd wedi helpu i
lenwi rhengoedd y cwmni yn ôl ym mis Awst. Ni ellid ond
dychmygu ymateb William G. Roberts pan ddarllenodd yr
hanes yn *Y Drych*.

Gan ddiosg mwgwd 'Gomer', cyhoeddodd Owen Griffith
hysbyseb fer yn *Y Drych* yn rhinwedd ei swydd fel cadben
y cwmni Cymreig er mwyn gofyn i ddarllenwyr y papur ei
ddarparu â gwybodaeth am y gwrthgilwyr hyn:

> Daliwch Sylw.
> Pan oedd y 22ain Wis[consin], ar ei thaith o Danville,
> K[entuky], i Louisville, darfu i dri o Gymry *desertio*. Enwau
> y personau yw Evan G. Roberts, Thomas Hall a Samuel I.
> Thomas, unrhyw hysbysiad am y personau uchod a dderbynir
> yn ddiolchgar gan
> OWEN GRIFFTH,
> Cadben Cwmni F, 22ain Wis[consin.]¹⁰⁰

Jeremiah Gerrin oedd enw'r Gwyddel a giliodd o gwmni Owen
Griffith yr un pryd â'r tri Chymro. Ac yntau'n 42 oed, roedd
ymysg milwyr hynaf y cwmni. Ef fyddai'r unig un o'r pedwar
deserter a fyddai'n ailymuno â'r gatrawd – a hynny ymhen
rhyw flwyddyn.¹⁰¹ Nid oes tystiolaeth iddo dderbyn cosb am
ddiflannu o'r fyddin am flwyddyn heb ganiatâd chwaith. Mae

ffawd y tri *deserter* Cymraeg yn ddirgelwch, ond fel y gwelir maes o law, credai Owen Griffith eu bod wedi'u llochesu gan deuluoedd a chyfeillion yn Wisconsin ac o bosibl wedi ffoi i Gymru wedyn. Bu i ryw 20 ffoi o'r gatrawd yn ystod eu hamser yn Kentucky, y rhan fwyaf o'r *deserters* hyn o gwmnïau eraill. *'Contemptable cowards!'* oedd ebychiad Harvey Reid mewn llythyr at ei rieni. Dywedodd yn eironig ei fod yn synnu bod y dynion wedi torri'u llwon a gadael *'all the comforts a soldier's life could afford'* a hynny pan oedd *'the prospect of more active service'* o'u blaenau.[102] Nid oedd y gatrawd wedi profi unrhyw ymladd eto. Daethai penllanw cyrch y lluoedd deheuol yn Kentucky gyda brwydr Perryville ar 8 Hydref 1862. Ar ôl methu ag ennill buddugoliaeth eglur yn y frwydr honno, penderfynodd arweinwyr milwrol y gwrthryfelwyr y dylid gadael Kentucky a chilio dros y ffin ddeheuol i dalaith Tennessee. Ni fu'r 22ain Wisconsin ym mrwydr Perryville a chredai'r milwyr – yn gywir, fel y digwyddodd – y byddent yn cael eu symud i fynd ar ôl y gelyn ar dir Tennessee. Fel y nododd Harvey Reid yn eironig, mae'n debyg bod rhai o'i gydfilwyr wedi desertio er mwyn osgoi *active service*, sef ymladd.

Gan anwybyddu *deserters* eraill y gatrawd, canolbwyntia Owen Griffith ar y tri milwr Cymraeg a giliodd o'i gwmni ef. Mae cynifer o lythyrau, ysgrifau, pregethau a cherddi Cymraeg a gyhoeddwyd yn ystod y Rhyfel Cartref yn dathlu gwroldeb milwyr Cymraeg byddin yr Undeb. Y gwrthwyneb a geir yn y rhan hon o lythyr 'Gomer'. Enwi a chodi cywilydd oedd y bwriad:

> Nid hoff genyf gyhoeddi ffaeleddau y Cymry, ond yr wyf o'r farn fod cyfiawnder yn galw am roddi enwau yr uchod o flaen y cyhoedd yn y modd mwyaf amlwg, a gresyn na fyddai y DRYCH yn cyrhaedd pob bwthyn Cymreig yn yr Unol Daleithiau, fel y gallai pob Cymro, ac yn enwedig pob Cymraes, gael gweled pwy yn mhlith y Cymry sydd yn gallu

iselu eu hunain gymaint, a thori pob ymrwymiad milwrol ag y maent wedi eu gymeryd arnynt.[103]

Ychwanega Gomer nad oedd neb 'yn fwy dirmygedig yn [ei] olwg na Deserter', gan leisio awydd y byddai'r awdurdodau'n 'rhoddi y ddedfryd o farwolaeth mewn grym yn erbyn y rhai a gaed yn euog o ddesertio.'[104]

Ar ôl cyrraedd Louisville, Kentucky, rhoddwyd yr 22ain Wisconsin ynghyd â'r catrodau eraill yn eu brigâd ar agerfadau. Y cam nesaf fyddai teithio i'r gorllewin ar hyd yr afon Ohio ac wedyn i'r de i dalaith Tennessee. Cwyna Gomer 'fod y gallu caethiwol wedi... dilyn' y gatrawd yr holl ffordd, yn chwilio am gyfle i gipio'r caethweision ffoëdig. Er bod y Milwriad Utley wedi gwrthsefyll gorchmynion swyddogion uwch ei ben hyd at y pwynt yna, daeth gorchymyn arall yn Louisville nad oedd yn hawdd osgoi ufuddhau iddo:

> ... darfu i'r Prif Gad[fridog] Granger, orchymyn na fyddai i neb gael myned a'r *contrabands* ar fwrdd yr agerfadau os nad oedd ganddynt bapyrau rhyddion, neu ddangos eu bod wedi eu cyflogi gan eu meistriaid. Darfu i bedwar neu bump o'r rhai duon oedd gyda'r 22ain Wis[consin], y noswaith cyn i ni fyned i'r agerfad, wneyd math o *raft* i groesi yr afon Ohio i Indiana – pa un a ddarfu iddynt gyrhaedd yno nis gwn. Ond yr oedd 6 neu 7 yn benderfynol o'n dilyn i'r pen, yr oedd "Paul" (a "John" un o'r pedwar ac yr oedd y Cad[fridog] Gilmore wedi gorchymyn i'r Mil[wriad] Utley roddi i fyny) yn eu plith.[105]

Roedd y catrodau eraill wedi ymadael â Louisville erbyn nos Sadwrn, 31 Ionawr 1863. Yn ôl Gomer, roedd y 'lladron dynion' neu *slave catchers* 'wedi llwyddo i fyned a'r caethion druain allan o bob catrawd' cyn iddynt fynd ar yr agerfadau.[106]

Yn nodweddiadol o'i agwedd negyddol at y caethweision ffoëdig ac ymdrechion ei gydfilwyr i'w cynorthwyo, disgrifiodd Harvey Reid y trobwynt hwn mewn modd tra gwahanol, gan ddweud bod gorchymyn y Cadfridog Granger wedi achosi '*a commotion among the colored portion of the regiment*'. Clywir tinc o foddhad yn y modd y mae'n trafod penbleth ei filwriad hefyd: '*Utley could find no excuse for disobedience*.'[107] Bid a fo am farn Harvey Reid am anallu prif swyddog ei gatrawd i wrthsefyll gorchymyn y cadfridog, dyna'n union a wnaeth Utley unwaith eto.

Gorchmynnwyd yr 22ain Wisconsin i fynd ar yr agerfadau ddydd Sul, 1 Chwefror, yr olaf o gatrodau'r frigâd i ymadael. Ni rydd Owen Griffith gyfieithiad na chrynodeb o'r modd yr atebodd y Milwriad Utley ei Brif Gadfridog ac felly mae'n amlwg na chafodd afael ar yr ohebiaeth nac ar dystiolaeth llygad-dyst o fath arall y tro hwn. Ond mae gweddill ei naratif yn dangos yn glir nad oedd Utley am ufuddhau a dychwelyd y cyn-gaethweision:

> ... darfu i'r Mil[wriad] Utley orchymyn i ni i fyned trwy'r heolydd gyda'n bidogau ar ein drylliau (*fixed bayonets*). Yr oedd "Paul" yn ein cwmni ni, daethom yn ddigon tawel hyd nes darfu i ni droi i'r heol oedd yn myned i'r levee; gyda hyn dyma ddyn yn rhuthro at un o'r *contrabands* ac yn ymaflyd yn ei war mewn eiliad; dyma glic mwrthwl llawddryll o law y Negro, ond yn anffodus ni thaniodd; gyda hyn dyma haner dwsin o fidogau yn erbyn mynwes Mr. "Dynleidr," a da oedd ganddo ollwng ei afael er achub ei fywyd. Gwelodd y dinasyddion fod yr 22ain Wis. yn benderfynol o amddiffyn eu hegwyddorion hyd at waed os oedd rhaid, ac mai ofer oedd iddynt dreio yn hwy i fyned a'r Negroes allan o'r ranks.[108]

Ceir llawer o frawddegau hirion yn llythyrau Owen Griffith, ond dewisodd gloi'r rhan hon o'r llythyr hwn gydag un frawddeg fer sy'n gwbl ddi-addurn: '*Aethom ar fwrdd yr agerfadau a'r contrabands gyda ni.*'

Bu'n rhaid i'r milwyr aros dros nos ar yr agerfadau, ond cyn cychwyn y diwrnod wedyn, bu'n rhaid i Utley gymryd un safiad arall cyn ymadael â thiriogaeth Kentucky:

Prydnawn dydd Llun cawsom orchymyn i gychwyn yr agerfad; gomeddodd y Cadben hyd nes rhoddai y Mil[wriad] Utley y *contrabands* i fyny. Dywedodd y Mil[wriad] Utley wrtho fod y Llywodraeth wedi cyflogi yr agerfad, a'i fod yntau yn swyddog o dan y Llywodraeth ac nad oedd ganddo ef (y Cadben) ddim i wneyd ond rhedeg y bad. Gwelodd mai ofer oedd gomedd yn hwy, felly gollyngodd y bad a ffwrdd a ni lawr yr afon Ohio.[109]

Gwyddai darllenwyr 'Gomer' erbyn hyn fod William Utley wedi anwybyddu gorchmynion swyddogion milwrol uwch ac mae'n siŵr eu bod wedi mwynhau dysgu am wrthdaro'r milwriad â chapten yr agerfad. Yn ôl Owen Griffith, nid aeth ei filwriad ati i ddyfynnu llythyren y gyfraith, ond yn hytrach ddefnyddio'i allu rhethregol i orfodi'r capten i dderbyn y sefyllfa.

Fel y nodwyd, gan nad yw pob rhifyn o'r papur wythnosol *Y Drych* wedi goroesi, mae'n anodd gwybod a oedd Gomer wedi cofnodi rhagor o hanes y gatrawd yn Kentucky yn yr un modd. Ond mae'r ddau lythyr sydd wedi goroesi yn rhoi'r argraff mai ymwneud y gatrawd â chaethweision ffoëdig, caethfeistri a'r 'lladron dynion' neu *slave catchers* oedd y profiadau mwyaf arwyddocaol a ddaeth i'w rhan yn ystod eu pum mis yn y dalaith gaeth. Gellir darllen y llythyrau hyn yng nghyd-destun yr agweddau gwrthgaethiwol ar ddiwylliant Cymraeg Racine a drafodwyd yn y bennod gyntaf. Ac yn sicr, mae'r wedd wrthgaethiwol ar wasg Gymraeg yr Unol Daleithiau yn y cyfnod yn darparu cyd-destun ystyrlon arall. Gwelwn yn y llythyrau hyn filwr yn mynegi barn am yr achos yr oedd yn ymroi iddo. Nid oedd Owen Griffith yn ymladd i achub yr Undeb yn unig; rhyfel yn erbyn caethwasiaeth oedd y Rhyfel Cartref yn ei farn ef, ac roedd ei gatrawd wedi dechrau hyrwyddo'r achos hwnnw yn Kentucky cyn profi'r un frwydr. Nid oedd Lincoln a'i lywodraeth wedi gwneud yr achos yn ganolog i ymgyrch rhyfel yr Undeb eto, ond roedd caethweision ffoëdig a diddymwyr o filwyr fel William Utley ac Owen Griffith yn gwneud eu gorau i orfodi'r cwestiwn i ganol y drafodaeth. Er bod hanes capeli Cymraeg a gwasg Gymraeg America yn darparu cyd-destunau sy'n ein galluogi i ddeall safiad milwyr Cymraeg fel Owen Griffith, mae'r tebygrwydd rhwng ei safiad yntau ac eiddo William Utley yn dangos yn glir fod gorgyffwrdd amlwg rhwng y peuoedd Cymraeg radicalaidd bychain hyn a diwylliant gwrthgaethiwol ehangach yr Unol Daleithiau.

Diddymwr brwd arall oedd caplan y gatrawd, y Parchedig Caleb D. Pillsbury. Ceir yn hanes y caplan enghraifft dda o'r gorgyffwrdd hwn rhwng rhwydweithiau cymdeithasol, crefyddol a gwleidyddol y Cymry a chylchoedd eraill yn Wisconsin. Methodist Esgobol oedd y Parch. Pillsbury, a bu'n gwasanaethu'i enwad fel henadur cyn y rhyfel. Bu hefyd yn cynrychioli'i enwad yng nghyfarfodydd Beibl Gymdeithas Racine, mudiad anenwadol yr oedd y Parchedig William J. Hopkins yn aelod gweithgar ohoni hefyd.

Er mwyn deall natur y cysylltiad hwn yn well a rhoi ychydig o liw ar yr hyn a elwir yn 'rhwydweithiau' uchod, mae'n werth symud yn ôl i ddydd y Nadolig, 1861. Cynhaliwyd gŵyl flynyddol Beibl Gymdeithas Racine y diwrnod hwnnw a chyhoeddwyd cofnod Cymraeg manwl o'r cyfarfod yn *Y Cenhadwr Americanaidd*. Dyma a ddigwyddodd ar ôl y darlleniadau a'r gweddïo cychwynnol a chyfle i ethol swyddogion am y flwyddyn newydd:

> Yn mhellach llefarwyd ar yr achos gan y Parch. William J. Hopkins. Canmolodd 'y Fam Gymdeithas Americanaidd' am ei gwaith dirfawr yn cyhoeddi'r ysgrythyrau sanctaidd a dangosodd y mawr angen sydd am ein cyfraniadau. Yr oedd yn hynod o danbaid a gwresog a'i lais fel bloedd udgorn. Canwyd 'Cenhadon Hedd' gan gor Mr. John R. Davies. Yn ganlyniadol anerchwyd ni yn deimladol a phwysig iawn yn yr iaith Seisonaeg gan y Parch. C. D. Pillsbury (T.E.) ar werthfawrogrwydd y Beibl, a chanwyd 'Salvation' gan gor Mr. J. P. Jones.[110]

Gan fod awdur y cofnod hwn, John D. Morgan, yn nodi bod y Parch. Pillsbury wedi siarad yn Saesneg, mae'n rhaid bod y Parch. Hopkins wedi siarad yn Gymraeg. Felly, bu aelodau'r Gymdeithas yn gwrando ar ddau gôr, y naill yn canu'n Gymraeg a'r llall yn Saesneg, a'r ddau weinidog yn trafod gwahanol agweddau ar yr achos yn y ddwy iaith.

Anerchodd y Parchedig Hopkins gyfarfod o fath gwahanol iawn saith mis a hanner yn ddiweddarach. Fel y gwelwyd yn y bennod ddiwethaf, roedd yn un o'r dynion a areithiodd yn ystod y cyfarfod rhyfel a gynhaliwyd ar 12 Awst 1862, a thrwy wneud hynny roedd yn cynorthwyo un o aelodau gweithgar ei gapel, Owen Griffith, a oedd yn arwain yr ymgyrch recriwtio gyda golwg ar fynd yn gadben ar y cwmni newydd hwnnw o filwyr. A byddai'r milwyr Cymraeg a ymrestrodd yn Racine y mis Awst hwnnw yn dilyn arweiniad crefyddol y Parchedig Pillsbury, dyn yr oedd rhai wedi darllen amdano yn Gymraeg. Dengys y llythyrau a gyhoeddodd y Parchedig Pillsbury yn y *Racine Daily Advocate* ei fod yn coleddu'r un gwerthoedd gwrthgaethiwol hefyd.

Ond rhaid pwysleisio mai lleiafrif o ogleddwyr a gredai mai rhyfel i ryddhau'r caethweision oedd y Rhyfel Cartref yn ystod y ddwy flynedd gyntaf (1861-2). Ymdrech i achub yr Undeb ydoedd i'r rhan fwyaf o drigolion y gogledd, fel yr oedd yn sicr i drigolion y taleithiau caeth hynny fel Kentucky nad oedd wedi ymneilltuo o'r Undeb. Yn yr un modd, mae rhai o lythyrau Harvey Reid yn dangos yn eglur nad oedd holl filwyr yr 22ain Wisconsin yn ddiddymwyr. Athro ysgol oedd Reid cyn y rhyfel, dyn a chanddo addysg a gorwelion diwylliannol ehangach na llawer o'i gydfilwyr, ond eto roedd yn coleddu'r un hiliaeth a nodweddai'r rhan fwyaf o ddynion gwyn yr Unol Daleithiau. Dywedodd mewn llythyr at ei chwiorydd ei fod yn mwynhau dadlau â diddymwyr y gatrawd: *'I have had considerable fun with some of the most rabid abolitionists by telling them the plain truth.'*[111]

Ym marn Harvey Reid, roedd y 'gwir' yn deillio o'r modd y canfyddai'r caethweision ffoëdig, ac roedd y canfyddiad hwn yn amlygu agweddau cwbl hiliol. Dywedodd eu bod yn *'lazy, saucy, and lousy'*.[112] Cyfeiria'n goeglyd mewn nifer o'i lythyrau at *'Elder Pillsbury'* a hynny wrth feirniadu ymwneud y caplan ag Affrican-Americaniaid megis George, un o'r caethweision ffoëdig a gysgai ym mhabell y caplan.[113] Yn ogystal â'u galw'n *'rabid abolitionists'*, y *'Methodist abolitionists'* oedd diddymwyr y gatrawd i Harvey Reid, a hynny, mae'n debyg, gan fod y caplan yn Fethodist. Roedd milwyr Cymraeg y gatrawd a fynegai safbwynt gwrthgaethiwol yn cynnwys Methodistiaid, Annibynwyr, a Bedyddwyr.

Fodd bynnag, daeth un bennod yn hanes yr 22ain Wisconsin i ben ar ddechrau mis Chwefror 1863. Ar ôl symud ar hyd yr afonydd i dalaith Tennessee, nid ymwneud â chaethweision ffoëdig eithr wynebu'r gelyn ar faes y gad fyddai'n mynd â sylw milwyr y gatrawd. Nododd Harvey Reid wrth drafod ffarwelio â Kentucky ei fod wedi dod yn hoff o'r dalaith. Roedd yn fodlon canmol 'teyrngarwch' caethfeisti Kentucky, hyd yn oed:

> And now we have bidden goodbye to Kentucky, whose soil has been our home for more than four months, and I confess with far different feelings toward that state, than those I formed after first entering it. The generous hospitality of her citizens and the many instances of noble, disinterested loyalty among the hated class of the North – slaveholders – has proved her undeserving of the slanders of some of our political soldiers and letter writers.[114]

Er na allai Reid ddarllen Cymraeg, mae'n debyg iawn y byddai wedi cyfrif 'Gomer' – neu Owen Griffith – ymysg 'milwyr gwleiddyddol a llythyrwyr' y gatrawd. Cyflwynodd y llythyrwr Cymraeg hwnnw sylwadau tra gwahanol ar ôl gadael Kentucky:

> Gwelwch... fod yr 22ain Wis[consin] wedi gadael Kentucky o'r diwedd, ac yr wyf yn meddwl fod yn dda gan bawb o'r milwyr

ein bod wedi myned. Fy marn i yn onest yw fod ymddygiad Kentucky wedi gwneyd mwy tu ag at ohirio y gwrthryfel hwn nag un Dalaeth arall, heb eithrio South Carolina. Y mae tystiolaeth pawb o'r milwyr, ac sydd wedi bod yn y Dalaeth, yn unfrydol ar y pen hwn, – Pan oedd Kirby Smith a'i 20,000 o wrthryfelwyr yn bwgwth Cincinnati, a Bragg a'i 75,000 yn marchio ar Louisville, dyma y cri fawr o Kentucky am gynorthwy, a phan ddarfu i'r miloedd o'r Gogledd adael eu teuluoedd a dyfod i lawr a gyrru y lluoedd o'r gwrthryfelwyr allan o'r Dalaeth, ac ambell i Negro tlawd ddyfod tu fewn i'r lines, dyma drigolion Kentucky yn codi y cri fawr *Abolition, Abolition*. Mae hyn yn profi yn amlwg mai caethiwed yw eu "Alpha ac Omega," ac mewn gwirionedd eu cyfan.[115]

O gymharu'r brawddegau hyn â llythyr Harvey Reid, rhaid casglu *nad* oedd Owen Griffith yn lleisio barn '[p]awb o'r milwyr' mewn gwirionedd, ond roedd yn mynegi safbwynt a goleddid gan filwriad y gatrawd a'r milwyr Cymraeg yr oedd yn eu harwain yng Nghwmni F. Dengys geiriau Reid – a gweithredoedd y gyrrwr hwnnw a geisiai werthu Adam/Paul i'w gyn-feistr – na ellir derbyn gosodiad Owen Griffith fod yr holl filwyr 'yn unfrydol ar y pen hwn[nw].' Mae'n bosibl bod daliadau gwrthgaethiwol milwriad a chaplan y gatrawd wedi'i gwneud yn haws i'r cadben Cymraeg feddwl fod pawb yn y gatrawd yn ddiddymwyr. Yn sicr, nid y cadben Cymraeg oedd yr unig un a welai'r gatrawd yn y modd hwn; dechreuodd milwyr o gatrodau eraill a sifiliaid yn y gogledd pell gyfeirio at yr 22ain Gatrawd o Draedfilwyr Wisconsin fel yr *'Abolitionist Regiment'*, a hynny'n bennaf oherwydd eu hymwneud â chaethweision ffoëdig yn Kentucky. Os oedd Harvey Reid yn dadlau â *'rabid abolitionists'* y *Cambrian Guards* ac yn edliw eu diddymiaeth i Fethodistiaid, Annibynwyr a Bedyddwyr cwmni Owen Griffith, anwybyddodd 'Gomer' hynny wrth gloriannu barn ei gydfilwyr am gaethwasiaeth a Kentucky ar gyfer darllenwyr *Y Drych*.

4

Tennessee a Bedydd Tân

AR 2 CHWEFROR 1863 symudodd holl frigâd Coburn – gan gynnwys yr 22ain Gatrawd o Draedfilwyr Wisconsin – i'r gorllewin ar yr afon Ohio. Dywed Owen Griffith – mewn llythyr arall a gyhoeddwyd o dan y ffugenw 'Gomer' – nad oedd y milwyr cyffredin yn gwybod pa le fyddai pen y daith:

> Yr oedd tua haner cant o fadau yn y llynges wedi eu llwytho â milwyr ac ymborth. I ba le yr oeddem yn myned ni wyddai neb ond ein blaenoriaid; dywedai rhai mai Vicksburg, eraill mai i Nashville, ond daethom at afon Cumberland. Daeth yn amlwg mai Nashville oedd ein mynedle, ni welsom ond ychydig o'r badau hyd nes cyrhaeddasom Fort Donelson.[1]

Felly ar gyrraedd yr afon arall, aeth y llynges i fyny'r Cumberland yn erbyn y llif ac i lawr trwy dde Kentucky i gyfeiriad Tennessee.[2]

Roedd yn gywir; Nashville oedd eu cyrchfan benodedig wreiddiol. Ond pan ymosododd byddin ddeheuol ar y gogleddwyr yn Fort Donelson, newidiwyd y cynllun:

> Y diwrnod cyn i ni gyrhaedd Fort Donelson yr oedd y Cad[fridog] gwrthryfelgar Forrest yn nghyd a 3 neu 4 mil o wyr ceffylau wedi gwneyd ymosodiad ar yr 83ain Illinois, tua 600 o wyr traed, ac yma bu y frwydr fwyaf llwyddianus

o'n hochr ni a gymerodd le er dechreuad y gwrthryfel. Gwnaethont yr ymosodiad tua 2 o'r gloch prydnawn, a daliodd yr 83ain ei thir hyd 7 o'r gloch y nos, pan y daeth y badau rhyfel i'w cynorthwyo yn nghyd a'r 13eg Wis. (o Fort Henry, 12 milltir oddiyno). Pan ddechreuodd y badau rhyfel danio eu magnelau a'r shells ddechreu chwalu dyma'r gwrthryfelwyr yn dechreu *skedaddle* am eu bywydau.[3]

Ond erbyn i'r agerfadau a gludai'r 22ain Wisconsin gyrraedd y cyffiniau ar 5 Chwefror, roedd yr ymladd wedi dod i ben, a'r frwydr yn fuddugoliaeth i'r Undeb.

Dyma oedd y tro cyntaf i'r milwyr Cymraeg hyn fod mor agos at ymladdfa. 'Wrth edrych dros maes y frwydr boreu dranoeth cawsant dros 200 o'r gwrthryfelwyr wedi eu lladd', mae'n nodi, gan ychwanegu 'bod 300 neu 400 [o'r gelyn] wedi eu clwyfo[.]' Ymfalchïa Owen Griffith mai dim ond '13 wedi eu lladd a 19 wedi eu clwyfo' oedd 'y golled o'n hochr ni[.]'.[4] Mae'r modd yr ymffrostia yn llwyddiant gwarchodlu Fort Donelson yn ddealladwy; roedd Nathan Bedford Forrest, Cadfridog yn arwain brigâd o feirchfilwyr deheuol, ymysg arweinwyr milwrol mwyaf dyfeisgar a llwyddiannus y gwrthryfelwyr. Ennill ei frwydrau a wnâi Forrest fel rheol, nid colli.

Gorchmynwyd rhai o filwyr yr 22ain Wisconsin i gladdu deheuwyr meirwon yn ymyl Caerfa Donelson. Yn eu plith oedd Morris B. James, cyn was stad y Wern, y dyn cryf a wasanaethai fel cogydd answyddogol Cwmni F. Aeth ei ffrind John Ellis hefyd, a chofnododd y profiadau a ddaeth i'w rhan.

> Cafodd Morris a minau ein hafon i gladdu meirwon un waith i Dover, yn agos i Fort Donelson, lle yr oedd magnel anferth at ddryllio llongau a ddeuent i fyny y Cumberland. Yr oedd y Forest Cavalry wedi ceisio cymeryd y lle, er rhwystro y llongau a'n cludent ni i fyny i Nashville; ac amddiffynid y lle gan gatrawd o Illinois. Yr oedd yno ychydig o dai a mynwent yn y fan; ac yr oedd y gelynion wedi eu lladd yn arswydus yn y tai; hefyd yn y fynwent yn mhlith y colofnau cawsom bymtheg o gyrff. [5]

Wrth iddynt helpu i gladdu'r meirwon, cawsai'r ddau Gymro o Wisconsin hanes y frwydr ddiweddar gan ambell lygad-dyst. Gwyddel oedd un ohonynt, magnelwr a chwaraeasai ran allweddol yn y frwydr.

> ... yr oedd un rebel Colonel wedi marchogaeth, ac arwain march arall, at ffroen y fagnel fawr y soniais am dani; ond am fod clawdd mawr a ffos ddofn o'i chwmpas ni allai ddod yn nes, a bloeddiodd, "Surrender that gun, you Yankee; that is mine." "Yes, by jabers, that is yours, too," atebodd y Gwyddel, gan danio ar y foment nes gwneyd sausage o'r rebel a'r ddau farch, fel na allai Morris a minau gael digon o hono i gymeryd arno ei gladdu. [6]

Hwn oedd y tro cyntaf i Morris James a John Ellis weld dynion a cheffylau a laddasid yn y fath fodd. Gellid meddwl y byddai arswyd yn llywodraethu yn y cof yn hytrach na'r hiwmor a geir yn y stori hon: mae troi ceffylau a dyn yn 'gig selsig' yn swnio'n ddigrif am eiliad, efallai, cyn oedi a chael cyfle i ddychmygu'r union olygfa y mae'r dywediad hwnnw yn ei disgrifio. Ond ysgrifennodd John R. Ellis yr atgofion hyn ar ôl y Rhyfel Cartref; roedd wedi bod mewn llawer o frwydrau ac weld gweld hen ddigon o erchyllterau erbyn hynny, ac felly mae'n bosibl ei fod yn edrych ar feirwon brwydr Fort Donelson trwy'r llygaid mwy profiadol a sinigaidd hynny.

Ar y llaw arall, cofnododd anecdot arall am gladdu'r deheuwyr meirw hyn sy'n awgrymu fel arall:

> Aethom yn mlaen gydag eraill i gladdu, pryd yr oedd chwe modfedd o eira ar y ddaear. Wedi gwneyd ffos tua dyfnder pen y rhaw gosodasom gorff un ynddi, ac ar ol rhoddi ei flanced dros ei wyneb codasom bridd arno gan wneyd lle i un arall wrth ei ochr, felly yn barhaus nes gorphen.[7]

Nid yn unig oedd Morris James yn ddyn cryf, ond câi drafferth yn rheoli'i dymer er gwaethaf ei natur grefyddol. Fel y gwelwyd yn y bennod ddiwethaf, teimlai'i fod wedi 'syrthio oddi wrth ras' ar ôl dyrnu dyn – Gwyddel arall, fel y mae'n digwydd – am sarhau'r Cymry cyn gadael Racine. Yn ôl John Ellis, collodd ei gyfaill ei dymer wrth gladdu'r deheuwyr hefyd.

> Ond yr oedd blanced un o honynt yn dod o flaen rhaw Morris, nes collodd ei amynedd, a bwriodd ei raw at aesenau y corff gan ddweyd "Side step to the left, will you?"[8]

Er bod Morris yn gwylltio, roedd y modd y defnyddiodd un o'r gorchmynion milwrol cyffredin a roddid i filwyr ar y maes ymarfer yn ddoniol yng ngolwg John Ellis. Mae'n debyg iawn bod rhai o'r milwyr Cymraeg eraill wrthi'n cyflawni'r gorchwyl hwn hefyd, ond ni fyddai neb arall yn cofnodi'r achlysur mewn ysgrifen.

Ar ôl un noson yn ymyl Fort Donelson aeth y 22ain Wisconsin yn ôl ar yr agerfadau a theithio ymlaen ar hyd yr afon Cumberland i Nashville. Dyma ddisgrifiad Owen Griffith o'r daith honno:

> Boreu dydd Gwener, y 6ed o Chwefror, 1863, darfu i'r holl lynges, yn nghyd a 6 o fadau rhyfel (i'n hamddiffyn yn erbyn y Guerillas a dybid oedd yn ein haros), gychwyn tua Nashville, Tenn. Yr wyf yn meddwl mai dyma oedd yr olygfa harddaf a welais erioed. Yr oedd wedi bwrw eira y diwrnod cynt, a hwnw fel mantell wen ar frigau y coedydd mawrion oedd ar lanydd yr afon, y ffurfafen yn glir a'r haul yn tewynu, yr ager yn codi i fyny fel cymylau i'r nen, a'r badau bob yn ddwy wedi eu rhwymo gyda eu gilydd yn rhesi ar ol eu gilydd, a'r miloedd milwyr ar y decks yn edrych ar olygfa ag y mae iaith yn rhy fyr i'w desgrifio. Cyrhaeddasom Nashville nos Sadwrn; boreu dydd Sul dechreuasom ddadlwytho[.][9]

Roedd gweddill lluoedd Coburn wedi cyrraedd yn barod ac wedi symud i safle y tu allan i Nashsville. Yr 22ain Wisconsin oedd y gatrawd olaf i ymuno â'r frigâd: '[t]hua 3 o'r gloch cychwynasom tua'r lle yr oeddem i wersyllu... tua dwy filltir i'r de o'r ddinas.'[10] Byddent yn aros yn y gwersyll hwn ychydig o filltiroedd y tu allan i ddinas Nashville am bythefnos. Cyfnod tawel ydoedd o safbwynt priod waith y milwyr; er bod rhyw 5 mis wedi mynd heibio ers i'r gatrawd adael Wisconsin, nid oedd wedi profi brwydr neu hyd yn oed wedi gweld milwyr deheuol ar wahân i'r meirwon y tu allan i Fort Donelson a rhai carcharorion rhyfel. Ond nid oedd y dyddiau hynny heb eu heriau. Bu farw dau aelod di-Gymraeg o Gwmni F, y naill – Richard Baker – o niwmonia, a'r llall – yr is-ringyll Ames Northrop – o'r frech wen.[11] Penderfynodd meddyg y gatrawd archebu brechiad rhag y frech wen ar gyfer holl filwyr yr 22ain Wisconsin.[12] Yn ddiddorol ddigon, o gofio mai dim ond rhyw draean o filwyr y cwmni oedd yn ddi-Gymraeg, penodwyd aelod o'r lleiafrif hwnnw, Christopher Ord, yn is-ringyll ar ôl marwolaeth y Corporal Northrop.[13] Gall y manylyn hwn awgrymu bod ymdrech i gadw rhyw faint o gydbwysedd ethnig/ieithyddol yn y cwmni.

Roedd tensiynau mewnol yn dechrau rhwygo'r gatrawd hefyd wrth i agendor ymagor rhwng y Milwriad William Utley a llawer o'r swyddogion eraill. Ni chofnodod Owen Griffith na'r un o ohebwyr Cymraeg eraill y gatrawd ddim byd am ddechreuadau'r helynt ac mae'r ffynonellau Saesneg yn aneglur. Cylchredai si fod Utley wedi cwyno yn ystod eu harhosiad byr ger Fort Donelson nad oedd 'swyddogion y llinell' – y *line officers* a reolai'r gwahanol gwmnïau[14] – yn gallu cyflawni'u dyletswyddau. Honnid hefyd fod rhywun wedi'i glywed yn siarad â milwriad catrawd arall a'i fod wedi dweud bod rhaid iddo redeg yr holl gatrawd heb gymorth ei swyddogion llinell gan eu bod yn '*set of D[amne]d bullheads*.'[15] Awgryma'r sarhad *bullhead* fod y swyddogion hyn yn afresymol o styfnig ym marn Utley; beth bynnag oedd asgwrn y gynnen, aeth o ddrwg i waith yn gyflym. Dechreuodd rhai swyddogion ymddiswyddo, gan gynnwys dau gadben, Capten Miles o Gwmni E a Chapten Bingham o gwmni K.[16] Nid ymddiswyddodd cadben Cwmni F, Owen Griffith, a'r saith capten arall y pryd hynny, ond byddai gwleidyddiaeth fewnol gythryblus o'r fath yn parhau yn bla ar y gatrawd am beth amser.

Daeth gorchymyn i symud eto ar ar 21 Chwefror 1863, ac yn ôl Owen Griffith, ar y diwrnod nesaf y '[c]ychwynasom ar y ffordd tua Franklin; ar ol teithio 7 milltir darfu i ni wersyllu[.]'[17] Pen y daith fer hon oedd gwersyll yn ymyl pentref o'r enw Brentwood, tua hanner ffordd rhwng Nashville a Franklin. Ailymunodd yr 22ain Wisconsin â gweddill brigâd Coburn yn y lle hwn. Roedd chwe magnel o'r *18th Ohio Battery* wedi'u hychwanegu at luoedd Coburn erbyn hyn hefyd.[18] Fel y noda un o Gymry Cwmni F a ddefnyddiai'r ffugenw 'Glendower' mewn llythyr a ysgrifennodd at y *Racine Weekly Advocate*, roedd y lleoliad wedi'i ddewis gan fod un o bontydd y rheilffordd yn ymyl:

> We are on the Franklin Pike, guarding a large railroad bridge that is near; only a few weeks ago it was burned down by a party of rebles. – We encamped here last Saturday.[19]

Y Little Harpeth oedd yr afon hon a chadw'r gelyn rhag llosgi'r bont eto oedd y gorchymyn a roddwyd i frigâd Coburn. Roedd y safle'n ddelfrydol ar gyfer gwersyll – *'one of the best camping grounds'*, yn ôl 'Glendower' – ac roedd fel pe bai'r 22ain Wisconsin am fwynhau cyfnod cymharol gyfforddus a thawel arall.[20]

Daeth gŵyl genedlaethol – pen-blwydd George Washington – ddau ddiwrnod ar ôl i'r 22ain Wisconsin gyrraedd Brentwood, a chynhaliwyd dathliad ar gyfer holl filwyr y frigâd. Yn ôl Glendower, *'Washington's birthday was celebrated here in due form*[.]'[21] Yn un o'i lythyrau at *Y Drych* mae Owen Griffith – yn rhith 'Gomer' – yn disgrifio digwyddiadau'r diwrnod ar gyfer darllenwyr Cymraeg yr Unol Daleithiau:

Dydd Llun, yr 23ain o Chwefror, cynhaliodd y milwyr perthynol i'r brigad hon gyfarfod er coffadwriaeth o enedigaeth yr anfarwol Washington; yr oedd tua dwy fil a haner o filwyr yn bresenol; cawsom gyfarfod dyddorol iawn ac areithiau da gan y Mil[wriad] Coburn o'r 33ain Ind[iana] (yr hwn sydd yn actio fel Brigadier drosom), a'r Mil[wriad] Baird, 85ain Ind[iana], Utley, 22ain Wis[consin, a Gilbert o'r 19 Mich[igan], ac eraill.[22]

Dywed Glendower fod Coburn wedi cyflwyno *'a stirring speech'*, wedi'i nodweddu gan *'the true ring of fire and patriotism'*.[23] Gan adleisio barn llawer iawn o ogleddwyr ar y pryd, defnyddiodd Coburn yr araith hon i ddweud wrth filwyr ei frigâd ei fod yn ymladd yn bennaf i achub yr Undeb, nid i ryddhau'r caethweision, er ei fod yn fodlon iawn i'w rhyddhau fel rhan o'r ymrafael pe bai hynny'n hwyluso buddugoliaeth (*'if the nigger got in the way, the nigger must go down and the Union preserved by all means'*).[24] Afraid dweud bod agendor ideolegol felly rhwng prif swyddog y frigâd a diddymwyr yr 22ain Wisconsin.

Un o gasbethau milwyr yr Undeb oedd y 'pennau copr', sef Democratiaid yn y gogledd a oedd am lunio heddwch â'r taleithiau gwrthryfelgar yn syth (hyd yn oed pe bai hynny'n golygu cydnabod eu hannibyniaeth a gadael i gaethwasiaeth barhau). Ni ddywed Owen Griffith air yn ei lythyr am sylwadau llugoer Coburn am ddiddymu caethwasiaeth, ond roedd yn ddigon hapus i grynhoi'r rhan hon yn Gymraeg ar gyfer darllenwyr *Y Drych*. Dywed 'Gomer' fod yr 'areithiau... o'r un ysbryd yn erbyn y bradwyr yn y De' yn ogystal ag 'archfradwyr yn y Gogledd, sef y *Copperheads.'*[25] Math o neidr wenwynig yw'r 'pen copr', ac felly mae'r disgrifiad cyffredin hwn o'r *'Peace Democrats'* yn eu darlunio fel perygl a all gyfodi o dan eich traed a'ch lladd yn ddisymwth. Mae Gomer yn datgan ei fod a'i gydfilwyr yn fodlon lladd y gelyn deheuol a'r gelyn hwnnw yn y gogledd fel ei gilydd:

Y mae'r fyddin heddyw yn fwy penderfynol nac erioed i roddi y gwrthryfel ofnadwy hwn i lawr, ac os bydd yn rhaid iddynt fyned adref i edrych ar ol y seirph sydd yn codi eu penau mor hyf yn y Gogledd, maent yn unfrydol mor barod i wneyd hyny.[26]

Gan adleisio llawer o lythyrau Cymraeg a Saesneg gan lawer o filwyr gogleddol eraill, ychwanega ei fod 'o'r farn fod ymddygiad y tylwyth hyn yn fwy o gynorthwy i fradwyr y De na'r holl obaith oedd ganddynt am gymorth tramorol'.[27]

Ddau ddiwrnod ar ôl dathlu pen-blwydd George Washington, ysgrifennodd un arall o filwyr Cymraeg y gatrawd lythyr at *Y Cyfaill o'r Hen Wlad*, misolyn Methodistiaid Calfinaidd Cymraeg America. Roedd Robert Blair Jones yn rhingyll 26 oed. Fel y nodwyd yn y bennod gyntaf, roedd yn nai i un o batriarchiaid cymuned Gymraeg Racine, William Vaughan. Bu'n gweithio yn stôr ei ewythr cyn ymrestru yn y fyddin, ac yn debyg i'w ewythr, roedd yn chwarae rhan amlwg ym mywyd capel Methodistiaid Calfinaidd Cymraeg Racine. Gan fod nifer o'i gydfilwyr yn aelodau yn yr un capel, aeth ati i ddarparu ychydig o arweinyddiaeth grefyddol iddynt yn ogystal â'r arweinyddiaeth filwrol a ddangosai yn rhinwedd ei swydd fel rhingyll.

Bu Methodistiaid Calfinaidd Cwmni F yn ysgrifennu at eu capel yn Racine, ac mewn 'cyfarfod Eglwysig' a gynhaliwyd ym mis Ionawr, penderfynodd yr aelodau 'anfon anerchiad eglwysig' hir at y milwyr.[28] Yn ogystal ag 'amlygu... [eu] cydymdeimlad... [a'u] pryder parhaus', roedd y gymuned grefyddol yn 'cydnabod yn ddiolchgar' y ffaith bod y milwyr wedi bod yn 'anfon cymaint o'[u] hanes... yn barhaus[.]'[29] Roedd ymdrechion y Methodistiaid Cymraeg i gynnal moddion crefyddol yn y fyddin wedi bod o ddiddordeb neilltuol iddynt:

> Llawenychwyd ni yn fawr aml dro wrth ddarllen eich hanes yn cadw cyfarfodydd gweddio, Ysgol Sabbothol, &c., yn y Camp, a byddem yn dywedyd wrthom ein hunain bob tro

bod ein plant yn "rhodio mewn gwirionedd," ar ol gadael aelwyd eu mam, ac ymdeithio y'mhlith cenedloedd lled ddienwaededig. 'Deliwch yr hyn sydd genych,' frodyr, 'fel na ddygo neb eich coron chwi.'[30]

Mae'r llythyr maith hwn yn annog y milwyr i barhau i gynnal eu hymroddiad crefyddol er gwaethaf rhwystrau bywyd yn y fyddin, ac yn eu sicrhau bod 'cyfarfod i weddio' drostynt 'bob nos Fercher yn y capel'[.][31]

Ac felly pan ysgrifennodd y Rhingyll Robert Blair Jones ei lythyr at y *Cyfaill*, roedd hefyd am i'r misolyn gyhoeddi copi o epistol y capel er mwyn rhoi cofeb ar glawr a chadw o'r berthynas agos rhwng y milwyr a'r gymuned eglwysig gartref:

Gwersyllfa ger Brentwood, 10 mill[tir] o Nashville, Tenn., Chwef. 25, '63

Mr. Golygydd. – Yn unol â chais llawer, yr ydym yn danfon yr anerchiad hwn i chwi i'w argraffu, am ein bod yn dal perthynas â'r Eglwys... ac am y gwyddom fod llawer o'n perthynasau a'n cyfeillion yn eiddigeddus i'w weled a'i gadw, yr hyn drwy ei argraffu yn eich misolyn clodwiw a gânt; a gwybod fod rhai o fechgyn Gwalia ar y maes yn amddiffyn y Llywodraeth yma a thraw; ac nid ydyw eu mam Eglwys wedi eu hanghofio, er eu bod yn mhell oddiwrth eu cartrefleoedd, a breintiau moddion gras. Dros y cyfeillion,

R. Blair Jones.
Co. F, 22nd Regt. Wis. Vol. Infantry[.][32]

Trwy gyhoeddi'r cyfan, roedd William Rowlands, golygydd *Y Cyfaill o'r Hen Wlad*, nid yn unig yn cydsynio â'r dymuniad unigol hwn, ond hefyd yn cyflwyno testun llenyddol i'w ddarllenwyr a oedd yn batrwm o'r modd y gallai milwyr gynnal gwasanaethau crefyddol oddi cartref ac yn enghreifftio pwysigrwydd cynnal perthynas â'r capel cartref yn ystod y rhyfel.

Fel y gwelwyd yn y bennod ddiwethaf, ysgrifennodd

Edward Ellis at fisolyn Bedyddwyr Cymraeg America, *Y Seren Orllewinol*. Cyn diwedd y rhyfel byddai un arall o filwyr Cymraeg yr 22ain Wisconsin, Cadwaladr Pugh, yn ysgrifennu at gylchgrawn Annibynwyr Cymraeg y wlad, *Y Cenhadwr Americanaidd* hefyd, gan sicrhau bod y gymuned filwrol hon yn cael sylw ar dudalennau pob un o dri misolyn enwadol Cymraeg yr Unol Daleithiau. Ac wrth gwrs bu'r Cadben Owen Griffith yn gohebu â'r papur newydd wythnosol anenwadol hwnnw, *Y Drych*, yn gyntaf yn rhith 'Gomer' ac wedyn trwy ddatgan ei enw go iawn.[33]

Er bod Robert Blair Jones wedi ennill parch mewn cylchoedd Methodistaidd Cymraeg yn Wisconsin, ac er ei fod yn gweithredu er lles Methodistiaid Cymraeg eraill y cwmni yn y modd a ddisgrifia, nid oes arwydd bod ganddo lawer o ffrindiau da yn y *Cambrian Guards*. Gwelwyd yn y ddwy bennod ddiwethaf fod llawer o'r milwyr Cymraeg yn gyfeillion agos – rhai'n adnabod ei gilydd am flynyddoedd ac eraill wedi agosáu ar ôl ymrestru a ffurfio cymuned Gymraeg newydd yn y cwmni. Er bod llawer o lythyrau ac ysgrifau gan y milwyr hyn wedi goroesi, nid yw'r un o gydfilwyr R. B. Jones yn awgrymu'i fod yn ystyried y rhingyll yn ffrind. Tybed a oedd yn rhy ymwybodol o'i reng ac yn ei lordio hi dros y milwyr cyffredin? Tybed hefyd a oedd yn rhy falch o'i gysylltiadau â hoelion wyth capel y Methodistiaid Calfinaidd?

Gwarchod pont y rheilffordd dros y Little Harpeth a gwasanaethu fel gwylwyr er mwyn amddiffyn eu gwersyll eu hunain fu prif ddyletswyddau milwyr yr 22ain Wisconsin am weddill mis Chwefror 1863.[34] Ganol nos ar 1 Mawrth – dydd Gŵyl Dewi – rhuthrodd rhai o'r gwylwyr yn ôl yn galw '*The Rebels are coming!*', ond er gwaethaf y cynnwrf ni ddaeth yr ymosodiad a ddisgwylid.[35] Ond byddai'r rhan fwyaf o frigâd Coburn yn symud i gyfeiriad y gelyn yn fuan, fel y noda Owen Griffith yn ei lythyr:

> Dydd Llun y 2fed o Fawrth cawsom orchymyn i symud o'r lle yr oeddem (sef Brentwood tua 10 milldir o Nashville), i

Franklin tua 8 milldir i'r de. Yr oedd fy nghwmni, (sef F) ac E, ynghyd ag un cwmni o'r tair catrawd arall yn y brigade, i aros yn ol i warchod pont ar y reilffordd gerllaw. Aeth y gweddill o'r brigade prydnhawn dydd Llun i Franklin.'[36]

Felly roedd y *Cambrian Guards* yn un o bum cwmni – pump allan o 40 cwmni'r frigâd – a adawyd i warchod pont y Little Harpeth ger Brentwood. Cwmni arall o'r 22ain Wisconsin oedd un arall o'r rhai a adewid i warchod y lle.

Cafodd un o'r milwyr Cymraeg ei ryddhau dros dro tua'r amser hwn. Tra oedd gweddill Cwmni F yn gwarchod y bont a gweddill y gatrawd yn symud gyda'r frigâd i gyfeiriad Franklin ar drywydd y gelyn, teithiodd David E. Evans yn ôl ar hyd llwybrau cyfarwydd i Covington yng ngogledd Kentucky. Mae'n wir bod ffrindiau Dave yn rhyfeddu at duedd yr '*Almighty*' – fel y'i gelwid ganddynt – i anwybyddu awdurdod a thorri rheolau, ac felly gellid meddwl ar un wedd ei fod wedi mynd i briodi heb ganiatâd. Ond o gofio awydd ei gadben, Owen Griffith, i erlid gwrthgilwyr, nid yw'n debygol y byddai Dave Evans wedi gadael y rhengoedd am amser mor hir heb sêl bendith yr awdurdodau. Yn sicr, nid oedd y briodas yn gyfrinach gan fod y newyddion wedi ymddangos yn *Y Cyfaill o'r Hen Wlad*:

> 11eg [o fis Mawrth], yn Covington, K[entuck]y, gan y Parch. H. Powell, yn nhy Mr. Rees Cyfeiliog Evans, Mr. David E. Evans, o 22ain Gatrawd o Wirfoddlu Wisconsin a Miss Jane Evans, diweddar o Bethel, Swydd Jackson, ond yn awr o'r lle uchod.[37]

Rhaid mai Methodistiaid Calfinaidd oedd Dave a Jane Evans. Yn ogystal â'r ffaith mai misolyn yr enwad hwnnw oedd *Y Cyfaill o'r Hen Wlad*, roedd y Parchedig Powell yn weinidog adnabyddus gyda'r 'Trefnyddion Calfinaidd' Cymraeg yn America. Er bod y rhan fwyaf o Americanwyr Cymraeg eu hiaith yn adnabod Rhys Cyfeiliog Evans fel bardd ac fel beirniad mewn eisteddfodau a gynhelid mewn gwahanol gymunedau yn yr Unol Daleithiau, roedd yn weithgar iawn gyda'r Methodistiaid hefyd. Er enghraifft, bu 'Cyfeiliog' a'r Parchedig Powell yn cydweithio yn yr ymgyrch i sefydlu athrofa i hyfforddi gweinidogion ar gyfer yr enwad yn America.[38] Dyn cymharol gyfoethog ydoedd; cadwai siop gemwaith â'i frawd William yn Covington.[39]

Mae'n bosibl bod y priodfab a/neu'r briodferch yn berthynas i fardd Cymraeg Covington (gan mai Evans oedd cyfenw'r tri). Byddai hyn yn egluro pam y symudasai Miss Jane Evans yn ddiweddar o sir Jackson, Ohio, i Covington, Kentucky. Gan fod cryn bellter rhwng cyn-gartref Jane yn Ohio a Wisconsin, mae'n annhebygol bod y ddau'n adnabod ei gilydd cyn y rhyfel (oni bai bod David E. Evans wedi bod yn byw yn y lle hwnnw cyn symud i Wisconsin). Tybed nad casglu swfenîrs oedd yr unig beth a wnâi Dave Evans yn ystod ei amser hamdden yn Cincinnati ym mis Medi? Gan fod milwyr Cymraeg yr 22ain Wisconsin wedi cael cyfle i gyd-addoli â rhai o Gymry'r ddinas – gyda chyfaill Dave Evans, Edward Ellis yn pregethu ar y pryd – mae'n bosibl iawn bod y ddau wedi cyfarfod y pryd hynny. Bu'r gatrawd yn gwersylla am gyfnod dros yr afon yn ymyl Covington ym mis Hydref, gan agor ffenestr arall o amser a chyfle i'r ddau ddod i adnabod ei gilydd. Gresyn nad yw manylion y corwynt o garwriaeth wedi goroesi. Mae'r ffaith eu bod wedi priodi yng nghartref Rhys Cyfeiliog Evans yn Covington, yn hytrach na gwneud y daith fer dros yr afon a phriodi yng nghapel y Methodistiaid Calfinaidd Cymraeg yn Cincinnati un ai'n awgrymu nad oedd gan Dave lawer o amser cyn ymadael er mwyn ailymuno â'i gatrawd neu rywbeth am amgylchiadau'r briodas ei hun.

Erbyn i Dave Evans ddychwelyd yn ŵr priod i wersyll yr 22ain Wisconsin yn Brentwood, Tennessee, roedd y gatrawd wedi profi'i brwydr gyntaf. Yn debyg iddo yntau, roedd yr holl filwyr Cymraeg eraill wedi'i methu gan fod Cwmni F wedi'i adael i warchod y bont dros afon y Little Harpeth pan aeth y rhan fwyaf o frigâd Coburn i wynebu'r gelyn. Derbyniodd

Owen Griffith fanylion am y frwydr gan filwyr rhai o gwmnïau eraill y gatrawd ar ôl iddynt ddychwelyd i'r gwersyll. Cofnododd yr hanes ar gyfer y *Racine Weekly Advocate*:

> Mr. Editor: You have seen... that the 22d regiment have been in a fight at last, and knowing the anxiety that the friends at home must feel for their absent ones, I thought a short account of this most unfortuante affair [appropriate] so the names of those that are missing might be read with deep interest by the many friends of the 22d reg., in Racine and elsewhere.[40]

Byddai'n dweud wrth ddarllenwyr *Y Drych* fod gweddill y frigâd wedi cael '[g]orchymyn i symud ymlaen' eto ddau ddiwrnod yn ddiweddarach (4 Mawrth 1863), ond 'nid oeddent wedi myned ond tua 5 milltir cyn iddynt gyfarfod a skirmishers y rebels[.]'[41] Nid traedfilwyr Coburn, ond 'gwyr ceffylau a'r Battery oedd gyda hwynt' oedd y cyntaf i 'ymladd a'r gelynion'; wedyn, ar ôl '[e]u gyru yn ol dair neu bedair milldir', aeth y frigâd ymlaen a gwersyllu 'am y nos'. Ond daeth gwybodaeth am symudiadau'r gelyn:

> ... ni fuont yno yn hir cyn i ddau negro ddweyd y mynent weled y Milwriad Coburn; dywedent fod y Rebel Van Dorn ac ugain mil o wyr ceffylau o fewn 5 milldir iddynt; yr oedd eu hymddygiad a'u dull yn dweyd y newydd yn peri i'r Mil[wriad] Coburn eu credu. [42]

Roedd y meirchfilwyr gwrthryfelgar hyn yn cynnwys brigâd Nathan Bedford Forrest a nifer o unedau profiadol eraill. Anfonid negeswyr yn ôl ac ymlaen rhwng Coburn a'r Cadfridog Charles Gilbert, yr uwch swyddog yr oedd yn uniongyrchol atebol iddo. Dengys tystiolaeth y rhai a gymerodd ran yn y frwydr fod peth dryswch yn yr ohebiaeth y noson honno a thipyn o anghyd-weld.[43]

Roedd Brwydr Thompson's Station ar 5 Mawrth 1863 yn

drychineb i frigâd Coburn a'r 22ain Wisconsin. Câi darllenwyr Cymraeg ar draws yr Unol Daleithiau ddarllen yr hanes yn *Y Cyfaill o'r Hen Wlad*:

> Mawrth 5ed cyfarfu ein milwyr a thrychineb mawr yn Tennessee ger Franklyn. Dihangodd y 124ain Ohio, ond amgylchynwyd a chymerwyd yn garcharorion yr 22ain Wisconsin, 69ain Michigan, 33ain a'r 85ain Indiana. Yr oedd gan y gwrthryfelwyr 12,000 yn y frwydr – collasant tua 700. Collodd ein pobl ni tua 300, heblaw mil o garcharorion! Mewn cysylltiad a hyn dywedir fod y Llywodraeth wedi enill buddugoliaeth fawr yn Unionville, nid pell o Nashville, ar y 7fed.[44]

Fel y gwelir isod, deuai llawer o ddadlau wedyn ynglŷn â'r hyn a ddigwyddodd gyda'r bai'n cael ei daflu i sawl cyfeiriad, ond rhaid casglu bod Coburn wedi gwneud camgymeriad. Penderfynodd ymosod ar elyn a oedd yn sylweddol fwy o ran niferoedd ac a oedd wedi dewis y tir ar gyfer y frwydr. Mewn geiriau eraill, rhuthrodd i mewn i fagl y deheuwyr. Ar ôl i draedfilwyr Coburn ddechrau ymladd â rhai o'r gelynion, symudodd Nathan Bedford Forrest ei feirchfilwyr deheuol o gwmpas brigâd Coburn ac ymosod o'r cefn.[45] Yn ôl Owen Griffith, 'dechreuodd [y frwydr] tua 10 o'r gloch a pharhaodd tan 3 o'r gloch prydnawn, pan y gorfodwyd [y rhan fwyaf o'r gogleddwyr] i roddi eu hunain i fyny yn garcharorion[.]'[46] Gan ddefnyddio dyfais sy'n gyffredin mewn llenyddiaeth filwrol, mae disgrifiad Saesneg y cadben yn awgrymu mai methiant arwrol oedd y frwydr: *'Our men fought like heroes, and stood their ground nobly, until they were completely crushed by the overwhelming odds*[.]'[47] Cyfeiriodd gwasg Saesneg y gogledd at frwydr Thompson's Station fel *'The Franklin Disaster.'*[48]

Byddai ymddygiad dau brif swyddog yr 22ain Wisconsin yn ystod y frwydr yn destun dadl ac ymrafael am amser maith wedyn hefyd. Fel y gwelwyd yn barod, dynion tra gwahanol oedd y Milwriad Utley a'r Is-filwriad Bloodgood. Er bod y naill yn gallu ysbrydoli milwyr â'i areithiau gwladgarol, ei garisma a'i safiad selog yn erbyn caethwasiaeth, nid oedd William Utley yn filwr profiadol fel Edward Bloodgood. Yr is-filwriad, nid y milwriad, oedd wedi darparu'r rhan fwyaf o hyfforddiant ymarferol y gatrawd ac felly roedd llawer o filwyr yr 22ain Wisconsin yn rhyw ddisgwyl mai'r *lieutenant colonel*, nid y *colonel*, fyddai'n eu harwain ar faes y gad.[49] Ond nid oedd yna gytundeb ffurfiol rhwng Utley a Bloodgood, ac yn ystod brwydr Thompson's Station roedd y ddau swyddog yn ceisio rheoli'r gatrawd, y naill yn groes i'r llall, gan greu hyd yn oed fwy o ddryswch mewn sefyllfa a oedd yn ddryslyd yn barod. Disgynnodd Utley oddi ar ei geffyl, gafael mewn dryll ac ymladd ochr-yn-ochr â milwyr cyffredin ei gatrawd yn y rheng flaen. Ar y llaw arall, ceisiai Bloodgood gadw trefn ar y gatrawd oddi ar gefn ei geffyl, a hynny ar godiad tir y tu ôl i'r llinell. Ni ellid cyhuddo'r un o'r ddau o fod yn llwfr, gan fod Bloodgood wedi'i wneud ei hun yn darged amlwg ac Utley yntau'n wynebu'r un perygl â'r milwyr eraill. Ac o ran athroniaeth filwrol, er bod Utley'n ymgorffori gwireb boblogaidd y cyfnod bod rhaid 'arwain o'r tu blaen', nid oedd yn gallu gweld nemor ddim o'r frwydr, yn wahanol i'w is-filwriad, a oedd wedi dewis safle a sicrhâi fod ganddo ddealltwriaeth ehangach o'r hyn a oedd yn digwydd.[50]

Byddai dadleuon ymhellach yn deillio o'r ffaith bod Bloodgood wedi llwyddo i ffoi â rhai o filwyr yr 22ain pan welodd nad oedd gobaith ennill y frwydr, ac Utley yntau wedi aros yng nghanol yr ymladd nes cael ei ddal yn garcharor gyda'r rhan fwyaf o'i gatrawd. Yn ei lythyr at y *Racine Weekly Advocate* mae Owen Griffith yn rhoi crynodeb sy'n cyd-fynd â disgrifiadau eraill o ymddygiad a ffawd y ddau swyddog:

> ... it was only by the extraordinary coolness and bravery of Lieut. Col. Bloodgodd, that so many of our regiment was saved. Col. Utley was brave to a fault, and would not retire from the most unequal contest till it was too late and he with the men that were with him were completely surrounded and taken prisoners.[51]

Rhydd rhagor o fanylion o ddiwedd y frwydr yn ei ddisgrifiad Cymraeg:

> ... llwyddodd yr Isfil[wriad] Bloodgood a Major Smith o'n catrawd ni i ddyfod allan a thua 200 o wyr... lladdwyd tua 80, a chlwyfwyd o 200 i 300 o'n brigade. Yr oedd colled y rebels yn llawn mwy...[.] [N]id rhyfedd fod ein dynion ni yn gorfod rhoddi i fyny pan ystyriom fod 20,000 o'r rebels a dim ond tua 2,500 o'n gwyr ni; y peth rhyfeddaf oll yw na ddarfu iddynt ein llwyr ddinystrio. Cymerasant tua 1,250 o wyr a swyddogion; yn eu plith yr oedd y Milwriaid Coburn [ac] Utley[.][52]

Gan fod Utley'i hun wedi'i gymryd yn garcharor, yr isfilwriad, Bloodgood, oedd yn gyfrifol am weddillion yr 22ain Wisconsin bellach.

Cofir bod cwmni Owen Griffith yn un o ddau a oedd wedi'u gadael i warchod pont y rheilffordd yn ymyl Brentwood. Rhaid bod y cadben Cymraeg wedi cael hanes brwydr Thompson's Station gan un neu ragor o'r 200 y llwyddasai Bloodgood eu tywys yn ddiogel o faes Thompson's Station, ac efallai gan yr is-filwriad ei hun. Aeth Bloodgood ati i roi trefn ar weddillion yr 22ain Wisconsin a'r milwyr Undebol eraill nad oedd wedi'u cymryd yn garcharorion. Nodweddid sgwrs y milwyr dan ei ofal gan sïon, dadleuon a damcaniaethau, gyda rhai'n cymharu ymddygiad Bloodgood ac Utley yn ystod y frwydr ac eraill yn dadlau wrth geisio penderfynu i ba raddau yr oedd Coburn ar fai ac i ba raddau y dylid beio'r cadfridog Charles Gilbert.

Yn ôl un o'r sïon a oedd yn cylchredeg, dyn o Kentucky oedd Gilbert. Noda Owen Griffith hynny wrth fynd heibio yn ei lythyr Saesneg (*'reported to be a Kentuckian'*), gan ensynio y gallai egluro diffyg awydd honedig y cadfridog i gefnogi Coburn.[53] Fel y gwelwyd yn y bennod ddiwethaf, cwynodd Owen Griffith yn goeglyd o eironig yn *Y Drych* am 'y *Kentucky neutral Politicians*' a ddefnyddiai 'fantell' o ffyddlondeb i'r Undeb i geisio cuddio'r ffaith 'mai Caethiwed' oedd y tu ôl i'w 'holl ymdrechion'. Felly hefyd wrth drafod y berthynas rhwng caethwasiaeth a'r rhyfel mewn llythyr personol at ei chwaer a'i frawd-yng-nghyfraith, cyfeiriodd at Kentucky fel *'the most detestable state in the Union'*.[54] Mae llythyr Cymraeg y Cadben Griffith yn manylu'n sylweddol ar oblygiadau'r honiad, ac erbyn iddo ysgrifennu at *Y Drych* roedd y si wedi troi'n 'ffaith' yn ei feddwl ef:

> Gresyn meddwl fod dynion mewn swyddi o ymddiried yn cael eu goddef i reoli ein byddinoedd a'u harwain (neu yn hytrach eu gyru) i frwydrau mor anghyfartal. Yr wyf yn meddwl y gallaf roddi ychydig o eglurhad ar ymddygiad y Cad[fridog] Gilbert yn Franklin pan yn gorchymyn y Mil[wriad] Coburn i fyned yn mlaen pan y gwyddai y byddai yn ddinystr iddo ef a'i fyddin hefyd; yr oedd yn ngallu y Cad. Gilbert gynorthwyo Coburn; yr oedd ganddo o 4000 i 5000 o wyr yn Franklin o fewn 7 milltir i faes y frwydr, yn swn y magnelau, ac mewn gwirionedd, o fewn swn y drylliau, a'r rhai hyny yn awyddus i fyned i'w cynorthwyo, a phan ofynodd rhai o honynt am gael myned, atebiad y Cad. Gilbert oedd, *"Let Coburn and his pet brigade fight it out."* Fy marn i yw fod y ffaith fod Gilbert yn enedigol o Kentucky yn ddigon o esboniad ar ei ymddygiad tua ag at y Mil. Coburn[.][55]

Mewn gwirionedd, roedd Charles Gilbert wedi'i eni a'i fagu yn Zanesville, Ohio, ac felly roedd Owen Griffith yn gwbl anghywir yn hynny o beth. Ond fel y gwelir yn glir yn yr ohebiaeth a drafodwyd yn y bennod ddiwethaf, roedd ymddygiad caethfeistri Kentucky a honnai'u bod yn deyrngar i'r Undeb yn obsesiwn gan Owen Griffith. Yn wir, cyfeiria'r cadben at lythyrau 'Gomer', gan sicrhau bod y thema hon yn llinyn sy'n rhedeg trwy'r ohebiaeth gan y gatrawd a gyhoeddid yn *Y Drych*: 'Y mae ymddygiad y Cad[fridog] Gilbert yn profi dywediad Gomer yn y DRYCH, sef fod trigolion K[entuck]y yn meddwl mwy o gaethiwed nag ydynt o'r Undeb na'r Llywodraeth.'[56]

Mae'n ddoniol sylwi bod y llythyrwr yn cyfeirio at 'Gomer' fel pe bai'n ddyn arall, ond pwynt difrifol iawn sydd ganddo: mae methiant llywodraeth yr Unol Daleithiau i ganfod gwir natur caethfeistri talaith 'deyrngar' Kentucky yn broblem sy'n tanseilio'r holl ymgyrch rhyfel. Ond mae rhesymeg Owen Griffith yn cymryd naid sylweddol. Awgryma fod ei gatrawd ef o blaid rhyddhau'r caethweision a bod y frigâd yr oedd yn perthyn iddi'r un mor daer dros ddiddymiaeth; dywed fod Coburn ei hun wedi dweud ei fod yn fodlon 'i roddi arfau yn eu dwylaw os oedd angen er cwblhau y gwaith', ac felly roedd Gilbert – gan ei fod o dalaith gaeth Kentucky – wedi gwrthod cynorthwyo brigâd Coburn yn y frwydr. Mae'n ddadl simsan, ond mae'n hawdd egluro pam y lluniodd Owen Griffith ddadl o'r fath o ystyried dau gymhelliad seicolegol posibl. Yn gyntaf, roedd yn teimlo bod rhaid egluro trychineb brwydr Thompson's Station. Ac yn ail, roedd ei ddaliadau gwrthgaethiwol a'i brofiadau yn Kentucky wedi gwneud caethfeistri'r dalaith honno'n gocyn hitio awtomatig iddo. Unwaith roedd wedi penderfynu mai dyn o Kentucky oedd Gilbert, daeth y ddau ynghyd yn dwt yn ei ddychymyg ac felly cyflwynodd ei ddadleuon ar dudalennau'r papur wythnosol ar gyfer holl ddarllenwyr Cymraeg y wlad. (Ac wrth gwrs, mae'n wir bod catrawd Owen Griffith yn cael ei hadnabod fel 'y gatrawd ddiddymol', er gwaethaf y ffaith nad oedd pob un o'i milwyr yn ddiddymwr, ond ni ellid gosod label o'r fath ar y frigâd; roedd Coburn yn bell o fod yn ddiddymwr brwd.)

Yn y cyfamser roedd Forrest wedi rhoi gorchymyn i rai o'i feirchfilwyr ganfod lleoliad gweddillion yr 22ain Wisconsin. Wedi'i eni i deulu tlawd, roedd Nathan Bedford Forrest wedi mynd yn ddyn cyfoethog cyn y Rhyfel Cartref – yn bennaf oherwydd y modd y manteisiai ar gaethwasiaeth. Roedd yn berchnogion ar nifer o blanhigfeydd ac roedd hefyd yn rhannol berchen ar *slave yard* ym Memphis, Tennessee – sef busnes yn gwerthu ac yn prynu caethweision. Ymhen blwyddyn, ef fyddai'n gyfrifol am y *Fort Pillow Massacre*, pan fyddai rhyw 300 o filwyr Affrican-Americanaidd yn cael eu llofruddio ar ôl iddynt ildio. Ef hefyd fyddai un o sylfaenwyr y Ku Klux Klan ar ôl y Rhyfel Cartref. Yn ogystal â'r ffaith bod Bloodgood wedi arwain 200 o'r gatrawd yn ddiogel o afael Forrest ar faes Thompson's Station, roedd yr 22ain Wisconsin yn cael eu hadnabod fel yr *Abolition Regiment* yn sgil eu gweithgareddau yn Kentucky, ac roedd y caethfeistr, y masnachwr mewn caethion a'r arch-hilgi, Nathan Bedford Forrest, yn awyddus iawn i gipio gweddill y milwyr gwrthgaethiwol o Wisconsin.[57]

Llwyddodd scowtiaid Forrest i gael hyd i'w gwersyll yn Brentwood. Ac felly yno roedd y *Cambrian Guards* a gweddillion eraill brigâd Coburn pan ymosododd y merichfilwyr deheuol. Fel y dywed Rowland J. Edwards, roedd y gelyn wedi dal y gogleddwyr cyn iddynt gael cyfle i ymbaratoi: 'daeth yr alwad "Fall in"', meddai, ond 'canfyddasom fod byddin Forrest yn ein hamygylchu.'[58] Mae Owen Griffith yn adrodd yr hanes hefyd:

> Dydd Mercher y 25ain o Fawrth tua 6 o'r gloch, dyma genad . . . fod y rebels yn agos atom yn lluoedd o dan y Cad[fridog] Forrest; anfonodd genad atom yn gorchymyn i ni roi ein harfau i lawr ac os na byddem yn cydsynio na fuasai yn dangos dim trugaredd tu ag atom. [59]

Roedd gan Forrest ryw 6,000 o feirchfilwyr yn erbyn tua 500 o filwyr Undebol. Ond gan fod Bloodgood wedi sicrhau bod eu gwersyll yn safle y gellid ei amddiffyn, nid oedd am ildio yn syth. Yn ôl Owen Griffith, ail brif swyddog y gwersyll, yr Uwch-gapten Smith, a roddodd 'atebiad yn ol [i Forrest] os oedd am danom y byddai yn rhaid iddo ddyfod i'n cymeryd.'[60] Nid oedd deheuwyr Forrest yn hir yn ymateb: 'cyn pen ychydig o fynydau dyma y *rebels* yn dyfod i'r golwg yn lluocdd; decheuwyd tanio o'r ddwy ochr[.]'[61]

A hwythau wedi aros i warchod y bont yn hytrach na mynd i'r frwydr ger Thompson's Station, dyma oedd y tro cyntaf i filwyr Cymraeg yr 22ain Wisconsin brofi ymladd.

Byddai Rowland J. Edwards yn cofio'r bore hwnnw mewn manylder, gan gynnwys yr effaith a gafodd eu bedydd tân ar un o'i ffrindiau. Cofir bod Rowland Edwards yn rhan o gylch o gyfeillion agos – cymuned Gymraeg fechan oddi mewn i gymuned Gymraeg fwy'r cwmni, fel petai. Dau o'r ffrindiau agos hyn oedd y brodyr John ac Edward Ellis, Bedyddwyr gyda nifer o weinidogion yn y teulu a'u tad ymysg hoelion wyth yr enwad yn Wisconsin. Ond er bod y brawd iau, Edward, yn bwriadu mynd yn weinidog hefyd ac wedi ennill enw iddo'i hun fel pregethwr lleyg poblogaidd, nid oedd y brawd hŷn mor grefyddol. Roedd John Ellis 'yn fachgen llawen – yn jolly good fellow [gyda ch]alon fawr a chynes,' yn ôl Rowland Edwards, 'ac yr oedd mor llawn o sport ag oedd [ei frawd] Edward o grefydd.'[62]

Ond hwn fyddai bore cyfnewidiad y brawd hŷn. 'Pan ddechreuodd y saethu' ger Brentwood y diwrnod hwnnw, 'a'r bwledi yn chwiban o'i ddeutu', profodd John Ellis dröedigaeth:

... daeth i'w feddwl y gallai unrhyw eiliad gael ei alw o flaen ei Farnwr, a gwyddai (efe) na allai basio yr arholiad diweddaf, a rhoddi cyfrif boddlonol am weithrediadau ei fywyd, ac nad oedd yn gweled dim ond colledigaeth o'i flaen. Yna daeth llais i'w enaid yn dweyd: 'Gweddia, gweddia!' 'Dywedais yn fy hunan (meddai) llwyfryn wyf. Ofn sydd yn fy ngyru i weddio. Ni wnaf beth mor lwfraidd. Gwell genyf ddyoddef poenau uffern na gweddio yn awr. Ond addunedais, os gwnae Duw fy spario y waith hon, y rhoddwn fy hun i Grist ac i'w bobl. Yn awr, ymddengys i mi yn llawn mor llwfr i dori yr adduned hon ag a fuasai i mi weddio dan yr amgylchiadau o'r blaen. Y cyfleusdra cyntaf a gaf, gwnaf broffes gyhoeddus o'm ffydd yn Iesu Grist.' A gwnaeth hyn, a chafodd ei fedyddio yn fuan.[63]

Am weddill ei oes, byddai 'argyhoeddiad crefyddol' John Ellis 'yn nodedig'.[64] Gadawodd Edward ei astudiaethau diwinyddol er mwyn ymladd yn y Rhyfel Cartref, ond y rhyfel hwnnw oedd yr hyn a wnaeth John yn Gristion o argyhoeddiad.

Tennessee a Bedydd Tân

Bid a fo am fedydd John Ellis, roedd y bore hwnnw ger Brentwood, Tennessee, yn fedydd tân o'r iawn ryw i'r *Cambrian Guards* yn gyffredinol, er na pharhaodd yr ymladd yn hir. Dyma ddisgrifiad John R. Ellis o'r diwrnod tyngedfennol:

> Fe'n cymerwyd yn garcharorion pan yn gwylio y rheilffordd rhwng Nashville a Franklin, Tennessee, yn nechreu mis Mawrth 1862. Yr oedd y tywydd yn oer ar y pryd. Daeth y Forest Cavalry o'r tu ol i fyddin Rosencranz... ac a gymerodd y rhai oedd yn gwylio y rheilffordd. Yr oedd ganddynt hwy artillery, yn erbyn y rhai ni allem ni wneyd dim. Ar ol dangos ychydig wrthwynebiad, rhoddasom i fyny.[65]

Yn ôl cadben Cwmni F, 'yr oedd yn lled boeth am tua 20 mynyd,' ond daeth yn amlwg yn fuan nad oedd dewis ond ildio i'r deheuwyr:

> ... gwelodd y Mil[wriad] Bloodgood mai ofer oedd dal allan yn hwy, o herwydd yr oeddent wedi ein cylchynu yn hollol. Yr oedd ganddynt ... tua 6000 o wyr ceffylau yn erbyn llai na 500 ohonom ni; felly anfonwyd flag wen, a rhoisom ein harfau i lawr; gyda hyny, dyma y *rebels* i'r gwersyll fel haid o wenyn gyda bonllefau ofnadwy; gwnaethant waith byr o'r cyfan; cymaint ag nas gallent fyned gyda hwynt, darfu iddynt eu llosgi yn y fan. Llwyddodd 8 neu 10 o'n dynion i ddianc a gwneyd eu ffordd i Nashville. Clwyfwyd 3 o'n dynion ni, (ond nid yn ddrwg,) gan y *rebels*, a darfu i ni ladd un Lieutenant a chlwyfo 8 o ddynion iddynt hwy.[66]

Ond cyn hynny, roedd Bloodgood wedi gorchymyn ei filwyr i ddifetha'u rhychddryllau (*rifles*). Mwsgedau heb y rhych oddi mewn a gynnau hen ffasiwn eraill a ddefnyddid yn aml gan y deheuwyr, ac felly nid oedd y swyddog gogleddol am i'r gelyn gael gafael ar yr arfau gwell hyn. Ar ganol y cynnwrf a'r brys, ni chofiodd un o'r milwyr Cymraeg fod ei arf yn llwythog a thaniodd y rhychddryll pan ddechreuodd ei dorri:

135

Mae yn ofidus genyf gofnodi yn y fan hon fod 2nd Sergeant
John D. Morgan, Cymro ieuanc yn fy nghwmni wedi bod mor
anffodus a saethu ei hun; wrth dori ei ddryll aeth yr ergyd i
gyd i'w glun[.]⁶⁷

Ganed y rhingyll ifanc yn Utica, Efrog Newydd, ond gan ei fod
yn siarad Cymraeg mae'i gadben yn cyfeirio ato fel 'Cymro'. A
gweddill y gogleddwyr wedi'u cymryd yn garcharorion gan y
gwrthryfelwyr, '[d]arfu iddynt adael iddo fyned ar ei *parole*',
ac felly aethpwyd â'r Rhingyll Morgan i ysbyty milwrol
Undebol yn Nashville. 'Y noswaith hono tua 9 o'r gloch
darfu i'r meddygon yn Nashville dori ei glun,' meddai Owen
Griffith (ac yntau'n ysgrifennu'r hanes yn ddiweddarach ar ôl
iddo gael ei ryddhau ar *barole*), 'a bu farw tua 12 o'r gloch y
noswaith hono.'

John D. Morgan oedd y trydydd o filwyr Cymraeg y gatrawd
i farw. Roedd newydd droi'n 19 oed. Ysgrifennodd ei gadben,
Owen Griffith, lythyr at ei deulu nad yw wedi goroesi. Talodd
deyrnged fer iddo ar dudalennau'r papur hefyd:

> Buasai yn dda genyf roddi ychydig o hanes y dyn ieuanc hwn;
> gallaf dystio ei fod yn fachgen gobeithiol a gwir grefyddol, a
> fy mod yn teimlo ei golled yn fawr. Gobeithio y bydd rhai o'i
> gydnabod yn Racine yn rhoddi hanes helaethach am dano yn
> y DRYCH. ⁶⁸

Gan nad yw holl rifynnau'r *Drych* o'r cyfnod wedi goroesi,
mae'n debygol iawn bod rhywrai wedi ymateb i alwad y
Cadben Griffith a chyhoeddi ysgrif o'r fath mewn rhifyn sydd
bellach wedi diflannu.

Ond mae dwy gerdd deyrnged gan ddau o'i gydnabod
a gyhoeddwyd yn *Y Cenhadwr Americanaidd* wedi'u cadw.
Roedd teulu'r milwr marw – yn debyg i Owen Griffith yntau
– yn aelodau ffyddlon yng nghapel Annibynwyr Cymraeg
Racine, a hwn oedd misolyn Cymraeg Americanaidd eu
henwad. Cyfrannodd y Parchedig R. T. Evans, gweinidog

Tennessee a Bedydd Tân

Cynulleidfaol yn Delafield, Wisconsin, englyn unodl union:

> Os anaf roes i huno – y gwiwlanc
>   Nac wylwch am dano,
> Y nef yw ei drigfan o,
> Dianaf ydyw uno.[69]

Os yw'r englyn hwn yn chwarae'n echblyg ar y wybodaeth bod John wedi marw oherwydd 'anaf' a gafodd, mae cyflwyniad i gerdd rydd gan John M. Jones, 'Deigryn', yn amlygu'r ffaith hon mewn manylder:

> 'Ar ol JOHN D. MORGAN, yr hwn a fu farw yn Nashville, Tenn., mewn canlyniad i archoll a dderbyniodd yn ddamweiniol o'i ddryll ei hun, yn Brentwood Station, pan yn gorfod rhoddi i fyny i'r gelynion.'[70]

Wrth farwnadu'r dyn ifanc, mae'r bardd yn tynnu sylw at gymuned grefyddol y capel Cymraeg sydd wedi'i hamddifadu oherwydd y golled hon:

> Teulu Seion sydd yn wylo
>   Am yr ieuanc ffyddlon John,
> Gorfod gadael i ti fyned,
>   Barod brudd-der dan ein bron. [71]

A nhwythau'n gyfeillion a oedd wedi treulio llawer o amser yng nghwmni'i gilydd yn ystod eu plentyndod yn Racine, ceisia'r bardd fynegi'i deimladau yn sgil colli 'anwyl gyfaill cu':

> Trwm yw rhodio'r fan lle buom
>   Yn cyd-deithio yma 'nghyd,
> Er dymuno methu canfod,
>   Teimlad llon dy wyneb pryd. [72]

Ac ar ddiwedd y gerdd mae'n annerch rhieni'r ymadawedig yn uniongyrchol, gan ddweud bod eu mab 'mewn perffaith heddwch' ar ôl 'gorfod... [b]rwydro':

> Ei rieni, sychwch ddagrau,
>   Mae eich hoffus anwyl John
> Yn mwynhau cymdeithas Iesu,
>   Byth y bydd ei wedd yn llon. [73]

Gan bwysleisio'r cwlwm a dorrwyd gyda marwolaeth y milwr ifanc, mae'r bardd yn arwyddo'i gerdd 'Ei Gyfaill, John M. Jones'. [74]

Nid y cylch o gydnabod Cymraeg hwn oedd yr unig un a oedd yn galaru yn sgil marwolaeth y rhingyll. Cyhoeddwyd ysgrif goffa Saesneg yn dwyn y teitl 'IN MEMORIUM' yn y *Racine Weekly Advocate* a ddisgrifir fel *'a testimony of respect to the memory of Serg[ean]t John D. Morgan, who died of wounds received at Brentwood station, Tenn.,'* wedi'i gyflwyno gan ei gyn-gyd-ddisgyblion, sef *'the graduating class of 1861, of the Racine High School*[.]' Roedd John Morgan yn un o 12 a lwyddasai i orffen yr ysgol uwchradd, a cheir enw pob un o'r 11 arall – yn fechgyn ac yn ferched – ar ddiwedd yr ysgrif. Yn ogystal â chanmol ei wladgarwch, maent yn disgrifio *'his quiet virtue, his worthy example, his kind companionship*[.]'[75]

Amlinella Rowland J. Edwards ffawd y milwyr eraill a gipiwyd y bore hwnnw: 'brysiwyd ni ymaith yn garcharorion.'[76] Un ohonynt oedd Owen R. Jones. Wedi ymfudo gyda'i chwaer Mary o'r Fferem ym mhlwyf Llangristiolus, sir Fôn, roedd Owen wedi ymsefydlu yn Racine a Mary wedi symud – ar ôl priodi, efallai – 150 o filltiroedd i'r gorllewin ac ymgartrefu yn Dodgeville, Wisconsin. Ar ôl i'r newyddion ei chyrraedd, aeth Mary ati i gyfansoddi cerdd am ffawd ei brawd a'i gatrawd:

> Ar y pummed dydd ar hugain
> O fis Mawrth y bu y ddamwain,

Pan oedd yn gwylio pont anrhydedd
Gerllaw Franklin mewn amynedd,
Syrthio wnaeth ef a'i gydfilwyr,
I afaelion yr Encilwyr,
Daeth 'r hen Forest yn ei yrfa,
A chymaint ddwywaith ar eu gwartha',
Ond ymladd wnaethant hwy dan Utley
Ond och bu gorfod rhoddi fyny[.][77]

Wrth gwrs, roedd enw William Utley yn gyfarwydd iawn i drigolion Wisconsin yn gyffredinol, a gwyddai Mary Jones yn iawn am hanes y milwriad a arweiniai gatrawd ei brawd. Ond ni wyddai fod Utley wedi'i gymryd yn garcharor lai nag wythnos yn gynharach ac mai'r Is-filwriad Bloodgood a oedd yn arwain gweddillion y gatrawd ar 5 Mawrth 1863. Nid yw'n syndod ei bod hi'n cyfeirio at y cadfridog deheuol yn y modd hwn. Roedd enw Nathan Bedford Forrest yn britho papurau'r gogledd, ac fel y mae'r cyfeiriad at '[y]r hen Forest' yn ei awgrymu, gallai'r brydyddes ddisgwyl bod ei darllenwyr yn gyfarwydd ag ef. Go brin bod Mary Jones wedi clywed am bentref bach o'r enw Brentwood, ac felly cyfeiria at y lle fel Franklin, fel y gwnâi'r rhan fwyaf o'r papurau gogleddol. Roedd yr enw wedi troi'n garreg filltir drist yn hanes Owen R. Jones a'i gydfilwyr.

Roedd yn drobwynt ofnadwy yn hanes y caethweision ffoëdig a fuasai'n teithio gyda'r gatrawd hefyd. Llwyddodd un ohonynt i ddianc ond cipiwyd y tri arall a oedd yn y gwersyll ar y pryd, gan gynnwys Paul (neu 'Adam') – yr un y bu cymaint o ymrafael yn ei gylch rhwng y Milwriad Utley a'r Barnwr Robertson yn Kentucky. Fel y nodwyd uchod, roedd y cadfridog deheuol, Nathan Bedford Forrest, yn rhannol berchen ar farchnad gaethweision ac roedd wedi mynd yn ddyn cyfoethog oherwydd ei ymwneud â busnes caethwasiaeth. Wedi profi rhai misoedd o ryddid, dychwelwyd Paul a'r ddau ddyn Affrican-Americanaidd arall i gaethiwed gan Forrest.[78]

Owen Griffith a Robert T. Pugh: casgliad Canolfan Treftadaeth ac Addysg Byddin yr Unol Daleithiau, Carlisle, Pennsylvania.
Y lluniau eraill: Eugene Walter Leach, *Racine County Militant [:] An Illustrated Narrative of War Times, and a Soldier's Roster* (Racine, 1915)

Owen Griffith

Robert T. Pugh

John Bowen

Robert T. Pugh

Robert Blair Jones

Christopher P. Hopkins

Evan O. Jones

John D. Morgan

William Hughes

Elias J. Prichard

John M. James

Y Milwriad William Utley

Yr 22ain Wisconsin yn croesi'r afon Ohio

5

Carchar

'N gorfod myn'd o flaen gelynion
Ar hyd y *nos* mewn dillad gwlybion,
Heb un tamaid at ei enau,
Na dim i'w gael i dori'r eisiau,
A phan y cafodd ryw sych friwsion
Nid oedd hyny ond haner digon[.]¹

DYNA'R MODD Y disgrifiodd Mary Jones ffawd ei brawd ar ôl iddo gael ei gipio gan luoedd Nathan Bedford Forrest ger Franlkin, Tennesse. Wrth gwrs, roedd gweddill y *Cambrian Guards* yn yr un sefyllfa. Mewn rhyddiaith y disgrifia Owen Griffith brofiadau'r milwyr Cymraeg fel carcharorion rhyfel. Dywed fod y deheuwyr wedi'u gorfodi 'i groesi afon' yn ystod y diwrnod cyntaf, bod 'y dwfr at yddfau y dynion lleiaf', ac er bod 'y dwfr yn oer iawn', bu'n rhaid iddynt 'fyned yn mlaen a'n dillad yn wlybion.'² Cwynodd sawl un a fu ymysg y carcharorion hyn eu bod wedi mynd 'heb un tamaid' o fwyd am hydoedd, fel y dywed Mary Jones.

Cofnododd un arall o'r carcharorion Cymraeg, David H. Davis, yr hanes o'i safbwynt ef:

> Mawrth 25ain, 1863, fe a'm cymerwyd yn garcharor, ac
> fe orfu i mi fyned trwy bedair o afonydd; y gyntaf oedd y
> Little Harpeth; yr oedd hon yn *2 feet deep* – yr ail oedd y Big
> Harpeth, yr hon oedd *4 feet deep, and more.* Yma fe foddwyd

dau o'n dynion ni, y rhai oedd wedi eu clwyfo; y llall oedd y Florence, yr hon oedd yn lled lydan a thua *2 1/2 feet deep*. Yr oedd yn bur anghysurus i drafaelio yn wlyb felly, onid oedd?! Wel, yr oedd erbyn hyn yn hwyrhau a minau yn flinedig gan y daith; fe deithiasom dan haner nos, pan aeth yn rhy dywyll ar y bleiddiaid, pan y gwnaethom orwedd ar y llawr yn dawel heb na thamaid na llymaid, a'r hin yn rhewi ac yn oer.[3]

Ni ddywed fod clwy'r pennau arno ar y pryd hefyd, ond nododd ei gyfaill John Ellis fod yr is-ringyll yn dioddef: 'Yr oedd y mumps ar Dave.'[4] Yr is-ringyll David H. Davis oedd un o ddynion cryfaf y cwmni; roedd wedi cludo cnapsach Edward Ellis yn ogystal â'i faich ei hun yn ystod y daith honno ar hyd lôn lychlyd boeth yn Kentucky. Nid oedd mor hawdd cynorthwyo'i gyfeillion a'i gydfilwyr ar y daith hon. Roedd y profiad yn ddigon anodd i'r milwyr iach – '[b]uom am oriau ar y lon bron a rhewi yn ein dillad gwlybion' yw'r modd y disgrifia John Ellis y daith – ond gallai'r fath ddioddefaint yn hawdd brofi'n angheuol i rywun nad oedd yn iach cyn cychwyn.[5] Ac yntau'n nodedig am ei gryfder, byddai David H. Davis yn llwyddo i oroesi: 'yr wyf yn credu na buasai i neb a'r mumps arno fyw drwy y fath driniaeth ond Dave.'[6]

Yn ystod y diwrnod cyntaf hwnnw, a hwythau newydd ddechrau ar eu taith trwy'r De – neu *'Dixie'* – i'r carchar, bu Cymry Racine yn dystion i ragor o ymladd hefyd. Manyla'r Cadben Owen Griffith ar yr hyn a ddigwyddodd:

Am 8 o'r gloch y boreu cychwynwyd ni ar ein taith trwy Dixie. […] Ar ol myned tua 4 milltir, darfu iddynt ein stopio ni am ychydig; ac ar ol cychwyn drachefn, ni a welem wrth edrych yn ol fod rhyw gynhwrf yn eu plith. Yr oedd dwy gatrawd o'n gwyr ceffylau ni wedi dyfod o Franklin, ac ymosod ar eu *rear guard*: gyrasant hwynt yn gyflym am ychydig; ond gorfuwyd ni i fyned yn mlaen a *guard* cryf o'n hamgylch, a gyrasant ni fel mulod o'u blaen ar *double quick* am tua 4 milltir. [7]

Cododd gobeithion y carcharorion y caent eu rhyddhau felly. Dywed Owen Griffith fod y 'Cadlywydd Forrest [wedi t]roi yn ol' gyda 'chymaint a allai hebgor' o'i filwyr er mwyn wynebu'r milwyr Undebol a ddeuai o gyfeiriad Franklin. 'Bu yn frwydr lled poeth', meddai, gan nodi bod 'tua 90 o'r rebels [hwythau wedi'u cymryd] yn garcharorion' a bod 'amryw' ohonynt wedi'u lladd gan y gogleddwyr. Rhoddodd un digwyddiad arall foddhad neilltuol iddo: 'Cipiwyd nifer o'r wagenni yr oedd Forrest wedi'u cipio gan yr 22ain Wisconsin hefyd.'[8] Ymoffrostio ym muddugoliaeth ei gydfilwyr Undebol a wna, er nad oedd yn ddigon i drechu lluoedd Forrest yn gyfan gwbl a rhyddhau'r carcharorion.

Bu'n rhaid iddynt ddisgwyl tan y bore nesaf i gael 'y lluniaeth cyntaf', a'r hyn a roddwyd i'r carcharorion gan y deheuwyr oedd 'rhyw ychydig o fara Corn a chig moch [.]' Pwysleisia Owen Griffith nad oedd 'digon i blentyn 6 mlwydd oed[.]'[9] Disgrifia'r is-ringyll David H. Davis ran arall o'r daith:

> Fe ddaeth boreu y 26ain yn fuan... ac fe *ordrasant* ni i fyned yn llinell i gael *marchio* am *Dixie* a'n boliau yn weigion; fe deithiasom hyd 4 o'r gloch, pan y croesasom y Little Wabas, lle y cawsom y tamaid cyntaf i fwyta gan y *rebels* (os teilwng ei alw yn damaid,) ac ar ol gorphen fe aethom at y Duck River erbyn haner nos, ac fe groesasom hon mewn ferry boat i William's Port, lle yr arhosasom am beth amser yr ail noswaith.[10]

Dywed Owen Griffith iddynt gael eu 'gyru fel gwartheg [i] ryw *yard* fechan' yn y lle hwnnw.[11] Pan alwyd am fwyd y bore wedyn, daethpwyd â 'thamaid i bob un yn union,' ac wedyn ymlaen â hwy eto nes cyrraedd Columbia, Tennessee.[12]

Yn ôl John Ellis, cafodd nifer o'r milwyr Cymraeg ychydig o fwyd ychwanegol, diolch i Dave Evans, a oedd wedi prynu 'arian ffugiol' y *Confederacy* fel swfenîrs yn Cincinnati.

[P]an oeddem yn garcharorion ar ein ffordd o Tennessee... yr oeddem bron a llewygu o eisiau bwyd, ac yr wyf yn meddwl y buaswn i wedi newynu i farwolaeth oni bai i Dave roddi ychydig i mi fel ag i eraill, o'r bara corn a brynasai a'r arian ffugiol hynny.[13]

A'i gydfilwyr yn cyfeirio at Dave fel 'yr *Almighty*' oherwydd ei duedd i blygu rheolau ac anwybyddu awdurdod, fe ymddengys fod yr un beiddgarwch yn nodweddu'i amser fel carcharor rhyfel. 'Mae yn debyg y cawsai ei grogi pe daliesid ef' yn prynu bwyd gan y swyddogion deheuol, 'ond nid oedd ef yn gofalu am ddim ond y bara corn.'[14] Roedd Dave Evans yn ddyn a allai ddweud pethau a gwneud pethau 'na wnelai ac na ddywedai neb arall.'[15]

Roedd swyddogion gyda chomisiwn a milwyr cyffredin yn cael eu cadw mewn carchardai gwahanol fel rheol. Ac felly ar ôl cyrraedd Columbia, bu'n rhaid i David H. Davis – ac yntau'n is-ringyll ac felly'n swyddog heb gomisiwn – gael ei wahanu oddi wrth ei gadben, Owen Griffith. Ond byddai'r Cadben Griffith yn cael disgrifiad o amgylchiadau carchar ei filwyr wedyn er mwyn eu cofnodi ar gyfer darllenwyr *Y Drych*:

> ... rhoisant y dynion yn y Court House, lle yr oeddynt yn arfer cadw carcharorion. Buasai yn insult ar lawer hen amaethwr i gydmaru ei feudy a'r lle hwn. Cafodd y swyddogion hen ystor i aros ynddi pan yn Columbia; rhoisant ychydig o fara Corn o chig moch iddynt hwy y noswaith hono. Ond am y dynion druain, ni chawsan un tamaid o foreu dydd Gwener hyd ddydd Sadwrn am 1 o'r gloch, pryd y cawsant yr un peth, a'r un faint ag o'r blaen.[16]

A dyma ddisgrifiad o'r profiad o safbwynt un o'r 'dynion druain' eu hunain, David H. Davis:

> ... dyma yr *Officers* yn cael eu tynu ymaith oddiwrthym, a dyma ninnau yn cael myned i'r *Calabush*; lle yr oeddym ynddo

yr oedd *3 inches of dirt and a great pile of filth in each corner and on every window*, ond yr oeddym yn ddigon lluddiedig, ac fe orweddasom fel lot o foch yn yr holl faw, ond y gwaethaf oedd dim bwyd i fwyta. [17]

Ni wyddys o ba le yng Nghymru yr oedd y Cymro Americanaidd hwn wedi ymfudo. Mae'n bosib iawn ei fod wedi'i eni yn America a'i fagu'n siarad Cymraeg yno, fel nifer o'i gydfilwr. Mae'n amhosib gwybod pa fath o acen a oedd ganddo, ond mae'n ddiddorol sylwi ar y Saesneg sy'n britho'i Gymraeg ysgrifenedig. Fel y nodwyd ym mhennod 3, awgrymodd un o ffrindiau Dave Davis ei fod yn defnyddio ymadroddion Saesneg mewn sgwrs a oedd fel arall yn Gymraeg. Fe ymddengys fod yr is-ringyll wedi'i chael hi'n haws i ddisgrifio'r agweddau mwyaf ffiaidd ar y carchar yn Saesneg (*'a great pile of filth'*), er bod geiriau Cymraeg eraill yn dod yn ddigon hawdd iddo mewn cyd-destunau eraill.

Diddorol hefyd yw'r gair slang Americanaidd am garchar; fe'i hysgrifennir fel *'calaboose'* gan amlaf, ond mae'r ffurf a geir gan y milwr Cymraeg – *'calabush'* – yn sicr yn adlewyrchu'r modd yr oedd Dave Davis a'i gydfilwyr yn ei ynganu. Mae'n air sy'n tystio i hanes amlieithog yr Unol Daleithiau; aeth y gair Sbaeneg *'calabozo'* yn *'calabouse'* yn y Ffrangeg a siaredir yn ne Louisiana ac wedyn cafodd ei fabwysiadu fel *'calaboose'* gan siaradwyr Saesneg yr ardal honno. Fel arfer, cysylltir y gair slang hwn â Saesneg y taleithiau deheuol a gorllewinol; tybed felly a oedd wedi teithio'n ddigon pell i fynd yn rhan o slang Saesneg – a slang Cymraeg – Racine, Wisconsin yn barod? Ar y llaw arall, mae'n bosib iawn mai yn ystod eu cyfnod fel milwyr a charcharorion yn y de yr aeth geiriau slang o'r fath yn rhan o Gymraeg Dave Davis a'i ffrindiau.[18]

Rhaid casglu bod Cymraeg ysgrifenedig David H. Davis yn adlewyrchu'r modd yr oedd y milwr hwn yn siarad i raddau helaeth. Felly hefyd, mae'n hawdd dychmygu y byddai'n defnyddio'r gair Saesneg am 'swyddogion', *'officers'*, mewn sgwrs naturiol. Ysgrifenasai'r llythyr hwn at ei deulu yn

Wisconsin yn wreiddiol ac wedyn aeth ei frawd, John, ati i'w anfon at *Y Drych* gydag eglurhad am yr iaith: 'rhoddaf ef yn Gymraeg a Saesoneg, air yn air fel y rhoddodd yntau ef.'[19] Felly gellir casglu'n ffyddiog mai dyna oedd dewis geiriau gwreiddiol y milwr.

Carchar dros dro y milwyr hyn yn Columbia oedd adeilad y llys neu'r *courthouse*. Yn ôl un hanesydd a asesodd ei faint, nid oedd yn addas i ddal hyd yn oed 10% o'r nifer a oedd wedi'u caethiwo y tu mewn i'w waliau.[20] Fel y dywed Dave Davis yn ei ddull ei hun, nid oedd y deheuwyr yn glanhau'r lle chwaith, ac felly roedd y carcharorion ar ben ei gilydd yng nghanol eu budreddi'u hunain. Gwael oedd cyflwr iechyd y rhan fwyaf ohonynt cyn cyrraedd y lle ofnadwy hwn, a nhwythau wedi teithio mewn dillad gwlyb trwy dywydd oer, a hynny heb lawer o fwyd. Er nad oedd ond rhyw 30 milltir o daith o'u hen wersyll yn Brentwood, ger Franklin, i Columbia, eglura Owen Griffith eu bod wedi'u gorfodi 'i gerdded dros 80 milltir, a hyny ar hyd ffyrdd na fuasai neb ond rebels byth yn meddwl teithio ar hyd-ddynt.'[21] Hynny yw, roedd gwrthryfelwyr Forrest wedi cymryd llwybr igam-ogam er mwyn osgoi'r lluoedd gogleddol a oedd yn y cyffiniau.

Gan eu bod yn flinedig, yn newynog, yn oer ac yn cael eu cadw mewn lle mor afiach, nid yw'n synod bod nifer o'r milwyr Cymraeg wedi mynd yn sâl iawn. Un ohonynt oedd y dyn o Langristiolus, sir Fôn, Owen R. Jones. Roedd yr Is-ringyll David H. Davis yn dioddef hefyd:

> Yr oeddwn i yn lled wan gan y clwyf rhydd, a chwant bwyd hefyd; braidd y gallaswn sefyll ar fy nhraed, felly boreu y 29ain a ddaeth, fe orchymynwyd i bob un a allasai gerdded fyned ... a thyma fi yn cael fy nghadael ar ol y waith gyntaf. *Good bye boys for some time*, ac felly y bu hefyd hyd yn hyn, ac fe aethym i i'r *Hospital*, lle yr oedd ein clwyfedigion yn aros oddiar y frwydr[.][22]

Rhoddwyd ffisig o fath iddo yn yr ysbyty neu'r 'clafdy' – 'a dyma fi yn dechreu cymeryd y *rebels quinine a thurpentine* am chwe' diwrnod' – ond nid oedd 'dim gwell' o'r herwydd. [23] Yn ystod ei wythnos gyntaf yn yr ysbyty, 'fe fu tri farw o'r un clefyd' â'r un a oedd yn aflonyddu ar David Davis, sef y dolur rhydd, 'a thri wedi marw o'u clwyfau' hefyd. [24] Bu'n rhaid iddo 'gymeryd *calomel* am ran fwya'r o'r *five days*', ac – o ganlyniad i'r moddion neu beidio – gwellodd ddigon i godi o'i wely, 'ac wedyn fe fum yn tendio ar y cleifion am hir amser hyd nes yr ymadeweis a'r lle[.]' [25] Awgrymodd David H. Davis y byddai wedi gwella'n gynt pe bai ganddo ddigon o fwyd ar y pryd: 'Yr oeddwn yn cael tua haner digon o fwyd yn y clafdy ar hyd yr amser.' [26]

Yn y cyfamser, roedd y carcharorion a oedd yn ddigon iach i gerdded wedi'u symud yn bellach i'r de-ddwyrain ac yn bellach o'r lluoedd Undebol a allai'u rhyddhau:

> Prydnawn ddydd Sul, cychwynasom o Columbia i Tullahoma, tua 60 milltir. Nid oedd dim gwahaniaeth yn y ffordd na'r ymborth. Yr oeddym yn myned trwy goed, dwfr a mwd, yn cysgu allan bob nos heb ddim drosom ond *blanket*. Cyrhaeddasom Tullahoma nos Fercher, Ebrill y 1af, ar ol teithio 140 milltir; ac yn ystod y 8 diwrnod yr wyf yn credu yn onest y buasai pob un yn bwyta hyny o luniaeth a gafodd mewn deuddydd, heb deimlo dim oddiwrth hyny.[27]

Teithio â'u dillad yn wlyb sop oedd ffawd y gogleddwyr unwaith eto, gan fod rhaid iddynt gerdded trwy lawer o gorsydd ar y ffordd. Ond roedd eu llwybr yn mynd trwy Farmington a Shelbyville hefyd; disgrifiodd Owen Griffith y cyntaf mewn llythyr Saeseng fel '[a] *cheery village*' ac roedd poblogaeth leol y ddau le'n gefnogol i'r Undeb.[28] Daeth gwragedd lleol allan i weld y carcharorion yn mynd heibio a dangos cefnogaeth iddynt; '*I am for you boys and always have been*', galwodd un ohonynt.[29] Yn ôl llythyr a ysgrifennwyd at y *Racine Weekly Advocate*, gwasgodd un o'r gwragedd hyn lythyr i law un o filwyr yr 22ain Wisconsin:

> UNION FRIENDS: Excuse the boldness of a stranger in thus addressing you. But as I am not allowed to talk with you – God bless you – I thought I would take this course to let you know that I am your freind – Yes – Glod bless you – a friend to every Union soldier. You are as Brothers to me. You are here to fight for our freedom... rights never enjoyed in accursed Dixie.[30]

Yn hytrach na chael aros dros nos yn y pentref, gorfodwyd y carcharorion i gysgu mewn coedwig y tu allan i'r pentref gan fod y pentrefwyr mor gefnogol 'i'r ochr arall', ond daeth y gwragedd lleol â bwyd a thanwydd i'r gogleddwyr – a llwyddo i'w rhoi iddynt hefyd ar y cyfan, er gwaethaf ymdrechion y gwarchodwyr i'w rhwystro.[31] Meirchfilwyr o dalaith Texas oedd y gwarchodwyr hyn, deheuwyr a oedd yn wahanol iawn i drigolion y rhan wledig hon o Tennessee o ran diwylliant ac ymlyniad gwleidyddol.

Rhoddwyd y carcharorion ar gerbydau trên yn Tullahoma, a hynny er mwyn eu cludo ar y rheilffordd i Richmond, Virginia, prif ddinas Cydffedarasion y Taleithiau Deheuol. Ond yn union cyn hyn, bu'n rhaid iddynt ddioddef rhagor o sarhad a chaledi. Gorfodwyd y gogleddwyr i roi'u cotiau a'u plancedi i'r deheuwyr. Mewn disgrifiad annwyl o gymeriad ei frawd iau, Edward, cyplysa John Ellis gyfeiriad at grefydd y cyw pregethwr – '[b]u fy mrawd yn Gristion ymdrechgar yn y fyddin' – a nodyn am wedd annisgwyl ar bersonoliaeth yr ieuangaf o'r brodyr Ellis, sef y ffaith ei fod yn hoffi hel ei fol ac yn hynod ddyfeisgar i'r perwyl hwnnw: 'yr oedd hefyd yn un o'r rhai goreu am gael rhywbeth i'w fwyta dan bob amgylchiad.'[32] Ychydig iawn a oedd gan garcharorion rhyfel y gallent eu defnyddio at eu mantais yn ystod eu caethiwed, ond gwelodd Edward Ellis gyfle wrth i'w gwarchodwyr fynd ati i'w hamddifadu o'u heiddo:

> Pan gymerwyd ni yn garcharorion, deallodd ef eu bod am
> fyned a'n blancedi a'n cotiau uchaf oddiarnom. Aeth at y
> milwyr oedd yn ein gwylio, a gwerthodd ei got a'i blanced
> am arian Deheuol, felly achubodd fy mywyd i trwy fy mod
> bron a newynu, cyn iddo brynu bara corn am yr arian
> hyny.[33]

Mae darllen rhwng llinellau anecdot John Ellis yn dadlennu llawer am graffter ei frawd. Roedd y deheuwyr wrthi'n *cymryd* eu cotiau a'u plancedi, ond llwyddodd Edward – gyda chyfuniad o garisma a rhyw allu i asesu pobl eraill yn gyflym, mae'n rhaid – i gael hyd i rebel a oedd yn fodlon *prynu*'r pethau hyn ganddo!

Ond roedd y profiadau a ddaeth wedyn yn pylu sglein y fuddugoliaeth fach hon, wrth i'r carcharorion gael eu gyrru i gorlan dros dro:

> Bore dranoeth gorfodwyd ni i gerdded o flaen pencadlys y
> Cad. Bragg, a thynu ein dillad a'u taflu yn dwr. Yr oedd y
> tywydd yn oer iawn, ac aed a ni gerllaw man yr oedd ceffylau
> wedi bod; ac yr oedd y mwd yn ddwfn dros y lle, oddigerth
> rhwng cangen pren oedd ar lawr. Ymdyrasom i'r fan hono,
> gan ymwthio am ein bywyd, y naill ar gefn y llall, nes byddai
> ein pwysau yn llethu yr isaf, yn debyg i'r modd y gwelir moch
> ar dywydd oer.[34]

Wrth drafod yr adeg yr amddifadwyd y milwyr o'u cotiau a'u plancedi, noda Owen Griffith fod y swyddogion â chomisiwn wedi'u trin yn wahanol unwaith eto:

> Boreu ddydd Iau, Ebrill yr ail, gyrwyd y dynion fel anifeiliaid i
> roi eu cotiau a'u blancedi i fyny mewn cydsyniad a gorchymyn
> oddiwrth y *Rebel Gen*[eral] *Bragg*; ond ryw fodd neu gilydd ni
> orfodwyd y swyddogion i wneyd hyny. Yr wyf yn meddwl mai
> dyma'r weithred fwyaf creulawn o'r cyfan. Bydd enw y bradwr
> hwn yn ddrewdod yn ffroenau pob gwladgarwr hyd ddiwedd

amser, ac mae dial wedi ei drysori yn mynwesau canoedd o fechgyn Wisconsin, a gwae iddo ef os syrth byth i'w dwylaw.[35]

Mae eraill o'r carcharorion yn manylu ar greulondeb y deheuwyr hyn. Un o'r creulonderau y cyfeiria nifer ohonynt ato yw diffyg bwyd. Er nad oes modd gwybod, mae'n bosibl mai oherwydd prinder cyffredinol yn yr ardal oedd hyn, nid bwriad dieflig i arteithio'r gogleddwyr. Yn sicr, mae digon o dystiolaeth bod llawer o filwyr deheuol eu hunain yn dioddef prinder bwyd yn ystod rhai cyfnodau.

Ond mae rhai o'r milwyr Cymraeg a gofnododd eu profiadau yn awgrymu bod bwriad y tu ôl i'r creulonderau hyn. Fel y gwelir isod, nid oedd pob un o'r gwrthryfelwyr yr un fath, a byddai rhai o'r carcharorion yn profi caredigrwydd ar ambell achlysur. Ond os nad oedd yr holl ddeheuwyr yr un fath, roedd y rhai a oedd wedi'u cipio – meirchfilwyr Nathan Bedford Forrest – yn gyson yn eu creulondeb. Manyla John Ellis ar un o'r adegau y gorfodwyd y carcharorion i groesi afon:

> Ar ol gwneyd i ni redeg i ganlyn meirch am ddwy neu dair o filldiroedd, nes oeddem yn chwys domen, daethom at afon lifeiriol nas gallem ei chroesi, ond trwy gydio yn nghynffonau y meirch. Curai y gelynion ni a'u cleddyfau i'r dwfr, heb ofalu a allem gael gafael mewn rhywbeth ai peidio. Cefais i afael yn nghynffon mul, ac ymaflai dau neu dri yn nghynffon fy nghot inau, nes oeddym yn ormod o bwysau i'r mul allau ein tynu. Y canlyniad fu i ni dynu y mul a'i berchenog gyda'r dwr yn is i lawr na'r rhyd yn erbyn torlan uchel, pryd y trodd y gelyn ataf a dywedodd, "Let go this mule, you Yankee son of a b – ch, or I will blow your brains out;" ac felly y gwnaethai mae'n ddiameu. Dygwyddodd fod yn y fan hon goeden gam, a chefais afael ar hono, ac felly tynasom ein hunain allan.[36]

Mae'n werth nodi wrth fynd heibio bod y modd y mae'n disgrifio'r profiadau hyn yn ddiddorol o safbwynt ei hunaniaeth Gymreig-Americanaidd. Yn debyg i lawer o filwyr Cymraeg eraill sydd wedi gadael cofnod o'u teimladau, mae ysgrifau John Ellis yn dangos ei fod yn falch o'i Gymreictod ac yn wladgarwr Americanaidd. Gellid meddwl bod ymrestru yn y fyddin wedi dwysáu'r ddwy wedd ar ei hunaniaeth i raddau, gan ei fod yn gwisgo'r un lifrai ac yn dilyn yr un faner â channoedd o filoedd o filwyr Undebol eraill, ac eto wedi mynd yn rhan o gymuned Gymraeg fach agos oddi mewn i gymuned fawr y fyddin ogleddol honno. Ond yn eu hymwneud â'r deheuwyr a oedd wedi'u cipio, dim ond *'Yankee son of a bitch'* oedd milwyr gogleddol fel John Ellis.

Gellid meddwl y byddai taith ar drên yn well na chael eu gyrru ar draed trwy afonydd, ond roedd y 'ceir' wedi 'arfer cario gwartheg a moch' ac felly'n afiach o fudr. Yn ogystal, roedd 'tua 60 [o garcharorion] yn mhob un, heb ddim i eistedd arno ond y llawr.'[37] Cychwynnodd y trên 'tua 9 o'r gloch' y bore hwnnw ac arhosodd yn Chattanooga am y noson. 'Rhoisant y dynion ar fath o *gomins*' yn y lle hwnnw, yn ôl Owen Griffith, gyda dim byd ond 'ychydig o goed tân yma ac acw[.]'[38] Y dioddefaint a orfodwyd ar filwyr cyffredin ei gwmni a'i gatrawd yw canolbwynt dicter y cadben yn ei naratif:

> Nid oedd ganddynt y pryd hwn ddim i'w wneyd ond gorwedd mor agos at eu gilydd ag a allent, a dioddef hyd y boreu. Yr oedd yn darcalonus eu gweled boreu dranoeth, heb ddim i'w gysgodi rhag yr oerfel, a'r barug yn wyn ar y ddaiar.[39]

Pwysleisiodd Owen Griffith raddfa'r gamdriniaeth a'r dioddefaint. Gan adleisio'r ffeithiau moel a geir yng nghofrestr ffurfiol yr 22ain Wisconsin, casglodd y cadben Cymraeg fod y driniaeth hon wedi lladd mwy ohonynt na hynny o ymladd a brofasai'r gatrawd cyn iddynt gael eu cipio: 'Yr wyf yn meddwl fod y caledi a ddioddefasant wedi bod yn foddion i ladd mwy o ddynion nag a laddasant â bwledi yn Thompson Station.'[40]

Gan fod David H. Davis wedi aros yn yr ysbyty am gyfnod,

dim ond yn ddiweddarach yr aethpwyd ag ef i'r carchar ym mhrif ddinas y deheuwyr. Aeth ar hyd llwybr gwahanol hefyd:

> Ebrill yr 20fed fe symudsom o Columbia am 10 o'r gloch yn y boreu mewn *lumber waggon* – taith o 40 milltir, sef i Pulasca. Fe gyrhaeddasom Lindsville erbyn gostwng haul, a dyma y *waggon driver* yn galw i'r *grocery*, ac fe dalodd haner dolar am lasiad i mi, a dyna y ffafr gyntaf a welais yn y South.[41]

Mae'n nodi mai 'Texiad oedd [y deheuwr caredig] hwn', gan amlygu gwrthgyferbyniad â'r meirchfilwyr o Decsas a fuasai'n gyrru'r carcharorion eraill o Wisconsin yn ddidrugaredd.[42] Pan gyraeddasant Pulaski, Tennessee (neu 'Pulasca', yn iaith David Davis), 'yr oedd llawer yn bur flin' ar ôl y daith hir ac anghyfforddus hon, ond 'yno yr oedd pump o'n dynion wedi eu clwyfo yn aros, ac yn eu plith yr oedd Thomas Humphreys bron yn iach[.]'[43] Ni welir yr enw hwn yng nghofrestr y gatrawd; mae'n bosibl mai **Thomas Hopkins** oedd gan Dave Davis dan sylw, milwr Cymraeg 22 oed o Racine.[44]

Mae diffyg bwyd yn parhau'n thema gyson, fel y gwelir yn llythyr yr Is-ringyll Davis:

> ... ond eto, yr oeddem heb ddim i'w fwyta, ac ni chawsom ddim cyn y boreu, Ebrill 21ain. Fe gawsom gymaint a allasem fwyta o'r *corn dodgers* a chig moch, ond dim ond dwy waith yn y dydd[.][45]

Aethpwyd â Dave Davis a'r carcharorion sâl a chlwyfedig eraill 'ar y *cars*', sef y trên, i Chattanooga. Un o'r cleifion hyn oedd Owen R. Jones, a oedd yn bur wael erbyn hyn. Nid oedd yr amgylchiadau a'u disgwyliai yn Chattanooga'n well:

> ... ac yma yr oedd *starvation* eto. Dau damaid yn y dydd, a'r lle yn ddrewllyd, a'r llau yn gwingo ar hyd y llawr. Yr oedd 75 o'u milwyr hwy yno mewn cadwynai yn aros eu prawf.

Yr oeddynt yn dywedyd na wnaent byth godi arf yn erbyn yr *Union*.[46]

Felly, yn rhannu'r carchardy ffiaidd hwn â'r gogleddwyr oedd cnwd o wrthgilwyr deheuol. Mae'n bosib iawn mai dynion a orfodwyd i ymuno â'r fyddin wrthryfelgar oeddynt. Fel y gwelwyd yn ateb y gwragedd hynny mewn ambell bentref, roedd llawer o drigolion Tennessee wedi aros yn deyrngar i'r Undeb er bod eu talaith wedi ymneilluo'n ffurfiol a mynd yn rhan o'r *Southern Confederacy*.

Ymlaen â'r carcharorion claf unwaith eto, gan aros yn Knoxville, Tennessee, am ychydig. Ym marn Dave Davis, 'yr oedd yn dda yn awr', gan eu bod wedi cael *'crackers* a chig moch' i'w bwyta yn y lle hwnnw. Ac wedyn, ar yr '27ain', yn ôl yr is-ringyll, 'fe gawsom ddigon o fwyd am dri diwrnod – digon i ein cario i Richmond[.]'[47] Ymlaen wedyn i Lynchburg, Virginia, a newid trên er mwyn teithio'r cam olaf i'r carchar ym mhrif ddinas y gelyn.

Ni fyddai'r dyn o blwyf Llangristiolus yn cyrraedd Richmond. Mae David H. Davis yn cofnodi'i ddiwedd mewn brawddeg sy'n boenus o foel: 'Dyma y lle bu Owen Jones farw.'[48] Yn rhinwedd ei swydd fel cadben y cwmni, byddai Owen Griffith yn ysgrifennu at deulu Owen R. Jones yn Wisconsin ar ôl iddo gael ei ryddid. Dyna oedd prif ffynhonnell y manylion a gyhoeddwyd mewn ysgrif goffa. Teimlai'r teulu a'u cyfeillion fod ymddygiad 'y Rebels tuag ato ef... yn hynod annynol, a dideimlad' a'i fod wedi marw oherwydd y modd yr oeddynt wedi'i amddifadu o 'angenrheidiau y corph'.[49] Nodwyd yn yr ysgrif goffa mai ar y trên y bu farw:

> ... gafaelodd anwyd trwm yn nghyfansoddiad y trancedig, fel y bu farw ar fwrdd y *cars* yn ymyl Lynchburgh, yn mhen y pedwar diwrnod canlynol, sef Ebrill 6, yn 27 oed, a chladdwyd ei ran farwol yn ymyl y lle dywededig. Dywedir fod y bradwyr dideimlad wedi ei new[y]nu i farwolaeth.[50]

Carchar

Roedd Owen yn 27 oed pan fu farw ar y trên yn Virginia, yr un oed â'i frawd hŷn Lewis pan fu farw yntau yn Rhyfel y Crimea ryw ddeng mlynedd yn gynharach. [51] A hithau wedi colli brawd i un o ryfeloedd tramor Prydain ac un arall i Ryfel Cartref America, aeth Mary Jones ati i gyfansoddi marwnad hir a'i chyhoeddi yn *Y Cenhadwr Americanaidd* ynghyd â'r ysgrif goffa. 'Myfyrdod Chwaer ar ôl ei Brawd' yw teitl y gerdd, a dechreua trwy bwysleisio'r agendor rhwng ei chartref yn Wisconsin a bedd anhysbys Owen yn Virginia:

> Edrych 'r ydwyf i Virginia,
> Gyda galar dwys oddiyma;
> Meddwl am fy mrawd sydd yno,
> Yn y pridd heb arch nac amdo,
> Wedi'i gladdu gan y rebels,
> Meddai Capten Owen Griffiths[.][52]

Dyma gerdd storïol sy'n defnyddio'r cyfrwng hwn i gofnodi cymaint o hanes ei brawd â phosibl. Manyla Mary ar amgylchiadau'i farwolaeth yn y modd hwn:

> Ar y ffordd wrth fyn'd i Richmond
> Yn ymyl lle o'r enw Lynchburgh,
> Ar fwrdd y *cars* yn mhell oddiyma
> Gorphenodd f'anwyl frawd ei yrfa,
> Wedi dioddef chwerw adfyd,
> Anwyd trwm a newyn hefyd !!
> A blinderus deithiau hirion
> Wyf yn coelio, a thoriad calon,
> 'N mhell o gyrhaedd un drugaredd,
> Och, er galw, dim ymgeledd,
> O! mae meddwl am ei anedd,
> Sef llawr y *cars* lle bu yn gorwedd,
> Heb un *quilt* na *blanket* drosto,
> Yn friw i'm calon gellwch goelio[.][53]

Mae'n symud wedyn o golled y teulu i'r darlun ehangach, wrth iddi weddïo am ddiwedd y rhyfel a gofyn i 'Fendigedig anwyl Iesu' eu 'gwaredu' a dod â 'Rhyddid cyfiawn fyddo'n ddiau / I ddu a gwyn sydd mewn cadwynau', gan awgrymu bod y carcharor rhyfel 'gwyn' â'r caethwas 'du' ill dau'n dioddef mewn 'cadwynnau' yn y de.

Cyrhaeddodd David H. Davis Richmond, prif ddinas y *Confederacy*, ddiwrnod ar ôl gweld corff ei gyfaill yn cael ei gludo o'r trên, 'sef boreu y 29ain [o fis Ebrill, 1863], yr ydwyf yn meddwl[.]' Fel y nodwyd yn barod, roedd milwyr cyffredin a swyddogion yn cael eu cadw mewn carchardai gwahanol fe rheol, ond cafodd David Davis gip ar ei gadben trwy hap a damwain:

> ... ac ar ol myned i'r carchar edrych drwy y ffenestr, fe ganfyddais Captain Griffith, a thyma fe yn gwaeddi arnaf – *How are you? I answered him – first rate considering that we are under Jeff. Davis' dominion, I told him. Ha Ha, you are right there Dave*, ac fe ddechreuodd holi am y gweddill, a dywedais eu bod yno i gyd ond un o'n catrawd ni. Yr oedd yn dda ganddo glywed a gweled. Yr oeddym yma yn haner starvio, ni fwytaodd eich moch erioed waeth bwyd na fwyteais i ar y daith hon trwy y De.⁵⁴

Unwaith eto, gwelir cyfarchion Saesneg yn gymysg â Chymraeg Dave Davis. Gan fod y ddau filwr yn gohebu â'r wasg yn Gymraeg, yn mynychu capeli Cymraeg, ac yn siarad yn Gymraeg gyda chyfeillion yn y fyddin yn ôl mathau eraill o dystiolaeth sydd wedi goroesi, mae'n ddiddorol bod y sgwrs rhwng y ddau yn Saesneg. Mae'n bosib mai er mwyn i'r holl garcharorion gael manteisio ar gynnwys eu trafodaeth y siaradai'r ddau'n Saesneg. Mae hefyd yn bosib na fyddai'r deheuwyr a oedd yn eu gwarchod yn caniatáu sgwrs mewn iaith na allent ei deall.

Yn ystod y cyfnod hwn roedd cytundeb rhwng y ddwy ochr ynghyd â system gyfnewid er mwyn rhyddhau carcharorion rhyfel ar barôl. Gan nad oedd y deheuwyr yn trin milwyr duon Undebol a'u swyddogion gwyn yn yr un modd â charcharorion rhyfel eraill, byddai'r holl system yn chwalu cyn hir, ond nid cyn i'r milwyr Cymraeg o Wisconsin gael eu cyfnewid.⁵⁵ Ac felly ar 5 Mai 1863, ar ôl dros bum wythnos fel carcharorion, y cafodd David Davis a milwyr cyffredin eraill yr 22ain Wisconsin eu rhyddid eto:

> Gadawsom Richmond y 5ed o Mai am City Point; newidiasom y *cars* o Petersburg via Stak, ac fe gyrhaeddasom City Point erbyn haner dydd, pan y cawsom olwg ar ein hanwyl faner yn chwyfio eto yn y gwynt. Yma fe gawsom ein newid, yn rhydd eto. Ar ol i ni fyned ar y boat, cawsom ddigon o fara gwyn a chig moch, a choffi lonaid ein boliau, a thyna ni yn myned ar fwrdd y llong a thorth yn un llaw a lwmp o gig yn y llall, ac yn dywedyd, Dyma fel y mae yr hen Dad Abraham yn porthi ei fechgyn, ac ni wn i ddim pwy na wnai gwffio gydag ef - mi wnaf fi gwffio hyd farw gyda yr hen Dad Abraham.⁵⁶

Er bod swyddogion yn cael eu cyfnewid mewn modd gwahanol ac yn unol ag amserlen wahanol yn aml, cafodd Owen Griffith fynd ar barôl yr un diwrnod. Ond roedd wedi cael cyfle i brofi sut le oedd carchar y swyddogion yn Richmond, Libby Prison:

> Y mae yn ddiameu fod llawer wedi ei ysgrifenu am y lle hwn, ond y mae yn debyg na ddywedwyd mo[']r haner. Yr oedd yn yr ystafell lle yr oeddwn yn aros 85 o honom; nid oedd y room ond 77 troedfedd o hyd a 42 o led; heb un gwely, ond pawb yn cysgu ar y llawr; nid oedd ond un stove yn y room. ⁵⁷

Roedd milwyr eraill y gatrawd wedi'u cadw yng ngharchar Belle Isle, ar ynys yn yr afon James sy'n hollti dinas Richmond. Un ohonynt oedd Evan O. Jones, prif ringyll Cwmni F, y cigydd o Fachynlleth a oedd yn nodedig am ei allu academaidd. Ond ymfalchïai yn y ffaith bod Cymry'r cwmni'n fwy dysgedig yn gyffredinol na'r deheuwyr a'u daliai'n garcharorion. Byddai'n adrodd hanes llofnodi'r papurau parôl wrth gyfaill ar ôl y rhyfel, a hwnnw'n cofnodi'r hanes flynyddoedd wedyn:

> Y milwriad ag oedd yn llywiawdwr y carchar, pan alwyd y cwmni Cymreig yn mlaen i arwyddo, a synai wrth weled yr oll o honynt – 65 mewn nifer – oddi eithr dau, a'r rhai hyny yn Americaniaid – yn gallu ysgrifenu eu henwau; a holai pwy oeddynt, ac o ba le y daethant, ac am eu dysgeidiaeth![58]

Yr ateb, wrth gwrs, oedd eu bod yn Gymry o Racine, Wisconsin, a phob un ohonynt yn gallu ysgrifennu, yn wahanol i lawer o'r milwyr deheuol yr oedd y milwriad hwn yn eu harwain.

O safbwynt darllenwyr *Y Drych*, yn ogystal â disgrifio amgylchiadau carcharorion yn y de, roedd llythyrau cyn-garcharorion megis David H. Davis ac Owen Griffith yn cynnig gwybodaeth gan lygad-dystion ynglŷn â gwir natur amgylchiadau cyffredinol y tu mewn i diriogaeth y *Confedercy*. Roedd Capten Griffith pe be bai'n neilltuol o ymwybodol o ddiddordebau'i ddarllenwyr ac felly aeth ati i fanylu'n faith ar y cyni economaidd yn Richmond, prif ddinas y gelyn:

> Ond wfft! Y prisiau... ymenyn, $3 50 y pwys; cig, $1 25; wyau, $2 00 y dwsin; siwgr, $1 50 y pwys; peilliad 20 cents y pwys; rice 50 cents y pwys, a phob peth yr un fath. Yr oedd un peth yn profi yn amlwg nad oes ganddynt ond ychydig iawn o ffydd yn eu ffug lywodraeth yn enwedig yn yr arian maent yn ei daenu ar hyd a lled y wlad[.][59]

'Y mae un peth arall yn dangos yn eglur fod eu hoes bron dirwyn i ben', meddai, gan ychwanegu manylion pellach a fyddai'n galondid i ddarllenwyr *Y Drych*, 'a hyny yw y seyllfa y mae eu rheilffyrdd ynddynt[.]'[60] Dywed na all y deheuwyr 'redeg dros naw milldir yr awr gyda hwynt', gan fod 'eu *locomotives* a'r *rolling stock* yn druenus o ddrwg ac heb ddim *mechanics* i'w wellhau.'⁶¹

Fel yr oedd profiadau'r 22ain Wisconsin yn nhalaith 'ffyddlon' Kentucky wedi gwylltio diddymwyr y gatrawd, roedd rhai o'u profiadau yn nhalaith 'wrthryfelgar' Tennessee wedi'u calonogi, fel y nodwyd uchod. Mae Owen Griffith yn pwysleisio'r pwynt hwn:

> Gwelsom hefyd fod lluoedd o bobl yn Tennessee yn ffyddlon dros yr Undeb, a llawer o'r rhai hyny yn y fyddin wedi cael eu pressio, ac mae y rhai hyn yn tystio na saethasant ergyd erioed at filwr Undebol, a'u bod yn benderfynol o ddianc oddiwrth y rebels y cyfleustra cyntaf a gant. ⁶²

Ac os oedd yr Is-ringyll David H. Davis yn dathlu'i ryddid trwy ddiolch i'w 'hen Dad Abraham' Lincoln am 'borthi'i fechgyn' mor dda a thrwy addo i 'gwffio hyd farw' ym myddin y tad trosiadol hwnnw, mynegai'r Cadben Owen Griffith ei emosiwn mewn ffordd wahanol: 'Yr oedd y teimlad o ddiolchgarwch mor gryf fel nas gallwn lai na wylo wrth feddwl fy mod yn ddyn rhydd unwaith yn rhagor.' ⁶³

Ond roedd nifer o filwyr yr 22ain Wisconsin wedi marw oherwydd y gamdriniaeth a gawsent. Yn ogystal ag Owen R. Jones o Gwmni F, bu farw John Berry o Gwmni K, John Schritzmeye o Gwmni H, a thri o Gwmni A – Thomas De Garris, Albert Butterfiled, a Robert McMillon. Roedd rhai o'r carcharorion mwyaf claf wedi'u rhyddhau ar barôl ychydig cyn i'r gweddill ddod yn rhydd ar 5 Mai; bu farw deuddeg ohonynt mewn ysbyty milwrol yn Annapolis, Maryland, cyn diwedd Ebrill, gan gynnwys un o Gwmni F, Ezra Horton.⁶⁴

Wedi'u rhyddhau, clywodd milwyr yr 22ain Wisconsin y byddai'r gatrawd yn mynd i St. Louis, Missouri. Ond cafodd y rhai a oedd yn ddigon iach i deithio gyfle i fynd adref i Wisconsin gyntaf, gan gynnwys Owen Griffith, a oedd yn neilltuol o awyddus i weld ei deulu gan fod ei wraig Jane wedi geni merch, Frances neu 'Fanny'.⁶⁵ Teithiodd gyda nifer o swyddogion eraill a oedd wedi'u dal yng Ngharchar Libby i Milwaukee gyntaf, a chyhoeddodd rhai o'i gydnabod ddisgrifiad ohono yn y *Sentinel*, un o bapurau'r ddinas honno:

> We had the pleasure of a call from Captain O. Griffith, of the 22d Wisconsin, who in company with some twenty other officers, arrived here this morning, from Richmond and Libby prison[.][66]

Ond, wrth gwrs, Racine, Wisconsin, oedd pen y daith iddo ef, fel y noda:

> ... [c]efais y fraint o gyrhaedd fy nghartref yn Racine nos Fercher am 11eg o'r gloch. Cefais fy nheulu yn iach, a gellwch feddwl fod y cyfarfod yn un hyfryd. Arhosais yno bythefnos, pan darfum uno a'r Gatrawd yn St. Louis. [67]

Ychwanega fod 'y rhan fwyaf o'r dynion' wedi cael '[c]yfleusdra i fyned i ymweled a'u teuluoedd a'u perthynasau' hefyd.[68]

Ond credai'r cadben fod tri o'i filwyr wedi troi'r cyfle i ymweld â'u cartrefi yn gyfle i ddianc o'u gwasanaeth milwrol. Fel yr oedd wedi cyhoeddi enwau tri o Gymry'r gatrawd a ddiangasai yn Kentucky, defnyddiodd *Y Drych* er mwyn codi cywilydd ar y pechaduriaid a galw am wybodaeth:

> ... y mae yn ddrwg genyf ddweyd fod tri o Gymry wedi cymeryd mantais o hyny ac heb ddychwelyd yn ol. Enwau y personau ydynt, Richard R. Jones, o Waukesha, Wis[consin], Morris O. Davies ac Evan J. Lewis, o Racine. Yr oedd y tri yn perthyn i fy nghwmni i. Byddaf yn ddiolchgar i bwy bynag a rydd hysbysiad i mi an danynt, maent yn cael eu hystyried fel deserters. [69]

Nid oedd **Evan J. Lewis** wedi 'desertio' fel mae'n digwydd; mae'n bosib iddo gymryd mwy o *furlough* na'r hyn a roddwyd yn ffurfiol iddo gan y fyddin er mwyn mwynhau ymweliad estynedig â'i deulu yn Wisconsin, ond ailymunodd â'r gatrawd a byddai'n gwasanaethu tan ddiwedd y rhyfel.[70] Ond yn debyg i'r tri a ddiflannodd yn Kentucky (Evan G. Roberts, Thomas Hall a Samuel [J.] Thomas), mae **Richard R. Jones** a **Morris O. Davies** yn diflannu o gofrestr yr 22ain Wisconsin am byth ar y trobwynt hwn yn hanes y gatrawd. *'Deserted May 20, [18]63'* yw'r cofnod swyddogol olaf amdanynt.[71] Erbyn mis Mehefin 1863 roedd y *Cambrian Guards* wedi colli deg o'u milwyr Cymraeg, pump ohonynt oherwydd gwrthgiliad a phump oherwydd marwolaeth.

6

Tensiynau Mewnol

ER BOD LLAWER o filwyr y gatrawd wedi mynd adref i Wisconsin ar ôl cael eu rhyddhau, roedd rhai wedi aros yn Annapolis, Maryland – llawer ohonynt, fe ymddengys, mewn ysbyty ac yn gwella'n araf o afiechydon neu glwyfau.[1] Ymadawodd y rhai a allai symud ag Annapolis ar 11 Mai 1863. Ar ôl taith fer ar long i Baltimore, aeth y milwyr ar siwrnai trên hir i'r gorllewin.[2] Byddai'r 22ain Gatrawd o Draedfilwyr Wisconsin yn cael ei hail-ffurfio yn St. Louis, Missouri, a Benton Barracks yn y ddinas honno fyddai'u cartref dros dro.[3]

Ysgrifennodd David H. Davis lythyr hir at ei deulu ar y diwrnod yr ymadawodd y rhan fwyaf o'i gydfilwyr, sef 11 Mai. Dywed ei fod yn aros yn Annapolis, a hynny, mae'n rhaid, gan ei fod yn wan iawn o hyd:

> Yr ydwyf wedi trafaelio dros 3000 milltir yn Dixie ar y trip hwn. Y mae fy llythyr yn myned yn faith, mi derfynaf. Yr ydwyf yma yn awr ar *detached service*, ond nis gwn i ddim pa cyhyd y byddaf, ac os cewch y llythyr hwn, carwn gael clywed oddiwrthych yn fawr iawn. Cofiwch fi at fy holl berthynasau a'm cyfeillion.
>
> DAVID H. DAVIES, Co. F, 22ain Regiment, Wis. Vol., care of Capt. Miller, Green Barracks, Annapolis, Maryland. Hyn yn fyr oddiwrth eich mab ar ol bod yn hir yn garcharor rhyfel yn y Dehau, gan Jeff. Davis.[4]

Roedd prif swyddog yr 22ain Wisconsin, y Milwriad William Utley, ymysg y cyn-garcharorion nad oedd yn iach iawn. Roedd bron yn 50 oed ac felly'n dipyn yn hŷn na milwyr eraill ei gatrawd, ac roedd wedi bod yn dioddef nifer o afiechydon. Tystia nifer o'r dynion a oedd yn gwasanaethu ag ef fod ei ymddygiad yn gynyddol ryfedd hefyd. Casgla Richard H. Groves fod hyn oll yn awgrymu *'an impending nervous breakdown'*:

> Although he had borne his imprisonment 'with the fortitude of a soldier,' by the time he reached Annapolis, he was clearly a very sick man and under great mental stress. Internally, the colonel's distress greatly aggravated whatever else might be wrong with him; externally, it caused his behaviour to seem extremely erratic.[5]

Yn ôl Harvey Reid, a gafodd gyfle i siarad â'i filwriad yn ystod eu cyfnod yn y carchar yn Richmond, roedd Utley yn flin iawn â'i is-filwriad, Bloodgood, am adael maes y frwydr ger Thompson's Station.[6]

Yn wir, pan glywodd Utley fod Reid wedi ysgrifennu llythyr at y wasg yn Wisconsin yn canmol ymddygiad Bloodgood yn y frwydr, rhoddodd y wybodaeth *'fits'* iddo. Gan ddangos y rhwyg a oedd wedi ymagor rhwng dau swyddog uchaf y gatrawd, mynnodd Bloodgood sgwrs â Reid er mwyn ei sicrhau na fyddai'n gadael i Utley wneud dim drwg iddo o'r herwydd.[7] Rhaid bod milwyr Cymraeg y gatrawd yn ymwybodol o'r tensiynau hyn – yn wir, byddai ffawd y Cadben Owen Griffith yn dangos ei fod wedi'i ddal yn y canol hefyd – ond nid yw'r testunau Cymraeg sydd wedi goroesi o wanwyn a haf 1863 yn sôn dim amdanynt.

Mae'n werth nodi eto fod y gwahaniaeth sylfaenol rhwng dau brif swyddog y gatrawd hefyd yn wir i raddau am brif swyddogion y *Cambrian Guards*: penodiadau gwleidyddol oedd eiddo'r Cadben Owen Griffith a'r Prif Is-gadben Nelson Darling, ond roedd trydydd swyddog gyda chomisiwn y cwmni, yr Ail Is-gadben Robert T. Pugh, wedi'i benodi oherwydd ei brofiad milwrol. Ond nid oes tystiolaeth – neu hyd yn oed awgrym – yn yr holl lythyrau a ysgrifennwyd gan filwyr Cwmni F fod tensiynau rhwng Owen Griffith a Bob Pugh. Mae nifer ohonynt yn canmol gallu milwrol ac ymroddiad yr is-gadben Cymraeg, ond er nad yw'r un o'r milwyr hyn yn dweud bod eu cadben yn arweinydd effeithiol nid ydynt chwaith yn ei feirniadu nac yn wir yn dangos unrhyw beth ond parch wrth ei grybwyll. Nid yw enw Nelson Darling yn ymddangos o gwbl yn ysgrifau milwyr Cymraeg y *Cambrian Guards*, gan awgrymu nad oedd ganddynt lawer o ymwneud ag is-gadben di-Gymraeg eu cwmni.

Teithiodd yr Is-filwriad Edward Bloodgood i St. Louis a dechreuodd hyfforddi'r milwyr a ddaethai ynghyd yn y ddinas. Yn ogystal â bod yn llai o faint yn sgil colledion y misoedd diwethaf, roedd newidiadau eraill wedi trawsffurfio natur y gatrawd. Dyrchafwyd y Cymro Evan O. Jones yn *'sergeant major'* yr 22ain Wisconsin. Roedd wedi bod yn brif ringyll Cwmni F, yn helpu'r Cadben Owen Griffith a'r ddau is-gadben i gadw trefn ar y *Cambrian Guards*; ond golygai'i reng newydd y byddai'n gwasanaethu yn *headquarters* y gatrawd yn hytrach nag yng nghyd-destun y cwmni.[8] Gweithio fel cigydd ym musnes ei dad fu hanes Evan Jones cyn ac ar ôl ymfudo o Fachynlleth i Racine, ond roedd ganddo allu academaidd anghyffredin hefyd, ac yntau wedi pasio arholiad ysgol Esgobol Llanymddyfri, fel y gwelwyd ym mhennod 2. Roedd y gallu hwn – wedi'i fireinio'n ymarferol trwy gadw cyfrifon busnes ei dad – yn ei gynorthwyo yn y rôl newydd, gan fod 'cadw cyfrifon y gatrawd' ymysg ei ddyletswyddau. Edmygai milwyr eraill y drefn ar bapurau'r *headquarters* ar ôl i'r gŵr o Fachynlleth ymgymryd â'r gwaith gweinyddol hwn; yn wir, roedd 'y modd destlus a glanwaith yr oedd yn eu cadw, yn nghyd â rhagoroldeb ei law-ysgrif, yn synu ei 'superior officers'.'[9]

Gan fod safle prif ringyll Cwmni F bellach yn wag, dyrchafwyd un o ringylliaid eraill y cwmni, Thomas J. Davis (neu Davies), i'r safle hwnnw. Yn debyg i'w ragflaenydd, Evan Jones, bu'r milwr hwn ymysg y selogion a wirfoddolodd ar 9 Awst 1862 gydag Owen Griffith ei hun. Ac yntau wedi'i eni yn nhalaith Efrog Newydd cyn symud i Wisconsin, roedd y cyn-ffarmwr a'r cyn-argraffydd Thomas Davies yn un o'r milwyr hynny a faged yn siarad Cymraeg yn America. Roedd yn 'dawel, diymhongar, [a] boneddeigaidd', ac yn arweinydd effeithiol er gwaethaf – neu oherwydd – y rhinweddau hyn.[10] Er mwyn llenwi hen reng Thomas J. Davis yntau, dyrchafwyd yr is-ringyll ffraeth hwnnw, John Bowen, yn rhingyll.[11] Ac er mwyn cwblhau'r gadwyn, codwyd **Edward W. Jones** yn is-ringyll, er ei fod ymysg dynion ieuangaf y cwmni. Roedd y Cymro Americanaidd hwn wedi ymrestru yn Racine pan oedd yn 18 oed ar 21 Awst 1862.[12] Felly er bod y *Cambrian Guards* wedi colli 10 o'u siaradwyr Cymraeg, roedd gan yr iaith le yr un mor amlwg yn strwythur rheolaeth y cwmni.

Roedd y Milwriad William Utley wedi mynd adref i Wisconsin. Cawsai lythyr meddyg er mwyn ei esgusodi o wasanaeth dros dro, ond nid oedd yn gorffwys yn unig yn ystod y cyfnod hwn. Defnyddiodd Utley beth o'i amser yn Racine i ddechrau ffurfio cyhuddiadau yn erbyn Bloodgood.[13] Erbyn iddo ymadael er mwyn ailymuno â'i gatrawd, roedd yr 22ain Wisconsin wedi symud eto. Derbyniasai Bloodgood orchymyn i fynd â'i filwyr i Nashville, Tennessee ar 9 Mehefin 1863. Cyraeddasant y ddinas honno ar y 15fed a chyrhaeddodd Utley – gyda drafft o ddogfen yn amlinellu'i gyhuddiadau'n erbyn Bloodgood yn ei boced – ddau ddiwrnod yn ddiweddarach.[14]

Am reswm nad yw'n gwbl eglur, roedd un o filwyr cyffredin yr 22ain Wisconsin, **Thomas M. Jones**, yno'n Nashville yn bell cyn 15 Mehefin 1863. Fe ymddengys nad oedd wedi'i gymryd yn garcharor gyda'r rhan fwyaf o'i gydfilwyr; mae'n bosib ei fod yn sâl mewn ysbyty yn Nashville pan gipiwyd gweddill Cwmni F ger Brentwood neu'i fod wrthi'n cludo neges rhwng y gwersyll hwnnw a *headquarters* yr adran filwrol ar y pryd. Noda Thomas Jones ei fod gyda'r 'gweddill o'n *brigade'* nad oedd wedi'u cymryd 'yn garcharorion'.¹⁵ Ysgrifennodd lythyr at ei 'berthynasau' ar 9 Mehefin 1863 yn disgrifio'r hyn a oedd wedi digwydd yn yr ardal yn ystod yr wythnos a hanner cyn i'r milwyr eraill o Wisconsin gyrraedd. Roedd yn gwasanaethu gyda rhai milwyr eraill o frigâd Coburn yn Franklin, rhyw 20 milltir i'r de o Nashville, nid nepell o Thompson's Station a Brentwood. Roedd y safle wedi'i droi'n gaerfa ac bu'n rhaid i'r gogleddwyr lochesu'r tu ôl i'r amddiffynfeydd:

> Ar y 4ydd o'r mis hwn, tua 1 o'r gloch prydnawn, clywem saethu cyflym rhyngom a'r De. Deallasom yn y fan fod y gelynion yn ymosod ar ein cadwylwyr. Gorchmynwyd ni yn y fan i gymeryd ein harfau a myned i'r Fort, ac archwyd y gwyr ceffylau allan i gynorthwyo y *Pickets*. Mae gwastadedd mawr i'r de o'r Fort, a choed tewion ar yr ochr ddwyreiniol i'r gwastadedd, ac yr oedd y gwrthryfelwyr yn finteioedd yn y coed hyn. Aeth ein meirchfilwyr tu ag atynt i geisio eu tynu o'r coed, ac ar ol saethu ychydig ergydion, ffoisant ymaith, a'r gelynion ar eu hol; erbyn hyny yr oeddym ninau yn y Fort yn barod i danio y cyflegrau arnynt, disgynai ein tanbelenau yn eu canol nes yr oeddynt yn ffoi i bob cyfeiriad; ac felly y cadwyd hwynt yn ol am tua dwy awr.¹⁶

Yn nes ymlaen y diwrnod hwnnw, 'daeth ychwaneg o'r gwrthryfelwyr i'r golwg, a 9 o gyflegrau gyda hwynt', a phan ddechreuodd y deheuwyr danio'r 'cyflegrau' hynny, bu raid i Thomas Jones a'r milwyr Undebol eraill 'orwedd tu cefn i'r amddiffynfeydd.'¹⁷ Daeth y milwr Cymraeg yn agos at farwolaeth, yn ôl ei ddisgrifiad ef o'r frwydr; 'fe daflodd tanbelen y pridd yn gawod am fy mhen', meddai, ac aeth 'amryw [o dân-belennau] dros [eu] penau dan chwyrnu', ond 'ni chlwyfwyd neb yn y Fort.'¹⁸

Cipiodd y gelyn dref Franklin yn ymyl, ond nid y gaerfa, ac felly aeth yn warchae'r noson honno:

Bu raid i ni oll aros yn y Fort trwy y nos; nid oedd genym ddim ond gorwedd ar y pridd. Dechreuodd fwrw gwlaw yn fuan wedi i ni orwedd, a daliodd i wlawio hyd y boreu. [...] Erbyn i ni godi, yr oedd 4 catrawd o feirchfilwyr, a 6 o gyflegrau wedi dyfod i'n cynorthwyo; erbyn hyn yr oedd y gwrthryfelwyr wedi gadael y dref a myned allan i'r coed. [19]

Ar ôl 'boreufwyd' neu frecwast, aeth rhai o'r milwyr Undebol allan o'r gaerfa er mwyn ceisio gyrru'r gelyn o'r coed. '[A] chyn haner dydd bu raid i'r gwrthryfelwyr gilio, ac aethant a thri llwyth o'u lladdedigion ymaith i'w canlyn.'[20] Crisialodd Thomas M. Jones ganlyniad y frwydr fach ger Franklin:

Cymerasom 40 o garcharorion. Yn y prydnawn aethom allan i edrych a oedd lladdedigion a chlwyfedigion ar y maes; cawsom hyd i 10 o'r gelynion mewn un pentwr, a 5 mewn un arall. Nis gwn pa nifer a gafwyd i gyd. Yr ydym yn dal i gael ambell un wedi ei glwyfo, ac wedi ffoi i'r tai. [21]

Am y tro cyntaf roedd un o filwyr yr 22ain Wisconsin wedi profi sut beth oedd bod mewn brwydr ac ennill, ond roedd peth eironi'n perthyn i'r fuddugoliaeth hon gan nad fel aelod o'i gatrawd ei hun ond fel milwr amddifad yn gwasanaethu gyda gweddillion gwahanol unedau yr oedd wedi helpu amddiffyn y gaerfa Undebol ger Franklin.

Anfonodd teulu Thomas M. Jones ei lythyr ymlaen at *Y Drych*, er mwyn hysbysu gweddill Cymry Wisconsin – a gweddill darllenwyr Cymraeg America – am y digwyddiad. Cofnododd Thomas Jones un digwyddiad arall o bwys yr oedd wedi tystio iddo cyn i weddill yr 22ain Wisconsin ymuno ag ef:

Prynhawn yr 8fed o'r mis hwn, daeth dau swyddog yma i edrych ar y Fort; Yr oedd ganddynt bapurau ac enw Lincoln wrthynt yn dweud eu bod yn swyddwyr dano i edrych ar yr amddiffynfeydd. [22]

Colonel Lawrence W. Auton a Major Dunlop oedd yr ewnau a roddodd y ddau swyddog hyn. Mewn gwirionedd, nid enw Lincoln ond enwau gwahanol swyddogion yn Adran Ryfel Llywodraeth Lincoln ac enw'r cadfridog Undebol James A. Garfield oedd ar eu papurau.[23] Canfuwyd yn fuan mai dau ysbïwr deheuol oeddynt, fel y noda Thomas Jones:

> Ar ol iddynt gychwyn i ffordd, daeth milwriad arall i'w cyfarfod, yr hwn oedd yn eu hadnabod cyn i'r rhyfel ddechrau; gwaeddodd hwnnw am gynorthwy i'w dal, a deuwyd â hwynt yn ol: erbyn edrych, ysbiwyr dros y gwrthryfelwyr oeddynt. Cyfaddefasant y cwbl, a chawsant eu crogi borau dranoeth o flaen y Fort.[24]

Dau swyddog ym myddin y gwrthryfelwyr oeddynt, Colonel Lawrence W. Orton a Lieutenant Walter G. Peter. Cafodd y digwyddiad dipyn o sylw yng ngwasg Saesneg y gogledd a'r de, a chyhoeddwyd engrafiad yn darlunio dienyddiad y ddau yn *Harper's Weekly*.

Swyddogion yn ei gatrawd ei hun a oedd yn mynd â sylw William Utley ar y pryd. Gellid meddwl mai prif flaenoriaeth milwriad yr 22ain Wisconsin fyddai codi hyder ei filwyr a hybu *esprit de corps* gan eu bod wedi profi sut beth oedd colli i'r gelyn yn Thompson's Station a Brentwood ac wedi dioddef cyfnod fel carcharorion. Ond mae'r dystiolaeth yn dangos fod y rhan fwyaf o'i egni yn ystod y cyfnod hwn wedi'i wario ar geisio dial ar y rhai a oedd yn ei wrthwynebu yn ei gatrawd, gan ddechrau ag ail brif swyddog yr 22ain Wisconsin, yr Is-filwriad Edward Bloodgood. Roedd Utley wedi gorffen paratoi cyhuddiadau ffurfiol yn erbyn Bloodgood erbyn diwedd mis Mehefin a sicrhaodd fod yr uwch-swyddog yr atebai iddo, y Cadfridog Blair, yn gefnogol i'w achos.[25] Roedd yn amlwg mai'r cam nesaf fyddai dwyn Bloodgood o flaen llys marsial, sefyllfa a allai arwain at ddiswyddo'r is-filwriad.

Roedd llawer o swyddogion y llinell – sef y capteiniaid a'r is-gapteniaid a reolai ddeg cwmni'r gatrawd – wedi bod yn anfodlon ers mis Chwefror ar ôl clywed bod Utley wedi'u beirniadu'n hallt mewn trafodaeth â milwriad arall. Nodweddid diwylliant gwleidyddol mewnol y gatrawd o'r cychwyn cyntaf gan yr agendor rhwng y milwriad a'r isfilwriad; ers wythnos gyntaf eu hyfforddiant yn Wisconsin, Bloodgood oedd yr un a hyfforddai'r milwyr ac Utley oedd yr un a roddai'r areithiau gwleidyddol ysbrydoledig. Gan fod comisiynau swyddogion yn benodiadau gwleidyddol, roedd y gwahaniaeth rhwng 'swyddog gwleidyddol' a 'swyddog milwrol proffeisynol' yn destun trafod cyson yn ystod y Rhyfel Cartref. Profodd llawer o'r cyntaf eu bod yn gallu ymaddasu a throi'n arweinwyr milwrol effeithiol. Ond nid oedd yn syndod bod llawer o swyddogion a benodwyd am resymau gwleidyddol wedi methu fel arweinwyr ymarferol. Yn sicr, methiant oedd Utley ym marn y rhan fwyaf o swyddogion y gatrawd. Roedd profiadau'r 22ain Wisconsin yn wyneb y gelyn yn Thompson's Station wedi argyhoeddi'r rhan fwyaf ohonynt mai Bloodgood oedd yr un i'w harwain ar faes y gad.

O bosibl yn ganlyniad i'r ffaith bod gair ar led fod Utley'n ceisio diswyddo Bloodgood, gweithredodd y swyddogion hyn mewn modd rhyfeddol o ragweithiol. Lluniwyd llythyr yn galw ar Utley i ymddiswyddo ac arwyddodd y cynllwynwyr eu henwau ar ei ddiwedd er mwyn ei gyflwyno ar ffurf deiseb. Er nad oedd wedi arwain y ddeiseb, mae'n amlwg bod caplan y gatrawd, y Parchedig Caleb Pillsbury, yn cydymdeimlo; ar noson 1 Gorffennaf, aeth i ymweld â'r Milwriad Utley yn ei babell er mwyn cyflwyno'r ddogfen iddo.[26] Dyma'r geiriau a welodd Utley ar frig y ddeiseb:

> Sir – In the opinion of the undersigned Commissioned Officers of the 22d Regt Wis Vol Inftry, the condition of our Regt. demands a change in its administration. The experience of the Regt. since its organization, together with its present necessities, have satisfied us, as it must have satisfied you, of your very serious incompetency, and inefficienty as Commanding Officer. [... .] [This] prompts us to request,

respecfully, but earnestly, that you will, at once, resign your position, as Col. Of this Regt.[27]

Roedd gan gatrawd lawn 30 o swyddogion llinell (*line officers*) – un cadben a dau is-gadben ar gyfer pob un o'i deg cwmni. Roedd tair o'r swyddi'n wag ar y pryd, ond arwyddwyd y ddeiseb gan 21 o'r 27 swyddog llinell. Dim ond chwech oedd wedi gwrthod neu wedi ymatal rhag cefnogi'r weithred feiddgar. Roedd lluesteiwr (*quartermaster*) y gatrawd wedi'i harwyddo hefyd.[28] Arwyddwyd y ddeiseb gan dri swyddog â chomisiwn Cwmni F – y Cadben Owen Griffith, y Prif Is-gaden Nelson Darling, a'r Ail Is-gadben Robert T. Pugh.[29] Er bod Owen Griffith – yn ysgrifennu ar ran Cymry'r gatrawd ym mhersona 'Gomer' – wedi canmol Utely am ei ddaliadau gwleidyddol a'i safiad 'dyngarol' yn erbyn caethfeistri Kentucky, mae'r ffaith bod y cadben a'i ddau is-gadben wedi troi'n erbyn eu milwriad yn dangos bod gwleidyddiaeth fewnol y gatrawd wedi cymryd y flaenoriaeth bellach. Mae hefyd yn debyg iawn eu bod yn credu bod eu bywydau'n saffach mewn brwydr gyda 'milwr go iawn' fel Bloodgood yn eu harwain.

Ond roedd cyfraith filwrol ar ochr Utley gan fod y swyddogion hyn wedi gweithredu'n groes i gyfreithiau byddin yr Unol Daleithiau; roedd yr *Articles of War* yn gwahardd swyddogion rhag herio'u prif swyddog yn y modd hwn.[30] Nid oedd Utley yn un am ildio, beth bynnag. Edrydd Harvey Reid yr hyn a ddigwyddodd y diwrnod wedyn:

> If Colonel Utley lacks in military knowledge and skill, he has enough cunning and knowledge of political wire-pulling to hold his own well against even the formidable opposition he has encountered among his officers. When we formed the usual line of battle at three o'clock this morning, he formed us in a half square, and addressed us on the subject. [...] He... sarcastically alluded to the fact of the petition's being signed by Captains who knew no more of military [life] than he did. He had a great deal to say about the under-handed stab

in the dark, and about the regiment being disgraced by the proceeding. Of course he worked much upon the sympathies of men who had much previous reason to like him, so that he has now more friends in the regiment than ever before since the battle. How the matter will end I cannot guess.[31]

Yn ogystal â gweithio i ennill neu adennill calonnau milwyr cyffredin y gatrawd, roedd Utley wedi sicrhau bod y swyddogion uwch ei ben ef yn gwybod am weithredoedd anghyfreithlon y rhai a lofnododd y ddeiseb. Felly daeth gorchymyn i arestio'r 22 swyddog. Term llac oedd 'arest' yn y cyd-destun milwrol hwn; ni roddwyd Owen Griffith, Robert Pugh a'r lleill mewn carchar nac ychwaith mewn cadwyni. Ond cymerwyd cleddyf pob un – arwydd allanol amlycaf o awdurdod swyddog – ac nid oedd ganddynt yr hawl i orchymyn y milwyr a fuasai'n atebol iddynt cyn yr 'arest'.[32]

Roedd y fyddin Undebol yr oedd yr 22ain yn rhan ohoni'n ymbaratoi i symud i wynebu'r gelyn ar yr union adeg hon. Ac felly roedd y gatrawd yn martsio i gyfeiriad yr ymladd dri diwrnod ar ôl i Utlety draddodi'i araith hunan-amddiffynnol. Nododd Harvey Reid nad oedd llawer o siâp ar eu llinellau yn ystod y marts gan fod y rhan fwyaf o swyddogion y llinell *'under arrest'*.[33] Nid yw'n eglur ble yn union yr oedd y swyddogion hyn yn ystod y daith; yn ôl y rheolau milwrol arferol, dylent fod wedi cerdded y tu ôl i'w cwmnïau. Eto, mae'n bosibl eu bod wedi'u gorchymyn i symud ymlaen yn annibynnol er mwyn peidio ag aflonyddu ar deimladau'r milwyr a disgwyl am y gatrawd – a'u ffawd – mewn lleoliad penodol a drefnasid ymlaen llaw.[34]

Ysgrifennodd Owen Griffith lythyr at *Y Drych* unwaith eto ar 29 Gorffennaf 1863. 'Gwersyllfa yr 22ain Wisconsin Vol., Murfressboro, Tenn[essee]' yw'r cyfeiriad ar frig y llythyr cyhoeddedig, ac ar ôl yr anerchiad arferol, 'Mr. Golygydd', mae'r frawddeg gyntaf yn cyfeirio at y ffaith eu bod mewn lleoliad newydd: 'Chwi welwch ein bod wedi symud unwaith eto.'³⁵ Nid yw'n crybwyll gwleidyddiaeth fewnol y gatrawd o gwbl ac felly ni ddywed air am y ffaith ei fod 'wedi'i arestio' ar y pryd. Ond tybed a oedd mwy nag adleoliad daearyddol y gatrawd ar ei feddwl wrth nodi mai 'ansefydlog iawn yw bywyd y milwr'? ³⁶

Disgrifia'r gohebydd o gadben y siwrnai i'r lleoliad newydd – heb ddweud a oedd yn teithio gyda'i gwmni neu beidio – ac mae'n rhoi cryn sylw i gyflwr lonydd yr ardal:

> Cychwynasom o Franklin y 3ydd o'r mis hwn a chyrhaeddasom Murfreesboro Sabboth y 5ed; buom dri diwrnod yn teithio 30ain o filldiroedd. Yr oedd y ffyrdd yn ddrwg, a'r tywydd yn bur boeth. Y mae y ffyrdd croesion i gyd yn ddrwg yn y Dalaeth hon, ond y mae y prif ffyrdd yn dda, yn debyg i ffyrdd yr Hen Wlad.³⁷

Ganed Owen Griffith yn Remsen, Efrog Newydd. Bu'n byw yn Brinfield, Massachussetts, dinas Efrog Newydd a Racine, Wisconsin. Ond ni fu yng Nghymru erioed. Mae'r gymhariaeth rhwng lonydd Tennessee a 'ffyrdd yr Hen Wlad' yn drawiadol felly ac yn awgrymu'r cysylltiad a deimlai rhai Americanwyr Cymraeg â gwlad nad oeddynt wedi'i gweld erioed.

Roedd staff y frigâd wedi bod yn gweithio'n galed er mwyn datrys problemau'r 22ain Wisconsin.³⁸ Daeth prif swyddog eu brigâd, y Milwriad Coburn ei hun, i wersyll y gatrawd er mwyn ceisio tawelu'r dyfroedd. Yn ôl Harvey Reid, a oedd yn gweithio fel clerc ac yn llygad-dyst i lawer o hyn, roedd gan Coburn gynnig: *'he has obtained an order releasing the Lieutenants from arrest upon their agreeing to certain conditions, but retaining the Captains for trial.'*³⁹ Ond ni chefnodd y 15 is-gapten a oedd wedi arwyddo'r ddeiseb ar eu safiad ac felly arhosodd y *lieutenants* hyn gyda'r capteniaid *'under arrest'*.⁴⁰ Gan ei bod yn amlwg na ellid adfer trefn i'r 22ain Wisconsin am beth amser, penderfynwyd ei gadael hi yn y gwersyll ger Murfreesboro pan symudodd gweddill y fyddin i'r de-ddwyrain i gyfarfod â byddin wrthryfelgar y Cadfridog Braxton Bragg. Ers iddynt gael eu cymryd yn garcharorion rhyfel, bu rhai o'r Wisconsiniaid yn dweud eu bod yn chwenychu cyfle arall i wynebu'r gelyn er mwyn profi'u gwerth. Yn eironig, trafferthion mewnol eu catrawd nhw eu hunain a oedd yn eu rhwystro rhag adfer yr hunanbarch hwnnw.

Dywed Owen Griffith wrth ddarllenwyr *Y Drych* '[nad] oes ond ychydig o filwyr yn y lle hwn yn bresenol', gan awgrymu bod yr 22ain Wisconsin yn gatrawd amddifad erbyn hyn.[41] Nid oedd llawer iawn iddynt boeni amdano chwaith gan fod 'pob peth yn dawel yn y cylchoedd hyn yn bresenol' gyda dim ond 'ychydig iawn o'r gelynion' yn y cyffiniau.[42] Er na fyddai'r milwyr Cymraeg yn ymuno mewn unrhyw frwydr yn y dyfodol agos, ymfalchïa'u cadben yn yr 'amddiffynfeydd ardderchog' yr oedd ei gydfilwyr Undebol wedi'u hadeiladu: yn ogystal â nodi bod 'yma 13eg o *Forts*, heblaw *Breastworks* am filldiroedd', cyfieitha sylw'r cadfridog Undebol, William Rosecrans 'nas gallai yr holl *Southern Confederacy...* [yrru'r Undebwyr] allan o honynt.'[43]

Gyda chymaint o amser hamdden – ac o gofio'r amgylchiadau nad yw'n eu rhannu â darllenwyr *Y Drych*, sef y ffaith ei fod wedi'i amddifadu dros dro o'i awdurdod ac felly heb unrhyw ddyletswyddau – penderfynodd Owen Griffith deithio i le yn y rhan honno o Tennessee yr oedd wedi'i weld yn ystod y daith erchyll honno i'r carchar:

Aethum y dydd o'r blaen i Tullahoma, lle y bum dri mis yn ôl ar y daith trwy *Dixie*. Yr oedd gwahaniaeth mawr yn fy sefyllfa a'm teimlad y tro hwn rhagor y tro o'r blaen, ond wfft y gwahaniaeth yn ngolwg y lle: yr oedd y *rebels* wedi bod yn gwersylla yma cyhyd, ac wedi gwneyd gwaith ofnadwy o'r lle; nid wyf yn meddwl fod yr un teulu yn byw yn y pentref; yr holl dai yn weigion ond y rhai hyny yr oedd ein milwyr wedi cymeryd meddiant o honynt; y ffenestri wedi eu tori, a'r *fences* wedi eu tynu i lawr a'u llosgi.[44]

A'r milwyr deheuol wedi gwneud y ffasiwn ddifrod ym mhentref Tullahoma, cyffesa fod ei gydfilwyr gogleddol yn parhau i'w ddinistrio: 'Nid yw yn debyg y gwnaiff ein milwyr ni arbed llawer ar y lle.'[45]

Un thema sy'n codi'n aml yn llenyddiaeth Gymraeg Rhyfel Cartref America yw'r gwahaniaeth rhwng yr hyn a wêl y milwyr ac anallu sifiliaid yn y gogledd pell i 'ddirnad' realiti rhyfel. Yn aml iawn mae ysgrifau o'r fath yn canolbwyntio ar y profiadau a ddaw i ran milwr ar faes y gad, ond mae Owen Griffith yn tynnu sylw at yr agendor rhwng y sifiliaid a'r milwyr wrth ddisgrifio chwalfa'r pentref hwn yn ne Tennessee.

> Nis gall y rhai hyny sydd gartref ddirnad y dinystr a'r difrod y mae y rhyfel yn ei wneyd yn y wlad hon: nid oes na *fence* na dim arall braidd i'w gweled am filldiroedd oddi amgylch pob man y mae y fyddin wedi bod yn gwersyllu, ond pob peth wedi eu llosgi; gwae i dy os bydd yn wag, os gwel y milwyr un bwrddyn wedi ei dynu neu yn rhydd, bydd wedi ei dynu i lawr yn llwyr cyn pen dwy awr. [46]

Ac yntau wedi treulio blynyddoedd yn gweithio fel clerc mewn nifer o fusnesau, ceisiodd asesu peth o'r difrod hwn mewn termau ariannol: 'mae amryw o adeiladau da gwerth o fil i ddwy fil o ddoleri wedi cael eu tynu lawr yn y lle hwn[.]'[47]

Nid disgrifio lonydd a chyflwr pentrefi Tennessee yw'r unig beth dan sylw yn y llythyr a ysgrifennodd Owen Griffith tua diwedd mis Gorffennaf 1863. Poena o hyd am y *deserters* yr oedd wedi'u trafod yn ei lythyr diwethaf, gan ailadrodd yr 'hanes am dri o Gymry, y rhai a aethant adref wrth fyned o Annapolis... i St. Louis[.]'[48] Ar ôl rhoi enwau'r tri eto – Richard R. Jones, Morris O. Davis ac Evan J. Lewis – mae'n atgoffa'i ddarllenwyr o gnwd arall o dri gwrthgiliwr a ddiflanasai o rengoedd ei gwmni yn Kentucky, sef Evan G. Roberts, Thomas Hall, a Samuel J. Thomas.

> Rhoddaf wobr o ugain dolar yr un i bwy bynag a rydd un
> neu yr holl o honynt yn ngafael swyddog y sir fel y gallwyf
> gael gafael ynddynt. Y mae Samuel J. Thomas wedi bod yn
> Berlin, Wis[consin], pa le mae yn bresenol nis gwn. Clywais
> fod Richard R. Jones wedi myned i'r Hen Wlad. Nid peth
> hyfryd yw cyhoeddi ffaeleddau fy nghyd-genedl, ond y mae
> cyfiawnder tu ag at y rhai ffyddlon yn galw am hynny.[49]

Nid bychan oedd y swm a gynigiai i ddarllenwyr *Y Drych*, o ystyried mai $115.50 y mis oedd cyflog cadben ym myddin yr Unol Daleithiau.[50] Mae'r ffaith na ddaethpwyd o hyd i dystiolaeth arall am ffawd y chwe *deserter* yn awgrymu'n gryf nad Richard R. Jones oedd yr unig un ohonynt i ddianc i'r Hen Wlad.

Fel y gwelwyd ym mhennod 3, roedd y 'pennau copr' neu'r *'peace Democrats'* ymhlith cas bethau milwyr Cymraeg eraill Cwmni F. Felly roedd Owen Griffith wedi bod yn dilyn ymrafael yn *Y Drych* ynghylch cwpl o bennau copr Cymraeg yn swydd Waukesha, Wisconsin. Gan fod y sir honno'n ffinio â sir Racine, ac yn enwedig o gofio bod nifer o Gymry'r *Cambrian Guards* o Waukesha, roedd gan y cadben ddiddordeb neilltuol yn y dadleuon hyn am sifiliaid a gyhuddid o danseilio achos rhyfel yr Undeb.[51]

> Gwelais amddiffyniad i Mr. David Roberts, Genessee, Swydd
> Waukesha, yn y DRYCH, Gorph. 11eg, gan Mr. Hugh O.
> Rowlands; nid wyf yn adnabod yr un o'r ddau, ond y mae
> ffeithiau wedi dyfod i'm meddiant a ddengys Mr. David
> Robets yn ei liw ei hun, sef ei fod yn *Gopperhead* o'r rhyw
> waethaf, os nad yn euog o fradwriaeth yn erbyn y wlad.[52]

Rhaid bod Owen Griffith wedi derbyn gohebiaeth gyda gwybodaeth a'i galluogai i gysylltu un o ddefaid duon ei gwmni ag un o'r dynion yng nghanol y ddadl ar dudalennau'r papur newydd Cymraeg. Ar ôl cyflwyno sylw cyffredinol yn gyntaf yn dweud 'fod dynion sydd yn anog ein milwyr i ddianc... yn euog o gynorthwyo gelynion ein gwlad', mae'n amlygu'r cysylltiad tybiedig rhwng un o'r gwrthgilwyr a'r pen copr drwgenwog:

> Nid oes genyf ddim amheuaeth nad Mr. D.R. ddarfu berswadio Richard R. Jones i *ddesertio* a myned i'r Hen Wlad, (pa le y dywedir ei fod wedi myned); dywedir hefyd fod D.R. wedi bod yn cadw *deserters* yn ei dy pan y gwyddai yn eithaf da eu bod yn *ddeserters* ar y pryd. Y mae R.R. Jones yn perthyn i Mr. D. R. Yn awr os gwna anog rhai nad ydynt yn perthyn iddo pa faint mwy ei berthynasau. Gwn fod y rhai hyn yn haeriadau cryfion, ond nid ydynt yn cael eu gwneyd mewn anwybodaeth; gallaf brofi yr oll, ac os bydd galwad am hynny yr wyf yn barod i wenyd, a hynny trwy'r llys gwladol, neu filwrol.[53]

Gan fod Hugh O. Rowlands – yn y llythyr a gyhoeddwyd yn *Y Drych* – wedi ceisio gwadu mai bradwriaeth oedd ymddygiad y Democrat David Roberts, rhydd y Gweriniaethwr Owen Griffith ddatganiad syml: 'mae y Copperheads i gyd yn perthyn i'r blaid hono, ond nid yw y *Democrats* i gyd yn *Gopperheads*.' Ychwanega fod 'llawer o *Ddemocrats* yn y fyddin', cyn pwysleisio bod 'gwahaniaeth rhwng y rhai hyn' a'r *peace Democrats* a oedd o blaid dod i delerau heddwch â'r Deheuwyr a fyddai'n hollti'r Undeb a chadw'r drefn gaeth yn ei lle.[54]

Roedd consgriptio yn dechrau yn y gogledd er mwyn llenwi rhengoedd a deneuid gan ddwy flynedd o ryfel. Nid Owen Griffith oedd yr unig filwr a gredai fod y pennau copr yn helpu dynion i osgoi'r drafft yn ogystal â chynorthwyo milwyr a wrthgiliai o'r fyddin. 'Clywais fod rhai yn Genessee am wrthwynebu y drafft', noda'r cadben, gan ensynio bod 'Mr. D. R. yn un o'r rhai hyn'. Gan ein sicrhau nad ef oedd yr unig filwr Cymraeg o Wisconsin a goleddai'r ffasiwn gasineb at y pennau copr a'r rhai a geisiai osgoi'r drafft, mae'n nodi bod ganddo 'rai bechgyn o swydd Waukesha' yn ei gwmni 'a garent yn fawr fyned yno i *enfforcio* y drafft a byddwn o'm calon yn barod i'w harwain.'⁵⁵

Ers dechrau hanes y wasg gyfnodol Gymraeg Americanaidd, bu'n gyfrwng hollbwysig er mwyn creu cymuned Gymraeg ar lefel genedlaethol yr Unol Daleithiau trwy rannu newyddion o wahanol ardaloedd a thrwy adael i Gymry America gynnal trafodaethau am grefydd, diwylliant, a gwleidyddiaeth trwy gyfrwng eu mamiaith. Roedd amgylchiadau'r Rhyfel Cartref yn golygu bod y swyddogaeth hon yn bwysicach hyd yn oed, gan fod milwyr Cymraeg a wasanaethai'n bell o'u cartrefi yn gallu troi at *Y Drych* a'r cyfnodolion Cymraeg Americanaidd eraill er mwyn cynnal perthynas â'u cymunedau cartref ac hefyd â'r Gymru Americanaidd yn gyffredinol. Gwelir yma fod y papur newydd Cymraeg yn gyfrwng i Owen Griffith arddel gwedd ymosodol ar y berthynas rhwng y milwyr a sifiliaid; mae'n cymell darllenwyr i ddychmygu'r cadben yn arwain nifer o'i filwyr Cymraeg yr holl ffordd adref i Wisconsin er mwyn defnyddio'u harfau nid i ymladd yn erbyn y gelyn ond i sicrhau bod dynion y dalaith yn ufuddhau i'r drafft.

Mae'r llythyr hwn yn amlygu gwedd hynod gadarnhaol ar swyddogaeth gymdeithasol y wasg gyfnodol hefyd. Wedi treulio tipyn o inc yn collfarnu'r *copperheads* a'r *deserters*, pwysleisia Owen Griffith ei fod yn troi at bwnc pur wahanol.

> Gair yn awr at *gyfeillion* y milwyr; gobeithio y gwnewch eich goreu tu ag at gynal breichiau y rhai hynny i fyny ag sydd wedi gadael eu cartrefi cysurus a myned allan megys a'u bywydau yn eu dwylaw i amddifyn iawnderau y Llywodraeth, ac i sicrhau rhyddid i bod dyn, du a gwyn. Calonogwch hwynt yn mhob modd a gweddiwch lawer drostynt. Nid oes dim yn lloni calon y milwr yn fwy na derbyn llythyrau oddiwrth y rhai sydd yn anwyl ganddynt; y maent yn fwy parod i syrthio i mewn i gael eu llythyrau nag ydynt i ymofyn eu bwyd; ysgrifenwch yn gyson.⁵⁶

Gwyddom yr hyn nad oedd y rhan fwyaf o'i ddarllenwyr yn ei wybod, sef bod Owen Griffith wedi'i atal o'i swydd dros dro gan orchymyn y Milwriad Utley i'w 'arestio'. Eto, er nad oedd ganddo'r hawl i gyflawni'i ddyletswyddau arferol yn ffurfiol, roedd yn poeni o hyd am les y milwyr a fuasai dan ei ofal tan yn ddiweddar. Gyda golwg ar bwysigrwydd llythyrau i ysbryd milwyr, mae'r cadben yn egluro'n fanwl fod 'amserau nas gall y milwr ysgrifenu yn gyson, yn enwedig pan y mae ar y daith' ac felly mae'n annog eu teuluoedd a'u cyfeillion i ysgrifennu'n gyson hyd yn oed 'os na fyddwch yn cael atebiad i bob llythyr.'

Rhydd gyngor ymarferol pwysig hefyd er mwyn helpu sicrhau bod milwyr Cymraeg Cwmni F yn derbyn digon o ohebiaeth.

> Cofiwch roddi ychydig o *stamps* yn eich llythyra, o herwydd mae yn anmhosibl cael *stamps* yn aml yn yr *Army*, ac yn enwedig y merched ieua[in]c, pa rai sydd ganddynt gariadau yn y fyddin, byddwch yn siwr o gofio hyn: Clywais am un dyn ieuanc a dalodd 5 cent am *stamp* er mwyn anfon llythyr i'w gariad[.][57]

Mewn brawddeg dyner ac annwyl, mae'n osgoi pechu cariadon ei filwyr trwy ddweud ei fod 'yn meddwl fod rhai' ohonynt yn 'gwneud hyn eisioes', gan ychwanegu canmoliaeth i'r merched hynny sy'n ffyddlon yn eu gohebiaeth:

> ... gwn nad oes eisiau anog y merched ieuainc i ysgrifenu yn aml, o herwydd wrth ranu y llythyrau byddaf yn gweled y llaw fenywaidd yn amlach nag yr un arall.[58]

Mae Owen Griffith yn gorffen y llythyr hir hwn trwy gyfeirio at 'y buddugoliaethau y mae byddinoedd yr Undeb wedi eu cael yr wythnosau diweddaf' a dweud ei fod yn gobeithio felly y 'bydd y milwyr yn cael myned adref i fwynhau cymdeithas eu cyfeillion, a'u perthynasau[.]'[59]

Yn sicr, gyda brwydr Gettysburg a chwymp Vicksburg ar

ddechrau mis Gorffennaf 1863 roedd yr Undeb wedi ennill dwy fuddugoliaeth fawr a esgorodd ar deimlad bod y rhyfel wedi troi o'u plaid o'r diwedd. Ond rhaid bod gan Owen Griffith deimladau cymysg iawn pan ysgrifennodd y geiriau hyn ar ddiwedd y trobwynt hwnnw o fis, gan fod ffawd ei gatrawd mor ansicr a'i ddyfodol ei hun heb ei benderfynu eto gan yr awdurdodau milwrol. Gadawodd caplan y gatrawd, y Parch. Caleb Pilsbury, ar ddiwedd y mis hwnnw. Cyhoeddwyd llythyr yn y *Racine Advocate* a ysgrifennwyd ar 31 Gorffennaf 1863 gan filwr a ddefnyddiai'r ffugenw 'Inkdrop': *'our worthy chaplain has parted from the gallant 22d,'* meddai, gan ychwanegu '[h]e *has our best wishes.'*[60] Roedd yn gyfle i dynnu'r milwyr ynghyd mewn ysbryd cyfeillgar:

> Sunday he preached his farewell sermon. The regiment turned out *en masse*. He gave a very spirited sermon, dwelling upon the many scenes we had witnessed and gone through with us[.][61]

Dywed cofrestr y gatrawd mai salwch oedd y rheswm dros ei ymddiswyddiad, ond mae'n bosibl iawn bod diflastod yr helyntion gwleidyddol mewnol wedi dylanwadu ar benderfyniad y caplan i ymadael hefyd.

A'r 22ain Wisconsin yn sownd ym merddwr ei phroblemau ei hun, ni ddigwyddodd rhyw lawer iddi yn ystod y mis canlynol ac nid oes ysgrif na llythyr gan un o'i milwyr Cymraeg wedi goroesi o'r cyfnod tawel hwn yn ei hanes. Dechreuwyd cynnal achos yr Is-filwriad Edward Bloodgood mewn llys marsial ym Murfreesboro ar 31 Awst 1863. Byddai'r achos yn parhau am agos at dair wythnos.[62] Mewn llythyr a ysgrifennodd Harvey Reid at ei dad ar 4 Medi 1863 mae'n disgrifio'r modd yr oedd holl sylw'r holl wersyll wedi'i hoelio arno: *'Everything else is absorbed in the excitement of Lieutenant Colonel Bloodgood's trial by Court-Martial*[.]*'*[63] Yn debyg i Owen Griffith a'r swyddogion eraill a arwyddasai'r ddeiseb yn erbyn y Milwriad Utley, awgryma Reid fod y milwyr cyffredin yn cefnogi

Bloodgood ac yn credu bod y cyhuddiadau yn ei erbyn yn *'downright perjury'*.⁶⁴

Cofir bod Harvey Reid yn glerc yn *headquarters* y gatrawd ac felly â chyfle i arsylwi ar lawer o'r digwyddiadau hyn o safbwynt llygad-dyst. Roedd ganddo ddigon o bapur, inc ac amser hamdden i gofnodi llawer o'i sylwadau answyddogol ei hun hefyd. O safbwynt hanes milwyr Cymraeg y gatrawd, y sylwadau mwyaf diddorol a ysgrifennodd Reid yn ystod y cyfnod yng ngwersyll Murfreesboro yw rhai am Owen Griffith:

> Capt Owen Griffith, Co F., is a Welshman, formerly clerk in Lee & Dickson's store. His principal fault is that he is very passionate and quick-tempered. During the first 10 months of our service he made many enemies in his company and in the regiment by his foolish speeches and conduct when in a passion but ever since we have been in Murfreesboro he has been constantly gaining. He is really kind-hearted, and is more familiar with the men than almost any of our other officers. There was a strong prospect of him becoming Senior Captain, and consequently, Major, about the time Bloodgood was dismissed, and the Regiment would have been well satisfied with the promotion if it had taken place.'⁶⁵

Yn gyntaf, er bod y cadben wedi byw ei holl fywyd yn yr Unol Daleithiau – ac yn wir, er nad oedd wedi ymweld â Chymru erioed – mae'n ddiddorol bod yr awdur hwn yn cyfeirio ato fel *'a Welshman'*. Rhaid casglu bod y Gymraeg a siaradai'r cadben â'r rhan fwyaf o filwyr ei gwmni wedi'i labelu'n 'Gymro' ym marn cydfidlwyr di-Gymraeg fel Harvey Reid.

Mae asesiad Reid o gymeriad y Cymro Americanaidd – sef y sylw ei fod yn *'very passionate and quik-tempered'* – yn cyd-fynd â naws yr hyn a ysgrifennodd Owen Griffith am gaethwasiaeth, talaith Kentucky, 'pennau copr' Wisconsin a gwrthgilwyr ei gwmni. Fel y gwelwyd ym mhennod 3, roedd barn Harvey Reid am gaethweision a chaethfeistri Kentucky yn wahanol iawn i safbwynt y diddymwr Owen Griffith, ac felly mae'n bosibl iawn fod a wnelo'r agendor ideolegol hwn â barn y clerc am *'foolish speeches and conduct'* y cadben pan oedd *'in a passion'*. Ond mae hefyd yn ddiddorol gweld bod Reid wedi dod yn hoff o'r 'Cymro' er gwaethaf y gwahaniaethau ideolegol hyn a'i fod yn credu y gallai Owen Griffith fod wedi dringo i reng uwch yn hawdd... pe na bai wedi pechu'r Milwriad Utley.

Rhaid bod Owen Griffith yn teimlo'n gynyddol ddiymgeledd yng nghanol perygl gwleidyddiaeth fewnol y gatrawd. Ymddiswyddodd ei brif is-gadben ef, Nelson Darling, ar 7 Medi 1863.[66] Roedd Darling wedi bod yn cwyno am ei iechyd, ac mae'n bosibl iawn mai salwch difrifol oedd ei reswm dros ymadael â bywyd milwrol. Ond mae hefyd yn bosibl ei fod wedi cael hen ddigon o ddiflastod bywyd mewn catrawd a lethid gan y tensiynau gwleidyddol hyn.[67] Dyrchafwyd yr ail is-gadben, Robert T. Pugh, i'r rheng uwch ar ôl i Darling ymddiswyddo.

Er bod Utley wedi cyflwyno'r cyhuddiadau ffurfiol yn erbyn Bloodgood, cylchredai sïon mai prif swyddog y frigâd, y Milwriad Coburn, a oedd y tu ôl i'r holl achos, gan ei fod yn gobeithio cael ei ddyrchafu'n gadfridog a bod rhaid iddo sicrhau na châi'r bai am drychineb brwydr Thompson's Station pan gipiwyd cymaint o'i filwyr yn garcharorion:

> The general opinion in the regiment now is that Colonel Coburn is at the bottom of this prosecution. He has been nominated for a Bridadiership but never can be confirmed until he can throw the blame of the Thompson's Station affair off his shoulders, and he is trying to throw it all onto the 22d and Colonel Bloodgood, while Colonel Utley is too big a fool to see that he is being made a tool of for this purpose.[68]

Gyda theori ynglŷn â chynllwyn o'r fath yn destun trafod, daeth yr achos i ben o'r diwedd ar 19 Medi. Cafwyd Edward Bloodgood yn euog o'r cyhuddiadau, ond byddai'n rhaid i awdurdodau milwrol uwch gadarnhau barn y llys marsial cyn traddodi dedfryd yn derfynol.

Gyda sylw milwyr y gatrawd wedi'u hoelio gan y ddrama fach yn eu gwersyll ger Murfreesboro, Tennessee, roedd y rhyfel yn mynd rhagddo hebddynt. 19 Medi 1863 oedd yr ail o dri diwrnod brwydr fawr Chicamauga, tua 110 milltir i'r de o wersyll yr 22ain Wisconsin ac ychydig dros y ffin rhwng Tennessee a Georgia. Rhwng lladdedigion, clwyfedigion a milwyr wedi'u cymryd yn garcharorion, byddai'r Undeb yn colli dros 16,000 o ddynion erbyn i'r frwydr waedlyd hon orffen y diwrnod canlynol. Er bod colledigion y gwrthryfelwyr yn fwy, roedd yn fuddugoliaeth i'r deheuwyr. Bu'n rhaid i luoedd yr Undeb fynd yn ôl dros y ffin i Chattanooga, Tennessee. Daeth y gwrthryfelwyr ar eu holau, gan ddechrau gwarchae'r dref honno.

Y cwbl o frwydr fawr Chicamauga a welai milwyr y *Cambrian Guards* oedd llifeiriant o glwyfedigion yn teithio heibio ar eu ffordd i ysbytai yn y gogledd, y rhan fwyaf ohonynt ar y trenau. Y cwbl a gofnododd Rowland J. Edwards am y cyfnod hwn oedd stori am un o'i gyfeillion agosaf, y cyw gweinidog Edward Ellis. Edmygid y brodyr Ellis gan filwyr Cymraeg eraill y gatrawd gan eu bod yn 'arwain buchedd uwch cyraedd pob awgrymiad diraddol' er gwaethaf y ffaith nad oedd llawer 'o luddiannau (*restraints*) moesol' ar filwyr fel rheol. Yn ogystal, roedd yr Ellisiaid yn arddangos '[g]wroldeb milwrol a theyrngarwch diamwys i ddyledswyddau milwr.'[69] Ond pwysleisia Rowland Edwards 'nad oedd gan yr Ellisiaid fawr o dalent i wneyd arian.'[70]

> Cofiwyf yn niwedd y flwyddyn 1863 fod ein catrawd, yr 22ain Wisconsin, yn Murphysboro [sic], Tenn., ar y ffordd i Chichamauga, lle'r oedd brwydr waedlyd wedi ei hymladd, ac yr oedd y trenau yn llwythog o'r clwyfedigion yn awchus am ffrwythau o ryw fath i'w bwyta. Yr oedd Edward Ellis yn llawn o anturiaeth, a dywedodd wrthyf, os rhoddwn bum' doler iddo, y gallasai brynu baril o afalau a'u gwerthu am

bum' cymaint a'u cost, a gwneyd arian. Rhoddais y pris iddo. Aeth Ed. i gwrdd y tren i wneyd busnes mewn afalau. Ar ddiwedd y dydd, pan ddychwelodd, gofynais iddo am ffrwyth yr anturiaeth. Atebodd: 'Gallaswn werthu deg baril i'r creaduriaid tlodion, mor awchus oeddynt, ond nid oedd ganddynt un sent i dalu, a rhoddais yr afalau iddynt yn rhad. Nis gallaswn eu gwadu. Dyna lle'r aeth dy bum' doler, Roley.'[71]

Ac felly mae stori ddigrif am anallu Edward Ellis i wneud arian yn troi'n anecdot sy'n profi bod y Bedyddiwr ifanc wedi 'arwain buchedd uwch' yn y fyddin. 'Yr oedd genyf fwy o feddwl o Ed. o lawer na phe buasai ganddo ddeg cymaint o enillion i'w rhanu' yw'r modd y mae'r Methodist Rowland J. Edwards yn crynhoi neges y stori am ei gyfaill. [72]

Aeth *sergeant major* y gatrawd, Evan O. Jones, yn wael iawn ei iechyd tua'r un adeg. 'Pan yn gwersyllu yn Murfreesboro, ymosodwyd arno gan afiechyd difrifol, yr hwn a lynodd wrtho am amser maith[.]'[73] Yn debyg i Elias J. Prichard a John M. James, roedd y gŵr a aned yn y 'Parliament' yn ymyl senedd-dy Glyndŵr ym Machynlleth wedi ennill enw iddo'i hun fel cerddor talentog yn Racine cyn ymrestru yn y fyddin. Ond yn wahanol i'r ddau arall, ni wasanaethai'r 'tenorydd mwyn' fel cerddor yn y gatrawd. Diolch i'r ffaith bod Owen Griffith wedi sylwi ar ei allu, bu Evan Jones yn ganolog i strwythur rheolaeth y *Cambrian Guards* yn rhinwedd ei waith fel prif ringyll y cwmni. Ac wedyn bu'n allweddol i drefn yr holl gatrawd ar ôl iddo gael ei ddyrchafu'n *sergeant major*. Roedd helyntion gwleidyddol mewnol y gatrawd a diffyg dyletswyddau o bwys a allai hoelio'u sylw wedi troi milwyr yr 22ain yn fagad o ddynion afreolus a digalon. Nid oedd y ffaith bod rhingyll pwysicaf y gatrawd yn wael wedi helpu chwaith.

Ar 31 Hydref 1863 y daeth dyfarniad terfynol yn achos llys marsial yr is-filwriad; cadarnhawyd penderfyniad y llys ac felly diswyddwyd Edward Bloodgood.[74] Roedd Coburn ac Utley wedi ennill. Aeth y cyn-swyddog Bloodgood i Washington, D.C., er mwyn lobïo'r ddau Seneddwr o Wisconsin i gefnogi'i apêl yn erbyn y ddedfryd. Ymddengys fod y cyn-gaplan Caleb Pillsbury wrthi'n lobïo ar ran Bloodgood mewn gwahanol gylchoedd yn Wisconsin ar yr un pryd.[75]

Y diwrnod yr ymadawodd eu his-filwriad, aeth y swyddogion a oedd wedi'u harestio gan Utley ati i weithredu eto. Wedi gweld beth a ddigwyddodd i Bloodgood, nid oedd ganddynt obaith y caent gyfiawnder gan lys marsial y fyddin, ac felly ysgrifennodd nifer ohonynt lythyr at lywodraethwr talaith Wisconsin gyda deiseb yn galw arno i ddiswyddo Utley. (Rhaid cofio mai'r llywodraethwr oedd yr awdurdod a roddai gomisiwn i swyddog a wasanaethai yn un o gatrodau talaith y llywodraethwr hwnnw.)

Yr enw cyntaf ar y ddeiseb hon yw ' Owen Griffith, Capt., Co. F'. Yr ail yw 'Robert T. Pugh, 2nd Lt., Co. F.'[76] Awgryma hyn fod y ddau swyddog Cymraeg yn arwain yr ymgyrch ac felly mae'n rhaid eu bod wedi helpu dewis geiriau'r llythyr.

> The line officers of this regiment have learned with deep regret the decision of the General Court Martial in the case of Lieut. Co. Edward Bloodgood by which he is dismissed from the service of the United States. We cannot believe that a judgement by an unprejudiced tribunal based upon a careful review of the testimony in this case will endorse it. Our best judgment is... that the prosecution and the charges were not instituted for the good of the service and they have no other foundation than personal malice. We therefore ask that your Excellency will take such measures as in your judgement will be proper to obtain a reversal of this decision and to restore Lieut. Col. Bloodgood to his command[.][77]

Cyhoeddwyd y llythyr hwn mewn nifer o bapurau newydd Wisconsin hefyd; mae'n debyg iawn bod Owen Griffith, Bob Pugh a'r swyddogion eraill wedi anfon copïau at y wasg er mwyn creu trafodaeth gyhoeddus yn y dalaith a dwyn pwysau ychwanegol ar y llywodraethwr i weithredu.

3 Tachwedd 1863 oedd diwrnod yr etholiadau lleol yn

Wisconsin, a chafodd milwyr yr 22ain fwrw'u pleidleisiau yn eu gwersyll (h.y., y rhai a oedd yn ddinasyddion yr Unol Daleithiau; mae'n debyg bod ambell fewnfudwr diweddar yn y gatrawd nad oedd wedi cyflwyno'r gwaith papur angenhreidiol eto). Fel y noda Harvey Reid, roedd Owen Griffith yn goruchwylio'r etholiad:

> Tuesday, November 3d. Election day. As per previous notice I was called upon early this morning to act as one of the clerks of election. [...] A little before the time appointed, Captain Mead, Lieutenant Lawrence, and Sergeant Dickinson, Inspectors of Election, and Sergeant Adams and Harvey Reid, Clerks, went into Captain Griffith's tent and were duly sworn to perform their duties faithfully and so forth.'[78]

Roedd Owen Griffith a'r rhan fwyaf o swyddogion llinell eraill y gatrawd wedi'u 'harestio' gan eu milwriad am eu gwrthryfel yn ei erbyn, ond fel yr awgrymwyd uchod, mae'n well eu disgrifio fel dynion wedi'u hamddifadu o'u statws a'u hawdurdod dros dro. Eto, gwelir yn glir iawn fod Owen Griffith yn cyflawni o leiaf un swyddogaeth bwysig yn y gwersyll. Rhaid bod Utley wedi derbyn na fyddai'n bosib i ddim byd o gwbl ddigwydd pe na bai rhai o'r 22 swyddog a 'arestiwyd' ar ei orchymyn ef yn cael gwneud peth gwaith swyddogol ar rai adegau.

Ysgrifennodd milwr dienw at y *Racine Advocate* drannoeth yr etholiad gyda manylion y cyfrif ac felly fe'u cyhoeddwyd o dan y pennawd '*Election Returns from the 22d.*'[79] Gwelir nad oedd pleidleisiau milwyr unigol yn gyfrinachol wrth i'r mwyafrif a oedd yn Weriniaethwyr selog fynd ati i ddinoethi'r rhai a bleidleisiasai dros y Democratiaid a'u labeli'n 'fradwyr':

> Company E being the first from the left that contained a traitor, of course was the first to receive the show. We repaired, I must say in not very good order, or very quietly, to the nearest woodpile and selected a rail, well appropriated for

a Copperhead to grace, it being not the smoothest description,
and at once rallied on the aforesaid company.[80]

Yn debyg i'r modd y cwynai Owen Griffith yn ei ohebiaeth â'r *Drych* am 'bennau copr' o Ddemocratiaid yn Wisconsin, gwelir bod y milwyr yn ymddwyn mewn modd a oedd yn ceisio gorfodi unffurfiaeth wleidyddol. Roeddynt yn ymladd i achub yr Undeb – ac i ryddhau'r caethweision yn achos diddymwyr y gatrawd – ac roedd pleidlais yn erbyn yr arlywydd a'u harweiniai, Abraham Lincoln, yn cael ei gweld fel bradwriaeth yn erbyn eu hachos.

Our worthy traitor was soon found by the assistance of his
own mess-mates, and perched upon his treacherous seat,
with a massive crown composed of pasteboard with the word
Copperhead beautifully paitned upon it – with both hands
firmly grasping the rail... his bearers not being very steady
in their walk around the camp. After apologizing for his
foolishness in voting such a ticket, he was permitted to alight
from his high position and sneak into his dog tent.[81]

Dywed gohebydd y *Racine Advocate* fod y milwyr wedi chwilio am Ddemocrat arall yn eu plith i'w gosbi mewn modd tebyg – '[w]e next started for another candidate for a ride' – ond daeth swyddog i roi terfyn ar eu terfysg.[82]

Mae'n bosibl iawn mai Owen Griffith oedd y swyddog dienw hwnnw, ac yntau'n gyfrifol am y modd y cynhelid yr etholiad yn eu gwersyll, er ei fod yn Weriniaethwr tanbaid ac yn sicr yn cydymdeimlo â'r rhai a oedd yn erlid y 'pennau copr' hyn. Bid a fo am y fath ddyfalu, mae'n sicr bod y llythyrwr hwn wedi achub y cyfle i fynegi cefnogaeth i'r is-filwriad a oedd wedi ei ddiswyddo yn ddiweddar: '*It becomes us as a regiment to express our regret at the decision of our Lt. Col.'s court matial.*' [83] Yn wir, roedd 254 o'r 390 milwr cyffredin a oedd yn bresennol yn y gwersyll ar y pryd wedi arwyddo tysteb o blaid Bloodgood.[84]

Gyda milwyr yr 22ain Wisconsin yn ymladd y frwydr wleidyddol hon yn erbyn awdurdodau'r fyddin, llusgai gwarchae Chattanooga ymlaen tua chan milltir i'r de o'u gwersyll ym Murfreesboro. Llusgai salwch Rhingyll Evan O. Jones ymlaen hefyd. Nid oedd golwg gwella arno, ac felly, yn y diwedd 'gorfu iddo adael y fyddin a chafodd *'honorable discharge'*[.]' Roedd mor wael nes yr '[o]fnid mai marw y buasai cyn cyrhaedd ei gartref, ond dychwelodd yn fyw' i Racine.[85] Deuai newyddion da i'r gwersyll hefyd, gan fod nifer o wrthymosodiadau llwyddiannus wedi llacio gafael y gelyn ar Chattanooga. Gydag un arall – brwydr ddramatig uwchben y cymylau ar Fynydd Lookout ar 24 Tachwedd 1863 – roedd y gwarchae wedi'i dorri a'r fyddin ogleddol yn rhydd i symud dros y ffin i Georgia unwaith eto.

Er nad oedd yr 22ain Wisconsin yn rhan o frwydr Lookout Mountain, bu'n rhan o'r paratoadau, wrth i fyddin fawr y Cadfridog Sherman geisio croesi'r afon Tennessee er mwyn symud o gwmpas Chattanooga a thorri gwarchae'r gelyn. Yn ôl John R. Ellis,

> Pan groesodd y fyddin yr afon... daeth y Cadfridog Sherman at benaeth y peirianwyr, a gofynodd mewn pa faint o amser y gallai roddi pont dros yr afon. Atebodd yntau mai mewn tair wythnos. "Wel," meddai Gen. Sherman, "mae yn rhaid gwneyd math arall o bont." "Gwnewch y fath a fynoch," meddai yntau, "ond gofalwch am ei bod yn barod erbyn yr amser; cewch y nifer a ofynoch o ddynion." Felly awd yn mlaen i adeiladu y bont, nos a dydd. Torwyd coed hirion, a chodwyd hwy ar eu penau, a rhwymwyd hwy yn nghyd a rhaffau, fel rhyw scaffold ofnadwy, tri ugain troedfedd o uchder, a "gye ropes" i'w chadw rhag siglo, na syrthio dan y wageni.[86]

Un o gyfeillion John Ellis oedd **Tom M. Jones** o Waukesha, *teamster* a yrrai un o wageni'r cwmni. Cafodd yr anrhydedd – os dyna ydoedd – o fod ymysg y gyrrwyr cyntaf i groesi'r bont newydd.

Wel, Tom Jones oedd un o'r rhai cyntaf i fyned dros y bont hefo government wagon, a chwech o fulod o'i blaen, a phan welodd Tom y mul blaen yn cymeryd y bont, a'r bont yn ysgwyd danynt, cauodd ei lygaid yn sownd, a dechreuodd ddweyd ei bader. Pan orphenodd agorodd ei lygaid, a gwelai nad oedd wedi haner croesi. Cauodd ei lygaid yr ail waith, ac ail ddechreuodd ddweyd y pader, a daliodd i'w ddyblu a'i dreblu nes teimlodd yr olwynion yn disgyn oddiar y bont ar y lan draw. Haws dychmygu teimlad yr hen gomrade o Waukesha gyda y chwech mul yn yr awyr, na'i ddarlunio.[87]

'Hen gomrade iawn oedd Tom', meddai John Ellis am y gyrrwr, gan nodi'i fod fel rheol yn ymddangos 'mor naturiol' yn sêt ei wagen 'a phe buasai wedi tyfu yno', gan wneud yr olygfa ddoniol hon yn fwy doniol hyd yn oed.[88]

Erbyn canol y mis nesaf, roedd y gair ar led y byddai Owen Griffith, Bob Pugh a'r swyddogion eraill a gyflwynasai'r ddeiseb yn erbyn Utley yn wynebu eu llysoedd marsial eu hunain. Ysgrifennodd Harvey Reid ar 18 Rhagfyr 1863 iddo glywed y newyddion y diwrnod hwnnw:

> Charges are about to be preferred against every one of
> the officers who signed the petition for the reinstatement
> of Bloodgood, and they are to be arrested and tried
> separately[.][89]

Gwyddai'r holl wersyll fod Utley yn bwriadu cael gwared ar bawb a'i gwrthwynebai, ond ni chyflwynodd y milwriad y cyhuddiadau ffurfiol hyn yn syth. Pam na soniodd Owen Griffith am y sefyllfa hon yn *Y Drych*? Rhaid cofio nad yw pob rhifyn o bapur wythnosol Cymraeg America wedi goroesi; mae'n amhosibl dweud i sicrwydd nad ysgrifennodd Owen Griffith lythyr arall at olygydd y papur. Ond eto, nid yw'n syndod nad oes llythyr o'r fath wedi dod i law. Roedd y cadben Cymraeg wedi dyrchafu'i filwriad yn arwr gwrthgaethiwol ar dudalennau'r papur lai na blwyddyn yn gynharach, ac er ei fod bellach mewn ymrafael hynod wenwynig â phrif swyddog ei gatrawd, mae'n hawdd dychmygu na fyddai Owen Griffith am egluro holl hanes hyll ei newid agwedd i ddarllenwyr *Y Drych*.

Cyn hir byddai cyrch mawr dros y ffin i Georgia ac roedd paratoadau ar gerdded, gan gynnwys ymdrechion i lenwi rhengoedd y catrodau a fyddai'n cymryd rhan. Byddai'r drafft yn rhwydo rhagor o filwyr maes o law, ond ymunodd nifer o wirfoddolwyr â'r 22ain Wisconsin, o bosibl er mwyn gallu dal eu pennau'n uchel ac osgoi'r dirmyg a fwrid ar y consgriptiaid gan lawer o'r milwyr profiadol. Roedd pump o'r milwyr newydd a ymrestrodd yn y *Cambrian Guards* ar ddiwedd Rhagfyr 1863 a dechrau Ionawr 1864 yn siarad Cymraeg. Yn wir, roedd pob un wedi'i eni yng Nghymru. Saer coed oedd **Richard G. Roberts** a ymgartrefasai ym Milwaukee, Wisconsin. 18 oed ydoedd pan ymrestrodd. Bu **Albert J. Lewis**, 20 oed, yn byw yn Janesville, i'r gorllewin o Racine, ac yn gweithio mewn stabl gwesty yn gofalu am geffylau'r teithwyr. Ffermwyr oedd y tri arall ac roedd pob un ohonynt wedi bod yn byw yn Berlin, Wisconsin. Roedd **Joseph Davis** a **William R. Edwards** yn 18 oed. Er bod papurau ymrestru'r gwirfoddolion newydd yn nodi '*Wales*' yn ymyl pob un, rhoddir manylion ychwanegol yn ymyl yr enw olaf, ac felly gwyddom fod William R. Edwards wedi ymfudo i'r Unol Daleithiau o Dreffynnon yn sir y Fflint.

26 oed oedd yr olaf o'r ffermwyr hyn o Berlin, ac roedd ei enw'n gyfarwydd iawn i filwyr Cwmni F yn barod. **Evan E. Ellis** ydoedd, brawd hŷn John ac Edward Ellis, yr un a oedd wedi aros gartref i weithio ar y fferm ond a oedd bellach wedi gadael y gwaith hwnnw yn nwylo'u tad er mwyn ymuno â'r ddau frawd arall yn y fyddin. Aeth Evan yn syth i ganol y cylch agos hwnnw o gyfeillion y rhan fwyaf â'u gwreiddiau yn sir Feirionnydd – a gynhwysai Cadwaladr Pugh, Rowland J. Edwards, Dick Williams, John Bowen, David Davis a William Rowlands yn ogystal â'i frodyr, John ac Edward.

Er na fyddai'r gwirfoddolion newydd yn wynebu bedydd

tân ar faes y gad yn syth, roedd bywyd yn y gwersyll ym Murfreesboro yn ddigon digalon, gan fod y gaeaf hwnnw'n eithriadol o oer a salwch yn fygythiad parhaol. Wrth gwrs, rhaid bod yr hinsawdd yn ddiflas am reswm arall hefyd, gan fod rhai o'r swyddogion llinell a oedd yn disgwyl wynebu llys marsial wedi dechrau ymddiswyddo fesul tipyn.[90] Diwrnod cyffrous yn y gwersyll llwm oedd 4 Chwefror 1864 pan ddychwelodd Edward Bloodgood.[91] Roedd y gwaith lobïo yn Washington a Wisconsin wedi llwyddo, ond er bod ganddo lythyrau swyddogol yn egluro bod ei safle fel is-filwriad yr 22ain Wisconsin wedi'i adfer, gwrthododd Utley ei dderbyn nes clywed yn uniongyrchol gan yr awdurdodau gyda'i glustiau'i hun. Ac felly yn hytrach na chymryd pabell yn y gwersyll aeth Bloodgood i chwilio am lety ym Murfreesboro.[92]

Gyda strwythur rheolaeth y gatrawd mor ansefydlog, roedd y swyddogion heb gomisiwn hynny a oedd yn dal wrthi'n cyflawni'u dyletswyddau yn hollbwysig i hynny o drefn y gellid ei gynnal ar y pryd. Dyn a roddai sicrwydd o fath i filwyr Cwmni F oedd Thomas J. Davis (neu Davies), dyn a fuasai'n rhingyll o ddyddiau cynnar y *Cambrian Guards* ac a ddyrchafasai'n brif ringyll y cwmni yn ddiweddar. Er nad oedd ond 22 neu 23 oed ar y pryd, roedd y cyn-argraffydd o Racine yn '[d]awel, diymhongar, [a] boneddegaidd', ac yn arweinydd poblogaidd iawn.[93] Tystia'i hanes i hyfywedd y Gymraeg mewn rhai cymunedau yn yr Unol Daleithiau, gan fod ei dad wedi ymfudo'n blentyn o sir Drefaldwyn ond eto wedi magu'i blant yn siarad Cymraeg ar yr aelwyd yn America. Yn ogystal â siarad Cymraeg, roedd y Prif Ringyll Davis yn gallu ysgrifennu'r iaith yn rhywiog ac wedi helpu cynnal diwylliant print Cymraeg yr Unol Daleithiau yn rhinwedd ei swydd fel un o oruchwylwyr *Y Cyfaill o'r Hen Wlad*, misolyn ei enwad, y Methodistiaid Calfinaidd.

Erbyn dechrau mis Chwefror 1864 roedd y tywydd wedi newid, a blas o wanwyn cynnar wedi dod i gyffiniau Murfreesboro, Tennessee. Pan gafodd Prif Ringyll Cwmni F ychydig o amser hamdden, ysgrifennodd lythyr maith at ei ewythr yn swydd Oneida, Efrog Newydd. Ni wyddys pa ewythr; roedd tad y rhingyll yn un o ddeuddeg o blant, a'r rhan fwyaf ohonynt yn byw yn swydd Oneida, bro enedigol Thomas J. Davis ei hun.

Fy Anwyl Ewythr: Derbyniwyd eich llythyr gyda chryn radd o bleser. Yr oedd yn dda iawn genyf glywed oddiwrthych chwi a'r teulu. Ac yr wyf yn teimlo yn dra diolchgar i chwi am achub y blaen arnaf; oherwydd meddyliais lawer tro anfon atoch, ond ataliwyd fi, am nad oeddwn yn sicr o'ch cyfeiriad, (*address*).[94]

Yn debyg i sylwadau a welir mewn cynifer o lythyrau'r cyfnod, dywed ei bod yn dda ganddo glywed bod ei ewythr a'i deulu 'yn iach' ac mae'n cadarnhau ei fod yntau '[t]rwy diriondeb mawr yr Arglwydd... yn mwynhau iechyd da', gan ychwanegu bod '[p]ob peth' yn y gwersyll 'yn ffafriol er pob cysur', o leiaf 'cymaint felly ag y gallai milwr ei ddysgwyl[.]'[95]

Ceir wedyn dalp o ryddiaith Gymraeg hyfryd wrth i Thomas J. Davis ddisgrifio'r hinsawdd a'r amgylchiadau cyfnewidiol.

Mae y tywydd yma yn dyner iawn er's rhai wythnosau bellach; er ei bod wedi bod yn anghyffredin o oer tua'r gwyliau, ond byr iawn oedd ei barhad; fel mai o'r braidd y gallem amgyffred mai gauaf ydyw, a bod ein cartrefleoedd y pryd yma wedi eu hamgylchu ag anferth luwchfeydd o eira, a phob aber, afonig, a llyn, yn y cyffiniau wedi eu cau dan sel brenin y Rhew, a phob trafnidiaeth wedi eu harafu gan erwinder y tywydd. Tra yr ydym ni yn Tennessee, yn mwynhau awyr ddigwmwl, yr hwn a gynhesir gan belydrau adfywiol brenin y dydd, a'r adar mân yn ymbyncio eu carolau melysion [ar] bob llwyn a phren. Nid oes yn eisiau ond i'r meusydd wisgo eu gwerdd wisg gwelltog, a'r coed orchuddio eu brigau a'u gorchudd ddeiliog cynefin[.][96]

Ac yntau wedi symud i Wisconsin pan oedd yn ei arddegau cynnar, mae'n debyg nad oedd y milwr wedi cael cyfle i ailymweld â'i fro enedigol yn nhalaith Efrog Newydd. Fe ymddengys i hinsawdd a thirwedd Tennessee godi hiraeth arno am ei fro enedigol; dywed y gall 'gyffelybu y dyddiau hyn i lawer a dreuliais yn *Oneida Co.* yn mis Mehefin[.]'[97]

Mae'r prif ringyll yn troi at faterion mwy ymarferol wedyn, gan ddweud '[nad] oes dim wedi dygwydd yn y cylchoedd yma yn ddiweddar' er mwyn egluro pam '[nad] oes g[anddo] ddim newydd hynod i'w adrodd y tro yma.' Ond er bod y fyddin y mae'n perthyn iddi wedi bod yn segur am dipyn, dywed eu bod 'yn dysgwyl a chlustiau awyddus am glywed am ryw symudiad pwysig yn y [d]yddiau nesaf.' Rhydd syniad i ni ynglŷn â natur trafodaeth y milwyr yn eu gwersyll wrth iddynt ddisgwyl am y rhyfelgyrch nesaf.

> Y mae bron bawb y ffordd yma, ag sydd yn sylwi ychydig ar symudiadau a sefyllfa y wlad yn credu y bydd terfynu ar y rhyfel gwaedlyd yma cyn yr Hydref nesaf, a haera rhai y terfyna cyn hyny[.] Yr wyf finau yn dweyd Amen gyda nhw o galon.[98]

Mae'n edrych ymlaen at ddiwedd y rhyfel, ond pwysleisia nad yw ei ymroddiad wedi pylu: 'Er hyny, nid edifarhëais erioed ddyfod allan i wneyd fy ngoreu dros fy ngwlad.'[99]

Meddyliwr oedd Thomas J. Davis, ac roedd wedi bod yn meddwl yn ddwys am achosion y rhyfel. Mae darn nesaf ei lythyr yn darllen fel traethawd athronyddol sy'n dadansoddi hanfod Rhyfel Cartref America. Dechreua trwy ddweud bod ei ddadansoddiad wedi newid: 'Ond yr wyf wedi cyfnewid fy marn ychydig o barthed achos ag effaith y rhyfel.'[100] Yn debyg i ddiddymwyr eraill ei gatrawd, roedd wastad wedi cymryd mai caethwasiaeth oedd achos y rhyfel.

> Bum yn meddwl [yr] ach[o]si[d] yr anghydfod yma gan benboethder a brwdfrydedd *politicians* y De, am iddynt gael eu

Tensiynau Mewnol

gwrthod gan eu gwrthwynebwyr eofn i'r Gogledd; ac mae asgwrn y gynhen oedd y *caeth* druan.[101]

Felly, roedd y milwr wedi credu ar y dechrau mai gweithredoedd penodol gwleidyddion deheuol a oedd yn awyddus i gynnal y drefn gaeth oedd achos y rhyfel – dadansoddiad sy'n cyd-fynd ag asesiadau hanesyddol safonol heddiw. Nid yw Thomas J. Davis wedi newid ei farn am y ffaith sylfaenol bod perthynas rhwng caethwasiaeth a'r rhyfel; yr hyn sydd wedi 'cyfnewid' yn ei feddwl yw'r modd y mae'n gweld y berthynas honno.

Ond bellach amlwg iawn ydyw mae chwyldroad anocheladwy ydyw ymdrechfa anwrthwynebol rhwng cyfiawnder ac anghyfiawnder. Nid yw yn natur pethau i ryddid a chaethiwed fyn[d] ynghyd, mwy nag ydyw i ddwfr a than. Yr oedd yn anmhosibl gochelyd y gwrthdrawiad yma, heb i ryddid ostwng ei phen dan iau ormesol y caeth-ddeilwyr.[102]

Dyma fynd â ni o fyd gwleidyddiaeth ymarferol i ddull athronyddol o ddadansoddi'r Rhyfel Cartref fel gwrthdaro rhwng grymoedd uwch. Nid yw 'natur pethau' yn caniatáu 'i ryddid a chaethiwed' gydfodoli ac felly ni fyddai unrhyw weithredoedd gwleidyddol wedi galluogi'r wlad i osgoi'r 'gwrthdrawiad' hwn am byth. Roedd yn rhyfel yn erbyn caethwasiaeth, ond nid rhyfel yn unig ydoedd i'r Americanwr Cymraeg hwn, eithr 'chwyldroad anocheladwy' – chwyldro na ellir ei osgoi.

Gan gadarnhau unwaith yn rhagor ei awydd i barhau i ymladd, dywed y byddai derbyn 'iau ormesol y caethddeilwyr' yn '[pechu]... yn erbyn dynoliaeth', a bod rhaid 'sefyll dros gyfiawnder a rhyddid'. Er bod y safiad hwn yn golygu colli 'llawer o waed gwerthfawr', hon oedd 'y ffordd mwyaf anrhydeddus.' Llythyr personol at ei ewythr oedd hwn, nid datganiad cyhoeddus, ond eto teimlodd Thomas J. Davis fod rhaid iddo ddweud yn glir iawn unwaith eto ei fod

yn ymladd er mwyn diddymu caethwasiaeth am byth: 'Gwell
fyddai genyf i'r rhyfel bara dair blynedd eto, os rhaid nag i'r
Undeb gael eu hailsefydlu a'r gair lleiaf o gaethiwed o fewn
i'[w] chyfansoddiad.'[103]

Yn wahanol iawn i gyd-destun gwleidyddol cyfnod yr
22ain Wisconsin yn Kentucky, roedd Abraham Lincoln
wedi ieuo ymgyrch rhyfel yr Undeb yn ffurfiol â'r ymdrech
i ddiddymu caethwasiaeth erbyn hyn, ac er bod dros
flwyddyn wedi mynd heibio ers i'r arlywydd arwyddo'r
'Datganiad Rhyddid', cyfeiria'r prif ringyll ato fel pe bai'n
ddigwyddiad eithaf diweddar: 'Llawen genyf weled fod ein
Llywydd a'i gynghorwyr yn ymddangos yn amcanu cymaint
at ddiwreiddio ag ysgytio y pechod yma o'r wlad yn hollol.' Ac
yntau'n Gristion o argyhoeddiad, ac yn debyg i ddiddymwyr
crefyddol eraill, gwêl y milwr rym uwch y tu ôl i'r datblygiad
gwleidyddol cadarnhaol: 'mae yr Arglwydd yn llwyddo eu
hamcanion, iddo Ef y bo y diolch[.]'[104]

Dyma'r llythyr cyntaf a ysgrifennodd at yr ewythr hwn ers
iddo ymrestru yn y fyddin flwyddyn a hanner yn gynharach;
fel y dywed ar y dechrau, nid oedd yn gwybod cyfeiriad
newydd y teulu tan yn ddiweddar. Felly cyn cloi, mae Thomas
J. Davis yn crynhoi ychydig o'i hanes cyffredinol.

> Bum yn ffodus iawn trwy ymrestru yn y cwmni yma mewn
> llawer ystyr. Y mae tua dwy ran o dair i'r cwmni yn Gymry,
> a'r swyddogion bron i gyd yn Gymry. A['] r peth mwyaf o bwys
> ydyw, fod yma amryw o grefyddwyr selog[.][105]

Disgrifia'r golled a deimla'r milwyr Cymraeg hyn heb eu
capeli – 'wedi myned yn mhell o gyrhaedd eu dysgawdwyr,
cynghorwyr a phregethwyr yr efengyl' – gan bwysleisio nad
ydynt 'wedi anghofio galw ar enw y Duw byw' er gwaethaf
y pellter hwn. Er bod eu 'hamgylchiadau yma yn rhwystro
i gryn raddau gyraedd rheolaidd o foddion gras', mae'r
milwyr Cymraeg yn llwyddo i gynnal 'aml gyfarfod melus...
yn y fangre bellenig hon.' Roedd catrawd arall gyda nifer o

siaradwyr Cymraeg ynddi, yr 31ain Wisconsin, wedi ymuno â'r gwersyll yn ddiweddar, ac felly roedd yn haws bellach iddynt 'gadw cyfarfodydd gweddi yn lled gyson, ar ddydd Sul, a[c] unwaith yn [ystod] yr wythnos.'[106]

Gan ei fod 'yn cael byd mor gysurus' a'i 'iechyd mor dda' er gwaethaf '[c]aledfyd y milwr', mae'n diolch i'w 'rieni a chyfeillion' am eu 'gweddiau taerion' ac i Dduw am wrando ar y gweddïau hynny. Mae'n gorffen trwy gyfeirio unwaith eto at ei fro enedigol:

> Cyflwynwch fy serch gwresocaf i'm hen gyfeillion a'm cydnabod a holant am danaf yn sir Oneida. Carem yn fawr dalu ymwelaid a chwi yno, ond ofer yw ymson am hyny hyd nes y cyfnewid sefyllfa fy amgylchiadau o'r presenol.
> Yr Eiddoch, &c.,.
> Eich Nai.[107]

Ar ôl derbyn y llythyr hir a myfyrgar hwn, aeth ewythr Thomas J. Davis ati i'w anfon at William Rowlands, golygydd y cylchgrawn yr oedd ei nai wedi'i wasanaethu cyn y rhyfel, *Y Cyfaill o'r Hen Wlad*. Fe'i cyhoeddwyd, gan droi'r ohebiaeth bersonol yn destun llenyddol cyhoeddus, ac ymddangosodd gyda phennawd sy'n tynnu sylw at y cysylltiad rhwng y cylchgrawn a'r awdur: 'LLYTHYR ODDIWRTH FILWR Ac Un o Hen Oruchwylwyr y "CYFAILL."'[108]

Dridiau ar ôl i brif ringyll y *Cambrian Guards* ysgrifennu'r llythyr hwn at ei ewythr, derbyniodd cadben y cwmni, Owen Griffith, rybudd bod Utley wedi cyflwyno cyhuddiadau ffurfiol yn ei erbyn. Roedd wedi bod yn disgwyl a disgwyl, ond dyma'r fwyall yn disgyn o'r diwedd. Ac yntau wedi mynd yn hoff o'r cadben Cymraeg er gwaethaf y ffaith ei fod yn ei ystyried yn ddiddymwr penboeth, cofnododd Harvey Reid y newyddion:

> The past week has been an eventful one in the history of the Twenty Second Wisconsin. The Colonel has commenced

taking sweeping revenge on all the officers who have been opposed to him. The first that I knew of this intention, or at least that it had taken definite form was on Tuesday last. On Thursday the Colonel exhibited an order he had received from General Ward, that the line officers who had been opposing him might resign within four days and therefore avoid trial by court-martial. He then sent word to Captain Griffith, Company "F", and Burgess, Company "E", Adjutant Conrick and Lieutenant Kingman, Company "C", that charges against them were drawn, and they had permission to resign within four days – if not they would be prosecuted.[109]

Yn rhinwedd ei swydd fel clerc y gatrawd, roedd Reid wedi gofalu am y gwaith papur yn ymwneud â rhai o'r swyddogion gwrthryfelgar a ymddiswyddasai'n barod. Roedd mewn sefyllfa dda i bwyso a mesur y dewisiadau o flaen Owen Griffith a'r lleill. *'This was a hard question to decide'*, nododd, gan egluro bod ymddiswyddo yn ymddangos fel *'a tame submission'*, cyn rhestru'r holl ffactorau a oedd yn gwneud ochr arall y glorian yn drwm:

> ... on the other hand, if dismissed by Court Martial, they would probably lose all pay due them, they would be disqualified from holding office either civil or military in future[.][110]

Yn ogystal, gallai dedfryd yn eu herbyn mewn llys marsial olygu cyfnod mewn carchar – 'arest' go iawn, nid y math o driniaeth ysgafn yr oedd y gwrthryfelwyr wedi'i phrofi ers i Utley 'eu harestio'.

Ildiodd Owen Griffith o'r diwedd ac ysgrifennu llythyr yn ymddiswyddo ar 12 Chwefror 1864. Mae copi yn ei law ei hun wedi goroesi hyd heddiw yn archifau lluoedd arfog yr Unol Daleithiau. Mae'r frawddeg agoriadol wedi'i hysgrifennu ar draws nifer o linellau, gyda geiriau allweddol wedi'u tanlinellu fel hyn:

I respectfully beg leave to tender my unconditional and Immediate resignation as Capt of Company "F" 22nd Wisconsin V. I. because of constant disaffection among the officers of the Regiment.¹¹¹

Mae gweddill y llythyr byr hwn yn bodloni ystyriaethau ymarferol; mae'n tystio nad oes arno ddyled i'r Unol Daleithiau *'on account of clothing, camp or garrison equipage, quartermaster's, subsistence or ordnance stores'* gan ychwanegu nad oes *'Government property'* ganddo na all drosglwyddo'n syth *'when ordered'*.¹¹² Dywed nad oes cyhuddiadau yn ei erbyn a all effeithio ar ei gyflog ac mae'n cadarnhau nad yw wedi bod yn absennol heb ganiatâd erioed. Dywed hefyd mai ar 31 Hydref 1863 y derbyniodd ei gyflog ddiwethaf. *'My Post Office address [is] Racine, Wisconsin'* yw'r manylyn olaf a geir cyn y diweddglo (*'I am... Very Respectully Your Obedient Servant Owen Griffith Capt. Co "F" 22nd Wisc. V. I.'*).¹¹³

Nid oes cofnod gan un o filwyr Cymraeg Cwmni F a luniwyd adeg ymadawiad Owen Griffith. Byddai'r cerddor milwrol hwnnw, Elias J. Prichard, yn cyfeirio ato mewn llythyr at ei chwaer a'i frawd-yng-nghyfraith ymhen dau fis: '[mae] yn debyg eich bod wedi clywed fod Cpt. Griffith wedi resignio a myned adref[.]'¹¹⁴

Ymhen blynyddoedd lawer byddai John R. Ellis yn crynhoi'r amgylchiadau: 'Rhoddi ei swydd i fyny wnaeth ef o herwydd anghydfod gyda Col. Utley[.]'¹¹⁵ Yn ddiddorol ddigon, gwrthododd John Ellis fynegi barn am yr helynt: 'ond ni wnaf un sylw ar y mater hwn', meddai, a hynny 'gan na welais i ddim ond caredigrwydd ar law Capt. Griffith[.]'¹¹⁶

Roedd yn flwyddyn ofnadwy yn hanes Owen Griffith. Yn ogystal â chwerwder y modd y daeth ei yrfa filwrol i ben, daeth profedigaeth fawr i'w deulu gyda marwolaeth Fanny ar ddiwedd y gaeaf neu ar ddechrau'r gwanwyn hwnnw. Cyhoeddwyd englyn marwnad yn *Y Cenhadwr Americanaidd*.

Bedd Argraff Fanny Griffiths
Unig ferch y Capt. O. Griffiths, o'r 22 Gat. Wis.

Yn nychu gan wan iechyd – a phoenau:
   Bu Fanni am enyd:
   Buan ar haf ddydd bywyd
   I'r bedd, diangodd o'r byd.

              ARFONFAB[117]

Richard J. Owens oedd enw go iawn 'Arfonfab'. Roedd y bardd hwn yn byw yn Racine ac yn cyhoeddi cerddi Cymraeg achlysurol, y rhan fwyaf yn *Y Cenhadwr Americanaidd*.[118] Annibynnwr oedd Owen Griffith, a hwn oedd cylchgrawn ei enwad. Fel y nodwyd yn y bennod gyntaf, roedd yn adnabod golygydd y *Cenhadwr*, Robert Everett, oherwydd ei fagwraeth yn swydd Oneida.

Er bod Owen Griffith wedi ymadael, roedd gan y *Cambrian Guards* swyddog arall gyda chomisiwn a siaradai Gymraeg, sef Robert T. Pugh, a fu'n gwasanaethu fel prif is-gadben ers ymddiswyddiad Nelson Darling. Ond roedd Bob Pugh ymysg arweinwyr y gwrthryfel yn erbyn y Milwriad Utley hefyd. Yn wir, ysgrifennodd lythyr yn ymddiswyddo yn debyg i un Owen Griffith. Ond ni dderbyniodd Utley ymddiswyddiad *Lieutenant* Pugh.[119] Roedd yn swyddog profiadol, llwyddiannus a phoblogaidd, ac roedd gan y milwriad ddigon o synnwyr cyffredin i wybod bod rhaid dal ei afael ar ddynion a allai'i helpu i reoli'r gatrawd. Nid oes cofnod o'r trafodaethau a fu rhwng William Utley a Bob Pugh yn dilyn ymddiswyddiad Owen Griffith, ond mae canlyniad y trafodaethau hyn yn ddigon hysbys: dyrchafwyd Robert T. Pugh yn gadben Cwmni F. Yn debyg i gadben cyntaf y *Cambrian Guards*, roedd prif swyddog newydd y cwmni wedi'i eni yn yr Unol Daleithiau a'i fagu'n siarad Cymraeg. Er na fyddai llywodraethwr Wisconsin yn cadarnhau'r rheng newydd tan 5 Ebrill 1864, mae'n amlwg bod Bob Pugh wedi dechrau gweithredu fel cadben yn weddol fuan ar ôl ymadawiad Owen Griffith.[120]

Roedd angen dau *lieutenant* newydd hefyd. Codwyd Thomas J. Davis yn ail is-gadben a Robert Blair Jones yn brif is-gadben.[121] Felly, gydag ymadawiad Nelson Darling a'r dyrchafiadau hyn, am y tro cyntaf yn ei hanes roedd tri swyddog gyda chomisiwn y cwmni yn siarad Cymraeg. Gan fod dyrchafiad Thomas J. Davis wedi gadael lle'r prif ringyll yn wag, codwyd John Bowen i'r safle allweddol hwnnw.

Ond cymerodd hyn oll dipyn o amser. Dyrchafwyd Robert B. Jones cyn Thomas J. Davis, ac felly pan ysgrifennodd Elias J. Prichard at ei chwaer a'i frawd-yng-nghyfraith, roedd y naill wedi derbyn ei gomisiwn a dim sôn eto y byddai'r llall yn derbyn dyrchafiad tebyg. Roedd y cerddor milwrol yn flin.

> [mae] Rob Jones wedi cael commision yn 2nd Lut. yn ein Co. ni pan nad oeð ganðo ðim mwy o hawl ar y swydd nac syð genyf fi ond y mae ganðo ef Influentiel Christian Friends, na mi gymeraf beth o hynyna yn ol, hyny ydyw y Christian. influential wire pullers fel yr honarable W. W. Vaughan ar clique yr oedd Bob yn gwybod mai a Thos. J. Davis yr oedd y swyð yn perthyn ond gall dyn heb yr un egwyðor wneud y peth a fyno mae yn rhu ðrwg fod bachgan yn cael ei abusio gan rhiw wrachod fel efe. a yd[yw] efe ðim wedi bod yn Chicago yn dangos ei Shoulder Straps[.] Mae yn Splurgio oðeutu Racine yn fawr iawn wel rhaid i mi stopio ar y point yma.[122]

Dyma dystiolaeth fod Robert B. Jones wedi cael caniatâd i fynd adref hefyd, o bosibl er mwyn siarad â swyddfa'r llywodraeth a chadarnhau'r comisiwn, ond hefyd – yn ôl grwgnach Elias J. Prichard – i frolio'i ddyrchafiad.

Helyntion gwleidyddol mewnol yr 22ain Gatrawd o Draedfilwyr Wisconsin fu dan sylw yn y bennod hon, ond gwelir wrth gloi bod tensiynau gwleidyddol yng nghymuned Gymraeg fach Cwmni F hefyd. Fel yr awgrymwyd nifer o weithiau hyd yn hyn, roedd y gymuned fach hon wedi cynnal cysylltiadau â'r gymuned Gymraeg fwy yn Wisconsin yr oedd wedi deillio ohoni. Awgryma llythyr y cerddor Elias J. Prichard fod tensiynau a geid yn eu bywydau cyn ymrestru wedi dilyn y Cymry Americanaidd hyn i'r fyddin, ac mae gwleidyddiaeth y capel yn rhan o'r holl blethwaith. Nid enwadaeth ydoedd – gan fod Elias J. Prichard a'i berthnasau yn aelodau yn yr un capel â Robert Blair Jones, sef eglwys y Methodistiaid Calfinaidd Cymraeg yn Racine – ond gwleidyddiaeth fewnol capel unigol. Cyn y rhyfel, bu'r is-gadben newydd yn chwarae rhan yn nhrefniadau'r capel fel y nodwyd yn y bennod gyntaf. Yn ogystal, roedd ewythr Robert Blair Jones, William Vaughan, yn ddyn dylanwadol yn y capel penodol hwnnw ac yn yr enwad yn Wiscsonin yn gyffredinol. Roedd capel, teulu a busnes yn gorgyffwrdd, gan fod nai William Vaughan yn gweithio yn ei siop hefyd. Fel y gwelwyd ym mhennod 2, roedd y dyn busnes cyfoethog ymysg y rhai a areithiodd yn y cyfarfod rhyfel hwnnw yn Racine pan oedd Owen Griffith wrthi'n llenwi rhengoedd y cwmni newydd. Roedd Elias J. Prichard yn ymwybodol iawn o gysylltiadau dylanwadol y dyn a ddyrchafwyd yn is-gadben cyn ei gyfaill Thomas J. Davis. Awgryma'r llythyr ei fod yn disgwyl i'w chwaer a'i gŵr gydymdeimlo â'i sylwadau am '*Influential Christian Friends*' Rob Jones a deall y cyfeiriad at 'yr *honarable* W.W. Vaughan a'r *clique*'.

Roedd y Milwriad Utley dan straen; er bod y rhan fwyaf o'r swyddogion a godasai yn ei erbyn wedi mynd erbyn diwedd y gaeaf ac er iddo lwyddo i ddal ei afael ar Bob Pugh a llenwi bylchau eraill yn y gadwyn reolaeth gyda chyfres o ddyrchafiadau, roedd ei arch-elyn, Edward Bloodgood, wedi dychwelyd. Ac ar 5 Mawrth 1864 daeth gorchymyn i Utley gan yr awdurdodau milwrol uwch ei ben fod rhaid iddo dderbyn Bloodgood a gadael iddo ymgymryd â'i hen rôl fel is-filwriad y gatrawd eto.[123] Nid yw'n syndod bod William Utley yn cwyno am ei iechyd felly. Cafodd ganiatâd i fynd adref ym mis Mawrth 1864, a chafwyd drama fach ar un o strydoedd Racine pan ddaeth y cyn-gadben Owen Griffith ar ei draws.

Clywodd Harvey Reid yr hanes a chofnododd y stori gyda chryn awch:

> Capt. Griffith saw Col. Utley in Racine and we hear they had a rich time. Capt. G. called Utley a coward several times and told him that he dare not resent it.[124]

Mae'n amlwg felly fod Owen Griffith yn coleddu teimladau cryfion, ac felly mae'n biti nad oes cofnod o'r hanes o'i safbwynt yntau wedi goroesi. Ond awgryma'r anecdot hwn fod y Cymro Americanaidd yn barod iawn i daranu am yr helyntion a ddaeth â'i yrfa filwrol i ben ar ôl iddo ailymdaflu i fywyd sifiliad yn Racine. Ac yn sicr, ni allai ymatal bellach rhag ffraeo'n gas yn gyhoeddus â'r dyn yr oedd wedi'i ddyrchafu'n arwr yn ei lythyrau at *Y Drych*.

Bid a fo am iechyd y Milwriad Utley, roedd afiechydon yn parhau i ymosod ar filwyr cyffredin yr 22ain Wisconsin. Roedd y gatrawd wedi'i symud i Nashville, Tennessee, a nifer o'r cleifion mewn ysbyty milwrol yn y ddinas. Bu farw un ohonynt, **David Morris**, ar ddiwedd wythnos gyntaf mis Mawrth. Roedd y milwr Cymraeg hwn yn 26 oed pan ymrestrodd yn Racine ym mis Awst 1862. Cyhoeddwyd ysgrif goffa yn *Y Cenhadwr Americanaidd*:

> Mawrth 7, 1864, yn Post Hospital, Nashville, Tenn., DAVID MORRIS, mab Mr. Griffith Morris, Bridgewater, N.Y., yn 26 ml. oed, o'r clefyd poenus hwnw, sef *Typhoid Pneumo*.[125]

Roedd yr awdur, J.Ll. Davies o Milwaukee, yn adnabod rhieni'r ymadawedig ac yn amlwg wedi llythyru â nhw – o gofio'u bod yn byw cannoedd o filltiroedd o Wisconsin, yn nhalaith Efrog Newydd. Yn ogystal â mynegi'u galar mewn modd cignoeth ynghylch y ffaith bod eu mab wedi '[m]arw yn nghanol estroniaid, ac yn mhell iawn oddi cartref', noda fod David 'yn fachgen mor hynod o ddystaw a sobr,' ac felly cynigia J.Ll. Davies gysur i'w rieni wrth awgrymu 'ei fod wedi cael pob chware teg a allesid ei weinyddu iddo [yn yr ysbyty milwrol] ar y pryd.' Ond cofnoda eu sioc yn ogystal â'u galar hefyd: 'Yr oedd ei rieni yn teimlo yn ddrwg iawn pan gawsant y newydd galarus fod eu hanwyl fab wedi marw. Nid oeddent wedi clywed yr un gair ei fod yn wael.' Cyn cloi, mae'n cyfeirio at y ffaith bod David a'i gydfilwyr wedi bod yn garcharorion rhyfel: 'Cafodd yntau a'i gwmni eu tynu trwy beth o *burdan* Richmond.'[126] Eu camdriniaeth yng ngharchardai'r deheuwyr oedd y profiadau gwaethaf yr oedd y rhan fwyaf o filwyr y gatrawd wedi'u dioddef hyd yn hyn. Byddai hynny'n newid yn ystod y flwyddyn nesaf wrth i'r 22ain Wisconsin fynd ar ryfelgyrch mawr y Cadfridog William Tecumseh Sherman yn Georgia.

7
Rhyfelgyrch Sherman

YSGRIFENNODD ELIAS J. Prichard lythyr at ei chwaer a'i frawd-yng-nghyfraith yn Wisconsin ar 11 Mawrth 1864. Roedd yn bedwar diwrnod ar ôl i un o'i gydfilwyr, David Morris, farw o salwch, ac roedd y gatrawd yn dal yn Nashville. Mae'n dechrau ag amrywiad ar frawddeg sy'n dechrau llawer o lythyrau Cymraeg y cyfnod:

> Derbyniais eich caredig lythyr ers rhai dyðiau bellach ac yr oeð yn ða iawn genyf ei gael a chanfod ynddo eich bod yn iach a chysurus fel ac y mae yr ychydig linellau hyn yn fy ngadael inau yn bresenol.[1]

Gan fod y gatrawd wedi symud ychydig i'r gogledd o Murfressboro i Nashville – ac felly ychydig yn nes at Wisconsin – gwnaeth sylw ffraeth am ei gyfeiriad post newydd: 'Chwi welwch ein bod yn dy[f]od yn nês adref o hyd[.]' A'r geiriau 'dyfod adref' yn codi hiraeth, aeth rhagddo i fynegi gobaith y byddai'r rhyfel yn gorffen cyn hir ac yntau'n dod adref ar y trên i Chicago ac yna'n teithio adref i aros:

> [Y]r ydwyf yn gobeithio gweled y dyð y byðaf yn dyfod i Chicago a Jeff. Davis a'i Rebel crew wedi ei dymch[w]el o'r

wlad a garem oreu a'i taflu i riw le da hefo ei dad Satan a Ball & Chain wrtho rhwg iðo seceshio.²

Jefferson Davis oedd arlywydd Taleithiau Cydffederal y De, arweinydd y *'Rebel crew'* yn iaith chwareus Elias Prichard. Gydag ymadroddion Saesneg o'r fath yn britho gohebiaeth y cerddor Cymraeg, ceir argraff ei fod yn ysgrifennu fel yr oedd yn siarad. Mae'r ymwneud rhwng Saesneg Americanaidd a Chymraeg sir Gaernarfon yn ddiddorol hefyd. Y gair Saesneg am yr hyn yr oedd y taleithiau deheuol wedi'i wneud wrth ymneilltuo o Undeb yr Unol Daleithiau yw *secession*, ond y ferf yw *secede*. Cyfeiriai rhai siaradwyr Saesneg gogleddol at y gwrthryfelwyr deheuol ar lafar fel *'the secesh'*, ond enw ydyw, yn debyg i *secession*, nid berf. Yr hyn a ddeuai'n naturiol i Elias J. Prichard – ac i'w gydfilwyr Cymraeg, mae'n debyg – oedd creu berf Gymraeg, 'seceshio' allan o'r enw Saesneg tafodieithol, *'secesh'*.

Mae'r cyfuniad o obaith, hiwmor a gwladgarwch tanbaid yn fodd i ni ymgyfarwyddo'n well â phersonoliaeth Elias Prichard, wrth iddo ddweud bod 'Satan' yn 'dad' i arlywydd y *Confederacy*, a'i fod yn dymuno 'taflu' y tad a'r mab dieflig gyda'i gilydd i 'rywle' gyda *'Ball & Chain'* i'w cadw rhag rhwygo'r 'wlad a garem orau'. Gwelir rhagor o bersonoliaeth hwyliog y cerddor wrth iddo droi o'r materion pwysfawr hyn i ddisgrifiad o'i amgylchiadau presennol a'r hyn a wna gyda'i amser hamdden.

> Yr ydym yn Nashville ers pythefnos. Y mae yn lle nice iawn. Mae yma bob peth o dan haul neu ychwaneg am wn i i dynu arian allan oddi wrthym. Mae dwy Theatre un ceffyl yma ac y maent yn gwneud arian fel mwg. Mae pawb yn gwneud arian ond y soldiers.³

Gall y disgrifiad negyddol o'r ddwy theatr fach fel mentrau 'un ceffyl' fod oherwydd dylanwad y Saesneg a glywai hefyd, ond mae'n ddiddorol ei fod yn Cymreigio'r dull Americanaidd o siarad yn hytrach nag ysgrifennu *'one-horse theatres'*. Dywed fod rhai'n ennill '60 dollars y mis' yn y ddinas am 'waith Government', ac mae'n sôn yn fanylach am gostau byw yn Nashville.

Gan gymryd bod ei deulu am wybod pryd y caent ei weld eto, cyfeiria Elias Prichard yn nesaf at ei *'chances'* o gael caniatâd i fynd adref ar *'furlough'*.

> Y mae Grant wedi rhoi order allan i roi furloughs i 5 percent in corps ni sef y 11eg ac mae amryw am dyfod adref un o'r dyðiau nesaf. Mae John Jones yn un o honynt; mae yn disgwyl ei bapurau bob dydd. Yr ydwyf finau am drio dyfod yr haf yma os gallaf, ond mae fy chances i yn o slim oherwyð nad oes genyf yr un wraig, ond nid ydwyf yn trwblo llawer yn ei gylch, oherwyð byðaf yn sicr o ðyfod cyn pen blwyðyn a haner os y byðaf byw.[4]

Wedi dweud mewn modd chwareus yn gynharach yn y llythyr ei fod yn gobeithio dod adref cyn hir ar ôl i 'Jeff Davis a'i *Rebel crew*' gael eu trechu, mae'r cyfeiriad hwn at ddychwelyd yn fwy sobreiddiol. Roedd wedi ymrestru yn y fyddin am dair blynedd, ac felly hyd yn oed pe na bai'r Rhyfel Cartref ar ben ym mhen blwyddyn a hanner arall, byddai'n dod adref i Wisconsin 'os y bydd[ai'n f]yw.'

Rhaid mai John R. Jones yw'r milwr y mae'n ei enwi yma; roedd yn un o'r fintai fach gyntaf a ymrestrodd gydag Owen Griffth ar 9 Awst 1862, dridiau cyn y cyfarfod rhyfel cyhoeddus yn Racine. Er nad yw Elias J. Prichard yn enwi'r dynion dan sylw, mae'n disgrifio ffawd rhai o'r gwirfoddolwyr newydd:

> Yr ydym wedi cael amryw o recruits y gauaf yma ac y maent yn dechreu ei chael yn o galed yr ydym wedi colli pump neu chwech yn barod ac y mae llawer ohonynt yn sal.[5]

Roedd yr hynaf o'r brodyr Ellis, Evan, yn un o'r *'recruits'* newydd hyn; nid yw'r holl lythyrau ac ysgrifau a luniwyd gan ei ddau frawd a'i gyfeillion yn awgrymu'i fod yn dioddef ac felly rhaid ei fod wedi goroesi'r gaeaf yn iawn (o bosibl yn ddiolch i'r ffaith iddo ymdreiddio'n syth i gylch o filwyr profiadol pan ymunodd â'r gatrawd).

Dywed Elias Prichard nad oes ganddo 'ddim ychwaneg i ysgrifennu y tro hwn felly rhaid i mi derfynu', cyn cofio cwpl o bethau ychwanegol a pharhau i ysgrifennu. Rhaid bod y cerddor wedi gofyn i'w chwaer a'i gŵr fynd at John Schuster, arwerthwr cerddoriaeth yn Wisconsin, a phrynu darnau penodol. 'Yr ydwyf yn ddiolchgar iawn i chwi am eich caredigrwydd yn myned at Schuster', meddai, cyn cyfeirio at 'James M' – ei gyfaill, John M. James, prif gerddor y gatrawd, mae'n rhaid. Dywed yr 'eith James M. [i] weled [Schuster] pan y bydd yn myned adref'. Fel y gwelwyd yn y bennod gyntaf, roedd y ddau gyfaill cerddorol wedi perfformio gyda'i gilydd yn Racine cyn y rhyfel, ac mae'n hyfryd dysgu bod Elias J. Prichard a John M. James wrthi yn eu gwersyll milwrol yn Nashville yn ceisio ymorol am ddarnau cerddorol newydd ac yn breuddwydio am eu perfformio ar ôl dod adref ar ddiwedd y rhyfel. 'Yr ydym am gael amryw o'r peaces sydd ar lawer ganddo', mae'n egluro, gan ddangos ei fod wedi trafod y syniad â John M. James a'u bod yn bwriadu prynu rhagor o ddarnau neu *'peaces'* gan Schuster. [6]

O gofio sylw Elias J. Prichard fod ei *'chances'* o fachu *'furlough'* yn *'slim'* oherwydd y ffaith 'nad oes [ganddo] yr un wraig', mae cais olaf ond un ei lythyr yn awgrymog: 'dywedwch wrth yr hen ferch Mag y leiciwn glywed gair oðiwrthi weithiau[.]'[7] Nid darpar wraig oedd y fenyw hon, eithr chwaer y milwr, Maggie Prichard.[8] Mae hiwmor nodweddiadol Elias Prichard yn ymddangos eto, wrth iddo danlinellu'r geiriau 'hen ferch' fel rhan o'r tynnu coes teuluol hwn. Byddai Maggie neu 'Mag' yn priodi cyn diwedd y flwyddyn, fel y mae'n digwydd, ond mae'n amhosib canfod a oedd Elias – neu, yn wir, Mag ei hun hyd yn oed – yn gwybod hynny ar y pryd.[9]

Yn olaf, mae'r milwr yn gofyn i'w berthnasau ei gofio at 'Moses Williams a'r teulu', gan ddangos nad Robert Blair Jones oedd yr unig filwr Cymraeg ag *influential Christian friends*': gweinidog un o gapeli'r Methodistiaid Calfinaidd Cymraeg yn Chicago oedd Moses Williams, un a feddai gryn barch yn y Gymru Americanaidd.

Mae'n terfynu'i lythyr o'r diwedd trwy ddweud bod 'hyn oddiwrth eich brawd, Elias' ac mae'n ychwanegu ôl-feddwl o gais ar y diwedd: 'Gyrwch yn fuan etto'.[10] Fel y gwelir yn amlach na pheidio yn achos gohebiaeth milwyr yn ystod y Rhyfel Cartref, mae rhai o'r llythyrau a ysgrifennodd Elias J. Prichard adref wedi goroesi ond nid yw'r rhai a dderbyniai'r milwr ei hun ar glawr. Dim ond cnapsach a oedd gan filwr cyffredin i gludo'i holl eiddo ac roedd teithio a gwersylla yn y glaw yn sicrhau nad oedd llawer o bapurau personol yn goroesi. Felly, er ei bod hi'n gwbl sicr bod ei berthnasau wedi 'gyrru' llythyrau ato 'eto', mae'n rhaid dyfalu ynglŷn â'u cynnwys ar sail yr hyn a ysgrifennodd y milwr. Nid oes modd gwybod chwaith a oedd 'yr hen ferch' honno, Mag, wedi ysgrifennu ato.

Nid llythyr Elias J. Prichard oedd yr unig ohebiaeth rhwng milwyr y *Cambrian Guards* a sifiliaid Wisconsin yn ystod y gwanwyn hwnnw. Fel y gwelwyd yn y bennod ddiwethaf, roedd cerddor Cwmni F yn flin am y ffaith bod Robert Blair Jones wedi'i ddyrchafu'n is-gadben gan ei fod yn priodoli'r dyrchafiad i ddylanwad ewythr 'Rob' a'i gysylltiadau yn y capel, nid oherwydd unrhyw allu arbennig: 'mae ganddo ef Influential Christian Friends, na mi gymeraf beth o hynyna yn ol, hyny yd[yw] y Christian. Influential wire pullers fel yr honarable W.W. Vaughan a'r clique[.]'[11] Erbyn diwedd Mawrth 1864 roedd nai W.W. Vaughan wedi'i gadarnhau'n brif is-gadben, a hynny yn ystod taith adref i Wisconsin.

Yn ystod ei ymweliad â Racine, cafodd y Prif Is-gadben Jones gyfle i fynd i addoldy Methodistiaid Calfinaidd Cymraeg y ddinas – ei hen gapel, a hen gapel nifer o filwyr eraill ei gwmni, gan gynnwys Elias J. Prichard a'r cerddor arall hwnnw, John M. James. Lluniodd nifer o'r aelodau anerchiad yn mynegi 'cydymdeimlad â'r milwyr o Racine', a chopïodd Rob Blair Jones y cyfan er mwyn anfon copi at y Methodistiaid yn y *Cambrian Guards* yn Nashville. Yn ddiddorol ddigon o ran gwleidyddiaeth ryngbersonol, er nad oedd Elias J. Prichard yn hoff o'r is-gadben newydd, mae'n amlwg bod ei gyfaill agos, John M. James, ar delerau da â Rob Blair Jones. Felly, ar ôl derbyn anerchiad eu hen gapel yn llaw ei brif is-gadben newydd, aeth John M. James ati i'w anfon at olygydd misolyn eu henwad, *Y Cyfaill o'r Hen Wlad*. Cyhoeddwyd y cyfan, ynghyd â nodyn y cerddor yn egluro hanes yr ohebiaeth.

CYDYMDEIMLAD A'R MILWYR O RACINE

At Olygydd Y "CYFAILL"

Derbyniasom yr Anerchiad isod trwy law y 1st Lieut. R. B. Jones, Co. F, 22^{ain} Gat. Wis., oddiwrth yr Eglwys i ba un y perthyna amryw o aelodau y Cwmni uchod. Yr ydym yn teimlo dan rwymau i'r Eglwys, ac i'w parchus weinidog am eu cofion caredig o honom, a'u gweddiau dibaid ar ein rhan o flaen gorsedd Gras, gan obeithio y caiff y gweddiau taerion hyn eu hateb gan yr Hwn sydd yn gofalu drosom, ac y cawn oll ddychwelyd i ail fwynhau y breintiau yr ydym yn awr yn amddifaid o honynt. Carem i chwi gyhoeddi yr Anerchiad, oblegid y mae yn deilwng o gadwraeth; ac hefyd o herwydd y carai llawer o'n cyfeillion ei weled a'i ddarllen.[12]

Wedi cyfeirio at eu 'cyfeillion' yn y modd hwn, mae'r milwr sy'n gohebu â'r *Cyfaill* yn dirwyn ei gyflwyniad i ben drwy'i arwyddo 'Dros y cyfeillion, JOHN M. JAMES.'[13]

Ceir yr un gair yn y teitl a roddwyd ar yr anerchiad gan y sifiliaid: 'Eglwys y T. C. yn Racine, at ei Brodyr a'i Chyfeillion yn y Fyddin Americanaidd[.]'[14] Un thema sy'n hydreiddio'r llith hir hon yw awydd aelodau'r eglwys i sicrhau nad yw'r rhyfel yn torri cwlwm eu cymdeithas:

Dichon mai priodol i ni fyddai eich coffau yn mlaen pob peth, nad ydyw eich pellder oddi wrthym, na meithder yr amser y buoch chwi a ninau ar wahân, yn dyeithrio ein meddyliau oddi wrthych yn y mesur lleiaf, nac yn gwanhau dim ar ein hawyddfryd am eich gweled wedi dychwelyd yn ol i fynwesau eich teuluoedd, ac i gyd-fwynhau â ni y breintiau crefyddol y dygwyd chwi i fynu ynddynt.[15]

Mae'r anerchiad hefyd yn 'sicrhau' milwyr yr eglwys fod eu 'sefyllfa ysbrydol' a'u 'helynt wladol yn [eu] cysylltiad a'r rhyfel mawr presennol' yn bynciau sy'n 'cael lle mawr' yng nghalonnau a meddyliau'r addolwyr.[16] Dywed y sifiliaid yn Racine eu bod yn sylwi 'na cheir heddwch yn y tir heb i ychwaneg o waed dynol gael ei dywallt, ïe, heb i lawer iawn yn ychwaneg o hono gael ei dywallt', a'u bod yn arswydo wrth wynebu'r ffaith debygol honno: 'bydd blew ein cnawd yn codi ac yn sefyll, ein gwefusau yn gwelwi, ac yn crynu, a phydredd yn dyfod i'n holl esgyrn[.]'[17]

Roedd cymuned y capel Cymraeg hwn yn Racine a chymuned Gymraeg y *Cambrian Guards* yn rhannu nifer o'r un aelodau, fel y gwelwyd, ac roedd llythyrau personol a chyfrwng y wasg gyfnodol yn foddion i gynnal y cwlwm a'u cysylltai. O gofio bod Elias J. Prichard ymysg y 'cyfeillion' hynny a berthynai i'r ddwy gymuned, tybed beth oedd ei ymateb pan welodd *Y Cyfaill o'r Hen Wlad* yn cyhoeddi ysgrif a oedd i bob pwrpas yn gywaith rhwng cymuned y capel yn Racine, dyn nad oedd yn ei edmygu, Robert Blair Jones, ac un o'i ffrindiau gorau, John M. James?

Yn wir, ysgrifennodd John James at olygydd *Y Cyfaill* o Nashville ar 12 Ebrill 1864, ddiwrnod yn unig cyn i Elias J. Prichard ysgrifennu'r llythyr hwnnw at ei chwaer a'i frawd-yng-nghyfraith yn cwyno am 'wrachod' fel yr *'inflential wire pullers'* a oedd wedi sicrhau dyrchafiad i Rob Blair Jones.[18]

Dywed y frawddeg gyntaf fod ei berthnasau wedi ymateb a 'gyrru' llythyr arall ato'n fuan: 'Derbyniais eich caredig lythyr ddoe a da oedd genyf ei gael a chanfod ynddo eich bod oll yn iach[.]'[19] Mae'n debyg nad oedd yn y gwersyll y diwrnod blaenorol pan oedd ei ffrind John James yn ysgrifennu at *y Cyfaill* gan iddo gael ei draed yn rhydd i ymweld â ffrindiau eraill o Racine a oedd yn gwasanaethu mewn uned arall yn y cyffiniau:

> Yr ydwyf newyð ðyfod yn ol o Chattanooga yn edrych am fy ffrindia yno; buas yn edrych am Capt. J. R. Davies a chefais amser first rate. Y mae ganðo le first rate. Quarters da. Y mae yn commandio pob peth yn ac o gwmpas y fort.[20]

Nid Elias J. Prichard a John M. James oedd yr unig gerddorion o Racine i ymrestru ym myddin yr Undeb. Nodwyd ym mhennod 2 fod arweinydd band Cymreig Racine, J.R. Davies, wedi'i gomisiynu'n brif is-gadben gyda'r *1st Wisconsin Heavy Artillery*. Dyrchafwyd y cyn-arweinydd band yn gadben yn Hydref 1863.[21] Hwn oedd un o'r 'ffindia' yr ymwelodd Elias Prichard â nhw yn Chattanooga. Mae'n biti nad yw'n enwi'r lleill.

Rhaid bod ei chwaer neu'i frawd-yng-nghyfraith wedi dweud mewn llythyr fod capel eu cyfaill, y Parchedig Moses Williams, wedi casglu arian ar ei gyfer er mwyn diolch iddo am ei wasanaeth. Ac mae sylw'r llythyrwr o filwr yn hael: 'Y mae yn ða genyf glywed fod Moses Williams wedi cael Donation mor ða oherwyð fy mod yn meðwl ei fod yn ei haeðu.' Roedd y gatrawd wedi bod heb gaplan am dros hanner blwyddyn ers i'r Parchedig Caleb Pillsbury ymadael ar ddiwedd mis Gorffennaf 1863, ond cyrhaeddasai'r Parchedig George Bradley ym mis Chwefror 1864 ac felly roedd Elias a'i gydfilwyr wedi cael dros fis i'w asesu erbyn iddo ysgrifennu'r llythyr hwn. Mae'n amlwg bod sôn am y naill weinidog wedi'i arwain i drafod y llall, ac mae'r ebychiad '*Oh*' ar ddechrau'r frawddeg yn awgrymu'r gadwyn feddwl hon:

Oh mae genym ni Bregethwr Babtist yn chaplin yn bresenol. Y
mae yn bregethwr da iawn ac i mae yn ðyn nice iawn ac y mae
y regt. yn meðwl cryn dipyn ohono. Ei enw yd[yw] Bradley o
Mygatt's Corners, Racine Co[unty]. Y mae genym Surgeon da
iawn hefyd yn awr, un o'r rhai goreu yn Millwaukee, felly yr
ydym yn ða iawn allan yn bresennol.[22]

Ac felly mae'r Methodist Cymraeg yn ddigon parod i ganmol
pregethau Saesneg y Bedyddiwr hwn. Symuda o'i newyddion
ef i gario clecs am eu cydnabod yn Wisconsin:

> Clywais ychydig ddyddiau yn ol fod Ellen a Jenkyn Griffiths
> am briodi ond nid wyf yn gwybod faint [o] wirionedd sydd
> yn y peth oherwydd nid ydwyf fi wedi clywed yr un gair
> oddiwrthi ers tri mis.[23]

Mae'n gorffen trwy ofyn iddynt ei gofio at ei chwaer arall,
Mag, 'a phawb sydd yn gofyn am danaf', ac hefyd at ei ddau
nai, Frank a David. Ar ddiwedd y tudalen, ar ôl arwyddo'i enw,
mae'n cofio eto at ei neiaint bychain trwy ddweud 'Cusan i
David a Frank', ac o dan y llinell olaf hon tynnodd lun o gylch
blodeuog gydag enwau'r plant ynddo.[24]

Daeth gorchymyn bedwar diwrnod ar ôl i Elias J.
Prichard ysgrifennu'r llythyr hwn: byddai'r 22ain Gatrawd
o Draedfilwyr Wisconsin yn ymuno â gweddill eu brigâd, a'r
frigâd honno'n ymuno â'r fyddin fawr a oedd yn ymffurfio yn
Lookout Valley yn agos at y ffin rhwng Tennesse a Georgia.
Roedd Abraham Lincoln wedi penodi'r Cadfridog Ulysses S.
Grant yn *Lieutenant General* ym Mawrth 1864; Grant bellach
a oedd yn gyfrifol am holl fyddinoedd yr Undeb. Byddai
Grant ei hun yn mynd ar ôl byddin wrthryfelgar Robert E.
Lee 'yn y dwyrain' (sef, i bob pwrpas, Virginia), tra byddai'r
Cadfridog William Tecumseh Sherman yn arwain ei luoedd
ef i lawr trwy Georgia i gipio Atlanta. Dychwelodd milwriad
yr 22ain Wisconsin, Wiliam Utley, cyn i'r gatrawd symud.
Nid oedd yn ddyn holliach – a'i iechyd meddwl yn dioddef

yn ôl nifer – ac er ei fod yn parhau i rwgnach am ei elynion, roedd wedi ildio erbyn hyn ac yn gadael i'r Is-filwriad Bloodgood redeg y sioe.[25]

Byddai brigâd Coburn, gan gynnwys yr 22ain Wisconsin, yn rhan o 'ymgyrch Atlanta' Sherman. Ymadawodd y gatrawd â'i gwersyll yn Nashville ar 19 Ebrill 1864, yn martsio i'r de-ddwyrain. Croesodd y ffin rhwng Tennessee a Georgia ddiwedd y mis a gwersylla ar 30 Ebrill yn ymyl Ringgold.[26] Ychydig yn bellach i'r de, roedd lluoedd y cadfridog deheuol Joseph E. Johnston wedi ymbaratoi ac yn disgwyl amdanynt mewn ffosydd a'r tu ôl i amddiffynfeydd. Daeth y rhan o fyddin Sherman a gynhwysai'r 22ain Wisconsin yn agos at linellau'r gelyn ar 14 Mai 1864, yn ymyl tref o'r enw Resaca. Hon fyddai brwydr gyntaf y gatrawd ers i'r milwyr o Wisconsin gael eu cymryd yn garcharorion rhyfel yn Thompson's Station a Brentwood ym mis Mawrth 1863.

Er nad oedd ei gomisiwn newydd wedi'i ffurfioli eto, roedd Robert T. Pugh bellach yn gweithredu fel cadben y *Cambrian Guards*. Dim ond 23 oed oedd Bob Pugh, ond roedd wedi profi brwydrau gyda'i hen gatrawd cyn ymuno â'r 22ain Wisconsin. Cofir i John Ellis ei ddisgrifio fel 'dyn cywir' gan ddefnyddio'r ansoddeiriau 'distaw' a 'diymhongar' hefyd wrth drafod y swyddog ifanc.[27] Ond er bod gwedd hynaws ar ei bersonoliaeth a wnâi Bob Pugh yn gyfaill da, roedd hefyd yn filwr wrth reddf ac yn drawiadol o ddewr:

> Yr oedd fel pe buasai wedi bwrw y draul a phenderfynu nad ei eiddo ef oedd ei fywyd. Ei fusnes ef oedd ufuddhau i "orders" neu farw yn yr ymdrech, a dysgwyliai i bawb arall wneyd yr un peth[.][28]

Cofiadwy hefyd yw sylw John Ellis mai 'milwr amddifad' oedd Capten Bob Pugh, dyn heb gynefin naturiol ar wahân i'r fyddin.[29]

Ymosododd rhan o'r fyddin ogleddol ar gaerfa'r deheuwyr ond methodd. Felly arweiniodd y cadben ifanc fintai fechan ar gyrch er mwyn astudio amddiffynfeydd y gelyn yn agosach. Defnyddiodd John Ellis y gair Saesneg *'fort'* i ddisgrifio'r safle, ond gorglawdd uchel o flaen ffos ydoedd mewn gwirionedd. Aeth brawd iau John, Edward, ar y cyrch archwilio, ynghyd ag un o gyfeillion gorau'r Ellisiaid, Rowland J. Edwards. Symudodd y milwyr Cymraeg mor agos â phosibl at yr amddiffynfeydd, nes eu bod yn gorwedd o dan orglawdd y gaerfa, y mur mawr o bridd yn codi uwch eu pennau, a milwyr deheuol dim ond ychydig o lathenni i ffwrdd ar ochr arall y mur hwnnw. Roedd magnelfa'n gwarchod y rhan hon o'r amddiffynfeydd – ac mae'n debyg mai dyna pam yr oedd Bob Pugh wedi dewis ei harchwilio'n fanylach – ac roedd trwynau magnelau'r deheuwyr i'w gweld uwch eu pennau wrth iddynt ymwasgu'n erbyn y gorglawdd. A gwarchodwyr y gelyn mor agos, penderfynodd y cadben ifanc na allent symud heb gael eu gweld, felly bu'r fintai fechan yn aros yno – yn ymwasgu mor agos â phosibl at y pridd gan obeithio na fyddai'r gwarchodwyr yn gallu'u gweld – a disgwyl tan y nos cyn cilio. '[B]u raid iddynt orwedd dan y magnelau nes yr aeth yn ddigon tywyll iddynt ddod allan.'[30]

Y bore wedyn, ar 15 Mai 1864, daeth gorchymyn i ymosod ar yr amddiffynfa, a milwyr Cwmni F yn rhedeg i gyfeiriad y gorglawdd a'r magnelau yr oedd Bob Pugh, Edward Ellis a Rowland Edwards wedi bod mor agos atynt. Defnyddid *canister* a *grape shot* gan fagnelau pan oedd milwyr y gelyn yn ddigon agos, ac roedd saethu haels o'r fath yn troi'r arfau'n *shotguns* anferthol i bob pwrpas. Un o'r cyntaf i ruthro i mewn i'r storm erchyll honno oedd 'Uncle' John Foreman, yr 'hen ŵr' o Sais a oedd yn daer o blaid rhyddid y caethweision. Fel yr eglura John Ellis, 'tarawyd ef gan grape a canister o'r magnelau' a 'syrthiodd' John Foreman Sr. o flaen llygaid ei fab.[31] Nid oedd wedi'i ladd, ond roedd ei glwyfau'n ddwys iawn.

Oedodd llawer o'r gatrawd, rhai'n chwilio am loches ac eraill yn troi ac yn cilio yn wyneb tân y magnelau, ond aeth rhai o'r *Cambrian Guards* yn eu blaenau. Er bod John

Foreman newydd syrthio o'i flaen, ac 'er mor ofnadwy oedd y lle', rhuthrodd John Bowen ymlaen. Roedd y crydd o Fachynlleth bellach yn brif ringyll y cwmni ac wedi dangos ei hun yn arweinydd da yn barod. Rhedodd trwy dân y magnelau, a goroesodd o drwch blewyn yn unig, gan fod peth o'r *grape shot* wedi mynd trwy'i gôt a'i wneud 'yn ddrylliedig'.[32] Dringodd y prif ringyll i ben y gorglawdd ac yna 'neidiodd Bowen i ffos lle yr oedd gelynion yn gorwedd' ar yr ochr arall.[33] Roedd ei gydfilwyr yn rhyfeddu at ddewrder John Bowen – ac yn rhyfeddu at y ffaith ei fod wedi treiddio mor bell i mewn i amddiffynfeydd y deheuwyr yn fyw – ond ni oroesodd yn ddianaf yn hir: 'saethwyd ef drwy ei ben'.[34] Roedd yr ymosodiad ar y rhan honno o'r amddiffynfeydd wedi llwyddo, a magnelfa'r gelyn – pedwar o'u gynnau mawr – wedi'i chipio. Cafwyd hyd i John Bowen yn y ffos ar yr ochr arall, wedi'i glwyfo'n ddrwg ond yn fyw. Nid oedd John Ellis yn y rhan honno o'r frwydr, ond dywedodd fod 'ochenaid yn codi o gartref [ei] enaid' wrth feddwl 'am wroldeb Comrade Bowen'.[35]

Roedd Elias J. Prichard wedi awgrymu ddau fis yn gynharach bod y *'recruits'* a ymunasai â'r gatrawd yn ystod y gaeaf wedi 'dechreu ei chael yn o galed'.[36] Un o'r gwirfoddolwyr newydd a oroesodd y caledi cychwynnol hwnnw oedd Richard G. Roberts, y saer coed 18 oed a anesid yng Nghymru. Saethwyd y milwr ifanc yn ystod yr ymosodiad ar amddiffynfeydd Resaca, ac roedd yr anaf yn ddrwg. Roedd tri arall o filwyr Cymraeg y *Cambrian Guards* wedi'u clwyfo hefyd, gan gynnwys yr hynaf o'r brodyr Ellis, Evan, y llongwr o sir Fôn, Owen Owens, ac Abel J. Lewis. Roedd dau o filwyr di-Gymraeg y cwmni wedi'u clwyfo'n ogystal, sef Henry Flint a Jacob Schonkenberger, ac un ohonynt, Christopher Ord, wedi'i ladd.[37] Roedd 9 milwr o gwmnïau eraill y gatrawd wedi'u lladd yn ystod brwydr Resaca, a llawer iawn wedi'u clwyfo. Bu farw John B. Foreman Sr. o'i glwyfau bedwar diwrnod yn ddiweddarach. Ond er eu bod nhwythau wedi'u clwyfo'n ddrwg, roedd John Bowen a Richard G. Roberts yn dal yn fyw pan symudodd eu byddin ymlaen yn ddyfnach i berfeddion Georgia. Aethpwyd â Richard Roberts i ysbyty milwrol, ond byddai'n marw cyn diwedd y mis nesaf. Roedd y prif ringyll yn ddigon da i deithio gyda'r gatrawd, ac yn wir, er bod anaf pen John Bowen wedi ymddangos yn ddwys ar y dechrau, roedd yn gwella'n gyflym.

Ar ddiwedd brwydr Resaca roedd colledigion y ddwy ochr yn debyg – tua 3,000 yr un – ond gan fod y deheuwyr wedi symud o'u llinellau amddiffynnol a gadael i fyddin fawr Sherman barhau ar ei thaith, roedd yn ddigon o fuddugoliaeth i'r gogleddwyr. Ar ôl eu helyntion lu roedd milwyr yr 22ain Gatrawd o Draedfilwyr Wisconsin wedi cael cyfle o'r diwedd i brofi'u gwerth ar faes y gad. Roedd dros flwyddyn ers i Elias J. Prichard ysgrifennu at ei chwaer, gan nodi bod ei gatrawd 'wedi cael ei chadw yn bur dda allan o bob mwstwr o hyd' a mynegi gobaith y byddai gan y '*plucky 22nd chance* i wneud rhywbeth'. Bu'n rhaid disgwyl tan Resaca, Georgia, a'r ymosodiad ar amddiffynfeydd y gwrthryfelwyr i wneud y 'rhywbeth' hwnnw.

Yn ôl Harvey Reid roedd eu harweinydd *de facto*, yr Is-filwriad Bloodgood, wedi profi'i werth yntau eto hefyd:

> Lieutenant Colonel Bloodgood was at the head of his men and charged up the hill with them every time, always perfectly cool and collected, and by his perfect command assisting more in keeping order... than all the impetuosity of Colonel Utley could do.[38]

Ac er bod ymddygiad Utley yn gyson bwdlyd erbyn hyn, bu'n hael ei ganmoliaeth i'r gatrawd: '*Colonel Utley told me the first time I saw him after the fight that every one of the officers and men... did their duty nobly*[.]'[39]

Ymlaen yr âi byddin Sherman, a'r 22ain Wisconsin yn rhan fach ohoni. Cyrraedd Atlanta oedd y nod, ond byddai'n rhaid martsio dros 80 o filltiroedd – ac ymladd nifer o frwydrau eraill – cyn cyrraedd y nod hwnnw. Mewn cyfres o ymladdfeydd o gwmpas Dallas, Georgia, ddiwedd Mai a dechrau Mehefin y lladdwyd chwech aelod o'r 22ain Wisconsin, ond neb o'r milwyr Cymraeg. Clwyfwyd nifer o filwyr y gatrawd hefyd, gan gynnwys cadben Cwmni F, Robert T. Pugh, a'r ieuangaf o'r brodyr Ellis, Edward. Ond nid oedd yr anafiadau'n ddrwg ac, yn wir, nid yw'r un o'r ffynonellau Cymraeg – gan gynnwys ysgrifau brawd Edward, John Ellis – yn sôn am y frwydr hon o gwbl.[40]

Yn ystod y rhan hon o'r rhyfelgyrch, roedd y Milwriad William Utley yn colli brwydr o fath arall. Yn dilyn deiseb swyddogion y gatrawd yn ei erbyn a phenderfyniad yr awdurdodau i wyrdroi dedfryd yr Is-filwriad Edward Bloodgood, roedd ymchwiliad wedi'i ddechrau a sylw'r ymchwiliad hwnnw'n dechrau canolbwyntio ar Utley ei hun. Erbyn dechrau mis Mehefin roedd y Cadfridog George Thomas wedi penderfynu mai cael gwared ar y swyddog cecrus oedd yr unig ateb. Wrth i'r gatrawd deithio trwy Georgia yn rhan o ryfelgyrch mawr Sherman, daeth y newyddion i glustiau William Utley fod y rhwyd yn cau amdano. Cyflwynodd gais i ymddiswyddo'n anrhydeddus oherwydd salwch ar 15 Mehefin 1864.[41] Ni fyddai'n gadael yn ffurfiol am ryw fis eto, ond roedd gyrfa filwrol William L. Utley ar ben.

Wrth i Utley ysgrifennu'r llythyr hwn roedd gweddill y gatrawd yn symud gyda'r fyddin i ymosod ar y gwrthryfelwyr a oedd wedi ymbaratoi ar fynydd Kenesaw. Byddai 10 o filwyr yr 22ain Wisconsin yn cael eu lladd rhwng 16 a 22 Mehefin yn ystod y frwydr hon ac ysgarmesau cysylltiedig, gan gynnwys un o filwyr Cymraeg Cwmni F, **Edward J. Davis**, un o'r rhai a ymrestrodd yn Racine yn Awst 1862.[42] Roedd John Bowen wedi gwella'n rhyfeddol o'r clwyf a gawsai yn Resaca, ond anafwyd y prif ringyll eto ym mrwydr Kenesaw Mountain, ynghyd â dau o'i gyfeillion, Dave Evans a Cadwaladr Pugh. Nid oedd yr anafiadau hyn yn ddifrifol, er bod Dave wedi'i saethu trwy'i arddwrn, ac roedd y tri milwr Cymraeg yn ddigon da i deithio ac ymladd o hyd.

Mae'n ddiddorol nad oes sôn yn yr holl ffynonellau a ysgrifennwyd gan filwyr Cymraeg y gatrawd am ymadawiad eu milwriad. Roedd cais Utley wedi'i dderbyn; cafodd ei ryddhau o'r fyddin ar sail iechyd ac felly ni fyddai'n wynebu achos llys marsial. Ar 2 Gorffennaf 1864, rhoddodd William L. Utley araith fer i dyrfa o filwyr y gatrawd ac wedyn gadawodd. Roedd y cyn-artist, y cyn-athro dawns, a'r cynwleidydd bellach yn gyn-filwr hefyd.[43]

Erbyn canol mis Gorffennaf roedd y rhan o fyddin Sherman a gynhwysai'r 22ain Wisconsin wedi cyrraedd ardal goediog ar gyrion Atlanta. Bedyddwyr oedd y brodyr Ellis, ac er nad oedd John yn grefyddol iawn pan ymrestrodd yn y fyddin, profodd dröedigaeth yn ystod y frwydr gyntaf honno ger Brentwood, Tennessee. Roedd wastad wedi parchu'i ffrind, yr Annibynnwr Cadwaladr Pugh, am ymddwyn mewn modd a oedd yn '[d]eilwng o'i broffes' grefyddol. Cafodd y ddau brofiad arswydus yn y coed y tu allan i'r ddinas.

> Pan oeddem o flaen Atlanta yr oedd ein catrawd ni mewn coed; ac nis gallem weled dim o sefyllfa y byddinoedd. Yr oedd bryniau uchel ar ein dehau a phenderfynodd Cad. a minau fyned ar hyd y ffordd am filldir a haner i weled beth oedd o'n blaenau. Wedi cyraedd pen un bryn gwelem benau rhai o adeiladau y ddinas, a gerllaw gwelem fagnelau heb neb yn agos atynt. Aethom atynt i edrych i ba le yr oeddynt yn cyfeirio; ond ni buom yno yn hir cyn i sharp shooter roddi bwled rhwng fy mraich a'm hochr a heibio iddo yntau, heb wneyd dim niwed ond dryllio fy nghot.[44]

Ond er bod y ddau filwr Cymraeg o Wisconsin wedi dianc yn fyw, roedd y saethwr cudd deheuol wedi lladd nifer o'r magnelwyr a osodasai'u gynnau mawr yn y safle hwnnw: 'Yr oedd y sharp shooter hwnw wedi lladd amrai y bore hwnw a'u gyru oll oddiwrth y gynau.'[45]

Gan fod byddin Sherman wedi llwyddo i wthio lluoedd Johnston yn ôl i Atlanta mewn brwydr ar ôl brwydr, roedd arlywydd y Cydffederasiwn, Jefferson Davis, wedi penderfynu'i ddisodli â chadfridog newydd, John Bell Hood. Roedd gan Hood enw fel ymladdwr styfnig, a'r gobaith oedd y byddai'n gwrthymosod, troi'r llanw a gwthio'r gogleddwyr yn ôl o gyrion Atlanta. Ac felly ar 18 Gorffennaf 1864 y dechreuodd Hood ofalu am luoedd y *Confederacy* yn ardal Atlanta.⁴⁶

Nid oes arwydd bod y milwyr gogleddol a oedd yn gwersylla yn y coed yn gwybod am hyn. Dechreuodd y cerddor Elias J. Prichard ysgrifennu llythyr at deulu'i chwaer y diwrnod wedyn. Ar ôl rhoi hynny o gyfeiriad a allai a'r dyddiad yn Saesneg –'*Camp 22 Wis. Chattahoocha River July 19th*' – ysgrifennodd yn ei Gymraeg nodweddiadol.

> Anwyl Frawd a chwaer
> Wele fi yn cymeryd y cyfle presennol i anfon ychydig linellau atoch gan obeithio y byð iðynt eich cael yn mwynhau cystal iechyd ac y maent yn fy ngadael inau yn bresenol. Dirbynias eich llythyr tua dau fis yn ol tra ar y march ac yn marchio ac yn ymladd yr ydym wedi hyny[.]⁴⁷

Ar wahân i'r cyfeiriad hwn at y ffaith bod y gatrawd wedi bod yn martsio ac yn ymladd ers dau fis, nid yw'n manylu ar y brwydrau sydd wedi digwydd. Gorffennodd ysgrifennu ar ôl nodi'i fod yn ymddiried yng ngallu papurau Wisconsin i drosglwyddo newyddion am y brwydrau y mae wedi'u profi: 'mae yn debyg eich bod wedi clywed mwy nac a fedraf fi ysgrifenu.'⁴⁸ Ond bu'n rhaid i Elias J. Prichard roi'r gorau i'w lythyr ar 19 Gorffennaf 1864 gan fod datblygiadau ar gerdded a fyddai'n arwain at frwydr fawr arall.

Yn unol â dymuniad Jefferson Davis, roedd y Cadfridog John Bell Hood yn profi'n fwy ymosodol na'i ragflaenydd. Ar ôl dysgu bod y fyddin Undebol wedi'i rhannu'n ddwy adran, a bod un ohonynt ar fin croesi afonig o'r enw Peach Tree Creek i'r gogledd o Atlanta, penderfynodd Hood ymosod ar yr adran honno gan obeithio dal y gogleddwyr tra oeddynt ar ganol croesi'r afonig. Yn y rhan honno o'r fyddin oedd brigâd Coburn a'r 22ain Gatrawd o Draedfilwyr Wisconsin. Dechreuodd y gogleddwyr groesi'r *creek* yn gynnar yn y bore ar 20 Gorffennaf 1864; er bod Hood wedi ceisio taro'n gyflym, cyrhaeddodd ei fyddin yn rhy hwyr i rwystro'r croesi, ac felly roedd yn amlwg erbyn canol y bore y byddai'r frwydr yn cael ei hymladd i'r de, rhwng yr afonig ac Atlanta.

Roedd brigâd Coburn ynghyd â dwy frigâd arall wedi'u gosod yn rhaniad (*division*) y Cadfridog Ward, a'r rhaniad hwnnw wedi wedi'i orchymyn i groesi ceunant ac afonig arall a symud i fyny allt i grib a safai tua 200 llath uwchben y tir isel ar lannau'r afonig. Aeth ysgarmeswyr neu *skirmishers* i fyny'r allt gyntaf er mwyn canfod union leoliad y gelyn a theneuo'u rhengoedd cyn y prif ymosodiad. Yr ysgarmeswyr a ddewiswyd oedd saith o gwmnïau'r 22ain Wisconsin – gan gynnwys Cwmni F – a rhai cwmnïau o un arall o gatrodau Coburn, y *136th New York*. Byddai milwyr Cymraeg y *Cambrian Guards* ymysg y cyntaf i wynebu'r gelyn ym Mrwydr Peach Tree Creek.[49]

Roedd yr allt wedi'i chlirio o goed ac wedi'i phlannu â chnydau, ond ceid peth brwgaets hefyd a wnâi'r daith i fyny'r dirwedd serth yn anodd. Wedi cyrraedd pen yr allt – Collier Ridge yw'r enw, er na wyddai'r gogleddwyr hynny ar y pryd – gwelodd y milwyr Cymraeg lôn fach yn rhedeg ar hyd y grib gyda ffens ystyllod pren rhwng y lôn a chae agored. Rhwng y ffens a phen yr allt roedd ffos fach a oedd yn sych ar y pryd, gydag ychydig o dyfiant ynddi. Ar ochr arall y ffens yr ymestynnai'r cae am ychydig yn llai na hanner milltir, a safai coed trwchus ar y pen pellaf. Mewn ffosydd yn y goedwig honno roedd rhaniad (*division*) cyfan o'r fyddin ddeheuol – tair brigâd a gynhwysai 19 o gatrodau.[50]

Er bod ffosydd y *Confederates* wedi'u hanner cuddio gan y coed a rhyw hanner milltir rhwng y ffosydd hyn a'r ysgarmeswyr, ni ellid cuddio'r ffaith bod rhai miloedd o filwyr deheuol yn llechu yno. Felly, yn hytrach na symud ymlaen a chroesi'r cae, dechreuodd y *skirmishers* ymbaratoi; rhwng y ffens, y ffos a'r ychydig frwgaets a dyfai ynddi, roedd y safle hwn yn gymharol ddiogel. Tua chanol y bore ydoedd erbyn hyn.[51] Gan fod llinell *skirmish* yn denau yn ei hanfod, gyda digon o ofod rhwng grwpiau bychain o filwyr, ni allai John Ellis weld ei frodyr Edward ac Evan ar y pryd. Ond roedd y llongwr o sir Fôn, Owen Owens, yn ei ymyl, dyn a fyddai'n profi'n 'un o'r milwyr goreu yn mrwydr Peach Tree Creek.'[52]

> Yr oeddwn wrth ochr Owen mewn congl cae, ffens ar ein llaw chwith, a chae agored o'r tu arall i'r ffens. Yr oedd y lle y safem ni arno braidd yn isel; rhedai dwfr trwyddo ar amser gwlyb, a thyfai ail gnwd o goed drosto.[53]

Bu'n rhaid i John Ellis, Owen Owens a'u cyd-ysgarmeswyr aros felly am rai oriau. Daeth yr ymosodiad ganol y prynhawn – rhywbryd rhwng 2.45 a 3.30 pm – pan adawodd y llinell gyntaf o ddeheuwyr eu ffosydd yn y coed a dechrau symud ar draws y cae.[54] 'Deuai y gelynion i waered atom', meddai John Ellis.[55] Dechreuodd yr ysgarmeswyr saethu o'u cuddfan yr ochr arall i'r ffens. Torrodd llinell y deheuwyr; syrthiodd nifer ohonynt yn y cae a chiliodd y gweddill i chwilio am loches y coed a'u ffosydd.

Ond cyn i'r milwyr Cymraeg gael cyfle i ddathlu, daeth ymosodiad arall, ac un arall ar ôl hwnnw, ond roedd y milwyr o Wisconsin ac Efrog Newydd yn anelu'n dda. Wrth fyfyrio ynghylch y ffaith bod ychydig o ogleddwyr mewn llinell ysgarmes denau wedi llwyddo i wrthsefyll cynifer o elynion, awgrymodd John Ellis fod eu safle yn y ffos wedi sicrhau bod y deheuwyr yn saethu'n rhy uchel: 'Mae yn debyg eu bod yn saethu dros ein penau, am na dderbyniasom golledion mawrion.'[56] Ar y llaw arall, gyda'u gynnau'n pwyso ar ystyllod y ffens, roedd y milwyr Cymraeg yn saethu'n gywir iawn. Ond roedd cynnal y fath danio cyson yn anodd hefyd: 'Yr oeddym ni yn saethu nes oedd ein gynau yn rhy boethion i ni gydio ynddynt a'n geneuau yn llosgi wrth dori y cartridges dan ein danedd.'[57] Roedd yn gynyddol anodd i ddal eu tir; 'deuai…

linell ar ol llinell' ar draws y cae, yr ymosodiadau'n dod yn frawychus o reolaidd.⁵⁸ Dywed John Ellis fod y deheuwyr yn taflu cymaint o ddynion atynt 'nes [eu bod] yn teimlo eu pwysau' yn y diwedd.⁵⁹ Ar yr ochr dde i John Ellis ac Owen Owens roedd yr ysgarmeswyr o Efrog Newydd yn dechrau gwegian. Llwyddodd rhai o'r deheuwyr i gyrraedd y ffens, a bu peth ymladd wyneb yn wyneb ffyrnig. Mae disgrifiad John Ellis yn gryno ond mae'n awgrymu arswyd y profiad: '[roedd y gelynion yn dechrau] ein llethu a'u clwyfedigion dan ein traed.'⁶⁰

Erbyn hyn roedd yr ysgarmeswyr o dalaith Efrog Newydd ar y dde yn dechrau symud wysg eu cefnau i gyfeiriad yr allt. Ar y chwith i'r milwyr Cymraeg roedd ysgarmeswyr cwmni arall o'r 22ain Wisconsin yn ymladd yn y cae agored, heb y lloches a gâi'r *Cambrian Guards* gan y ffens, y ffos a'r brwgaets. Gyda phwysau'r ymosodiadau'n cynyddu, torrodd y rhan hon o'r llinell *skirmish*. Roedd John Ellis yn credu mai dyna fyddai eu diwedd.

> Ond Och, gwelais y [lli]nell o'n byddin yn y cae agored ar y chwith yn fy ymyl, y milwyr yn rhedeg a'r gelynion gyda chroch floedd yn eu herlid. Troais at Owen a dywedais, "Maent wedi tori ein llinell ar y 'left.'" Atebodd, "Un waith am byth i Libby Prison, myn diawl; ymladd tra y sefi ar dy draed!"⁶¹

Nid oedd y llongwr o sir Fôn am gael ei gymryd yn garcharor rhyfel eto a mabwysiadodd John Ellis yr un agwedd yn syth; sefyll eu tir ac ymladd neu farw fyddai'r ddau. Ond roedd y gelynion wedi croesi'r ffens erbyn hyn, a'r ymladd agos yn bygwth eu gwthio allan o'r ffos isel ac i lawr yr allt.

Arhosodd gweddill y *Cambrian Guards* hefyd. Yn rhyfeddol ddigon o ystyried yr ymladd ffyrnig hir yr oedd y milwyr Cymraeg wedi'i brofi'n barod, llwyddasant i ddal eu tir felly am ryw ddeng munud arall. Daeth gwaredigaeth wedyn; roedd tri chwmni o'r 22ain Wisconsin wedi'u cadw wrth gefn,

a rhoddodd yr Is-filwriad Bloodgood orchymyn iddynt ruthro
i fyny'r allt a chynorthwyo'r ysgarmeswyr. Deuai catrawd a
berthynai i frigâd arall, y 26ain Wisconsin, yn dynn ar sodlau
'reserve' yr 22ain hefyd.

> Yn mhen tua deg mynyd daeth y "reserve" i'w cyfarfod ar
> "double quick" a "fixed bayonet," a bu raid i'r [gelynion] droi
> yn ol; a phan ddaethant ciliodd y rhai oedd yn ein gwynebau
> ninau gyda hwy. Rhedent yn dyrau i'r adwyon yn ffens y
> ffordd.[62]

Ymladdfa ddryslyd oedd hi am ychydig; roedd y deheuwyr
a fuasai'n erlid yr ysgarmeswyr ar y chwith wedi'u torri gan
ruthr y *'reserve'*, ac roedd rhai ohonynt yn rhedeg yn ôl i
fyny'r allt ac yn dod at safle John Ellis ac Owen Owens o'r
cefn.

> Yr oedd fy nryll yn llwythog ar y foment hono, a gwelais
> stwmp mawr o'n blaen. Rhedais ato a gosodais y gwn arno
> a thaniais i ganol y crowd; a chan gynted a fy mod wedi
> gwneyd hyny cododd cawrfil o rebel ar yr ochr arall i'r stwmp,
> a dechreuodd redeg i ffordd. Gelwais arno, "Surrender, you
> -- -- -;" ond ni wrandawai, ac yn fy nghyffro rhedais ar ei ol
> dros rai o'r "colors," y rhai y buasai yn anrhydedd mawr ein
> bod wedi eu cymeryd.[63]

Ni chofnododd y Bedyddiwr Cymraeg yr union reg Saesneg
a ddefnyddiodd pan alwodd ar y 'cawrfil o rebel' i ildio, ond
mae'r ystyr yn ddigon eglur.

Ystyr *'colors'* yw baneri rhyfel catrodau; wrth redeg ar ôl
y rebel mawr y gobeithiai'i gipio'n garcharor, rhedodd John
Ellis dros nifer o faneri deheuol a oedd wedi'u gadael ar
lawr. Noda'r milwr Cymraeg hyn gan fod cipio baner un o
gatrodau'r gelyn yn cael ei ystyried yn bennaf anrhydedd ar
faes y gad. Byddai milwyr eraill yr 22ain Wisconin yn gresynu
yn y dyfodol, gan fod eu catrawd wedi ennill nifer o faneri

yn y modd caletaf posibl ym mrwydr Peach Tree Creek, ond eu bod wedi methu â'u codi ar y pryd, gan adael i ogleddwyr eraill eu cael wedyn.

Roedd nifer o Almaenwyr – neu *'Dutchmen'* yn Saesneg (a Chymraeg) Americanaidd y cyfnod – yn rhengoedd yr 26ain Gatrawd o Draedfilwyr Wisconsin, a rhedodd y rebel mawr a oedd yn dianc rhag John Ellis i lawr yr allt i gyfeiriad nifer ohonynt.

Yr oedd yna agos ataf ddau Dutchman o'r 26th Wisconsin, a saethodd un o honynt y rebel nes y syrthiodd fel ych i'r llawr, tra curai y llall ei gefn nes oedd bron methu sefyll ar ei draed, a dywedai "By – you fetch him."[64]

Er bod y rhan hon o'r frwydr drosodd, ac er bod peth hiwmor yn y modd y mae John Ellis yn ceisio cynrychioli Saesneg yr Almaenwyr o Wisconsin, cafodd yn y seibiant gyfle i feddwl am bethau pwysicach: 'Yr oeddwn erbyn hyn yn dechreu pryderu am fy mrodyr Evan ac Edward, am nad oeddwn wedi eu gweled er dechreu y frwydr[.]'[65]

Roedd pob un o'r brodyr Ellis wedi goroesi'r ornest waedlyd ger y ffens. Yn wir, roedd yr ieuangaf wedi gweld John yn rhedeg ar ôl y deheuwr mawr, a'r olygfa honno'n un ddoniol yn ei dyb yntau:

... yr oedd Edward wedi fy ngweled i yn rhedeg ar ol y rebel, ac un goes i'm llodrau wedi rhwygo hyd haner fy nghlun, fel y methai beidio gwenu er mor ofnadwy oedd yr olygfa o'n hamgylch. Mae y rhan fwyaf o ddynion yn colli mwy neu lai o'u hunanfeddiant mewn brwydr; ac nid oeddwn inau yn eithriad yn hyn; ond nid llawn cymaint felly ag un o fechgyn Racine, yr hwn a saethodd ei ramrod bron ar ddechreu y frwydr, ac yna llwythodd ei ddryll a'i fys, heb yru ei ergydion i waelod y gwn, gyda'r canlyniad o hollti baril y gwn fel hen ganwyllbren; ond yr oedd yno gyflawnder o ynau o dan ein traed, felly gwnaed y diffyg i fyny heb golli fawr amser.[66]

Gan nad yw'n enwi'r bachgen hwnnw o Racine, mae'n amhosibl gwybod pa aelod o'r *Cambrian Guards* a wnaeth y fath gamgymeriad ar ddechrau'r frwydr, ond mae'r sylw bod 'cyflawnder o ynnau o dan [eu] traed' yn tystio i'r ffaith bod llawer o ddynion wedi'u lladd yno.

Erbyn 6.00 pm roedd Brwydr Peach Tree Creek ar ben. Bu tua 23,000 o filwyr yr Unol Daleithiau yn ymladd yn erbyn ychydig dros 20,000 o wrthryfelwyr deheuol y diwrnod hwnnw, ac roedd y naill ochr wedi colli tua 1,900 o ddynion a'r llall wedi colli tua 2,500. Hon oedd brwydr fwyaf gwaedlyd rhyfelgyrch Sherman yn Georgia hyd yn hyn, ac roedd yn fuddugoliaeth bwysig iddo. Roedd Hood wedi methu yn ei ymdrech i rwystro symudiad y fyddin ogleddol, ac felly deuai lluoedd Sherman gam yn agosach at gipio Atlanta.[67] Cafodd yr 22ain Gatrawd o Draedfilwyr Wisconsin a'u prif swyddog, Edward Bloodgood, ganmoliaeth neilltuol am eu rhan yn y fuddugoliaeth ar 20 Gorffennaf 1864.[68] Yn rhyfeddol ddigon o ystyried y ffaith bod yr 22ain Wisconsin wedi treulio amser mor hir mewn brwydr mor galed y diwrnod hwnnw, ni laddwyd ond wyth ohonynt. Clwyfwyd 36, gan gynnwys dau o Gwmni F. Milwr di-Gymraeg oedd un o'r clwyfedigion hyn, Theodore Hanson, a byddai'n marw o'i glwyfau maes o law.[69] Y llall oedd William R. Edwards, y ffarmwr 18 oed a ymfudasai o Dreffynnon yn sir y Fflint ac a oedd wedi gwirfoddoli'r gaeaf blaenorol. Byddai'r dyn ifanc o Dreffynnon yn gwella o'i glwyfau ac yn ailymuno â'r gatrawd yn fuan.

Ailgydiodd y cerddor Elias J. Prichard yn ei lythyr ddau ddiwrnod ar ôl y frwydr a thri diwrnod ar ôl iddo ddechrau'i ysgrifennu. Er ei fod yn credu bod papurau Wisconsin yn cyhoeddi digon o hanes y rhyfel fel rheol, cofnododd ddisgrifiad eithaf manwl o'r hyn a ddigwyddasai ger Peach Tree Creek ar gyfer ei chwaer a'i theulu.

> July 22nd ar ol i mi ðechreu y llythyr yma cawsom orders i advancio ac ar ol i ni advancio tua tair milltir fe ðaeth y rebs arnom a batel fu y canlyniad o'r fwyaf buom ni ynddi etto. A

pharhaöd am tua pedair awr a haner a phrofoöd yn öinistriol iawn i'r rebs[;] cawsant ei medi yn bentyrau i'r llawr[;] yr oeöynt yn dyfod i fyny yn erbyn ein single line yn dair a phedair line ond cawsant ei gyru yn ol bob tro gan adael ei llaöedigi[on] a'u clwyfadigion yn bentyrau ar y maes[.]⁷⁰

Mae disgrifiad Elias Prichard o'r olygfa – gyda 'lladdedigion a chlwyfedigion yn bentyrrau ar y maes' – yn ategu sylw John Ellis bod deheuwyr a oedd wedi'u saethu'n gorwedd 'dan eu traed' yn ystod y frwydr.

Ni ddangosodd y cerddor drugaredd wrth ymffrostio yn eu buddugoliaeth, ac yn debyg i'r modd y melltithiodd Jefferson Davis a'i *'rebel crew'* mewn llythyr cynharach, awgrymodd y Methodist Calfinaidd Cymraeg fod y gwrthryfelwyr deheuol yn blant i Satan.

[C]ymerodd dynion Hooker llawer ohonynt hwy yn garcharorion heblaw y miloedd a yrasant at ei tad y Diafol[;] nid ydyw ein colled ni ond bychan wrth golled y gelyn mae colled ein Division ni tua tri chant a cholled ein regt. ydyw wyth wedi ei llaö a 36 wedi ei clwyfo.⁷¹

Rhoddodd sylw afiach o fanwl am gyflwr y milwyr clwyfedig hyn: 'Y mae y tywyð mor boeth fel y mae yn amhosibl cadw y cynrhon oðiar y briwiau[.]'⁷² Gwaith Elias Prichard oedd tendio'r briwiau hynny gan fod y cerddorion wedi'u gorchymyn i gynorthwyo meddyg y gatrawd.

Yr ydym ni y band yn yr hospital er pan y cymeroeð y fatel le ac y mae yma ðigon iw wneud nos a dyð i gant o ðynion ond ychydig syð yma i wneud y gwaith felly y mae llawer yn gorfod dioðef oherwyð hyn y mae genym fwy or rebs yma nac syð genym on dynion ni felly nhw syð yn gorfod dioðef waethaf y mae yma olygfaoeð torcalonus iawn.⁷³

Nododd hefyd eu bod wedi symud yn nes at nod y

rhyfelgyrch yn dilyn y fuddugoliaeth fawr ym Mrwydr Peach Tree Creek: 'nid ydym ond pedwar milltir [o Atlanta] yn awr[.]'[74]

Fel y mae'n digwydd, y diwrnod yr oedd Elias J. Prichard yn cymryd hoe o'i waith yn yr ysbyty i ysgrifennu'r llinellau uchod roedd gweddill y gatrawd yn symud ymlaen gyda'r fyddin wrth i Sherman ddechrau gwarchae Atlanta. Ac yntau'n parhau i dendio'r milwyr clwyfedig, ysgrifennodd y cerddor lythyr arall at deulu'i chwaer ar 12 Awst 1864. '[Yr ydwyf yn ðiolchgar iawn i chwi am y papur a yrasoch i fi a hanes y rhyfel ynðo', nododd, gan ddweud bod 'mwy o newyddion ynðo' na'r hyn a allai ei gael yn y fyddin: 'nid ydym ni yn gwybod dim tu allan in Division ac ni fedrwn goelio haner yr ydym yn ei glywed[.']'[75]

Rhoddodd ychydig o'i hanes ei hun wedyn:

> Yr ydym ni y band wedi ein detailio yn nurses[;] y mae yn y ward lle yr ydwyf yn nursio 20ain o gleifion ac wyth wedi ei clwyfo yn ðrwg ac y mae amriw or cleifion yn bur isel[,] rhai hefo fever ac eraill a'r chronic Diarhoea mae llawer iawn o scurvi yn yr army yn awr y mae ar bawb dipyn ac ar rai yn ðrwg ond nid yd[yw] hyn yn ðim y mae da iawn ar bawb osna fyð ganðo dri neu bedwar o dyllau bwledi trwyðo.[76]

Cyfeiria at 'ein Owen ni' wedyn; er nad yw'r ymchwil wedi'i wneud a fyddai'n egluro'n union pwy oedd neu beth a ddigwyddodd iddo, mae'n debyg ei fod yn frawd. Roedd wedi ymrestru â magnelfa ('*battery*'), a daethai newyddion brawychus amdano i Elias.

> Clywais fod y Battery yr oeð Owen ynði wedi cael ei chymryd ar yr 22 or mis diweðaf ond ni chlywais beth a ðaeth or dynion y mae arnaf ofn ei bod wedi ei llað neu wedi cael ei cymeryd yn garcharorion nid ydwyf wedi gyrru yr un gair adref am hyn etto y mae arnaf eisiau gwybod ychwaneg am y peth cyn y gwnaf. Y mae arnaf ofn fod rhiwbeth wedi digwyð

i[n] Owen ni neu fe fuasai wedi dyfod i fy ngweld ar y 5ed or
mis diweðaf mae y corph lle mae yn perthyn iðo sef y 16th
wedi ein pasio ðwy waith ond nid oeðwn ni yn gwybod hyd
nes yr oeðynt wedi myned heibio[.]⁷⁷

Ar ôl dweud 'rhaid imi derfynu' a gofyn iddynt ei gofio at ei
'ffrindia', mae'n arwyddo 'hyn oddiwrth eich brawd, Elias',
gan ychwanegu, unwaith eto, 'Cusanau i Frank a David'.⁷⁸
Ar 1 Medi 1864 gadawodd y fyddin ddeheuol y ddinas, gan
osod y storfeydd na allent eu cludo ar dân cyn mynd. Cofiai
John R. Ellis y noson gyffrous honno:

> Gwnaethant bob brys i adael y ddinas, gan losgi y ceir a'r
> rolling mills, a phethau o'r fath. Clywsom losgbeleni yn
> ffrwydro yn y nos, am eu bod yn llosgi cad-ddarpariadau, er
> na gallem fod yn sicr pa un ai ymladd ai beth oedd yr achos.⁷⁹

A John Ellis a'i gydfilwyr fyddai rhai o'r gogleddwyr cyntaf i
gerdded ar strydoedd Atlanta: 'Yn fore iawn danfonwyd ein
brigade ni i edrych beth oedd yn myned yn mlaen.'⁸⁰

Roedd y milwr Cymraeg ymysg y *'skirmishers'* a âi i mewn
i'r ddinas o flaen gweddill eu brigâd, ond yn gyntaf roedd yn
rhaid iddynt groesi amddiffynfeydd Atlanta. Roedd golygfa
annisgwyl yn eu disgwyl:

> Pan oedd yr haul yn codi mi welwn hen wr a hen wraig
> mewn dillad cotwm gwyn a glan yn dod ar draws y caeau i'n
> cyfarfod. O! olwg heddychol oedd ar yr hen bobl hyn – mor
> wahanol i bob peth o'n cwmpas! Dywedasant eu bod wedi dod
> o'r ddinas, a'u bod yn myned i'r wlad, a bod y milwyr wedi
> gadael y ddinas, ac mae tan-belanau yn ffrwydro oedd y swn a
> glywsom.⁸¹

Ar ôl croesi'r 'hen wrthglawdd' yr oedd cydfilwyr Undebol
wedi'i chreu yn ystod y gwarchae, daeth yr ysgarmeswyr 'at
amddiffenfeydd y gelynion', a phan welodd John Ellis 'mor

anmhosibl fuasai eu cymeryd trwy ruthr', diolchodd 'i Dduw am ei ragluniaeth yn [eu] gwaredu o'r fath le ofnadwy.'[82] Diolchodd i'r Cadfridog Sherman hefyd am beidio â gorfodi'i filwyr i ymosod ar y fath le: 'Ni chydnabyddir byth ddigon ar y Cad[fridog] Sherman am ei ofal am fywydau ei filwyr.'[83]

Ymlaen â'r ysgarmeswyr i'r ddinas ei hun wedyn, a dirprwyaeth o sifiliaid yn eu cyfarch:

> ... daeth i'n cyfarfod y City Council a'r Maer mewn dillad llian a rhoddwyd y ddinas i fyny... gan ddeisyf arnom beidio saethu ar yr heolydd, am fod rhai o'r meirch-filwyr yno yn afreolus wedi meddwi.[84]

Ar ôl i'r milwyr Undebol orchymyn i faer Atlanta a'i gyngor fynd a dweud wrth y meirchfilwyr deheuol meddw fod rhaid iddynt ymadael, daeth y gwleidyddion lleol yn ôl a chyfaddef i'r gogleddwyr eu bod wedi methu: 'daethant yn ol, a dywedasant nas gallent gael ganddynt wrando arnynt.'[85]

A'r milwyr o Wisconsin wedi gobeithio cipio'r ddinas heb ymladd, byddai'n rhaid iddynt wynebu gwrthryfelwyr arfog wedi'r cwbl. Ymlaen yr âi'r ysgarmeswyr trwy'r ddinas, a John Ellis – a fuasai'n byw yn swydd Oneida, Efrog Newydd, cyn i'w deulu symud i Wisconsin – yn cymharu Atlanta â dinas fwyaf y sir honno.

> Yr oeddem erbyn hyn wedi dod i odreu un o'r prif heolydd, nid annhebyg i Genesee Street, Utica, N.Y., a gallwn feddwl fod y ddwy dref yn agos yr un faint. Taniai y stragglers hyn arnom, a ninau arnynt hwythau, nes daethom tua chanol y dref, lle yr oeddynt mewn heol groes, a daethant o ffenestri lloft hotel oedd ar y gongl.[86]

Daeth gorchymyn i'r ysgarmeswyr: '"fix bayonets. Double quik! Charge!"' ac wedyn 'rhuthrasom yn mlaen, a dyma gyffro mawr, pawb yn treio am ei farch', wrth i'r meirchfilwyr meddw geisio dianc. Roedd rhai 'yn dod allan trwy y ffenestri a phob tyllau', ond hyd yn oed ar ôl iddynt fynd ar gefn eu ceffylau, roedd y 'meirch yn cael eu saethu danynt ar yr heol'.[87] Ond llwyddodd rhai o'r meirchfilwyr i ffoi a rhuthrodd y traedfilwyr i geisio'u dal:

> Aethant o'n blaenau nes oeddynt allan bron o'r ddinas lle yr oedd rolling mill yn llosgi, a llawer o geir ar dan. Pan daethom i'r lle hwn gwnaeth y stragglers hyn ail stand o'r ffosydd o'r tu deau i'r ddinas, ac yr oedd yn y ceir oedd yn y cut flawd corn, ac yr oedd rhai o bobl y ddinas yn ceisio ei gario i'w tai, pryd y dechreuasom ymladd dros eu penau. Daeth tair o ferched ieuainc hardd atom trwy ganol y bwledau, gan ddeisyf arnom beidio tanio, am fod eu tad dan y car a'r blawd corn. Yr oedd yn ddrwg genyf orfod gwrthod, ond dywe[d]ais y gofalwn na wnawn i ddim niwed i'r hen wr. Yr oedd cymaint o amser er pan y gwelais ferch wen olygus, fel yr oedd y merched hyn wedi braidd fy nyrysu ar ganol y frwydr.[88]

Ni chofnodwyd hanes yr hen ŵr gyda'r blawd, ond ni laddwyd yr un o'r ysgarmeswyr gogleddol yn ystod 'y frwydr' hon (a oedd yn fwy o ysgarmes, er gwaethaf disgrifiad John Ellis ohoni). Trechwyd y meirchfilwyr deheuol yn fuan ac felly roedd Atlanta wedi syrthio o'r diwedd.

Pan ysgrifennodd Elias J. Prichard lythyr arall ar 30 Awst, nododd 'Camp 22nd Reg Wis Vol., Atlanta Ga' fel ei gyfeiriad. Roedd wedi bod yn wael oherwydd rhyw afiechyd – ac yn amlwg wedi trafod ei salwch mewn llythyr arall na oroesodd – ond gallai rannu hanes cadarnhaol bellach:

> Anwyl Frawd a Chwaer
> Wele fi yn cymeryd y cyfle presenol i anfon ychydig linellau atoch gan obeithio y by iðynt eich cael yn iach[.] Derbyniais eich caredig lythyr yr wythnos ðiwethaf ond oherwydd fod y ffordd wedi cael ei thori rhyngom a Chattanooga yr oeðwn yn meddwl y byðai yn well i mi oedi hyd nes y byðai wedi ei fixio

yr ydwyf fi wedi gwella yn bur ða yn awr ond fy mod yn wan ond yr ydwyf yn cryfhau bob dyð[.]⁸⁹

A byddin Sherman wedi cael dau fis cymharol hawdd yn Atlanta, roedd paratoadau ar gerdded a gair ar led y byddent yn symud eto cyn bo hir. Rhannodd y cerddor y si â'i deulu: 'mae pob tebigolrwyð yn bresenol ein bod am fyned i fforð oðiyma yn o fuan[.]' ⁹⁰ Nid oedd milwyr cyffredin fel Elias Prichard yn gwybod y manylion eto, ond roedd y Cadfridog William Tecumseh Sherman yn cynllunio rhyfelgyrch arall trwy Georgia, gan obeithio torri llain yr holl ffordd o Atlanta i Savannah ar yr arfordir. Y nod oedd chwalu awydd pobl Georgia i barhau â'r rhyfel, fel y nododd Sherman mewn telegram a yrrodd at Ulysses S. Grant ar 9 Hydref 1864:

> Until we can repopulate Georgia it is useless to occupy it, but utter destruction of its roads, houses and people will cripple their military resourcers. [...] I can make the march and make Georgia howl.⁹¹

Er nad oedd Elias J. Prichard yn gwybod holl gynllun ei gadfridog, roedd ganddo syniad go lew ynglŷn â chyfeiriad y daith: 'nid ydym yn gwybod i ba le yr ydym am fyned yr ydwyf fi yn meðwl ein bod am fyned i gymeryd Macaon Ga.'⁹² Yn sicr, byddai'r fyddin fawr yn teithio trwy Macon ar eu ffordd i Savannah.

Roedd si arall wedi bod yn cylchredeg yn ddiweddar fod lluoedd deheuol yn gwasgu'n agos at Atlanta a bod rhaid i'r gogleddwyr gilio o'r ddinas.

> ... yr oedd arnaf ofn ychydig ðyðiau yn ol ei bod am evacuatio y lle yma ond nid ydwyf yn meðwl hyny yn awr[;] byðai yn well genym fynd ar un cracker y dyð na gadael i'r rebs ei gael yn ol[.]⁹³

Ni ddigwyddodd hynny, wrth gwrs, ac felly, wedi rhannu

hynny o newyddion a oedd ganddo am Atlanta a symudiadau'r fyddin, âi Elias Prichard i hiraethu am ei gartref a nodi bod bywyd yno'n well nag amgylchiadau trigolion y ddinas ddeheuol: 'buaswn inau yn hapusach yn cael steady job yn racine oherwyð fod yn agos bob peth yn rhatach yno nac y mae yma[.]'[94] Ac yntau'n meddwl am y gwaith a wnâi fel sifiliad ar ôl y rhyfel, cwynodd hefyd fod y fyddin yn araf yn talu'r milwyr. Ond roedd swmp o'i gyflog ar ei ffordd yn fuan: 'yr ydym yn disgwil cael wyth mis o dal yr wythnos yma[.]'[95] Cyn cloi, dywedodd eu bod 'yn cael tywyð sych' yn Atlanta, er ei bod 'yn bur oer y nos[.]'[96]

Cyfeiriodd Elias J. Prichard at y si a gylchredai ar un adeg y byddai'n rhaid iddynt 'evacuatio' Atlanta oherwydd symudiadau'r gelyn. Cafodd John Ellis, Cadwaladr Pugh a rhai o'r milwyr Cymraeg eraill fraw yn ystod y cyfnod hwnnw. Roedd bwyd yn brin, fel yr awgryma'r cerddor wrth ddweud gyda chymysgedd o hiwmor a dewrder y byddai'n well ganddo fyw 'ar un *cracker* y dydd na gadel i'r rebs' gipio Atlanta eto. Yn ôl John Ellis, roedd nifer ohonynt wedi'u gorchymyn i adael i ddinas a chwilio am fwyd yn y wlad gyfagos.

> Dro arall yr oeddem wedi ein gyru ar ol corn o Atlanta i'r dehau o gwmpas ugain milltir gyda wageni; a daeth rhai o'r "scouts" a gair fod meirchfilwyr y gelyn gerllaw. Dychrynodd un o fechgyn Pine River, yr hwn nad oedd wedi bod gyda y gatrawd er y dechreu hyd yn hyn, nes aeth i ffitiau, a rhoddwyd ei ofal i Cad. Pugh a minau, a dyna y drafferth a gawsom![97]

Nid yw'n enwi'r 'bachgen o Pine River', ond mae'n rhaid mai un o'r gwirfoddolwyr a ymunasai yn ystod gaeaf 1863-64 ydoedd.

Yn ôl cofrestr swyddogol y gatrawd, ymddiswyddodd Robert Blair Jones ar 31 Awst 1864 gan ildio'i gomisiwn fel prif is-gadben y cwmni.[98] Nid oes sôn am y datblygiad hwn o gwbl yn holl lythyrau ac ysgrifau milwyr y *Cambrian Guards*, ond cofir bod Elias J. Prichard wedi cwyno'n arw am ddyrchafiad Rob B. Jones mewn llythyr personol. Dywedodd nad oedd yn credu bod ganddo hawl i'r swydd, fod y dyrchafiad oherwydd ei ewythr W.W. Vaughan a'i *'influentical Christian friends'* yn y capel yn Racine, ac awgrymodd fod teimlad cyffredinol y dylai Thomas J. Davis gael y dyrchafiad hwnnw. Tybed a oedd beirniadaeth gan ei gydfilwyr wedi mynd dan groen Robert Blair Jones a thanseilio'i hyder ei hun yn ei allu i lenwi'r swydd bwysig honno? Yn wir, dywedodd Elias Prichard yn y llythyr hwn fod 'Bob yn gwybod mai a Thos. J. Davis yr oedd y swydd yn perthyn', ac felly mae hefyd yn bosibl fod a wnelo cydwybod Rob Jones â'i benderfyniad i ymddiswyddo. Mae hefyd yn bosibl bod salwch wedi'i daro, er nad yw'r gofrestr yn dweud iddo gael ei ryddhau oherwydd *'disability'*, fel y gwelir yn ymyl enwau rhai o'r milwyr a adawodd cyn diwedd eu tymor gwasanaeth. Fodd bynnag, adferwyd yr hyn a ystyriai Elias J. Prichard yn gyfiawnder y mis nesaf pan gadarnhawyd Thomas J. Davis yn brif is-gadben Cwmni F ar 24 Medi 1864.[99]

Yn ystod wythnos gyntaf mis Tachwedd 1864 ysgrifennodd yr Is-ringyll Cadwaladr Pugh lythyr at *Y Cenhadwr Americanaidd*, yn dechrau 'Mr. Gol. – Fe allai eich bod yn gwybod fod y Cwmni hwn (Co. F, 22nd Regt. Wis. Vol.) gan mwyaf yn Gymry.'[100] Dyma'r milwr a oedd wedi ymfudo o Ryd-y-main, ger Dolgellau, yn 1855 pan oedd yn 21 oed, ac yntau 'heb un gair o Saesneg' ar y pryd.[101] Ef oedd yr hynaf o'r grŵp hwnnw o gyfeillion yng Nghwmni F a oedd yn teimlo bod eu gwreiddiau yng Nghymru yn eu tynnu ynghyd, cylch cymdeithasol agos a gynhwysai Richard Williams, a oedd hefyd o Ryd-y-main, a'r tri brawd o Lanuwchllyn, John, Edward ac Evan Ellis. Hefyd yn y grŵp hwn o ffrindiau oedd Rowland J. Edwards, David Rowlands, William Hughes, John R. Jones, Dave Evans a John Bowen.[102] Roedd tri ohonynt – John Bowen, Dave Evans a Cadwaladr Pugh ei hun – wedi'u clwyfo mewn brwydrau yn ystod y daith waedlyd i Atlanta, ond roedd pob un wedi gwella. Daethai bwled saethwr cudd yn frawychus o agos at 'Cad' Pugh a John Ellis yn y coed ar gyrion Atlanta hefyd. Ond roedd Cadwaladr Pugh yn iach ac roedd pob un o'i gyfeillion agos yn dal ar dir y byw pan ysgrifennodd ei lythyr. Nododd fod ei gatrawd wedi goroesi nifer o frwydrau yn ystod gwanwyn a haf 1864:

> Cawsom ni fel eraill amser lled galed yn y rhyfel yn Georgia yr haf diweddaf. Collasom amryw o'r Cwmni yn ystod y 4 mis y buom yn ymladd ein ffordd o Ringgold i Atlanta. Ond ar ol hyny yr ydym wedi bod yn gwersyllu yn Atlanta ac wedi mwynhau graddau o dawelwch.[103]

O gofio hanes cythryblus yr 22ain Wisconsin yn ystod ei 18 mis cyntaf ac awydd ei milwyr i 'brofi'u hunain ar faes y gad', roedd teimlad cyffredinol erbyn diwedd haf 1864 fod y gatrawd wedi gwneud hynny.

Roedd paratoadau'r fyddin wedi cynyddu'n ddiweddar ac felly hysbysodd Cadwaladr Pugh ddarllenwyr *Y Cenhadwr Americanaidd* fod '[t]awelwch' eu sefyllfa bresennol ar fin darfod: 'Mae arwyddion yn awr ein bod ar gychwyn eto ar daith i ryw bwynt – fe allai at lan y Llanclyn neu y Cefnfor.'[104] Byddai'r ddamcaniaeth hon yn gywir, gan mai Savannah ar arfordir Georgia oedd nod Sherman. Ond ceid peth dryswch ymysg y milwyr cyffredin ar ôl i'r rhyfelgyrch ddechrau dim ond i gael ei ohirio eto: 'Cychwynasom ddydd Sadwrn, ond nid aethom ond tair milldir' cyn cael y gorchymyn i ddychwelyd i Atlanta eto'r diwrnod nesaf.

'Dyfyniad o Lythyr Oddiwrth Filwr' yw'r teitl a roddodd y golygydd, Robert Everett, ar y darn pan ymddangosodd llythyr Cadwaladr Pugh yn *Y Cenhadwr Americanaidd*. Mae'n biti garw na chyhoeddodd y llythyr cyfan, felly ni allwn ond dyfalu ynglŷn â'r cynnwys coll. Misolyn Annibynwyr Cymraeg yr Unol Daleithiau oedd *Y Cenhadwr Americanaidd*, a'i olygydd oedd gweinidog Cymraeg enwocaf yr enwad yn y wlad. Disgrifiwyd Cadwaladr Pugh gan un o'i gyfeillion fel dyn 'distaw a chrefyddol'; roedd yn 'Annibynwr o farn' a'i ymddygiad bob amser yn '[d]eilwng o'i broffes'.[105] Felly mae'n anodd credu iddo gynnwys syniadau neu sylwadau yn ei lythyr na fyddai Robert Everett yn dewis eu cyhoeddi. Mae'n bosibl mai ystyriaeth ymarferol sy'n cyfrif am y ffaith mai 'dyfyniad' yn unig a gyhoeddwyd, sef bod y rhifyn yn orlawn a'r golygydd yn ei chael hi'n anodd cael hyd i ddigon o ofod ar ei dudalennau.

Beth bynnag, yn ogystal â'r darn cychwynnol cryno am hanes y gatrawd, dewisodd Robert Everett gynnwys dyfyniad am ddiwrnod yr etholiad, 8 Tachwedd 1864. Pedair blynedd yw hyd tymor arlywydd yr Unol Daleithiau. Gan fod y Gweriniaethwr Abraham Lincoln wedi'i ethol gyntaf ym mis Tachwedd 1860, bu'n rhaid i'r arlywydd sefyll am ei ail dymor ym mis Tachwedd 1864, a'r etholiad arlywyddol hwnnw yn cael ei gynnal ar ganol y Rhyfel Cartref. Ers dechrau'r flwyddyn 1863 roedd Lincoln wedi cyhoeddi'i 'Ddatganiad Rhyddid' yn ieuo achos rhyfel yr Undeb yn ffurfiol â'r ymgyrch i ddiddymu caethwasiaeth. Er nad oedd ymgeisydd y Democratiaid, y cyn-gadfridog gogleddol George McClellan, o blaid llunio heddwch yn syth, roedd llawer o Ddemocratiaid – y *'peace Democrats'* y bytheiriai rhai o'r milwyr yn eu herbyn – yn credu y dylid dod i delerau heddwch hyd yn oed pe bai'n golygu caniatáu i'r taleithiau deheuol gael eu hannibyniaeth a gadael y drefn gaeth heb ei diddymu.

Felly roedd yr etholiad yn refferendwm ar ymgyrch rhyfel yr Unol Daleithiau, ac i ddiddymwyr fel Robert Everett, roedd yn refferendwm ar ryfel sanctaidd yn erbyn caethwasiaeth. Gan fod y Parchedig Everett wedi cyhoeddi deunydd yn *Y Cenhadwr Americanaidd* a anogai'i ddarllenwyr i bleidleisio dros Lincoln – ac yn eu hatgoffa bod rhyddid miliynau o gaethweision yn y fantol – mae'n hawdd deall pam y dewisodd gyhoeddi'r nodyn a ysgrifennodd Cadwaladr Pugh am y diwrnod mawr.

Tach[wedd] 8fed, yn y prydnawn. – Mae yr etholiad wedi pasio yn ein Catrawd. Rhif y pleidleisiau a roddwyd i mewn oedd 381 – sef 371 i Lincoln a 10 i McClellan.[106]

Fel y nodwyd yn barod, dim ond dinasyddion a allai bleidleisio, ac mae'n bosibl bod rhai o Gymry'r gatrawd yn ymfudwyr newydd nad oedd wedi cyflwyno'r gwaith papur priodol eto er mwyn ennill eu dinasyddiaeth. Ond fe ymddengys fod y rhan fwyaf o'r milwyr wedi bwrw pleidlais y diwrnod hwnnw. Mae peth gwrth-ddweud rhwng y gwahanol fersiynau o gofrestrau'r gatrawd sydd wedi goroesi, ond o'r 1,000 o filwyr a adawsai Racine yn rhengoedd yr 22ain Wisconsin, roedd llai na 500 ohonynt ar ôl – ac mae'n bosibl bod y nifer yn agosach at 400 erbyn dechrau Tachwedd 1864, a hynny er bod rhai gwirfoddolion newydd wedi ymuno â nhw yn y cyfamser. Fel y dywedodd Cadwaladr Pugh, roedd y gatrawd wedi cael 'amser lled galed yn y rhyfel yn Georgia'. Ac roedd rhagor o galedi o flaen y llythyrwr a'i gydfilwyr. Dewisodd Robert Everett gynnwys darn arall o'r llythyr sy'n disgrifio'r symudiad a oedd ar fin dechrau.

Yr ydym wedi ein hysbysu yn swyddogol bellach ein bod i fyned ar ymgyrch neu ryfelgyrch – nis gwyddom pa mor fuan, fe allai yfory. Mae yn debyg fod Atlanta i gael ei gadael yn hollol gan yr Undebwyr. Dydd da i chwi.

Cadwaladr Pugh,
Co. F, 22nd Wisc. Vol.,
2nd Brigade, 3rd. Div. 20th Army Corp[.][107]

Cyhoeddwyd y 'dyfyniad o lythyr' Cadwaladr Pugh yn rhifyn Rhagfyr *Y Cenhadwr Americanaidd*. Erbyn iddo ddod o'r wasg argraffu yng nghartref Robert Everett yn Remsen, Efrog Newydd, roedd y gatrawd wrthi'n teithio gan fod byddin fawr William Tecumseh Sherman wedi gadael Atlanta ar 14 Tachwedd 1864 a dechrau ar ei thaith i Savannah.

Roedd y daith yn galed. Un o'r pethau a oedd 'yn wrthun' i

John Ellis yn gyffredinol oedd y ffaith '[nad] oedd [ganddynt] ddillad i'w newid' yn y fyddin. Byddai'r milwyr yn ceisio golchi'u dillad, ond nid oedd yn bosibl pan oedd y fyddin yn symud yn barhaol: 'Tra ar daith drwy Georgia, yn neillduol, nid oeddym yn cael amser i dynu ein dillad oddiam danom hyd yn oed ein hesgidaiu, am wythnosau.'[108] Yn ogystal, '[N]id oedd dim sebon na halen yn y wlad, felly canlynaid oedd ein bod yn cario un o blaau mwyaf ofnadwyr yr Aipht gyda ni, sef llau.'[109] Gan gyfeirio at Ddiarhebion 6.6, sy'n dechrau 'Dos at y morgrugyn', disgrifiodd yr hyn a wnâi rhai o'r milwyr pan ddeuai amser i wersylla.

> Byddai ambell un yn cymeryd cyngor Solomon a myned at y morgrugyn, gan osod ei grys wrth [ddrws ei babell] er gweled brwydr hyd farw rhwng y greys a'r blacks. [110]

Glas oedd lliw lifrai milwyr yr Undeb a llwyd oedd gwisg arferol y gwrthryfelwyr deheuol, ond ymrafael o fath arall oedd 'brwydr hyd farw rhwng y llwydion a'r duon' dros grys milwr. Y duon fyddai'n ennill, meddai – 'Y morgrugyn fyddai yn fuddugoliaethus' – ond roedd y llau yn bla parhaol: 'Yr oeddynt gyda ni fel yn yr Aipht, heb dderbyn wyneb – cymerent feddiant o'r cadfridog fel y milwr cyffredin.'[111]

Torri ysbryd trigolion y dalaith oedd nod rhyfelgyrch Sherman – *'to make Georgia howl'*, fel y dywedodd yn ei delegram – ac roedd digon o filwyr cyffredin fel pe baent yn barod iawn i chwarae rhan yn y cynllun didostur hwnnw. Bid a fo am fwriad eu cadfridog, roedd unrhyw fyddin a deithiai trwy diroedd y gelyn yn tueddu i ymddwyn fel haid o locustiaid. Nid oedd milwyr Cymraeg y *Cambrian Guards* yn eithriad. Er nad oedd John Ellis yn cyfeirio ato'i hun a'i ffrindiau fel *'bummers'* – dihirod a fyddai'n gadael rhengoedd eu byddin heb ganiatâd eu swyddogion er mwyn dwyn bwyd sifiliaid – awgrymodd fod ei gylch o gyfeillion yn ymddwyn mewn modd digon tebyg ar adegau. Cofnododd un stori am ei frawd iau, Edward, pan oedd y

gatrawd 'ar ymdaith drwy Georgia[.]'¹¹²Edward Ellis oedd
y cyw gweinidog a oedd yn boblogaidd iawn fel pregethwr
lleyg gyda Bedyddwyr Wisconsin. Tystia pawb a ddaethai ar
ei draws i gadernid proffes grefyddol yr ieuangaf o'r brodyr
Ellis. Ond eto, yn ôl ei frawd John, y darpar weinidog a
arweiniodd gyrch ar storfa fwyd benyw ddiymgeledd yn
Georgia:

> ... aeth Edward at dy, a gofynodd am rywbeth i'w fwyta.
> Dywedodd y wraig yn sarug nad oedd ganddynt ddim
> ymborth. "Wel," meddai yntau, mae yn rhaid i mi edrych
> beth allaf gael." Yna tynodd ei ramrod o'r gwn, ac a'i gyroedd
> i lawr farilaid o ludw, nes teimlo rhywbeth caled. Taflodd y
> lludw allan, a chafodd ham dda. Pan welodd y wraig ei fod
> wedi ei chael, dywedodd wrtho, "Don't take that, I am a poor
> Methodist minister's wife, and I have nothing but the charity
> of the people to live on." Atebodd yntau, "Well, madam, you
> have the charity of the people; you are much better off than
> we are; we don't have but very little of that."¹¹³

Ac felly aeth ham gwraig y gweinidog Methodistaidd i fwydo'r
Bedyddwyr Cymraeg. Nid oes gair yn awgrymu bod Edward
Ellis, ei frawd John, na'r un o'u cydfilwyr wedi teimlo'n euog
ar ôl mwynhau'r ysbail.

Adrodda John Ellis stori debyg am ei gyfaill Richard A.
Williams, y dyn a oedd wedi ymfudo i Racine o Gynythog,
ger y Bala:

> Dygwyddodd i Dick a minau fod gyda'n gilydd un tro, ar ein
> "March through Georgia;" ac aethym i dy lle yr oedd hen
> wraig dafod-ddrwg a dwy ferch. Yr oedd rhai o'r bummers
> wedi bod yno o'n blaen, (yr oedd yn anmhosibl bod yn gyntaf
> yn un man, o'r braidd), ac wedi cymeryd tua haner y blawd a
> phethau eraill, gan ddwyed eu bod yn gadael y gweddill iddynt
> hwy, ond y gwir reswm oedd nad allent ei gario ac y byddai
> canoedd yn dod ar eu holau. Aeth Dick a minau i gymeryd yr

oll o'r blawd corn a'r blawd gwenith, pryd y gofynodd yr hen wraig i ni: "How in the world were you brought up?" ac yr atebodd Dick, "We were brought up to help ourselves; don't you see, ma'am?"[114]

Nid oes gair yma chwaith sy'n mynegi euogrwydd am y ffaith eu bod wedi amddifadu gwragedd a phlant o fwyd yn ystod eu taith trwy Georgia. Darlunia John Ellis y deheuwyr mewn modd negyddol tebyg yn y ddau hanesyn; yn y naill stori mae gwraig y gweinidog yn siarad 'yn sarug' â'r gogleddwyr ac yn y llall mae 'hen wraig dafod-ddrwg' yn cael ei chosbi am ei geiriau hallt hithau.

Er bod Edward Ellis wedi dod o hyd i ham yng nghartref gwraig y gweinidog, câi'r gogleddwyr gig moch mewn dull gwahanol fel arfer.

> Yr oeddym yn byw yn benaf ar gig moch a laddem ar ein ffordd, trwy dori eu penau a thynu eu hymysgaroedd a'u rhannu yn ddarnau yn y fan, a phawb yn cario darn o fochyn budr ar ei bayonet, neu fod heb ddim yna torid golwython o'r cig oddiar y croen, gan ei ffrio ar blat tin ar glymau pitch pine[.][115]

Byddai'r milwyr yn ceisio dwyn mêl o gychod gwenwyn, ond nid oedd 'ganddynt ddim sgil at wneyd hynny' ac fel rheol byddent yn cael eu pigo'n ddrwg. Cofia John Ellis gyrch i ddwyn math arall o felysbeth gan sifiliaid.

> ... un tro pan ar y daith drwy Georgia [roedd] gair wedi do'd yn ol o'r naill i'r llall fod cyflawnder o molasses yn mlaen i mi sicrhau digon i'r mess y perthynwn iddo. Pan ddaethom i'r lle yr oedd yno dy mawr a'r molasses yn y seler; ac am fod y molasses mewn math o gist anferth, a bod y soldiers yn methu ei gael yn ddigon rhwydd cymerasant fwyell gan gopio lle iddo redeg allan ar hyd y llawr. Pan aethym i mewn yr oeddwn at fy fferau yn y molasses a fy esgidiau yn llawn o hono. Nid

oedd dim i wneyd ond codi llon'd y llestr oddiar y llawr yn y tywyllwch a myned ymaith er rhoddi lle i eraill.[116]

Unwaith eto, hiwmor y stori sy'n llywodraethu yn ysgrif John Ellis. Nid oes gair am y ffaith bod dwyn yr holl fwyd yn amddifadu pobl eraill.

Os oedd y milwyr yn trin sifiliaid Georgia mewn modd creulon ar adegau, tystiodd rhai o'r *Cambrian Guards* i greulondeb swyddog catrawd ogleddol arall tuag at un o'i filwyr ei hun. Ar ôl diwrnod hir o fartsio trwy law oer ar ddechrau mis Rhagfyr, roedd y milwyr wrthi'n gwersylla am y noson. Wrth gerdded heibio pebyll brigâd arall, sylwodd Dave Evans fod tyrfa swnllyd o filwyr wedi ymgasglu o gwmpas rhywbeth. Ar ôl mynd i fusnesu, gwelodd mai milwr cyffredin yn cael ei gosbi oedd canolbwynt sylw'r dorf, a'r dyn hwnnw wedi 'anfoddloni ei gapten, trwy omedd ceisio coed tan iddo' pan oedd y gatrawd yn ymbaratoi ar gyfer y noson.[117]

> Yr oedd y milwr hwn, fe allai, yn wrthrych digofaint y swyddog bawaidd, oblegid yr oedd wedi ei helpu i godi ei babell, a hyny heb gael gwneyd dim iddo ei hun, ar ol taith galed drwy wlaw rhewllyd. [Ac felly gwrthododd y milwr helpu'r swyddog i gael coed tân wedyn.] Am yr anufudd-dod rhwymwyd y dyn gerfydd ei fodiau wrth goeden nes oedd y gwlaw yn rhewi ar ei gorff. Yr wyf yn rhoi yr hanes hwn er dangos faint o drais a arferai swyddogion gwael er dangos eu hawdurdod. Ymdyrodd y milwyr o gylch y dyn druan, gan ddangos eu hangymeradwyaeth mwyaf; a dygwyddodd i "Almighty" fod y ffordd hono, a gweld y dyn.[118]

Dyna oedd llysenw Dave Evans, gan ei fod yn gymeriad unigryw â thuedd i ymddwyn fel yr 'Hollalluog' ac anwybyddu awdurdodau bydol. Yn ôl ei gyfaill John Ellis, byddai Dave yn bytheirio pan âi eraill yn groes iddo, gan liwio'r gwirionedd er mwyn cefnogi'i safiad ei hun: 'Nid dweyd celwydd y byddai, ond rhyw rafio yn ei ddull ei hun.'[119]

Felly pan welodd yr 'Hollalluog' Dave Evans y dyn yn dioddef yn y modd hwnnw, holodd y lleill – '"What did he do?"' – ac ar ôl clywed yr hanes dechreuodd rafio am y swyddog creulon: 'Meddai yntau [sef, Dave], "The d[amned] fool, tell him to come here; I will tie him to a tree to see how he will like it[.]"'¹²⁰ Nid oedd cyfeillion y truanddyn wedi mentro mynd yn groes i orchymyn eu cadben, ond penderfynodd Dave Evans ymddwyn fel yr 'Hollalluog':'[c]ymerodd ei gyllell a thorodd y rhaff ac aeth a'r dyn at y tan.'¹²¹ Wedi rhyddhau'r dyn a'i osod i gynhesu yn ymyl y tân, aeth yr 'Hollalluog' yn ôl at bebyll yr 22ain Wisconsin, ond gan fod yr hyn a wnaethai 'yn drosedd difrifol yn y fyddin', byddai'n rhaid wynebu canlyniad ei weithredoedd. Felly 'daeth cenad o'r gatrawd hono at ein Colonel yn hawlio cosb drom ar "Almighty."'¹²² Roedd cadben y gatrawd arall yn mynnu bod Dave yn cael 'ei rwymo yntau yr un modd a'r dyn a dorasai i lawr.'¹²³ Ond llwyddodd i ddianc rhag y gosbedigaeth drom honno.

> Atebodd Dave fod yn rhaid iddo ef gael doctor; ei fod wedi ei saethu drwy ei arddwrn, ac nas gallai oddef cael ei rwymo felly. Hysbysodd y doctor fod yn rhaid ei rwymo a chadach poced wrth rywbeth, fel y byddai ei law yn naturiol; felly rhwymwyd Dave wrth frigyn a chadach poced. Dyna fel y deuai allan o bob scrape o'r bron.¹²⁴

Mae'n wir bod Dave Evans wedi'i saethu trwy'i arddwrn ym mrwydr Kennesaw Mountain, ond roedd y clwyf wedi gwella'n dda erbyn hyn. Trwy ddefnyddio'i allu i liwio'r gwir a chyda chymorth meddyg caredig, cafodd eistedd yn ei babell gyda brigyn bach wedi'i rwymo â chadach poced i'w fodiau yn hytrach na chael ei glymu wrth goeden yn y glaw oer.

Cyrhaeddodd lluoedd Sherman Savannah ar 10 Rhagfyr 1864. Roedd yr 22ain Wisconsin wedi bod yn gwarchod wageni'r fyddin am y rhan fwyaf o'r daith; gallai gwylio'r 'baggage train' fod yn ddyletswydd beryglus pan fyddai meirchfilwyr y gelyn yn y cyffiniau, ond ni phrofodd y milwyr o Wisconsin unrhyw drafferth yr holl amser.¹²⁵ Mae'n biti nad oes ffynonellau Cymraeg gan rai o'r *Cambrian Guards* wedi goroesi sy'n disgrifio'r cyfnod hwn yn eu hanes. Er na welodd y gatrawd ragor o ymladd yn ystod y daith o Atlanta, bu salwch yn parhau i deneuo'i rhengoedd. Ni fu farw'r un o Gymry Cwmni F yn ystod yr wythnosau caled hynny, ond collwyd nifer o filwyr cwmnïau eraill. Erbyn i'r gatrawd gyrraedd yr arfordir nid oedd ond 315 o ddynion ar ôl, rhyw draean o'r nifer a gychwynasai o Racine ym mis Medi 1862.

Un ffactor a borthai salwch yn eu mysg oedd diffyg bwyd. Er bod ymdrechion y milwyr i gasglu bwyd yn amddifadu sifiliaid y cyffiniau, gallai'r *'foreaging'* hwn fod yn beryglus pan fyddai gerilas neu feirchfilwyr deheuol yn agos. Cylchredai si yn y rhengoedd fod golygfa erchyll wedi'i darganfod: 'tri-arddeg o foragers' wedi'u crogi 'ar ochr y ffordd' gydag arwydd yn darllen '"Death to Foreagers."'¹²⁶ Roedd rhaid chwilio am fwyd i'r mulod a dynnai'r wageni hefyd. Cafodd John Ellis helynt unwaith pan aeth ar gyrch i gael 'corn' ar gyfer yr anifeiliaid; roedd 'trên' y cerbydau mewn 'coed, ac yr oedd yn dywyll a'r wageni yn glynu yn y llaid y naill ar ol y llall.' Roedd y 'waggonmasters a'r wagoners yn rhegu y naill y llall, a'r mulod yn neillduol' yn gwneud sŵn, ac felly aeth y milwr Cymraeg draw at 'ddau gant o bobl dduon' yn ymyl, 'y rhai oedd yn llosgi fence rails[.]'¹²⁷ Eisteddodd wrth y tân, syrthio i gysgu, a deffro wedyn ar ei ben ei hun. Ac yntau'n cofio'r *'foragers'* a grogid wrth ochr y lôn, roedd yn poeni am ei fywyd; 'dechreuais redeg am fy einioes', meddai, a chyrraedd y gwersyll yn y diwedd, 'wedi cael un waredigaeth yn ychwaneg.'¹²⁸

Oherwydd y broblem hollbresennol hon, nid yw'n syndod mai chwilio am fwyd oedd y gorchwyl a roddwyd i'r 22ain Wisconsin ar ôl iddynt gyrraedd cyffiniau Savannah. Reis oedd prif gynnyrch planhigfeydd yr ardal, gyda chaethweision yn gweithio ar y planhigfeydd hynny cyn i'r milwyr gogleddol gyrraedd. Ar y 12fed o Ragfyr, aeth y gatrawd i ynys

243

Hutchinson yn yr afon yn ymyl dinas Savannah a chipio nifer o felinau reis yno. Aeth rhai magnelau ar y cychod gyda'r traedfilwyr o Wisconsin hefyd. Cafwyd storfa sylweddol o reis ar yr ynys, ond bu'n rhaid ymladd i'w chadw pan ddaeth tair llestr ddeheuol i lawr yr afon, dwy ohonynt wedi'u harfogi â magnelau. Bu'r traedfilwyr a'r magnelau'n saethu at y llynges fach o lan yr afon am ysbaid, a llwyddwyd i rwsytro'r ymosodiad.[129]

Bu'r 22ain Wisconsin yn aros mewn planhigfa yn y cyffiniau am rai dyddiau wedyn.[130] Eglura John Ellis y modd yr oedd nifer o'r milwyr Cymraeg yn ymlacio ar lan yr afon un diwrnod: 'yr oedd ar y pryd lawer o honom yn eistedd ar dorlan o glai, a'n traed drosti, a thraeth o raian tua ugain troedfedd islaw i ni[.]'[131] Un ohonynt oedd Tom, un o'r milwyr Cymraeg a oedd wedi bod yn y *Cambrian Guards* ers y dechrau.[1] Roedd John a Tom wedi bod yn gyd-ddisgyblion yn ysgol y bardd Eryr Meirion cyn ymfudo i America.[132] Fe ymddengys fod y milwyr yn ymlacio'n hamddenol ar lan yr afon Savannah, er bod un o agerfadau arfog y deheuwyr wedi bod yn ymddangos bob hyn a hyn yn ystod y dyddiau diwethaf: 'Tra yr oeddem yn gwarchae ar Savannah byddai rebel gun boat yn dod i fyny yr afon ar adeg y llanw i'n tan-belenau[.]'[133] Pan saethodd un o fagnelau'r agerfad y tro hwn, daeth y belen yn frawychus o agos:

> Gwelem fwg o'r fagnel ar y cwch, a'r dân-belen yn dod yn syth atom, a chyn y gallasem dynu ein traed atom tarawodd y dwfr, gan droi ac ymgladdu yn y dorlan dan y lle yr oedd Tom, gan ffrwydro a thaflu dau lwyth car o bridd i fyny, a Tom i ganlyn[.][134]

Roedd ofn arnynt fod y dyn wedi'i ladd gan na allai'r lleill ei weld 'nes i'r mwg glirio'.[135] Ond nid oedd wedi'i anafu hyd yn

---

1 Nid yw'n sicr pwy oedd y Tom hwn, ond rhaid ei fod yn un o'r tri Thomas a ymrestrodd yn Racine yr un pryd â John Ellis, sef **Thomas M. Jones**, **Thomas Hopkins** neu **Thomas Thomas**.

oed, er bod y ffrwydrad yn ddigon agos iddo anadlu peth o'r mwg: 'Gwelem ef... a mwg fel braich yn dod o'i enau, heb gael dim niwed.'[136]

Gan fod byddin Sherman wedi cipio nifer o amddiffynfeydd o gwmpas y ddinas a'r rhwyd yn tynhau, gadawodd y milwyr deheuol olaf Savannah yn dawel yn ystod y nos ar 20 Rhagfyr 1864. Nid oes cofnod o ymateb y milwyr Cymraeg i'r ddinas, ond rhaid bod tai urddasol a sgwariau mawr hardd Savannah wedi gwneud argraff arnynt. Ar ôl ychydig dros wythnos yn Savannah, roedd y gatrawd yn teithio eto wrth i Sherman symud ei brif luoedd dros yr afon i dir De Carolina. Unwaith eto, bu chwilio am fwyd ymysg prif bryderon y milwyr. Yn ôl John Ellis, cafodd brofiad cofiadwy arall yng nghwmni'i gyfaill Richard Williams.

> ... aeth Dick a minau i wylio "wagon train" i geisio corn i ryw blanigfa fawr yn Carolina Ddeheuol, nid yn mhell o Savannah. Yr oedd y fan tua phymtheng milltir o'r gwersyll, a phan y daethom i'r lle nid oedd ein heisiau ni ein dau; felly aethom i un o gabanod y negroaid, lle cawsom gan y merched duon wneyd Johnnie cake i ni.[137]

Bara a wneir gyda blawd indrawn – *corn bread* – yw *'Johnny cake'*, a'r enw'n deillio o duedd y gogleddwyr i alw'r deheuwyr yn *'Johnnies'* neu'n *'Johnny Rebs'*. Roedd y caethweision hyn yn profi'u rhyddid am y tro cyntaf, gan fod y milwyr deheuol newydd ffoi wrth i'r fyddin Undebol fawr agosáu. Roedd John Ellis a Dick Williams yn credu bod cyn-berchnogion y cyn-gaethweision wedi ffoi hefyd, ond dysgodd y ddau filwr Cymraeg fel arall yn fuan.

> Yr oeddem mor ddedwydd yno fel yr anghofiasom bob peth arall; ond rhyw fodd meddyliais fod trwst gormodol oddi-allan, a dywedais wrth Dick am fyned i edrych beth oedd yn dygwydd, tra yr aroswn inau i wylio y Johnnie cake. Aeth Dick allan, ond ni ddychwelodd.[138]

Er nad oedd John Ellis yn gwybod hyn ar y pryd, roedd meirchfilwyr deheuol wedi dod i reibio *'wagon train'* y gogleddwyr, a'i gyfaill Dick Williams wedi rhedeg i gynorthwyo gweddill y gatrawd. Er bod bol John Ellis yn drech na'i chwilfrydedd ar y dechrau ac yntau wedi aros i orffen y bwyd, dechreuodd boeni wedyn.

> Yn mhen enyd aethym inau yn anesmwyth, a chymerais afael yn fy musket ac aethym allan. Pwy a'm cyfarfu yn y drws ond perchenog y lle mae yn debyg, dyn mawr golygus, a buasai ei edrychiad yn fy nychrynu oni buasai fy mod yn barod gyda'm dryll. Demandiais iddo er ei fywyd ddywedyd wrthyf ffordd yr aethai y milwyr. Dangosodd yntau a'i law ac aethym inau wysg fy nghefn nes oeddwn allan o gyraedd ei lawddryll, a rhedais nes oeddwn bron a syrthio.[139]

Roedd meirchfilwyr gogleddol wedi dod i gynorthwyo hefyd, ac er nad oedd John Ellis yn gwybod hyn eto, roedd y gelynion wedi ffoi cyn iddo gyrraedd safle'r ysgarmes.

> Yr oeddwn yn clywed y wageni yn rhedeg yn mhell, a'r meirchfilwyr yn ymladd a'r gelynion, y rhai oeddynt wedi gorchymyn am i'r tren ymadael ar frys. Daeth cwmni o wyr meirch o hyd i mi, a gorchmynasant i mi fyned ar gefn march, ond nid oeddwn yn sicr pa un ai gelynion ai Undebwyr oeddynt ar y cyntaf, am fod y rebels yn gwisgo dillad undebol.[140]

Meirchfilwyr Undebol oeddynt, ac felly cafodd John Ellis ddychwelyd i'w gatrawd. Nid oedd yr un o filwyr yr 22ain Wisconsin wedi'i anafu yn ystod cyrch aflwyddiannus y deheuwyr ar eu wageni. Cafodd ambell ysgarmes fach arall yn ystod y dyddiau nesaf wrth i'r fyddin symud i fyny trwy Dde Carolina, ond heb i'r gatrawd golli yr un dyn.

Ymlaen yr âi'r lluoedd Undebol, gan groesi'r ffin i Ogledd Carolina. Cafwyd brwydr ger Averasboro, Gogledd Carolina, ar 16 Mawrth 1865, ond er i'r Undebwyr golli 682 o ddynion y diwrnod hwnnw, ac er bod yr 22ain Wisconsin yn ei chanol hi, ni chafodd neb yn y gatrawd ei ladd na'i anafu.[141] Ciliodd y deheuwyr o'r fan gyda lluoedd Sherman yn eu herlid. Ar fore 19 Mawrth 1865 roedd yr 22ain Wisconsin wedi'u gosod ar waith yn cynorthwyo peirianwyr i wella ansawdd y lôn cyn y deuai holl wageni'r fyddin ar ei hyd. Clywid sŵn gynnau mawrion yn tanio, ac roedd yn amlwg bod eu blaen-fyddin wedi dod wyneb yn wyneb â'r gelyn eto. Dyma ddechrau'r ymladdfa a fyddai'n cael ei chofio fel Brwydr Bentonville. Hon fyddai brwydr olaf byddin Sherman a brwydr olaf yr 22ain Wisconsin. Yn ôl John R. Ellis, roedd hi'n neilltuol o gofiadwy am y profiadau arswydus a ddaeth i'w ran: 'Nid oedd hon yn frwydr fawr iawn; ond yr oedd y fwyaf erchyll mewn rhai ystyriaethau o'r un a welais.'[142]

Ymosodasai'r deheuwyr ar flaen-fyddin Sherman tra oedd yn teithio ar hyd y lôn. Ond er iddynt gael eu dal yn ddiarwybod, ni chiliodd y gogleddwyr ac wedi gwrthsefyll yr ymosodiad cyntaf hwnnw, aethant ati i gryfhau'u safle, gan droi ffensys a ffosydd bychain ar hyd y lôn yn amddiffynfeydd syml. Prysurodd gweddill y fyddin i'r fan er mwyn eu cynorthwyo, ac felly daeth yr 22ain Wisconsin i wynebu milwyr deheuol unwaith eto. Wedi dal eu tir y diwrnod cyntaf hwnnw, ac wrth i ragor o'u cydfilwyr gyrraedd ar hyd y lôn, dechreuodd yr Undebwyr wrthymosod ar 20 Mawrth 1864.

Unwaith eto, gorchmynnwyd y *Cambrian Guards* i symud o flaen y brif linell a gweithredu fel ysgarmeswyr ac archwilio amddiffynfeydd ('*breastworks*') y gelyn. Y tu ôl i'r gorgloddiau hyn yr oedd magnelfeydd y gelyn, rhai a ddaethai'n ddiweddar o ddinas Charleston ac arfordir Gogledd Carolina.

Yr oedd y rebels wedi eu crynhoi o'r holl borthladdoedd ar y glanau, a llawer o honynt. Yr oedd o'n blaenau ni battery o ynau ardderchog a cheffylau gwynion graenus wedi dod o Charleston[.][143]

Paratoi'r ffordd ar gyfer ymosodiad ar y magnelfeydd oedd gwaith y milwyr Cymraeg y diwrnod hwnnw. Roedd John Ellis yn ymyl Capten Robert T. Pugh.

> Un tro, yn mrwydr Bentonville... yr oedd ef ar y "skirmish line," ac yn agos ataf mewn perllan, tu cefn i gaban log, o fewn ergyd careg bron i'r "rebel breastworks." Yr oeddwn i yn gorwedd ar y ddaear tu ol i goeden peach a board fence yn agos ataf o fy mlaen rhyngwyf a'r gelynion, ac yn tanio am fy mywyd ar y cyflegwyr. Yr oeddynt hwythau yn gwybod lle yr oeddwn ac yn saethu y ffens yn ddrylliau ar fy nghefn, a tharo y goeden amryw weithiau.[144]

Roedd y Capten Pugh mewn sefyllfa beryglus hefyd felly: 'Nid oedd modd fod ei le yntau ddim gwell[.]'[145] Wedyn, 'canodd y bugle i fyned yn mlaen, a chododd Capt. Pugh ar ei draed', a gorchmynnodd i John Ellis neidio dros y ffens a mynd o gwmpas y tŷ ar un ochr, 'ac aeth yntau o'r ochr arall ar ei union y pryd hwnw.'[146] Dyma Bob Pugh, y 'milwr amddifad' yn ymddwyn fel pe na bai 'ei eiddo ef oedd ei fywyd', y dyn a 'ddysgwyliai i bawb arall wneud yr un peth' ag ef, sef 'ufuddhau i *orders* neu farw yn yr ymdrech'.[147] Awgryma John Ellis ei fod yn rhyw ddisgwyl marw wrth ufuddhau i *orders* ei gadben.

> Codais inau ar fy nhraed tu ol i'r goeden a llwythais y gwn y tro olaf am byth, i'm tyb i, am y gwyddwn nas gallwn byth fyned dros y ffens yn fyw; a phe buaswn yn gallu, buaswn ar y maes agored.[148]

Ond daeth gwaredigaeth wrth i brif linell eu brigâd ruthro ymlaen.

> Pa fodd bynag, erbyn i mi orphen llwytho ac edrych yn ol, yr oedd "line of battle" yn dod ar "charge" yn fy ymyl, ac nid wyf yn meddwl fod llawenydd Abram yn fwy pan welodd yr hwrdd yn y dyrysni na'r eiddo fi pan welais y llinell mor agos ataf.[149]

Ac yntau'n ormod o darged o'r blaen ac yn sicr y byddai'n cael ei saethu, un o lu mawr oedd John Ellis bellach, ac ychydig yn fwy sicr o'i fywyd wrth ymosod ar yr amddiffynfeydd: 'Aethym gyda hwy heb fod yn fwy o nod na rhywun arall.'[150] Ni laddwyd yr un o'r *Cambrian Guards* y diwrnod hwnnw chwaith; torrodd ysbryd y mangelwyr deheuol gan y rhuthr, a chiliasant gan adael eu gynnau mawrion 'ardderchog'. Ond roedd golygfa erchyll yn disgwyl am John Ellis. Roedd y deheuwyr wedi gadael 'y caissons sef y cerbydau sydd yn cario eu hergydion, yn ngolwg ein cyflegwyr ni[], ac roedd y magnelwyr Undebol wedi cymryd eu cyfle:

... ni buont yn hir cyn iddynt eu taraw a than-belen nes eu ffrwydro a lladd yr oll o'r bron o'u meirch a'u marchogwyr yn draphlith gyda'u gilydd. Dyna olygfa ofnadwy![151]

Ymlaen yr âi'r 22ain Wisconsin, yn rhan o'r rhuthr mawr, gan dorri ysbryd rhagor o ddeheuwyr a droes a ffoi rhagddynt.

Peth arall ofnadwy yn y frwydr hon oedd ein gwaith yn eu herlid mor egniol fel nas gallent ffoi o'n blaen am fod y ffyrdd yn hynod o ddrwg. Yr oedd yr "ambulance train" perthynol iddynt y peth olaf o'u byddin, a methent fyned o'n ffordd; felly torasant eu meirch ymaith oddiwrth eu cerbydau, gan eu gadael yn y llaid yn llawn o glwyfedigion. Aethom heibio y cerbydau, gan erlid y gelynion daith diwrnod a haner.[152]

Ac felly ymlaen, yn 'erlid' y gelynion weddill y diwrnod hwnnw a'r diwrnod nesaf. Daeth tri diwrnod Brwydr Bentonville i ben ar ddiwedd prynhawn ar 21 Mawrth 1865. Roedd dros 2,000 o'r deheuwyr wedi'u lladd, wedi'u clwyfo neu wedi'u cymryd yn garcharorion ac roedd colledion y gogleddwyr ychydig dros 1,500.[153]

Gorchmynnwyd i'r 22ain Wisconsin fynd yn ôl i fan cychwyn y rhuthr mawr llwyddiannus, ac roedd cerbydau ambiwlans y gwrthryfelwyr yn yr un lle, a'r clwyfedigion heb gael sylw o fath yn y byd yn y cyfamser.

Pan ddychwelasom i'r un lle yn mhen tri diwrnod dyma lle yr oedd y clwyfedigion yn y cerbydau – rhai yn fyw a rhai yn feirw, mewn coed anial. Claddasom y meirw a gadawsom y byw yno i feirw a newynu. Nid oedd yn llawer gwell ar ein clwyfedigion ninau. Nid oedd lle i'w gadael i wellhau; rhaid oedd eu cario i'n canlyn, ddydd ar ol dydd, a hyny dros ffordd wedi eu gorchuddio a rails, er eu cadw rhag glynu. Pa faint ddyoddefodd llawer truan Duw yn unig a wyr.[154]

A'r amgylchiadau'n gorfodi John Ellis a'i gydfilwyr i ymddangos mor ddideimlad yn wyneb y ffasiwn ddioddefaint, nid yw'n syndod iddo gasglu mai Brwydr Bentonville 'oedd y fwyaf erchyll mewn rhai ystyriaethau o'r un a welais.'

Ysgrifennodd John Ellis y geiriau hyn flynyddoedd wedyn, ac roedd yn disgrifo'i brofiadau gyda doethineb trannoeth. Ond nid oedd arswyd golygfeydd Bentonville wedi ymadael ag ef. 'Mae yr argraff mai pleserdaith oedd "Sherman's March" yn gamgymeriad o'r mwyaf. Hon oedd ein brwydr olaf. Hir y parhao y rhyddid a'r heddwch a'i dylynodd.'[155] Ni fyddai byddin Sherman yn ymladd brwydr arall ar ôl Bentonville. Ac ymhen ychydig yn llai na mis, byddai Robert E. Lee wedi ildio yn Virginia a'r Rhyfel Cartref ar ben. Yn ystod wythnosau olaf y rhyfel, roedd y Cadben Robert T. Pugh wedi cael dyrchafiad arall a'i gomisiynu'n Is-filwriad y 53edd Gatraed o Draedfilwyr Wisconsin.[156] Roedd Bob Pugh wedi'i ddyrchafu'n is-ringyll yn yr 8fed Wisconsin yn gynnar yn y rhyfel cyn cael ei gomisiynu'n ail is-gadben yn yr 22ain Wisconsin yn 1862. Roedd wedi'i godi'n brif is-gadben ac wedyn yn gadben, ac yn Ebrill 1865 roedd bellach yn is-filwriad, er nad oedd ond 23 oed. Ond ni fyddai'n arwain ei gatrawd newydd mewn brwydr gan fod y rhyfel wedi dod i ben cyn iddo ymuno â hi.

Dyrchafwyd Thomas J. Davis yn gadben y *Cambrian Guards* ar ôl ymadawiad Bob Pugh. Dyrchafwyd John Bowen yntau'n brif is-gadben, gan barhau â'r drefn reolaeth Gymraeg hyd y diwedd. Er bod y rhyfel ar ben, nid oedd y milwyr wedi'u rhyddhau o'u gwasanaeth. Roedd eu catrawd wedi'u gosod yn Raleigh, prif ddinas Gogledd Carolina. Ysgrifennodd yr Annibynnwr Cadwaladr Pugh lythyr arall at olygydd *Y Cenhadwr Americanaidd* a chyhoeddwyd y cyfan yn rhifyn Mehefin 1865.

> Mr. Gol[ygydd] – Efallai y bydd yn dda genych glywed gair oddiwrth y Cymry sydd yn yr 22ain Gatrawd o Wirfoddolion Wisconsin yn Raleigh, prif ddinas North Carolina. Rhoddwyd y dalaeth i fyny echdoe i'r Cadf[ridog] Sherman, ond nid ydym yn gwybod y manylion, ond na bu fawr o ymladd.[157]

Er bod 'brestfronau hirion iawn' wedi'u hadeiladu i amddiffyn Raleigh – ac mae'n werth nodi'i fod yn defnyddio'r gair Cymraeg hwn, yn wahanol i'w gyfaill John Ellis a ddefnyddia'r gair Saesneg *'breastworks'* mewn ysgrif Gymraeg – ni fu'n rhaid i'r gogleddwyr gipio'r dref trwy drais.

'Mae'r dref hon mewn lle hyfryd, a maesydd helaeth o'i hamgylch o dir da', meddai Cadwaladr Pugh, gan bwysleisio nad yw'r dref a'r tiroedd o'i chwmpas wedi'u rheibio fel lleoliadau eraill mewn taleithiau deheuol eraill y mae wedi'u gweld.

> Mae gwyrddlesni y gwanwyn yn rhoi golwg hyfryd iawn ar y gerddi a'r perllanau, gan nad ydynt yma wedi cael eu dinystrio fel y maent mewn trefydd eraill lle y mae yr army wedi bod.[158]

Er nad oedd wedi cael cyfle i ymweld â chanol y dref eto, roedd wedi gweld ysbyty meddwl mawr ar ei chyrion: 'Mae nawddle y gwallgofiaid yma yn adeilad odidog.'[159] Trafoda'r milwr ei hwyliau'i hun mewn modd sy'n cyd-fynd â'r olygfa wanwynaidd a ddisgrifia:

> Nid wyf am ddweyd dim am y newyddion ond eu bod oll yn ffafriol, ac yn gwneud i ni oll deimlo yn llawen. Yr ydym yn credu oll fod y rhyfel ar ben –
> Henffych well![160]

Nid yw'r paragraff hir hwn ar ddechrau'i lythyr – yn disgrifio'r ardal ac yn llawenhau yn niwedd y rhyfel – ond yn rhagymadrodd i gorff y llythyr, sef ysgrif sy'n trafod 'Crefydd yn y Fyddin'. Gan adleisio cwynion llawer o filwyr Cristnogol eraill, pwysleisia'r Annibynnwr Cadwaladr Pugh yr annuwioldeb a oedd yn rhemp yn y fyddin: 'O bob man y fyddin yw y lle mwyaf anfanteisiol i fwynhau cysuron crefyddol – cymaint o regfeydd a llwon a phechodau o bob math yn ffynu i'r fath raddau nes yw yn digaloni ac i raddau yn oeri y crefyddwyr goreu.'[161] Ond roedd diwygiad crefyddol – 'adfywiad' yw'r gair a ddefnyddia – wedi'i brofi yn eu mysg yn ddiweddar.

> Dechreuwyd cynal cyrddau gweddio a phregethu a chanu ar y rhyfelgyrch o'r blaen, dan arweiniad ein capelwr, a chafwyd y dynion i deimlo cryn ddyddordeb ynddynt, hyd yn nod pan ar ol teithio yn galed ar hyd y dydd, byddai llawer yn cwrdd y nos i ganu a gweddio ac adrodd eu hylyntion. Yn ystod yr ychydig amser y buom yn aros yn Goldsboro aeth y gwaith da ar gynydd. Trefnwyd llanerch yn y coed, y cyffion yn eisteddleoedd, ac adeiladwyd allor i gyneu tân i oleuo y lle yn y nos. Ni welais gyrddau gweddi mor lluosog erioed, na mwy cynhes; llawer yn eu dagrau yn codi i arwyddo eu penderfyniad i fyw bywyd newydd, a dymuno cael eu cofio yn y gweddiau – swyddogion fel *privates*.[162]

Ac felly roedd trefn awdurdod arferol y fyddin yn diflannu yn ystod y cyfarfodydd crefyddol hyn wrth i swyddogion a milwyr cyffredin 'godi i arwyddo eu penderfyniad' yn yr un modd.

Nid oedd gwahaniaethau rhwng gwahanol enwadau crefyddol yn bwysig chwaith; 'bedyddiwyd 19' o filwyr mewn un cyfarfod, 'rhai trwy daenelliad ac eraill trwy drochiad'. Roedd rhai o gyfeillion agosaf yr Annibynnwr Cadwaladr Pugh, y brodyr Ellis, yn Fedyddwyr; rhaid eu bod yn ddigon bodlon gyda'r amrywiaeth o ddulliau bedyddio a ddefnyddid yn y gwasanaeth.

Gyda'r diwygiad crefyddol yn mynd law-law â'r ymchwydd llawenydd ar ddiwedd y Rhyfel Cartref, bron na ellid awgrymu bod Cadwaladr Pugh yn mynegi dyhead milflynyddol am drawsffurfiad ysbrydol eang a phellgyrhaeddol.

> Byddai yn hyfryd, ïe yn y fyddin, pe bai y milwyr oll yn grefyddwyr gonest. Yr wyf yn sicr mai dymuniad dwys y cyfeillion oll yw am i chwi gartref weddio drosom am i'r gwaith fyned ar gynydd trwy y fyddin oll.
> Bwyddwch wych.
> CADWALADER PUGH.[163]

Y llythyr llawen hwn yw'r olaf o'r holl ffynonellau a ysgrifennwyd gan filwyr y *Cambrian Guards* yn ystod y Rhyfel Cartref – neu o leiaf yr olaf o'r ffynonellau sydd wedi goroesi o gyfnod y rhyfel.

Gadawodd y gatrawd Raleigh, Gogledd Carolina, ar 30 Ebill 1865 er mwyn martsio gyda gweddill byddin Sherman i Richmond, Virginia, y lle a fuasai'n brif ddinas Taleithiau Cydffederal y De. Aeth y lluoedd ymlaen wedyn i brif ddinas yr Unol Daleithiau, a chymryd rhan yn yr orymdaith fuddugoliaethus fawr – y *'Grand Review'* – yn Washington, D.C., ar 23-24 Mai. Roedd Dave Evans, yn 'Hollalluog' neu beidio, wedi mynd yn wael yn ystod y daith i Washington. Byddai'n goroesi, ond cafodd ei ddadfyddino ar 16 Mai 1865 oherwydd *'disability'*, ac felly collodd yr orymdaith fuddugoliaethus fawr.[164]

Cafodd y rhan fwyaf o filwyr yr 22ain Gatrawd o Draedfilwyr Wisconsin eu dadfyddino'n ffurfiol yn Washington ar 12 Mehefin 1865.[165] Byddent yn teithio adref i Wisconsin ar y trên, yn mynd yn gyntaf i Milwaukee i dderbyn eu taliad cyflog olaf ac wedyn ymlaen i ailafael yn eu bywydau yn Racine neu ar eu ffermydd mewn rhannau eraill o'r dalaith. Gan fod yr hynaf o'r tri brawd, Evan E.

Ellis, wedi gwirfoddoli'n ddiweddarach, roedd ganddo beth gwasanaeth ar ôl ac felly'r nodyn olaf a geir yn ymyl ei enw ar gofrestr y gatrawd yw *'transferred [to] 3rd Wis[consin] Inf[antry]'*. Dyna fu ffawd Abel J. Lewis a'r gwirfoddolion diweddar eraill.[166] Dim ond am 5 wythnos arall y byddai'n rhaid iddynt wasanaethu yn y gatrawd arall honno, ac felly caent ymuno â'r cynfilwyr eraill yn Wisconsin erbyn diwedd mis Gorffennaf. Roedd Morris B. James yn yr ysbyty ar y pryd ac felly mae'i gofnod yntau'n darllen *'absent sick at M[uster] O[ut] of regiment'*.[167] Roedd y dyn o Lanfair Caereinion a fuasai'n gweithio fel gwas ar stad y Wern yn enwog ymysg ei gyfeillion am ei gryfder, ond roedd wedi mynd yn sâl yn ystod ei wythnosau olaf yn y fyddin. Ond byddai'n gwella a dychwelyd i Wisconsin cyn hir.

Mae nodiadau cofrestr swyddogol y gatrawd yn crynhoi ffeithiau mewn modd sy'n rhyddieithol o syml. Ond mae'n anodd i'r sawl sydd wedi dilyn hanes y milwyr Cymraeg hyn beidio â theimlo emosiwn wrth ddarllen y cofnodion. Yr un yw'r nodyn olaf yn ymyl *Captain* Thomas J. Davis a *First Lieutenant* John Bowen. A cheir yr un nodyn moel hwn yn ymyl milwyr eraill Cwmni F, gan gynnwys yr enwau cyfarwydd hyn: Roderick E. Daniel, David H. Davis, Rowland J. Edwards, Edward Ellis, John R. Ellis, John B. Foreman Jr., Christopher P. Hopkins, Thomas Hopkins, William H. Hughes, John M. James, Evan O. Jones, John R. Jones, Thomas M. Jones, Edward W. Jones, John R. Jones, Richard H. Jones, James W. Lewis, Owen Owens, Evan O. Owens, Elias J. Prichard, Cadwaladr Pugh, David Rowlands, Robert J. Thomas, Richard A. Williams, David Williams a Robert W. Williams. Y nodyn syml hwn yw *'M. O. June 12, '65'* – *'Mustered Out'* ar 12 Mehefin 1865. Roedd gwasanaeth y *Cambrian Guards* ar ben.

Epilogau

AETH Y PARCHEDIG Erasmus Jones i West Winfield, Efrog Newydd, rywdro yn 1878. Roedd yr hen ŵr wedi gwasanaethu fel caplan gyda chatrawd o gyn-gaethweision yn ystod y Rhyfel Cartref ac roedd wastad wedi edmygu'r diweddar Robert Everett, diddymwr Cymraeg enwocaf y wlad. Ar ôl gwasanaeth yn yr eglwys, 'cyfeiriodd' rhywun y Parchedig Jones at ffenestr 'eang a phrydferth ac arni mewn llythrennau euraidd eglur... "In Memoriam Rev. Robert Everett, D.D."'. Pwy oedd y dyn hwn ond 'Capt[en] Owen Griffith', cyngadben Cwmni F, yr 22ain Gatrawd o Draedfilwyr Wisconsin. Bu **Owen Griffith** yn byw yn Racine am ryw flwyddyn ar ôl ymddiswyddo o'r fyddin ond symudodd â'i deulu yn ôl i fro ei febyd yn 1865 – y flwyddyn y daeth y Rhyfel Cartref i ben. Roedd yn 22 o flynyddoedd ers iddo adael swydd Oneida, ond yn yr ardal hon y byddai'n byw am weddill ei oes. Aeth i'r afael â nifer o fentrau busnes, un ar y cyd â'i frawd-yng-nghyfraith yn Utica, ac un arall yn West Winfield, ond ni chafodd lawer o lwyddiant ariannol. Roedd y teulu'n tyfu hefyd, gan fod dwy ferch – Jane a Gwen – wedi'u geni iddynt. Nid oedd diddordebau Owen Griffith wedi newid; treuliodd dipyn o amser yn cefnogi gweithgareddau Cymdeithas y Cymreigyddion ac eisteddfodau lleol. Roedd yn flaenor yn un o gapeli Cymraeg Annibynwyr Utica, Bethesda, ac yn weithgar gyda'r enwad mewn nifer o ffyrdd. '[Rh]oddai gefnogaeth wresog i bob mudiad daionus yn mhlith Cymry y ddinas', ac roedd ganddo ddiddordeb byw mewn gwleidyddiaeth o hyd a'i gefnogaeth yn dal yn gadarn i'r Gweriniaethwyr. Bu farw ei wraig Jane ym mis Hydref 1891. Aeth Owen yntau'n wael rai misoedd wedyn. Aethpwyd ag o i ysbyty yn Albany, Efrog

Newydd, ond bu farw yno ar 28 Mehefin 1892. Roedd yn 69 oed. Cyhoeddwyd ysgrif goffa yn *Y Drych* ddau ddiwrnod yn ddiweddarach yn cyfeirio ato fel 'Y Cymro adnabyddus, Cadben Owen Griffith'; er nad oedd yr Americanwr Cymraeg wedi gweld Cymru erioed, mae'n debyg y byddai'r disgrifiad wedi'i blesio. Roedd ei blant yn iach, George Washington Griffith, William M. Griffith, Jane Griffith a Gwen Groves. Priodasai'r olaf y Parchedig Leslie R. Groves o Albany. Byddai gor-ŵyr Owen Griffith, Richard H. Groves, yn cael ei fagu mewn cartref llawn lluniau o gadben y *Cambrian Guards*, a byddai'r bachgen hwnnw'n ymrestru ym myddin yr Unol Daleithiau ac yn gorffen ei yrfa fel cadfridog ac wedyn yn treulio peth o'i amser ar ôl ymddeol yn ysgrifennu llyfr am gatrawd ei hen-daid.[1]

* * *

Cafodd **Robert T. Pugh** ei ddadfyddino ar 30 Mehefin 1865, gan orffen ei yrfa filwrol fel is-filwriad y 53edd Gatrawd o Draedfilwyr Wisconsin. Nid oedd gan y gatrawd filwriad, ac felly ef oedd ei phrif swyddog, ond ni châi ond ychydig o wythnosau yn arwain catrawd gyfan. Roedd y 'milwr amddifad' wedi'i amddifadu o'r fyddin. Ni fyddai'n cael bywyd sifiliad yn hawdd chwaith. Bachodd swydd yn '*y dry goods trade*' yn Racine, ond nid oedd at ei ddant. Priododd, ac roedd ei wraig Carrie – '*a strong-willed woman*' yn ôl atgofion y teulu – yn ddigon cryf i ddygymod â llwybr troellog ei gŵr. Roedd ganddynt ddau fab a merch cyn hir. Prynodd Bob Pugh fusnes yn Racine yn 1891, ond methodd ymhen y flwyddyn. Cafodd hyd i ddigon o arian i fynd i Honduras yn 1892 gyda golwg ar fewnforio ffrwythau trofannol; ond er gwaethaf ei fenter ni lwyddodd i sefydlu'r cwmni newydd. Gan fod ei fab hynaf yn well ddyn busnes na'i dad, nid oedd gan y dyn a fuasai'n swyddog a roddai orchmynion i ddynion hŷn nag ef ddewis ond mynd i weithio i'w fab ei hun am gyfnod. O gwmpas troad y ganrif, ac yntau'n dal yn sicr y gallai wneud

Epilogau

ei ffortiwn gyda ffrwythau, aeth ati i droi'i bolisïau yswiriant bywyd yn arian parod a defnyddiodd yr arian i brynu perllan orenau ar arfordir Texas. Ond daeth llifogydd mawr a difetha'r holl fenter. Diflannodd Bob ei hun yn y llifogydd ac roedd ei wraig a'i blant yn meddwl ei fod yn farw, ond daethpwyd o hyd iddo rai dyddiau wedyn, yn noeth ac yn crwydro ymysg yr adfeilion, ei feddwl wedi'i ddrysu. Ni ddaeth dros y profiad, ac bu farw yn 62 oed ar 7 Ebrill 1903 mewn ysbyty ym Milwaukee, Wisconsin. Cyhoeddwyd y newyddion yn un o bapurau'r Hen Wlad, *Baner ac Amserau Cymru*, a hynny o dan y pennawd 'Marwolaeth y Cadben Pugh'. Er iddo deithio mor bell â Honduras, ni fu Robert T. Pugh yn 'yr Hen Wlad' erioed; eto, tybiai'r golygydd y byddai gan ddarllenwyr yng Nghymru ddiddordeb yn hanes cadben y *Cambrian Guards*.[2]

* * *

Ar ôl y rhyfel, dychwelodd y trydydd a'r olaf o gapteiniaid y *Cambrian Guards*, **Thomas J. Davis**, i Racine. Ond priododd ferch o Pine River ac aeth y cwpl i fyw yn Oshkosh, Wisconsin. Cafodd swydd mewn cwmni Cymreig yn yr ardal, Melin Lifio Morgans, a'i waith oedd gofalu am y cyfrifon a'r papurau eraill yn y swyddfa. Aeth y felin ar dân a rhedodd y cynfilwr 'i'r swyddfa er [mwyn] cael y llyfrau allan, ond ni ddychwelodd; llosgodd i farwolaeth.' Gadawodd ei wraig a dwy ferch ar ei ôl.[3]

* * *

Aeth **Robert Blair Jones** yn ôl i weithio ym musnes ei ewythr yn Racine ar ôl y rhyfel. Ar ôl rhai blynyddoedd dechreuodd ei fusnes ei hun ac roedd digon o lewyrch ar ei 'fasnachdy'. Bu'n gwneud llawer gyda chapel Methodistiaid Calfinaidd Cymraeg y ddinas, yn gwasanaethu fel ysgrifennydd ac yn helpu i drefnu'r ysgolion Sul. Roedd yn weithgar gyda gwahanol gymdeithasau, gan gynnwys 'Cyfrinfa' Oddfellows

Racine. Priododd ac roedd gan y teulu bach un mab. Ar ddydd Sul, 21 Mehefin 1885, roedd Rob Jones wrthi'n codi casgen o halen i wagen pan 'ysigodd'. Daeth meddyg a'i farnu'n iawn. Yn wir, roedd yn siarad â'i deulu y nos Sul honno ac yn dweud y byddai'n gallu mynd i weithio yn ei fasnachdy y diwrnod wedyn pan ddaeth trawiad arall. Bu farw yn y fan a'r lle. Roedd yn 48 oed.[4]

* * *

Byddai **John Bowen** yn parhau i feddwl am wleidyddiaeth ar ôl y rhyfel, ond newidiodd ei blaid yn y 1870au. Safodd fel Democrat nifer o weithiau ac enillodd nifer o swyddi cyhoeddus yn Wisconsin.[5]

* * *

Ailymgartrefodd **John M. James** ac **Elias J. Prichard** yn Racine ar ôl y rhyfel ac yno y byddai'r ddau gyfaill yn aros. Byddai'r ddau'n rhannu llwyfan droeon yn ystod yr 20 mlynedd nesaf hefyd. Er enghraifft, cynhaliwyd 'cyngerdd mawreddog' nos Iau, 26 Ebrill 1877, yng nghapel Bedyddwyr Saesneg Racine. 'Canwyd amryw ddarnau swynol' gan y côr 'dan arweiniad y cerddor dwyd a selog Elias J. Prichard.' Ymunodd yr 'Arion Club' â chôr Elias J. Prichard ar y llwyfan, ynghyd â'u harweinydd nhwythau, John M. James. Erbyn diwedd y noson roedd tri o gynfilwyr y *Cambrian Guards* wedi perfformio, gan fod y 'tenorydd mwyn', Evan O. Jones, wedi canu deuawd ag Elias J. Prichard hefyd. Roedd y perfformiad yn 'dda neillduol'. Cyn diwedd y gwanwyn hwnnw byddai cyngerdd arall yn cael ei gynnal – yng nghapel y Methodistiaid Calfinaidd Cymraeg y tro hwn – gyda John M. James yn arwain. Bu'n gweithio fel dilledydd ers diwedd y rhyfel, ond byddai elw'r cyngerdd hwn yn gyfraniad at ei gyflog; roedd y capel Cymraeg wedi dechrau 'efelychu eu brodyr Saesnig' trwy dalu'r 'cantorion goreu' yn hytrach na 'gadael [iddynt] fyn'd at estroniaid i ganu am y geiniog' yn Saesneg. Er bod John M. James wedi ymfudo o Aberystwyth gyda'i rieni pan oedd yn chwe blwydd oed, ac er ei fod yn ddyn 41 oed a oedd wedi bod yn byw yn yr Unol Daleithiau ers 35 o flynyddoedd, 'estroniaid' oedd Americanwyr Saesneg eu hiaith, ac ni ellir gadael i estroniaid fachu cantorion gorau Cymry Racine. Ac yntau wedi cwyno am y ffaith nad oedd ganddo wraig pan oedd yn y fyddin, byddai Elias J. Prichard yn priodi o'r diwedd – a hynny yn 1870, bum mlynedd ar ôl diwedd y Rhyfel Cartref. Ganed un mab a dwy ferch iddynt. Er ei fod yn Fethodist Calfinaidd, bu'n arwain côr eglwys y Bedyddwyr yn y ddinas am 11 o flynyddoedd. 'Yr oedd yn ddyn o ymddiried, [ac felly] bu yn llenwi swyddau pwysig.' Diolch i'w brofiad gyda brigâd dân Gymreig y ddinas, pan sefydlodd Racine *Fire Department* broffesiynol, penodwyd Elias J. Prichard yn bennaeth arni. Bu farw o'r ddarfodedigaeth yn 46 oed ar 24 Mawrth 1886. Daeth cynfilwyr yn lifrai'r *Grand Army of the Republic* i dalu teyrnged iddo yn ei angladd. Byddai John M. James yn marw o'r un afiechyd dair blynedd yn ddiweddarach, yn 53 oed. Byddai cofiannydd yn *Y Drych* yn ei ddisgrifio fel 'un o'r Cymry mwyaf adnabyddus' yn Wisconsin.[6]

* * *

Bu farw **Evan Ellis**, yr hynaf o'r tri brawd, yn 79 oed yn 1892. Roedd wedi dychwelyd i'r fferm ar ôl y rhyfel ac yno yn ffermio yn ardal Berlin, Wisconsin y bu am weddill ei oes. Roedd wedi parhau'n Fedyddiwr ffyddlon hefyd ac wedi bod yn gefnogwr selog ac 'annwyl' i'r achos.[7]

* * *

Dychwelodd y brawd ieuangaf, **Edward Ellis**, i Wisconsin ar ôl y rhyfel. Roedd am ailgydio yn ei addysg, ond penderfynodd deithio i dalaith Efrog Newydd ac astudio yn Athrofa Madison (sydd bellach yn Brifysgol Colegate). Rhaid ei fod wedi dechrau

carwriaeth cyn ymadael â chartref, gan ei fod ef ac Agnes
Burchard o Beaver Dam, Wisconsin, wedi priodi yn Efrog
Newydd cyn i Edward raddio. Disgleiriodd yn academaidd a
chafodd fynd wedyn i astudio diwinyddiaeth ym Mhrifysgol
Chicago. Aeth yn weinidog poblogaidd gan wasanaethu'r
Bedyddwyr mewn nifer o eglwysi yn Illinois a Wisconsin.
Aeth yn ganolog i drefniadau'i enwad, gan ymroi i sefydlu
eglwysi newydd yn y taleithiau gorllewinol a hyrwyddo'r
mudiad cenhadol. Sefydlodd gylchgrawn crefyddol, *The
Chronicle*, a bu'n olygydd llawn amser arno am dipyn. Ond
'hiraethai am ddychweliad i'r fugeiliaeth' ac felly derbyniodd
alwad i wasanaethu achos y Bedyddwyr ym Milwaukee eto.
Aeth ar deithiau pregethu yn aml, ac roedd 'mor dderbyniol
yn eglwysi dysgedig New England ag oedd ar feusydd
Dakota.' Fe'i hystyrid yn bregethwr 'cynes-galon, yn llawn o
dan Cymreig'. Cynhaliwyd Cymanfa Daleithiol Bedyddwyr
Wisconsin ym mis Hydref 1892. Roedd y Parchedig Edward
Ellis yng nghanol y gweithgareddau, yn darllen adroddiad
pwyllgor y Genhadaeth Gartrefol o flaen y Gymanfa ar y nos
Iau ac yn siarad 'yn rymus' amdano. Er ei fod yn ymddangos
'mewn perffaith iechyd', dechreuodd gwyno y noson honno
fod ganddo gur yn ei ben. Daeth meddyg, a sylwi bod ei galon
yn gwanhau. Gofynnodd i'w gyfeillion beidio â dweud wrth ei
wraig gan nad oedd am ei dychryn. Roedd wedi marw erbyn
y bore, yn 52 oed.[8]

* * *

Symudodd y brawd canol, **John R. Ellis**, i Remsen, swydd
Oneida, yn fuan ar ôl diwedd y rhyfel. Yno yn yr ardal y
treuliasai'i flynyddoedd cyntaf yn America y cyfarfu ag Ellen
Pritchard. Priododd y ddau yn 1866. Mae cofnod bod 'Mr.
Ellis mewn busnes yn Remsen am flynyddau', ond ni wyddys
pa fath o fusnes ydoedd. Beth bynnag, nid am ei waith ym
myd busnes ond am ei gyfeillgarwch y cofiai eraill John
Ellis. Er ei fod wedi gadael Wisconsin, ceisiai gadw mewn

cysylltiad â'i hen gylch o ffrindiau ar ôl y rhyfel, yn teithio'n bell er mwyn gwneud hynny weithiau. Pan glywodd fod John Bowen wedi symud i Chicago, aeth i chwilio amdano yn 1890 ond ni allai gael hyd i'w hen ringyll.⁹

Pan ddaeth ar draws y cyn-*sergeant major*, **Evan O. Jones**, flwyddyn yn ddiweddarach yn Racine, nid oedd yn ei adnabod. 'Gorfu iddo ddweyd wrth[o] pwy oedd', ac 'aeth i['w] galon feddwl' bod y cynfilwr bellach yn ymddangos mor hen. Ond er bod Evan Jones yn edrych yn hen yn 1891, byddai'n byw am beth amser eto. Roedd wedi ailafael yn ei waith fel cigydd yn Racine ar ôl y rhyfel ac yn 1865 priododd Jennie Lewis, cantores boblogaidd yng nghylchoedd Cymraeg America. Roedd Evan O. Jones yntau wedi bod wrthi'n perfformio'n gyson yn ogystal, a'r 'tenorydd mwyn' yn boblogaidd mewn eisteddfodau a neuaddau cyngerdd. Roedd galw amdano fel arweinydd côr hefyd. Bu farw Jennie ac ailbriododd, y tro hwn â Hannah Lewis, Cymraes a ymfudasai o gyffiniau Aberystwyth. Pan fu farw Evan O. Jones yn 1906 yn 69 gadawodd saith o blant – pump o'i briodas gyntaf a dau o'r ail. Roedd un ohonynt, Linda, hithau wedi mynd yn gerddores boblogaidd.

Câi John Ellis gyfle i weld **Morris B. James** yn Racine bob hyn a hyn ar ôl y rhyfel, ond pan adroddodd yr hanes doniol am y tro y gwylltiodd Morris wrth geisio claddu deheuwyr meirw ger Fort Donleson, 'nid oedd yr hen comrade yn cofio dim' amdano. Dychwelodd Morris i Racine ac yno y byddai'n aros gyda'i deulu. Yn y flwyddyn 1897 penderfynodd llywodraethwr Wisconsin ad-drefnu rhai o'r creiriau dan ei ofal; roedd hen faneri rhyfel catrodau'r dalaith wedi bod yn hel llwch mewn ystafell gefn, a'r syniad oedd eu symud i brif agoriad y '*Capital Building*' a'u harddangos mewn cistiau gwydr mawr. Aeth Morris B. James i weld yr arddangosfa newydd. Roedd yn 63 oed ac roedd 32 o flynyddoedd wedi mynd heibio ers iddo weld baner yr 22ain Gatrawd o Draedfilwyr Wisconsin. Roedd geiriau wedi'u hysgrifennu arni hi a chopïodd bob un ohonynt. '*Twenty-Second Wisconsin Ifantry, organized at*

Racine, Wis., Sept.2, 1862, to serve for three years' oedd y llinell gyntaf. Wedyn daeth enw'r *'Commanders'*, William L. Utley ac Edward Bloodgood. Ar ôl nodyn mai '1,009' oedd *'original strength'* y gatrawd daeth manylion am faint oedd wedi marw mewn gwahanol ffyrdd. Ac wedyn daeth rhestr hir o'u holl frwydrau. Roedd yn teimlo'n falch iawn ei fod wedi chwarae rhan yn *'y glorious cause'* hwnnw ac aeth ati i gyhoeddi'r manylion mewn papur i gynfilwyr eraill yr 22ain Wisconsin gael myfyrio yn eu cylch hefyd.[10]

Roedd John Ellis yn myfyrio'n drist yn 1897 am y ffaith na welsai **Rowland J. Edwards** – neu Roli – 'ar ôl dod adref'. Ond clywodd 'ei fod wedi cael gwen a gwg y byd yn fwy na'r cyffredin' a'i fod wedi bod yn Silver Cliff, Colorado. Ymgartrefodd Rowland Edwards yn Emporia, Kansas wedyn ac aeth yn ddyn cyfoethog iawn trwy fagu a gwerthu gwartheg. Dechreuodd allforio bustych i Lundain, gan fynd â'r anifeiliaid yr holl ffordd o Kansas i Efrog Newydd ar y trên ac wedyn ar long i Loegr. Roedd ei fab yn gweithio gydag ef, ac aeth y ddau ar un o'r teithiau hirion hyn. Ar ôl pythefnos yn Llundain, 'cymerodd [Rowland Edwards a'i fab] wibdaith trwy ranau o Gymru.' Gan fod ei rieni wedi ymfudo ag ef pan oedd yn dair oed, '[r]oedd pob peth yno, er yn hen, yn newydd' iddo. Aeth y ddau i'w dref enedigol, Aberystwyth. Wrth chwilio am hen dŷ'r teulu, holodd 'ddyn mewn tipyn o oed... am Heolybont a daeth yntau yn garedig i'w dangos.' Pan ddywedodd yr Americanwr Cymraeg mai Rowland Edwards oedd enw'i dad, cyffroes yr hen ddyn a dweud 'Bobl anwyl!... yr oeddwn yn eu hebrwng i'r America 52 mlynedd yn ol.' Roedd y dyn hwn wedi teithio'n ôl ac ymlaen rhwng Aberystwyth ac Efrog Newydd ac erbyn deall, roedd Rowland J. Edwards yn adnabod ei frawd, Evan Samuels, Racine. Aeth y cynfilwr a'i fab ymlaen wedyn i fwynhau 'Eisteddfod fawr Llandudno a manau eraill' ac ymweld â marchnad wartheg Lerpwl cyn hwylio am America eto. Ymweliad arall a roddodd gryn fwynhad i Rowland Edwards oedd taith i Racine ym mis Awst 1897 ar gyfer 'picnic' a drefnwyd yng Nghartref yr

Epilogau

Hen Filwyr ym Milwaukee, Wisconsin. Ysgolion Sul dau o gapeli Annibynwyr Cymraeg a oedd wedi trefnu'r diwrnod arbennig, ond roedd yn ddigwyddiad cydenwadol; dathlu'r cynfilwyr oedd y nod, ac i'r perwyl hwnnw daeth rhyw 300 o Gymry Milwaukee a Racine ynghyd. Bu cerddorfa'n chwarae 'Rhyfelgyrch Gwŷr Harlech' ac wedyn 'canwyd amryw ganeuon yn Gymraeg a Saesneg er boddhad neillduol i'r hen filwyr ag oedd [wedi] ymdyru i wrandaw.' Ond nid oedd neb wedi dod mor bell â Rowland J. Edwards; 'Llawenydd i lawer' oedd ei weld, a chafodd yntau 'hyfrydwch' wrth '[g]yfarfod a chynifer o hen filwyr o'r 22ain Gatrawd, Gwirfoddolwyr Wis[consin].'

Byddai John R. Ellis yn byw i gladdu'i ddau frawd, Edward ac Evan. Bu John yntau farw'n 77 oed yn 1916. Lluniodd un o'i gyfeillion o Wisconsin nad oedd yn gynfilwr, y Dr. H. O. Rowlands, ysgrif goffa amdano ar gyfer *Y Drych*. Llenor prysur oedd Dr. Rowlands ac roedd wedi cyfansoddi llawer o ysgrifau coffa eraill. Yn wir, wrth gloi'i deyrnged i John R. Ellis gwnaeth Dr. Rowlands rywbeth pur anghyffredin: dywedodd ei fod 'wedi ysgrifenu i'r wasg Gymr[ae]g... dros ddeugain o gofiantau personol heblaw y rhai' a ysgrifennodd ar gyfer y wasg Saesneg, a dywedodd fod ganddo 'nifer mawr o gyfeillion, a rhoddai ar eu beddau yr ychydig o flodau a allai' gyda'i eiriau. Ond, 'nid oedd un yn fwy caruaidd, calongynes, cywir anymhongar a phur na'r anwyl John R. Ellis.'

Roedd Rowland J. Edwards yn bwriadu ymweld â John Ellis 'cyn diwedd y flwyddyn'. Nid oedd yn gwybod bod ei ffrind wedi marw tan iddo weld ysgrif Dr. H. O. Rowlands yn *Y Drych*. Ysgrifennodd ar unwaith at y papur er mwyn ategu sylwadau'r cofiannydd. 'Gwasanaethais yn yr un cwmni yn myddin yr Undeb a John R. Ellis a'i ddau frawd, Evan ac Edward', nododd Roli. 'Amseroedd yn "profi eneidiau dynion" oedd y dyddiau hyny', ychwanegodd, gan ddweud bod 'y tri Ellis yn arwain buchedd uwch pob awgrymiad diraddol[.]' Rhoddodd hanes y dröedigaeth grefyddol a gawsai John Ellis ar ganol y frwydr ym mis Mawrth 1863.

Cofiai'i hen ffrind fel 'dyn gwrol a chlir ei fywyd' ac fel 'halen y ddaear'.[11]

* * *

Claddwyd **Cadwaladr Pugh** flwyddyn cyn John Ellis. Roedd y dyn a ymfudasai o Ryd-y-main heb air o Saesneg wedi penderfynu dilyn ei gyfaill Rowland J. Edwards i'r gorllewin ar ôl y rhyfel. Bu'r ddau'n cydweithio fel arolygwyr porthi gwartheg yn Kansas a gwnâi 'Cad' Pugh arian trwy ymroi i nifer o wahanol fentrau amaethyddol eraill. Aeth yn ddyn gwirioneddol gyfoethog. Cafodd gyfle i ymweld â Chymru nifer o weithiau felly. Gwariodd ei arian ar achosion elusennol hefyd, gan roi symiau mawr i wahanol golegau. 'Nid oedd ymladd am ryddid i'r caeth yn ddigon ganddo,' meddai un o'i hen ffrindiau amdano; roedd Cadwaladr Pugh hefyd yn cyfrannu 'er rhoi addysg i'r gwyn ac i'r du yn ddiwahaniaeth.' Yn ogystal â rhoi arian i golegau yn Kansas, rhoddodd swm mawr – $1,000 – i Goleg Booker T. Washington yn Tuskegee, Alabama, sefydliad a addysgai fyfyrwyr Affrican-Americanaidd. Bu Cadwaladr Pugh farw'n 82 oed ar 5 Rhagfyr 1915 yn Leavenworth, Kansas. Aethpwyd â'i gorff ar y trên i Racine i'w gladdu. Cludai pedwar hen gyfaill yr arch yn y cynhebrwng – David Rowlands, William H. Hughes, John R. Jones a Rowland J. Edwards – pob un yn gynfilwr a gydwasanaethai â Cadwaladr Pugh yn y Rhyfel Cartref.[12] Wedi ffurfio cyfeillgarwch agos yn y fyddin, roedd 'Cad' a 'Roli' Edwards wedi bod yn cydweithio am flynyddoedd lawer ers y rhyfel ac mae'n debyg i Rowland Edwards fynd â'r arch ar y trên o Kansas i Wisconsin. Yn debyg i Cadwaladr Pugh yntau, roedd y tri chyfaill arall a gludai'r arch yn y cynhebrwng yn perthyn i'r fintai fechan a wirfoddolasai ar 9 Awst 1862 ac felly ymhlith y cyntaf i ymuno â rhengoedd y *Cambrian Guards*.

Darllen Pellach

Am hanes gwasg gyfnodol Gymraeg yr Unol Daleithiau:

Aled Jones a Bill Jones, *Welsh Reflections*[:] *Y Drych and America 1851-2001* (Gwasg Gomer: Llandysul, 2001).

Rhiannon Heledd Williams, *Cyfaill Pwy o'r Hen Wlad?*[:] *Gwasg Gyfnodol Gymraeg America 1838-1866* (Caerdydd: Gwasg Prifysgol Cymru, 2017).

Am Gymry America a diddymiaeth:

Jerry Hunter, *I Ddeffro Ysbryd y Wlad* [:] *Robert Everett a'r Ymgyrch yn erbyn Caethwasiaeth Americanaidd* (Llanrwst: Gwasg Carreg Gwalch, 2007).

Gareth Evans-Jones, *'Mae'r Beibl o'n Tu'* [:] *Ymatebion Crefyddol y Cymry yn America i Gaethwasiaeth (1838-1868)* (Caerdydd: Gwasg Prifysgol Cymru, 2022).

Am Americanwyr Cymraeg a'r Rhyfel Cartref:

Jerry Hunter, *Llwch Cenhedloedd* [:] *Y Cymry a Rhyfel Cartref America* (Llanrwst: Gwasg Carreg Gwalch, 2003).

--------------, *Sons of Arthur, Children of Lincoln* [:] *Welsh Writing from the American Civil War* (Caerdydd, Gwasg Prifysgol Cymru, 2007).

Testunau Cymraeg a ysgrifennwyd gan filwyr y *Cambrian Guards* a thestunau Cymraeg a ysgrifennwyd amdanynt

Yn ystod y Rhyfel Cartref:

Print:

Y Seren Orllewinol (Ionawr, 1863): 'Llythyr Oddiwrth Filwr' gan Edward Ellis.

Y Drych (24 Ionawr 1863): 'Llythyr Oddiwrth Filwr' gan 'Gomer' (Owen Griffith).

Y Cyfaill o'r Hen Wlad (Mawrth, 1863): 'Marwolaeth Milwr' [Richard Williams].

Y Drych (28 Mawrth 1863): 'Llythyr Milwr Cymreig' gan 'Gomer' (Owen Griffith).

Y Drych (28 Mawrth, 1863): 'Daliwch Sylw' gan Owen Griffiths.

Y Cyfaill o'r Hen Wlad (Ebrill, 1863): 'Llythyr At Filwyr' gan William Hughes, gyda nodyn gan Robert Blair Jones.

Y Cyfaill o'r Hen Wlad (Ebrill, 1863): [Priodas David E. Evans a Jane Evans].

Y Drych (13 Mehefin 1863): Llythyr gan David H. Davies.

Y Drych (11 Gorffennaf 1863): Llythyr gan Owen Griffith.

Y Drych (11 Gorffennaf 1863): Llythyr gan Thomas M. Jones.

Y Drych (15 Awst 1863): 'Llythyr Oddiwrth Filwr Cymreig' gan Owen Griffith.

Y Cenhadwr Americanaidd (Tachwedd, 1863): 'Marwolaeth Milwr Cymreig' [Owen R. Jones].

Y Cenhadwr Americanaidd (Tachwedd, 1863): 'Myfyrdod Chwaer Ar Ôl Ei Brawd' gan Mary Jones.

Y Cyfaill o'r Hen Wlad (Mehefin, 1864: 'Llythyr Oddiwrth Filwr Ac Un o Hen Oruchwylwyr y *Cyfaill*' gan Thomas J. Davies.

Y Cenhadwr Americanaidd (Gorffennaf, 1864): [Marwolaeth David Morris].

Y Cyfaill o'r Hen Wlad (Gorffennaf, 1864): 'Bu Farw' David Morris.

Y Cyfaill o'r Hen Wlad (Awst, 1864): 'Cydymdeimlad A'r Milwyr o Racine' gan William Hughes, 'yn llaw' Robert Blair Jones, a chyda nodyn gan John M. James.

Y Cyfaill o'r Hen Wlad (Medi, 1864): 'Marwolaeth Milwr Cymreig yn Overton' [sef, Hugh W. Hughes].

Y Cyfaill o'r Hen Wlad (Medi, 1864): [Marwolaeth Richard J. Roberts].

Y Cenhadwr Americanaidd (Rhagfyr, 1864): 'Dyfyniad o Lythyr Oddiwrth Filwr' gan Cadwaladr Pugh.

Y Cenhadwr Americanaidd (Mehefin, 1865): 'Llythyr o Raleigh, N.C.' gan Cadwaladr Pugh.

Llawysgrif:

Llythyrau Elias J. Prichard, Llyfrgell Stuart A. Rose, Prifysgol Emory.

Ar ôl y Rhyfel Cartref:

Y Drych (17 Mai 1877): 'Hyn a Llall o Racine'.

Y Drych (7 Tachwedd 1878): Canlyniadau Etholiadau Lleol [John Bowen].

Y Drych (2 Gorffennaf 1885): Marwolaeth Robert Blair Jones.

Y Drych (15 Ebrill 1886): 'Marwolaeth Elias J. Prichard'.

Y Cyfaill o'r Hen Wlad (Mawrth 1886): '[Marwolacth] Mr. Robert Blair Jones'.

Y Drych (28 Mawrth 1889): 'Y Diweddar John M. James'.

Y Drych (12 Mai 1892): Taith Robert T. Pugh i Honduras.

Y Wawr, Mehefin 1892: Marwolaeth Evan Ellis.

Y Drych (30 Mehefin 1892): 'Marwolaeth y Cadben Owen Griffith'.

Y Drych (22 Rhagyfr, 1892): 'Y Parch. Edward Ellis'.

Y Wawr (Ionawr, 1893): 'Y Diweddar Barch. Edward Ellis'.

Y Drych (31 Rhagfyr 1896): 'Adgofion Hen Filwr' gan John R. Ellis.

Y Drych (7 Ionawr 1897): 'Adgofion Hen Filwr' [II] gan John R. Ellis.

Y Drych (4 Mawrth 1897): 'Adgofion Hen Filwr' [III] gan John R. Ellis.

Y Drych (11 Mawrth 1897): 'Adgofion Hen Filwr' [IV] gan John R. Ellis.

Y Drych (25 Mawrth 1897): 'Adgofion Hen Filwr' [V] gan John R. Ellis.

Y Drych (15 Ebrill 1897): 'Adgofion Hen Filwr' [VI] gan John R. Ellis.

Y Drych (22 Ebrill 1897): 'Allforio Gwartheg' gan R[owland] J. Edwards.

Y Drych (3 Mehefin 1897): 'Adgofion Hen Filwr' [VII] gan John R. Ellis.

Y Drych (1 Gorffennaf 1897): 'Adgofion Hen Filwr' [VIII] gan John R. Ellis.

Y Drych (15 Gorffennaf 1897): 'Adgofion am Ddechreu y Rhyfel' gan R[owland] J. Edwards.

Y Drych (22 Gorffennaf 1897): 'Adgofion am Ddechreu y Rhyfel' [II] gan R[owland] J. Edwards.

Y Drych (19 Awst 1897): 'Crybwyllion o Racine, Wis[consin]'.

Baner ac Amserau Cymru (13 Mai 1903): 'Marwolaeth y Cadben Pugh'.

Y Drych (6 Mehefin 1906): 'Marwolaeth Evan O. Jones'.

Y Cyfaill o'r Hen Wlad (Mawrth 1910): '[Marwolaeth] Morris B. James'.

Y Drych (30 Mawrth 1916): 'Marwolaeth A Chladdedigaeth Cymro Americanaidd [sef Cadwaladr Pugh] gan John R. Ellis.

Y Drych (13 Gorffennaf 1916): 'Y Diwedar John R. Ellis' gan H. O. Rowlands.

Y Drych (31 Awst 1916): 'Y Diwedar John R. Ellis' gan Rowland J. Edwards.

Ôl-nodiadau

1. Cymuned Gymraeg Racine

1 *The Racine Journal-Times Sunday Bulletin*, 31 Mawrth 1940, 11. Dywed R. D. Thomas mai 1842 oedd y flwyddyn yn *Hanes Cymry America* (1872), 'Dosran B', 21, ond mae un arall o'r ymfudwyr cyntaf yn cadarnhau mai Awst 1841 ydoedd: *Y Cyfaill o'r Hen Wlad* (Gorffennaf, 1847), 206.
2 *Y Cyfaill o'r Hen Wlad*, (Mawrth, 1858), 101.
3 Ibid.
4 *Y Cyfaill o'r Hen Wlad* (Mehefin, 1842), 180.
5 Ibid.
6 Ibid.
7 Ibid.
8 Ibid.
9 *The Racine Journal-Times Sunday Bulletin*, 31 Mawrth 1940, 11.
10 *Y Cyfaill o'r Hen Wlad* (Gorffennaf, 1846), 207.
11 R. D. Thomas, *Hanes Cymry America*, 23.
12 https://archives.library.wales/index.php/llythyrau-o-racine-wisconsin.
13 *Y Cyfaill o'r Hen Wlad* (Gorffennaf, 1847), 207.
14 Ibid.
15 *Eurgrawn Weslyaidd* (Mawrth, 1855), 92.
16 *Y Seren Orllewinol* (Mawrth, 1863), 69; *Y Cyfaill o'r Hen Wlad* (Gorffennaf, 1847), 206.
17 *Y Cyfaill o'r Hen Wlad* (Medi, 1844), 139.
18 Ibid.
19 *Y Dirwestwr* (Ionawr, 1845), 9.
20 Ibid.
21 *Y Seren Orllewinol* (Hydref, 1846), 159.
22 Gw., e.e. *Y Cyfaill o'r Hen Wlad* (Mai, 1845), 69-70.
23 *Y Seren Orllewinol* (Hydref, 1846), 154.
24 Gwen M. Schultz, *Wisonsin's Foundations: A Review of the State's Geology and Its Influence on Geography and Human Activity* (Madison, 1930),148.
25 *Y Seren Orllewinol* (Hydref, 1846), 154.
26 Ibid.
27 *Y Cyfaill o'r Hen Wlad* (Mawrth, 1849), 77.
28 Ibid.

29 *Y Cyfaill o'r Hen Wlad* (Awst, 1850), ar gefn yr wyneb-ddalen, heb rif tudalen.
30 R. D. Thomas, *Hanes Cymry America*, 23.
31 *Census of the United States 1860*, 543: 'Population, Native and Foreign, By Counties'.
32 *Census of the United States 1860:* County of Racine, City of Racine (First Ward).
33 Gw., e.e. *Y Drych*, 4 Mawrth 1897, 1.
34 *Baner ac Amserau Cymru*, 13 Mai 1903, 4.
35 Papurau teuluol June Murphy; gohebiaeth bersonol â June Murphy.
36 *Census of the United States 1860:* County of Racine, City of Racine (Second Ward).
37 *Census of the United States 1860:* County of Racine, City of Racine (Third Ward).
38 *Census of the United States 1860:* County of Racine, Burlington.
39 *Census of the United States 1860:* County of Racine, City of Racine, Caledonia.
40 *Census of the United States 1860:* County of Racine, City of Racine, Mt. Pleasant.
41 *Census of the United States 1860:* County of Racine, City of Racine, Town of Raymond.
42 *Census of the United States 1860:* County of Racine, City of Racine, Rochester.
43 *Cyfansoddiad Talaeth Wisconsin* (Milwaukee, 1849).
44 Cyhoeddwyd araith am Oliver Cromwell a draddodwyd yn y gymdeithas honno yn *Y Cyfaill o'r Hen Wlad* (Mawrth, 1853), 1.
45 *Y Cenhadwr Americanaidd* (Chwefror, 1858), 63-67.
46 Ibid., 66.
47 *Y Cenhadwr Americanaidd* (Gorffennaf, 1858), 253.
48 Ibid., 253-4.
49 Ibid., 254.
50 Sally G. McMillen, *Seneca Falls and the Origins of the Women's Rights Movement* (Rhydychen, 2008), yn enwedig 35-144.
51 'Dangoseg' *Y Seren Orllewinol*, cyfrol 1854.
52 *Y Drych*, 22 Ebrill 1897, 1.
53 ibid.
54 *Y Drych*, 15 Gorffennaf 1897, 1.
55 *Y Cenhadwr Americanaidd* (Chwefror, 1840), 51.
56 *Y Drych*, 15 Gorffennaf 1897, 1.
57 *Y Cenhadwr Americanaidd* (Chwefror, 1840), 51.
58 *Y Drych*, 15 Gorffennaf 1897, 1.
59 Ibid.
60 Ibid.
61 Ibid.
62 Ibid.
63 Ibid.
64 Gw. Jerry Hunter, *I Ddeffro Ysbryd y Wlad* (Llanrwst, 2007), 139-150.

65 *Y Cyfaill o'r Hen Wlad* (Mai, 1859), 186.
66 *Y Drych a'r Gwyliedydd*, 16 Mai 1857, 156.
67 Ibid., 160.
68 *Y Cyfaill o'r Hen Wlad* (Mawrth, 1886), 115.
69 Chwaraeodd W.W. Vaughan ran yn nhrefniadau'r enwad ar lefel 'Cymdeithasfa Talaith Wisconsin' hefyd. Gw., e.e. *Y Cyfaill o'r Hen Wlad* (Awst, 1859), 301. Gwasanaethai fel ysgrifennydd gohebol 'Beibl Gymdeithas Racine a'i Chyffiniau' yn ogystal; *Y Cyfaill o'r Hen Wlad* (Mawrth, 1860), 117.
70 *Y Cyfaill o'r Hen Wlad* (Mai, 1859), 186.
71 *Racine Daily Journal*, 2 Hydref 1860, 1.
72 Ibid.
73 Ibid.
74 Ibid.
75 *Y Cenhadwr Americanaidd* (Awst, 1860), 2.
76 Fe'i gwelir, e.e., yn llywyddu cyfarfod o gymdeithas ysgolion Sul yr enwad yn 1861; *Y Cenhadwr Americanaidd* (Rhagfyr, 1861), 466.
77 *Y Cenhadwr Americanaidd* (Mawrth, 1862), 110.
78 Gw. Amy S. Greenberg, *Cause for Alarm: The Volunteer Fire Department in the Nineteenth-Century City* (Princeton, 1998).
79 *Y Cenhadwr Americanaidd* (Hydref, 1854), 395.
80 *Y Cyfaill o'r Hen Wlad* (Medi, 1886), 358.
81 *Y Drych*, 15 Ebrill 1886, 6.
82 *Y Drych*, 28 Mawrth 1889, 1.
83 Ibid., 2.
84 *Y Drych*, 15 Ebrill 1897, 1.
85 U.S Army Heritage and Education Center: Groves-Griffith-Chaffin Family Papers; Box 4, Folder 4.
86 *Y Drych*, 30 Mehefin 1892, 5.
87 Ibid.
88 Alanson H. Lee a John Dickson oedd enwau llawn y perchnogion. Awgrymir maint llwyddiant y siop gan y ffaith fod adeilad brics mawr newydd mewn dull Eidalaidd addurnedig wedi'i godi ganddynt yn 1858. https://www.wisconsinhistory.org/Records/Property/HI11062 ; http://genealogytrails.com/wis/racine/bios2.html
89 U.S Army Heritage and Education Center: Groves-Griffith-Chaffin Family Papers.
90 *Y Drych*, 30 Mehefin 1892, 5.
91 *Y Cenhadwr Americanaidd* (Gorffennaf, 1858), 274.
92 *Y Drych*, 30 Mehefin 1892, 5; U.S. Army Education Center, Groves-Griffith-Chaffin Family Papers.

2. Ymrestru

1 *Racine Weekly Advocate*, wedi'i ddyfynnu gan Eugene Walter Leach, *Racine County Militant* [:] *An Illustrated Narrative of War Times, and a Soldier's Roster* (Racine, 1915), 81.
2 U.S. Army Heritage and Education Center: Groves-Griffith-Chaffin Family Papers; Box 4, Folder 4.

3   *Roster of Company "F", 22nd Regiment of Wisconsin Volunteer Infantry* yn *Roster of Wisconsin Volunteers, War of the Rebellion, 1861-1865*, cyf. 1 (Madison, 1886).
4   Gw., e.e. *Y Drych*, 4 Mawrth 1897, 1.
5   *Y Drych*, 15 Ebrill 1897, 1.
6   Ibid.
7   Ibid.
8   *Roster of Company "F", 22nd Regiment of Wisconsin Volunteer Infantry*.
9   Ibid.
10 *Y Drych*, 3 Mehefin 1897, 1; *Y Cyfaill o'r Hen Wlad* (Ionawr, 1882), 27.
11 *Y Cyfaill o'r Hen Wlad* (Mehefin, 1864), 183.
12 *Roster of Company "F", 22nd Regiment of Wisconsin Volunteer Infantry*.
13 *Baner ac Amserau Cymru*, 6 Mehefin 1906, 14. Rhydd yr ysgrif hon 1837 fel blwyddyn ei eni, ond dywed cofrestr y fyddin mai 26 oed ydoedd yn Awst 1862.
14 *Baner ac Amserau Cymru*, 6 Mehefin 1906, 14.
15 Ibid.
16 Ibid.
17 Archif Llyfrgell Prifysgol Cornell: Owen Griffith letters, letter 2.
18 *Y Cenhadwr Americanaidd* (Tachwedd, 1855), 348: 'Priodwyd... Medi 28, yn Racine Wis., gan y Parch. E. Griffiths, Mr. David Bumfort a Miss Ellen Roberts, y ddau o Racine.'
19 Thomas E. Hughes, David Edwards, Hugh G. Roberts a Thomas Hughes (goln.), *Hanes Cymry Minnesota... Wedi Ei Gasglu gan Amryw o'r Hen Sefydlwyr* (Mankato, 1895), 162.
20 Ibid., 163.
21 *Y Drych*, 28 Mawrth 1889, 1.
22 Leach, *Racine County Militant*, 81.
23 Ibid.
24 *Y Drych*, 15 Gorffennaf 1897, 1.
25 Ibid.
26 Ibid.
27 Ibid.
28 Ibid.
29 Ibid.
30 Leach, *Racine County Militant*, 81.
31 Ibid.
32 Ibid.
33 Ibid., 81-82.
34 Ibid., 81-82.
35 Ibid., 82.
36 Silvana R. Siddali, *From Property to Person* [:] *Slavery and the Confiscation Acts 1861-1862* (Baton Rouge, 2005), 51.
37 Ibid., 119.
38 *Y Cyfaill o'r Hen Wlad* (Mawrth, 1910), 125. Cyfrifiad US Racine 1860.

39 *Y Cenhadwr Americanaidd* (Tachwedd 1863), 342-3.
40 Richard H. Groves, *Blooding the Regiment* [:] *An Account of the 22nd Wisconsin's Long and Difficult Apprenticeship* (Lanham, 2005), 18.
41 Leach, *Racine County Militant*, 84.
42 Gw., e.e. *Y Cyfaill o'r Hen Wlad* (Mehefin, 1864), 183.
43 *Y Cenhadwr Americanaidd* (Rhagfyr, 1864), 378.
44 *Baner ac Amserau Cymru*, 6 Mehefin 1906, 14: '65 mewn nifer'.
45 Groves, *Blooding the Regiment*, 24-25.
46 Harvey Reid, milwr mewn cwmni arall yn yr 22ain Wisconsin, a ysgrifennodd hyn am Owen Griffith. Fe'i dyfynnir gan Groves, *Blooding the Regiment*, 354.
47 Ibid., 24.
48 *Roster of Company "F", 22nd Regiment of Wisconsin Volunteer Infantry*. Groves, *Blooding the Regiment*, 30 (nodyn 13).
49 Yn ôl cofrestr yr 8fed Gatrawd, roedd wedi ymrestru 18 Gorffennaf 1861 ac wedi gadael y gatrawd 30 Awst 1862 ar gael ei wneud yn '2nd Lieut. Co. F. 22d Wis. Inf': *Roster of Wisconsin Volunteers, War of the Rebellion, 1861-1865*, cyf. 1 (Madison, 1886), 587. Er iddo adael ei hen gatrawd ddiwedd Awst, ni fyddai'n cyrraedd ei gatrawd newydd tan 13 Hydref; mae'n bosibl ei fod wedi cael mynd adref ar *furlough* yn y cyfamser.
50 *Roster of Company "F", 22nd Regiment of Wisconsin Volunteer Infantry*.
51 Casgliad Wisconsin Historical Society: Quiner Scrapbooks: Correspondence of the Wisconsin Volunteers, 1861-1865, 186.
52 *Y Cyfaill o'r Hen Wlad* (Mehefin, 1864), 183.
53 *Roster of Company "F", 22nd Regiment of Wisconsin Volunteer Infantry*.
54 Jerry Hunter, *Llwch Cenhedloedd* [:] *Y Cymry a Rhyfel Cartref America* (Llanrwst, 2003), 34-44; *Sons of Arthur, Children of Lincoln* [:] *Welsh Writing from the American Civil War* (Caerdydd, 2007), 95-112.
55 Hunter, *Sons of Arthur, Children of Lincoln*, 192-227.
56 *Y Drych*, 11 Mawrth 1897, 2.
57 *Y Drych*, 7 Ionawr 1897, 1.
58 *Y Drych*, 22 Gorffennaf 1897, 2.
59 Roedd gan Ysgol Sabathol Caersalem 43 o aelodau yn 1862; roedd gan gapel Racine yr enwad 165 o aelodau ar y pryd. *Y Cyfaill o'r Hen Wlad* (Mehefin, 1862), 323.
60 *Y Cyfaill o'r Hen Wlad* (Chwefror, 1864), 62.
61 *Y Drych*, 22 Gorffennaf 1897, 2.
62 Don Rintz, 'Where Was Camp Utley?', *Preservation – Racine, Inc., Newsletter* (Haf, 1986), 1 a 4.
63 Groves, *Blooding the Regiment*, 22.
64 *Y Drych*, 25 Mawrth 1897, 2.
65 *Y Drych*, 30 Mawrth 1916, 4.
66 *Y Drych*, 25 Mawrth 1897, 2.
67 *Y Drych*, 30 Mawrth 1916, 4.

68 *Y Drych*, 25 Mawrth 1897, 2.
69 Ibid.
70 Ibid.
71 Ibid.
72 *Y Drych*, 7 Ionawr 1897, 1.
73 *Y Drych*, 25 Mawrth 1897, 2.
74 *Y Drych*, 4 Mawrth 1897, 1.
75 Ibid.
76 Ibid.
77 *Y Wawr* (Utica), (Hydref, 1892), 322.
78 E.E. Ellis oedd enw'r mab hwn. Ibid.
79 Ibid.; *Y Drych*, 22 Rhagfyr 1892, 1.
80 *Y Drych*, 13 Gorffennaf 1916, 7.
81 Gw., e.e. *Y Seren Orllewinol* (Awst 1860), 180.
82 *Y Drych*, 22 Rhagfyr 1892, 1; *Y Wawr* (Utica), (Hydref, 1892), 322.
83 *Y Drych*, 22 Rhagfyr, 1892, 1; Gw., e.e, *Y Seren Orllewinol* (Awst, 1861), 185.
84 *Private and Local Laws Passed by the Legislature of Wisconin* (Madison, 1855), 24-5. Yn ddryslyd o safbwynt terminoleg addysg uwch heddiw, cyfeiria'r siarter at y sefydliad fel 'prifysgol' (*university*); 'athrofa' (*'academy'*) ydoedd, a'i swyddogaeth oedd paratoi myfyrwyr ar gyfer coleg neu brifysgol. Ysgol uwchradd breifat ydyw heddiw.
85 *Y Drych*, 22 Rhagfyr, 1892, 1.
86 *Y Drych*, 31 Awst 1916, 3.
87 *Y Drych*, 22 Gorffennaf 1897, 2.
88 *Y Drych*, 11 Mawrth 1897, 2.
89 *Y Drych*, 22 Gorffennaf 1897, 2.
90 William Alfred Bufkin, 'Union Bands of the Civil War (1862-1865): Instrumentaion and Score Analysis,' traethawd PhD (Prifysgol Louisiana State, 1973), 26-7.
91 *Y Drych*, 15 Ebrill 1886, 6.
92 *Roster*; rhestrir ef fel *'principal musician'* o fis Medi 1862 ymlaen (er iddo ddechrau gweithredu yn y modd hwnnw cyn i'r swydd gael ei chadarnhau); nodir ei fod yn aelod o *'Company F'* hefyd.
93 *Y Drych*, 4 Tachwedd 1915, 7.
94 Gw. *Wisconsin State Journal*, 5 Mawrth 1887, 37; J.E. Heg (gol.), *The Blue Book of the State of Wisconsin* (Madison, 1885), 411 a 416.
95 Roy P. Basker (gol.), *The Collected Works of Abraham Lincoln*, cyfrol 5 (Gwasg Prifysgol Rutgers, 1953), 512-14; *Racine Daily Journal*, (5 Mawrth 1887), 3; *Wisconsin State Journal*, (5 Mawrth 1887), 1.
96 Groves, *Blooding the Regiment*, 26.
97 Frank L. Byrne (gol.), *Uncommon Soldiers* [:] *Harvey Reid and the 22nd Wisconsin March with Sherman* (Knoxville, 2001) 6-7.
98 Ibid., 8.
99 Groves, *Blooding the Regiment*, 12.
100 *Y Drych*, 22 Gorffennaf 1897, 2.
101 *Y Drych*, 11 Mawrth 1897, 2.

102 *Y Drych*, 22 Gorffennaf 1897, 2.
103 Ibid.
104 Ibid.
105 *Y Drych*, 25 Mawrth 1897, 2.
106 Ibid.
107 Ibid.
108 *Y Drych*, 15 Ebrill 1897, 1.
109 Ibid.
110 *Y Drych*, 4 Mawrth 1897, 1.
111 Ibid.
112 Yn ôl cofrestr yr 8fed Gatrawd o Draedfilwyr Wisconsin, roedd Robert T. Pugh wedi ymrestru 18 Gorffennaf 1861 ac wedi gadael y gatrawd 30 Awst 1862 ar gael ei wneud yn '2nd Lieut. Co. F. 22d Wis. Inf': *Roster of Wisconsin Volunteers, War of the Rebellion, 1861-1865*, cyf. 1 (Madison, 1886), 587. Er iddo adael ei hen gatrawd ddiwedd Awst, ni fyddai'n cyrraedd ei gatrawd newydd tan 13 Hydref; mae'n bosibl ei fod wedi cael mynd adref ar *furlough* yn y cyfamser.
113 Groves, *Blooding the Regiment*, 30; *Roster*.
114 *Y Drych*, 15 Ebrill 1897, 1.
115 Ibid.
116 Papurau teuluol June Murphy; gohebiaeth bersonol â June Murphy.
117 *Y Drych*, 15 Ebrill 1897, 1.
118 Ibid.
119 Ibid.
120 Ibid.

3. Kentucky a Chaethwasiaeth

1   *Y Drych*, 22 Gorffennaf 1897, 2.
2   E. B. Quiner, *Military History of Wisconsin* (Chicago, 1866), 697.
3   Groves, *Blooding the Regiment*, 28-9. Mae'n dyfynnu'r *Racine Weekly Advocate*.
4   Ibid.
5   *Y Drych*, 22 Gorffennaf 1897, 2.
6   Ibid.
7   Ibid.
8   Ibid.
9   Ibid.
10 U.S Army Heritage and Education Center: Groves-Griffith-Chaffin Family Papers.
11 *Y Drych*, 22 Gorffennaf 1897, 2.
12 Groves, *Blooding the Regiment*, 30; *Y Drych*, 22 Gorffennaf 1897, 2.
13 Groves, 33.
14 *Y Drych*, 31 Rhagfyr 1896, 1.
15 Ibid.
16 Ibid.
17 Quiner, *Military History of Wisconsin*, 698.

18	Casgliad Cymdeithas Hanes Wisconsin: https://www.wisconsinhistory.org/Records/Image/IM24962 (wedi'i dal 18/5/2023). Gw. hefyd Nolie Murney, *Alfred Edward Mathews, 1831-1874: Union Soldier, Illustrator of Civil War Battles* (Nolie Mumey, Colorado, 1961).
19	Quiner, *Military History of Wisconsin*, 698.
20	Frank J. Welcher a Larry G. Ligget, *Coburn's Brigade*[:] *85th Indiana, 33rd Indiana, 19th Michigan, and 22nd Wisconsin in the Western Civil War* (Carmel [Indiana], 1999), 30.
21	Groves, 30.
22	Welcher a Ligget, *Coburn's Brigade*, 31.
23	*Y Drych*, 7 Ionawr 1897, 1.
24	Ibid.
25	Ibid.
26	Ibid.
27	Ibid.
28	Frank K. Byrne (gol.), *The View from Headquarters: Civil War Letters of Harvey Reid* (Madison, 1965), 11.
29	Groves, 115.
30	Ibid., 114.
31	Welcher a Ligget, 36-7.
32	Ibid., 39-42.
33	*Y Drych*, 4 Mawrth 1897, 1.
34	Ibid.
35	*Y Seren Orllewinol* (Ionawr, 1863), 15.
36	Ibid.
37	Ibid.
38	Ibid.
39	Ibid.
40	Ibid.
41	Ibid.
42	Ibid.
43	*Y Cyfaill o'r Hen Wlad* (Mawrth, 1863), 96.
44	Ibid.
45	Ibid.
46	Casgliad Llyfrgell Prifysgol Cornell; Groves, vi.
47	*Y Drych*, 24 Ionawr, 1863, 19 [er mai '17' yw'r rhif a geir ar frig y tudalen].
48	Ibid.
49	Ibid.
50	Ibid.
51	Ibid.
52	Ibid.
53	Ibid.
54	Ibid.
55	Byrne, *Uncommon Soldiers*, 9.
56	Ibid.
57	Frank K. Byrne (gol.), *The View from Headquarters: Civil War Letters of Harvey Reid*.

58 *Y Drych*, 24 Ionawr 1863, 19 [er mai '17' yw'r rhif a geir ar frig y tudalen].
59 Ibid.
60 Ibid.
61 Ibid.
62 Byrne, *Uncommon Soldiers*, 11.
63 Ibid., 10.
64 *Roster* a *Muster Rolls*.
65 *Y Drych*, 4 Mawrth 1897, 1.
66 Ibid.
67 *Y Drych*, 24 Ionawr 1863, 19.
68 Frank L. Byrne, *Uncommon Soldiers*, 14.
69 *Y Drych*, 24 Ionawr, 1863, 19 [er mai '17' yw'r rhif a geir ar frig y tudalen].
70 Byrne, *Uncommon Soldiers*, 14-15.
71 Ibid., 15.
72 Lowell H. Harrison a James C. Klotter, *A New History of Kentucky* (Lexington, 2009), 24-7.
73 *Y Drych*, 24 Ionawr 1863, 19.
74 Ibid.
75 Casgliad Cymdeithas Hanes Wisconsin. Quiner Scrapbooks: Corespondence of the Wisconsin Volunteers, 1861-65, 205.
76 Quiner Scrapbooks, 207.
77 *Y Drych*, 24 Ionawr 1863, 19.
78 Ibid.
79 Byrne, *Uncommon Soldier*, 14-15.
80 *Y Drych*, 4 Mawrth 1897, 1.
81 Ibid.
82 Welcher a Ligget, 41.
83 *Roster*, 13-5.
84 Llyfrgell Prifysgol Cornell, Llythyrau Owen Griffith, 2.2.
85 *Roster*, 13-5.
86 *Y Cyfaill o'r Hen Wlad* (Mawrth, 1863), 96.
87 Ibid.
88 Ibid.
89 *Roster*, 218.
90 *Y Drych*, 28 Mawrth 1863, 1.
91 Llyfrgell Prifysgol Cornell, Llythyrau Owen Griffith, 2.2.
92 Caslgiad Llyfrgell Rose, Prifysgol Emory; llythyrau Elias J. Prichard: 'Danville Jan. 25'
93 Ibid.
94 Ibid.
95 Ibid.
96 Ibid.
97 *Y Drych*, 28 Mawrth 1863, 1.
98 Ibid.
99 Groves, 70, nodyn 24.
100 *Y Drych*, 28 Mawrth 1863, 9.
101 *Roster*.

102 Byrne, *Uncommon Soldiers*, 22.
103 *Y Drych*, 28 Mawrth 1863, 1.
104 Ibid.
105 Ibid.
106 Ibid.
107 Byrne, *Uncommon Soldiers*, 23.
108 *Y Drych*, 28 Mawrth, 1863, 1.
109 Ibid.
110 *Y Cenhadwr Americanaidd* (Chwefror, 1862), 72.
111 Byrne, *Uncommon Soldiers*, 15.
112 Ibid.
113 Ibid., 16.
114 Harvey Reid, wedi'i ddyfynnu yn Groves, 86, nodyn 10.
115 *Y Drych*, 28 Mawrth 1863, 1.

4. Tennessee a Bedydd Tân

1 Ibid.
2 Groves, 73.
3 *Y Drych*, 28 Mawrth 1863, 1.
4 Ibid.
5 *Y Drych*, 15 Ebrill 1897, 1.
6 Ibid.
7 Ibid.
8 Ibid.
9 *Y Drych*, 28 Mawrth 1863, 1.
10 Ibid.
11 *Roster*, 216 a 126.
12 Groves, 76 a 86.
13 *Roster*, 218; Groves, 76.
14 Sef, cadben (*captain*) a dau is-gadben (*lieutenant*) ar gyfer pob un o ddeg cwmni'r gatrawd. Mae'r ymadrodd *line officers* yn gwahaniaethu rhwng y swyddogion hyn a'r rhai a wasanaethai'n uniongyrchol ar staff y milwriad (*colonel*), sef is-filwriad (*lieutenant colonel*), uwchgapten (*major*) a dirprwy (*adjutant*).
15 Groves, 74-5.
16 Mae cofnodion swyddogol y fyddin yn dangos gwahaniaeth rhwng yr amser y cyflwynodd y ddau eu papurau yn mynegi awydd i ymddiswyddo a'r dyddiad yr ymadawodd y ddau. *Roster*, 216 a 227; Groves, 76.
17 *Y Drych*, 28 Mawrth 1863, 1.
18 Groves, 76.
19 Quiner Scrapbooks, 242.
20 Ibid.
21 Ibid., 243.
22 *Y Drych*, 28 Mawrth, 1863, 1.
23 Quiner Scrapbooks, 243.
24 Ibid.
25 *Y Drych*, 28 Mawrth, 1863, 1.

26 Ibid.
27 Ibid.
28 *Y Cyfaill o'r Hen Wlad* (Ebrill, 1863), 122.
29 Ibid.
30 Ibid.
31 Ibid.
32 Ibid.
33 *Y Drych*, 11 Gorffennaf 1863, tudalen blaen a thudalen 212. Mae'r llythyr hwn yn dechrau: 'Mr. Golygydd – Meddyliais y buasai ychydig o hanes yr 22nd Wisc. o'r amser y gadawodd "Gomer" hi yn y Drych... yn dderbyniol gan lawer o'ch darllenwyr.'
34 Welcher a Ligget, 50.
35 Groves, 83.
36 *Y Drych*, 11 Gorffennaf 1863, tudalen blaen.
37 *Y Cyfaill o'r Hen Wlad* (Ebrill, 1863), 129.
38 Gw., e.e. *Y Cyfaill o'r Hen Wlad* (Hydref, 1859), 379.
39 *Y Cyfaill o'r Hen Wlad* (Medi, 1860), 357.
40 Quiner Scrapbooks, 189: 'Cpt. Griffith's Letter... March 10, 1863.'
41 *Y Drych*, 11 Gorffennaf 1863, tudalen blaen.
42 Ibid.
43 Welcher a Ligget, 53-6; Groves, 85-9.
44 *Y Cyfaill* (Ebrill, 1863), 132.
45 Welcher a Ligget, 64.
46 *Y Drych*, 11 Gorffennaf 1863, tudalen blaen.
47 Quiner Scrapbooks, 189.
48 Gw., e.e. Quiner Scrapbooks, 178.
49 Gw., e.e. Harvey Reid yn Byrne, *Uncommon Soldiers*, 106-7.
50 Welcher a Ligget, 76-7; Groves, 98-99.
51 Quiner Scrapbooks, 189.
52 *Y Drych*, 11 Gorffennaf 1863, 212.
53 Quiner Scrapbooks, 189.
54 Llyfrgell Prifysgol Cornell, llythyrau Owen Griffith.
55 *Y Drych*, 11 Gorffennaf 1863, 212.
56 Ibid.
57 Groves, 117.
58 *Y Drych*, 31 Awst 1916, 3.
59 *Y Drych*, 11 Gorffennaf 1863, 212.
60 Ibid.
61 Ibid.
62 *Y Drych*, 31 Awst 1916, 3.
63 Ibid.
64 Ibid.
65 *Y Drych*, 31 Rhagfyr 1896, 1.
66 *Y Drych*, 11 Gorffennaf 1863, 212.
67 Ibid.
68 Ibid.
69 *Y Cenhadwr Americanaidd* (Gorffennaf, 1863), 211.
70 Ibid.
71 Ibid.

Ôl-nodiadau

72 Ibid.
73 Ibid.
74 Ibid.
75 Quiner Scrapbooks, 186.
76 *Y Drych*, 31 Awst 1916, 3.
77 *Y Cenhadwr Americanaidd* (Tachwedd, 1863), 342-3.
78 Gw., e.e. Byrne, *Uncommon Soldiers*, 47. Nid oes llawer o dystiolaeth am ffawd Paul/Adam ar ôl yr ymrafael rhwng Utely a Robertson. https://nkaa.uky.edu/nkaa/items/show/2005

5. Carchar

1 *Y Cenhadwr Americanaidd* (Tachwedd, 1863), 342-3.
2 *Y Drych*, 11 Gorffennaf 1863, 212.
3 *Y Drych*, 13 Mehefin 1863, 7.
4 *Y Drych*, 31 Rhagfyr 1896, 1.
5 Ibid.
6 Ibid.
7 *Y Drych*, 11 Gorffennaf 1863, 212.
8 Ibid.
9 Ibid.
10 *Y Drych*, 13 Mehefin 1863, 7.
11 *Y Drych*, 11 Gorffennaf 1863, 212.
12 Ibid.
13 *Y Drych*, 31 Rhagfyr 1896, 1.
14 Ibid.
15 Ibid.
16 Ibid.
17 *Y Drych*, 13 Mehefin 1863, 7.
18 *Online Etymological Dictionary*. (Wedi'i ddal 22/5/2023). https://www.etymonline.com/word/calaboose
19 *Y Drych*, 13 Mehefin 1863, 7.
20 Groves, 143.
21 *Y Drych*, 13 Mehefin 1863, 7.
22 Ibid.
23 Ibid.
24 Ibid.
25 Ibid.
26 Ibid.
27 *Y Drych*, 11 Gorffennaf 1863, 212.
28 Groves, 144.
29 Ibid.
30 Quiner Scrapbooks, 248.
31 Groves, 144.
32 *Y Drych*, 31 Rhagfyr 1896, 1.
33 Ibid.
34 Ibid.
35 *Y Drych*, 11 Gorffennaf 1863, 212.
36 *Y Drych*, 31 Rhagfyr 1896, 1.

37 *Y Drych*, 11 Gorffennaf 1863, 212.
38 Ibid.
39 Ibid.
40 Ibid.
41 *Y Drych*, 13 Mehefin 1863, 7.
42 Ibid.
43 Ibid.
44 *Roster*.
45 *Y Drych*, 13 Mehefin 1863, 7.
46 Ibid.
47 Ibid.
48 Ibid.
49 *Y Cenhadwr Americanaidd* (Tachwedd, 1863), 342-3.
50 Ibid.
51 Ibid.
52 Ibid.
53 Ibid.
54 *Y Drych*, 13 Mehefin 1863, 7.
55 Gw., e.e. Charles W. Sanders Jr., *While in the Hands of the Enemy*[:] *Military Prisons of the Civil War* (Baton Rouge, 2005), 20-3.
56 *Y Drych*, 13 Mehefin 1863, 7.
57 *Y Drych*, 11 Gorffennaf 1863, 212.
58 *Baner ac Amserau Cymru*, 6 Mehefin 1906, 14.
59 *Y Drych*, 11 Gorffennaf 1863, 212.
60 Ibid.
61 Ibid.
62 Ibid.
63 Ibid.
64 *Roster*.
65 Gw., e.e. *Y Cenhadwr Americanaidd*, Mai 1864, 146. Dywed Groves nad oedd yr awdurdodau wedi rhoi caniatâd i filwyr cyffredin y gatrawd fynd adref (*Blooding the Regiment*, 163), ond dengys mathau eraill o dystiolaeth, gan gynnwys y llythyr hwn gan Owen Griffith, nad oedd hynny'n wir.
66 Quiner Scrapbooks, 197.
67 *Y Drych*, 11 Gorffennaf 1863, 212.
68 Ibid.
69 Ibid.
70 *Roster*, 218.
71 *Roster*, 217-218.

6. Tensiynau Mewnol

1 Mae peth dryswch ynglŷn ag amgylchiadau'r rhai a aeth adref i Wisconsin ar ôl eu cyfnod yn y carchar. Dywed rhai ffynonellau (e.e. gw. Groves, 163-4) fod y fyddin wedi gwrthod *furloughs* i filwyr yr 22ain Wisconsin; eto, fel y gwelwyd yn y bennod ddiwethaf, roedd nifer ohonynt wedi ymweld â'u cartrefi yn ystod y cyfnod hwn – a dim ond tri ohonynt wedi'u nodi fel *deserters*.

Hefyd, ceir tystiolaeth fod Harvey Reid wedi derbyn *furlough* er mwyn ymweld â'i deulu ef: Byrne, 69.
2   Groves, 163.
3   Welcher a Ligget, 97; Groves, 163.
4   *Y Drych*, 13 Mehefin 1863, 7.
5   Groves, 162.
6   Byrne, 43; Groves, 162.
7   Byrne, 69.
8   Ibid.
9   *Baner ac Amserau Cymru*, 6 Mehefin 1906, 14.
10 *Y Drych*, 3 Mehefin 1897, 1; *Y Cyfaill o'r Hen Wlad* (Ionawr, 1882), 27.
11 *Roster*, 218.
12 Ibid.
13 Groves, 168.
14 Welcher a Ligget, 108-9; Groves, 173.
15 *Y Drych*, 11 Gorffennaf 1863, 214.
16 Ibid.
17 Ibid.
18 Ibid.
19 Ibid.
20 Ibid.
21 Ibid.
22 Ibid.
23 Welcher a Ligget, 111-13.
24 *Y Drych*, 11 Gorffennaf 1863, 214.
25 Groves, 184-5.
26 Byrne, 76-77; Groves, 186.
27 Goves, 186-7.
28 Ibid., 204-5.
29 Ibid.
30 Ibid., 187.
31 Byrne, 77-8.
32 Groves, 187.
33 Byrne, 79.
34 Groves, 351-2.
35 *Y Drych*, 15 Awst 1863, 1.
36 Ibid.
37 Ibid.
38 Groves, 197.
39 Byrne, 82.
40 Byrne, 82; Groves, 206.
41 *Y Drych*, 15 Awst 1863, 1.
42 Ibid.
43 Ibid.
44 Ibid.
45 Ibid.
46 Ibid.
47 Ibid.

48 Ibid.
49 *Y Drych*, 15 Awst 1863, 4 (neu, 252).
50 https://www.battlefields.org/learn/articles/military-pay
51 Cyhoeddwyd llythyr gan David Williams, milwr mewn catrawd arall o Wiscosnin, yn *Y Drych*, 10 Ionawr 1863, 6, yn cwyno am agweddau at 'y *drafftio*' yn swydd Waukesha. Cyhoeddwyd llythyr gan Thomas D. Jones yn *Y Drych*, 21 Mawrth 1863, yn ateb David Williams ac yn ceisio achub cam Cymry Waukesha. Wedyn, aeth ewythr y milwr, Thomas D. Jones, ati i amddiffyn ei nai a dadlau'n erbyn Thomas Jones yn *Y Drych*, 25 Ebrill 1863.
52 *Y Drych*, 15 Awst 1863, 4 (neu, 252).
53 Ibid.
54 Ibid.
55 Ibid.
56 Ibid.
57 Ibid.
58 Ibid.
59 Ibid.
60 Quiner Scrapbooks, 195.
61 Ibid.
62 Welcher a Ligget, 133.
63 Byrne, 87.
64 Byrne, 88.
65 Groves, 354, yn dyfynnu Harvey Reid.
66 *Roster*.
67 Gw. hefyd U.S Army Heritage and Education Center: Groves-Griffith-Chaffin Family Papers.
68 Byrne, 89.
69 *Y Drych*, 31 Awst 1916, 3.
70 Ibid.
71 Ibid.
72 Ibid.
73 *Baner ac Amserau Cymru*, 6 Mehefin 1906, 14.
74 Welcher a Ligget, 150.
75 Groves, 228 a 239.
76 Groves, 202-5.
77 Groves, 240-1.
78 Byrne, 102.
79 Quiner Scrapbooks, 225.
80 Ibid.
81 Ibid.
82 Ibid.
83 Ibid.
84 Byrne, 105.
85 *Baner ac Amserau Cymru*, 6 Mehefin 1906, 14.
86 *Y Drych*, 7 Ionawr 1897, 1.
87 Ibid.
88 Ibid.
89 Byrne, 110.

90 Byrne, 114-15.
91 Byrne, 115-16.
92 Groves, 258.
93 *Y Drych*, 3 Mehefin 1897, 1; *Y Cyfaill o'r Hen Wlad* (Ionawr, 1882), 27.
94 *Y Cyfaill o'r Hen Wlad* (Mehefin, 1864), 183.
95 Ibid.
96 Ibid.
97 Ibid.
98 Ibid.
99 Ibid.
100 Ibid.
101 Ibid.
102 Ibid.
103 Ibid.
104 Ibid.
105 Ibid.
106 Ibid.
107 Ibid.
108 Ibid.
109 Byrne, 117: llythyr wedi'i ddyddio 14 Chwefror 1864.
110 Ibid.
111 U.S Army Heritage and Education Center: Groves-Griffith-Chaffin Family Papers.
112 Ibid.
113 Ibid.
114 Llyfrgell Rose, Prifysgol Emory, llythyrau Elias J. Prichard: 'April 13th 1864', 1a-1b.
115 *Y Drych*, 15 Ebrill 1897.
116 Ibid.
117 Gw., e.e. *Y Cenhadwr Americanaidd* (Mai, 1864), 146.
118 Gw., e.e. *Y Cenhadwr Americanaidd* (Mai, 1865), 31.
119 Groves, 263.
120 *Roster* a *Muster Rolls*.
121 Cofnodwyd y dyrchafiadau hyn ar 21 Mawrth 1864 yn achos Robert T. Pugh a Robert Blair Jones ac ar 11 Mai 1864 yn achos Thomas Davies. *Roster*, 216.
122 Llyfrgell Rose, Prifysgol Emory, llythyrau Elias J. Prichard: 'April 13th 1864', 1b-2a.
123 Byrne, 120.
124 Goves, 281, n. 23:
125 *Y Cenhadwr Americanaidd* (Gorffennaf, 1864), 219.
126 Ibid.

7 Rhyfelgyrch Sherman

1 Llyfrgell Rose, Prifysgol Emory, llythyrau Elias J. Prichard: '11 March 1864', 1a.
2 Ibid.

3   Ibid., 1a-1b.
4   Ibid., 1b-2a.
5   Ibid., 2a.
6   Ibid., 2b.
7   Ibid.
8   *Y Cyfaill o'r Hen Wlad* (Medi, 1886), 353.
9   Ibid.
10 Llyfrgell Rose, Prifysgol Emory, llythyrau Elias J. Prichard: '11 Mawrth 1864', 2b.
11 Llyfrgell Rose, Prifysgol Emory, llythyrau Elias J. Prichard: '13 April 1864', 1b-2a.
12 *Y Cyfaill o'r Hen Wlad* (Awst, 1864), 243.
13 Ibid.
14 Ibid.
15 Ibid.
16 Ibid.
17 Ibid.
18 Llyfrgell Rose, Prifysgol Emory, llythyrau Elias J. Prichard: '13 April 1864', 1b.
19 Ibid., 1a.
20 Ibid., 1a.
21 *Roster, Battery C, 1st Regiment, Wisconsin Heavy Artillery.* Dyrchafwyd y Prif Is-gadben John R. Davies yn gadben ar 3 Hydref 1863, yn ôl y gofrestr hon.
22 Llyfrgell Rose, Prifysgol Emory, llythyrau Elias J. Prichard: '13 April 1864', 2a.
23 Ibid., 2a-2b.
24 Ibid., 2b.
25 Groves, 274 a 317.
26 Quiner, *Military History of Wisconsin*, 701-2; Groves, 274-8.
27 *Y Drych*, 15 Ebrill 1897, 1.
28 Ibid.
29 Ibid.
30 *Y Drych*, 31 Rhagfyr 1896, 1.
31 *Y Drych*, 4 Mawrth 1897, 1.
32 Ibid.
33 Ibid.
34 Ibid.
35 Ibid.
36 Llythyr Elias J. Prichard, 11 Mawrth 1864., 2a.
37 *Roster*.
38 Byrne, 149.
39 Ibid.
40 Quiner, *Military History of Wisconsin*, 703.
41 Groves, 320.
42 *Roster*; Quiner, *Military History of Wisconsin*, 703.
43 Groves, 323.
44 *Y Drych*, 15 Ebrill 1897, 1.
45 Ibid.

46	James M. McPherson, *Battle Cry of Freedom* [:] *The American Civil War* (Llundain, 1988), 752-3.
47	Llythyrau Elias J. Prichard, '19 July 1864', 1a.
48	Ibid.
49	Gw. hefyd Quiner, *Military History of Wisconsin*, 704.
50	Welcher a Ligget, 230-33.
51	Ibid, 235.
52	*Y Drych*, 11 Mawrth 1897, 2.
53	Ibid.
54	Welcher a Ligget, 235.
55	*Y Drych*, 11 Mawrth 1897, 2.
56	Ibid.
57	Ibid.
58	Ibid.
59	Ibid.
60	Ibid.
61	Ibid.
62	Ibid.
63	Ibid.
64	Ibid.
65	Ibid.
66	Ibid.
67	McPherson, *Battle Cry of Freedom*, 754.
68	Quiner, *Military History of Wisconsin*, 703.
69	Gw. sylwadau Elias J. Prichard isod. Dywed Reid fod 7 wedi'u lladd a 35 wedi'u clwyfo; Byrne, 170. Yn ôl Quiner, *Military History of Wisconsin* 703-5: '11 killed o'r died of their wounds, including Theodore Hanson' o Cwmni F.
70	Llythyrau Elias J. Prichard: '19 July 1864', 1.a.
71	Ibid.
72	Ibid.
73	Ibid.
74	Ibid.
75	Ibid.
76	Ibid., 1b-2a.
77	Ibid, 2a-2b.
78	Ibid., 2b.
79	*Y Drych*, 3 Mehefin 1897, 1.
80	Ibid.
81	Ibid.
82	Ibid.
83	Ibid.
84	Ibid.
85	Ibid.
86	Ibid.
87	Ibid.
88	Ibid.
89	Llythyrau Elias J. Prichard: '30 August 1864', 1a.
90	Ibid.

91 https://cwnc.omeka.chass.ncsu.edu/items/show/143
92 Llythyrau Elias J. Prichard: '30 August 1864', 1a-1b.
93 Ibid., 1b.
94 Ibid.
95 Ibid.
96 Ibid.
97 *Y Drych*, 15 Ebrill 1897, 1.
98 *Roster*, 216.
99 Ibid.
100 *Y Cenhadwr Americanaidd* (Rhagfyr, 1864), 378.
101 *Y Drych*, 30 Mawrth 1916, 4.
102 Gw., e.e. *Y Drych*, 30 Mawrth 1916, 4.
103 *Y Cenhadwr Americanaidd* (Rhagfyr, 1864), 378.
104 Ibid.
105 *Y Drych*, 15 Ebrill 1897, 1.
106 *Y Cenhadwr Americanaidd* (Rhagfyr, 1864), 378.
107 Ibid.
108 *Y Drych*, 1 Gorffennaf 1897, 1.
109 Ibid.
110 Ibid.
111 Ibid.
112 *Y Drych*, 31 Rhagfyr 1896, 1.
113 Ibid.
114 *Y Drych*, 25 Mawrth 1897, 2.
115 *Y Drych*, 1 Gorffennaf 1897, 1.
116 Ibid.
117 *Y Drych*, 7 Ionawr 1897, 1.
118 Ibid.
119 Ibid.
120 Ibid.
121 Ibid.
122 Ibid.
123 Ibid.
124 Ibid.
125 Quiner, *Military History of Wisconsin*, 706.
126 *Y Drych*, 1 Gorffennaf 1897, 1.
127 Ibid.
128 Ibid.
129 Ibid; Welcher a Libbet, 302-3.
130 Welcher a Libbet, 303.
131 *Y Drych*, 3 Mehefin 1897, 1.
132 Ibid.
133 Ibid.
134 Ibid.
135 Ibid.
136 Ibid.
137 *Y Drych*, 25 Mawrth 1897, 2.
138 Ibid.
139 Ibid.

140 Ibid.
141 Welcher a Ligget, 344-350.
142 *Y Drych*, 15 Ebrill 1897, 1.
143 Ibid.
144 Ibid.
145 Ibid.
146 Ibid.
147 Ibid.
148 Ibid.
149 Ibid.
150 Ibid.
151 Ibid.
152 Ibid.
153 McPherson, *Battle Cry of Freedom*, 830.
154 Ibid.
155 Ibid.
156 *Roster*; papurau teuluol June Murphy.
157 *Y Cenhadwr Americanaidd* (Mehefin, 1865), 180.
158 Ibid.
159 Ibid.
160 Ibid.
161 Ibid.
162 Ibid.
163 Ibid., 181.
164 *Roster*.
165 Quiner, *Military History of Wisconsin*, 497.
166 *Roster*.
167 Quiner, *Military History of Wisconsin*, 497.

Epilogau

1 *Y Drych*, 30 Mehefin 1892, 5; D. Davies (gol.), *Cofiant y Diweddar Barch. Robert Everrett, D.D., a'i Briod* (Utica, 1879), 93; Richard H. Groves, *Blooding the Regiment* [:] *An Account of the 22d Wisconsin's Long and Difficult Apprenticeship* (Lanham, 2005), v.
2 *Y Drych*, 12 Mai 1892, 6; *Baner ac Amserau Cymru*, 13 Mai 1903, 4; papurau teuluol June Murphy; gohebiaeth bersonol â June Murphy.
3 *Y Drych*, 3 Mehefin 1897, 1.
4 *Y Drych*, 2 Gorffennaf 1885, 5.
5 Gw., e.e. *Y Drych*, 7 Tachwedd 1878, 5.
6 *Y Drych*, 17 Mai 1877, 8; *Y Drych*, 15 Ebrill 1886, 6; *Y Drych*, 28 Mawrth 1889, 1.
7 *Y Wawr*, Mchcfin 1892, 182.
8 *Y Drych*, 22 Rhagfyr 1892, 1.
9 *Y Drych*, 4 Mawrth 1897, 1.
10 *Y Drych*, 15 Ebrill 1897, 2.
11 *Y Drych*, 13 Gorffennaf 1916, 7; *Y Drych*, 4 Mawrth 1897, 1; *Y Drych*, 11 Mawrth 1897, 2. *Y Drych*, 25 Mawrth 1897, 2; *Y Drych*, 15

Ebrill 1897, 1; *Y Drych*, 31 Awst 1916, 3; *Y Drych*, 22 Ebrill 1897, 1; *Y Drych*, 19 Awst 1897, 6; *Y Drych*, 15 Ebrill 1897, 2.
12   *Y Drych*, 30 Mawrth 1916, 4.

Mynegai

Abe 91-2.
Adam – gw. Paul

Bloodgood, Edward 66-9, 73, 80, 128-30, 133-5, 139, 165-7, 170-2, 181-3, 185-6, 188, 190, 192, 202, 214, 217-18, 223, 226, 262.
Bowen, John 20, 38, 40-1, 43, 60-1, 83-4, 140, 167, 191, 201, 216-18, 234, 250, 254, 258, 261.
Bumford, David 42, 52.

Y Cenhadwr Americanaidd 24, 27, 29, 33-4, 111, 124, 136, 157, 199-200, 203, 234-7, 251.
Y Cyfaill o'r Hen Wlad 14, 16, 18-19, 28-9, 41, 55, 102, 122-3, 125, 126, 192, 197, 210-12.

Chesire, Isaac 15-16.
Chesire, Richard 15-16.

Daniel, Roderick E. 42, 254.
Darling, Nelson 52-3, 73, 94, 165-6, 172, 183, 200-201.
Davies, David H. – gw. Davis, David H.
Davies, J. R. 65, 212.
Davies, Morris O. 162-3.
Davies, Richard (gweinidog) 15.
Davies, Thomas J. – gw. Davis, Thomas J.
Davis, David H. ('Dave') 45, 56-7, 60, 81, 164, 81-2, 144-50, 154-6, 158-61, 164, 191, 254.
Davis, Edward J. 218.
Davis, Joseph 191.
Davis, Thomas J. 7-9, 40-1, 63, 166-7, 192-7, 201-2, 234, 250, 254, 257.
Dock 91-2.
Douglass, Frederick 26.

Y Drych 29-31, 88-9, 91-2, 99, 102-3, 105-7, 110, 114, 120-1, 124, 127, 130-1, 136, 147, 149, 160, 162, 169, 173, 175, 177-9, 188, 190-1, 203, 256, 259, 263.

Edwards, Rowland J. (neu 'Roli') 27-9, 44-6, 48, 52, 54, 57-8, 60, 63-4, 69-70, 76-7, 81-2, 133-4, 138, 184-5, 191, 215, 234, 254, 262-4.
Edwards, William R. 191, 226.
Ellis, Edward 58, 60, 62, 72, 78-9, 81, 84-9, 124, 126, 134-5, 145, 151, 184-5, 19, 215, 218, 222, 225, 234, 239-40, 252, 254, 259-60.
199, 214-16, 218, 222-5, 229-31, 233-5, 238-41, 243-52. 254, 260-4.
Ellis, Evan E. 62, 72, 181, 207, 215-16, 218, 222, 234, 252-4, 259.
Ellis, John 58-64, 69-73, 79, 81-4, 95, 101, 116-18, 134-5, 145-6, 151-4, 184, 189-91,
Evans, David E. ('yr *Almighty*') 78-9, 124-6, 146-7, 218, 234, 241-2, 253.
Evans, Humphrey 15.
Evans, Ioan Llewelyn 24, 30.
Evans, Thomas J. 31.
Everett, Robert 26-9, 35-6, 200, 235-7, 255.

Flint, Henry 52, 216.
Foreman, John B., Jr. 94-5, 101, 215.
Foreman, John B. Sr. 94-5, 215-16, 254.
Forrest, Nathan Bedford 115-16, 127-8, 132-3, 135, 139, 144, 146, 153.

George 91-2.

291

Glover, Joshua 28-9.
Griffith, Jane 36, 39, 48, 78, 82, 88, 102-3, 161, 255.
Griffith, Owen 35-46, 51-5, 63, 66-8, 71-3, 76, 82, 88-95, 97-100, 102-7, 109-116, 118-21, 124-33, 136, 140, 144-6, 149-50, 151, 154, 156-7, 159-61, 165-7, 172-88, 190-1, 198-200, 202-3, 255-6.
Griffiths, Mrs G. 25-6.
Gwilym Aran 18.
Gwilym Bethesda 17-18.

Hall, Thomas 44, 52, 105-6, 163, 176.
Hopkins, Christopher P. 41, 105, 141, 254.
Hopkins, Thomas 155, 254.
Hughes, Robert 17.
Hughes, William 15.
Hughes, William H. 42, 60, 142, 234, 254, 264.

James, John M. 34-5, 43, 56, 64-5, 68, 77, 142, 185, 208, 210-12, 254, 258-9.
James, Morris B. 50-1, 70-1, 116-18, 254, 261.
John (neu 'Johnnie') 91-2.
Jones, Edward W. 167, 254.
Jones, Evan O. 41-2, 45, 54, 57, 141, 159, 166-7, 185, 189, 254, 259, 261.
Jones, John 17.
Jones, John R. 42, 207, 234, 254, 264.
Jones, Mary 51, 138-9, 144, 156-8.
Jones, Michael 24.
Jones, Moses 17.
Jones, Owen R. 51, 138-9, 149, 155-6, 161.
Jones, Richard R. 162-3.
Jones, Robert Blair 31, 40, 43, 54, 56, 122-4, 131, 201-2, 209-11, 233-4, 257-8.
Jones, Samuel 53, 103.
Jones, Thomas M. 167-70, 254.
Jones, Tom M. 189-90.
Jones, William C. 42.
Jones, William R. 16.

Lewis, Abel J. 191, 216, 254.
Lewis, Evan J. 162-3, 176.
Lewis, James W. 52-3, 254.
Lincoln, Abraham 31, 44, 48-9, 66, 75-6, 93, 96-7, 110, 161, 169-70, 188, 196, 213, 236-7.

Mathews, Edward Alfred 79, 145.
Mathews, William T. 15.
Morgan, John D. 54-5, 136-8.
Morris, David 203-4.

Owens, Owen 63-4, 216, 222-4, 254.
Owens, Richard J. ('Arfonfab') 200.
Owens, Robert 17.

Paul 95-101, 106-9, 114, 139.
Pillsbury, Caleb 44, 80, 111-13, 171, 186, 212.
Prichard, Elias J. 34-5, 43, 64-5, 67, 103-5, 142, 185, 199, 201-2, 206-13, 215-17, 220, 226-34, 254, 258-9.
Pugh, Cadwaladr (neu 'Cad') 35, 40, 58, 64, 87, 124, 191, 218-19, 233-7, 251-4, 264.
Pugh, Robert T. (Bob), 20-1, 53, 55, 61, 66, 72-4, 80, 140, 166, 172-3, 183, 186, 190, 200, 202, 214-15, 218, 248, 250, 256-7.

Phillips, John 17.

Reid, Harvey 67-8, 77, 88, 91, 94-7, 99-101, 107-9, 112-14, 165, 172-4, 181-3, 187, 190, 197-8, 203, 217.
Roberts, Richard G. 191, 214, 216-17.
Roberts, Thomas 13-14.
Roberts, William G. 13-18, 24, 30-3, 43, 56, 105-6.
Rowlands, David 60-1, 69, 234, 254, 264.
Rowlands, H. O. 63, 177-8, 263-4.

Salomon, Edward 56-7.

Y Seren Orllewinol 29, 84, 86, 89, 124.

Thomas, R. D. (Iorthryn Gwynedd) 25.
Truth, Sojourner 26.
Utley, William L. 58, 65-8, 73, 79-80, 90-4, 97-101, 108-11, 119, 121, 128-30, 139, 142, 165, 167. 170-3, 180-1, 183, 185-7, 190, 192, 197-200, 202-3, 213, 217-19, 262.

Vaughan, John 20-1, 53.
Vaughan, William W. 30-1, 43, 44, 201-2, 209, 234
Williams, John 17.
Williams, Richard 87-8, 102-3.
Williams, Richard A. ('Dick') 58-60, 87, 191, 239-40, 245-6.
Williams, Robert W. 59-60, 254.
Williams, Thomas 17.

Hefyd gan yr awdur:

£8.99

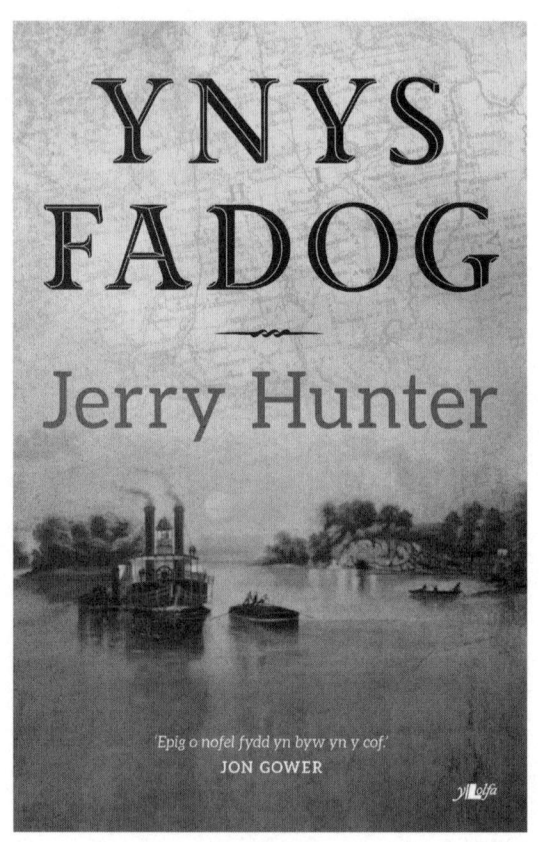

£14.99

£9.95

£7.95

Hefyd o'r Lolfa:

£16.99

£14.99

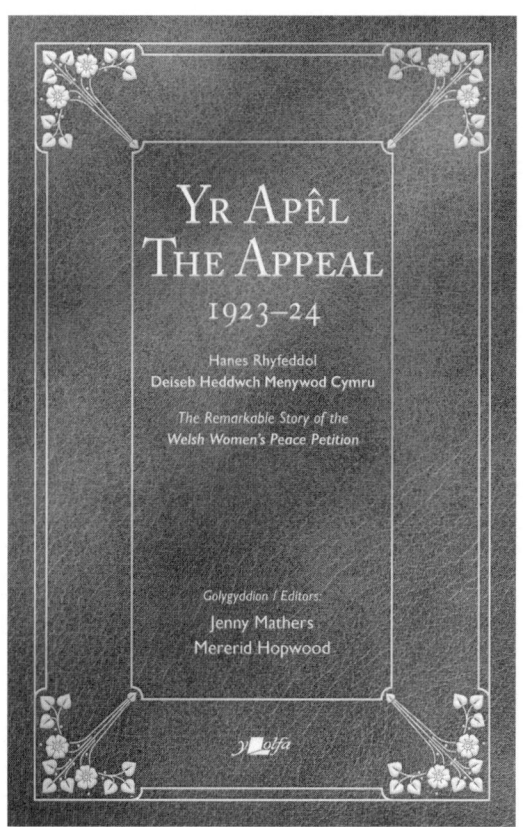

£9.99